최신시사상식 221집

PMG 박문각

Contents

2023년 2~4월 주요 시사

최신시사상식 221집

초판인쇄: 2023. 4. 25. **초판발행**: 2023. 5. 1.
등록일자: 2015. 4. 29. **등록번호**: 제2015-000104호
발행인: 박 용 **편저자**: 시사상식편집부
교재주문: (02)6466-7202
주소: 06654 서울시 서초구 효령로 283 서경빌딩
표지 디자인: 정재완 **발행처**: (주)박문각출판
이메일: team3@pmg.co.kr
홈페이지: www.pmg.co.kr

정가 10,000원
ISBN 979-11-6987-284-3

TEST ZONE

상식 요모조모

사진 출처: 연합뉴스

Must Have News

"미국 뉴욕타임스(NYT) 등이 4월 6일 미국과 북대서양조약기구(나토)가 비밀리에 진행 중인 우크라이나 지원 계획이 담긴 기밀문건이 소셜미디어(SNS) 등에 퍼지고 있다고 보도하면서 전 세계적인 논란이 됐다."

美 정부 기밀문건 유출 한국 등 동맹국 도감청 논란

미국 뉴욕타임스(NYT) 등이 4월 6일 미국과 북대서양조약기구(나토)가 비밀리에 진행 중인 우크라이나 지원 계획이 담긴 기밀문건이 소셜미디어(SNS) 등에 퍼지고 있다고 보도하면서 전 세계적인 논란이 됐다. 이번에 유출된 문서는 러시아-우크라이나 전쟁과 관련한 전황을 분석한 정보 문건이 대부분이다. 그런데 일부 문건을 통해 미국 정부가 한국·이스라엘 등 동맹국을 대상으로 도·감청을 했다는 사실이 드러나면서 파문이 더욱 확산됐다.

중국 양회 폐막, 시진핑 국가주석 3연임

시진핑(習近平) 중국 국가주석이 3월 13일 폐막한 중국 양회에서 국가주석 3연임을 확정했다. 국가주석 3연임은 1949년 중화인민공화국 건국 이후 처음이다. 특히 이번 시진핑 집권 3기에서는 시 주석의 측근들이 대거 지도부에 포진된 반면 공산당 3대 계파를 형성해 왔던 공청단파와 상하이방은 전멸했다. 이에 시 주석은 명실상부한 1인 권력 체제를 완성하게 됐다.

핀란드, 나토 31번째 회원국 유럽 안보지형에 큰 변화

핀란드가 1948년 이후 74년 만에 중립 노선을 철회하고 4월 4일 북대서양조약기구(나토)의 31번째 회원국이 됐다. 나토가 새 회원국을 받아들인 것은 2020년 북마케도니아 이후 3년 만이다. 핀란드는 지난해 2월 러시아가 우크라이나를 침공하자 그해 5월 스웨덴과 함께 나토 가입을 신청한 바 있다. 이처럼 러시아와 1340km의 국경을 맞대고 있는 핀란드의 나토 가입에 따라 나토가 러시아와 맞댄 국경의 길이는 2배 이상 늘어나게 됐다.

尹 대통령-기시다 총리, 정상회담으로 셔틀외교 복원

윤석열 대통령과 기시다 후미오 일본 총리가 3월 16일 일본 도쿄에서 정상회담을 갖고 12년 만의 셔틀외교 복원 등 양국 관계 회복을 선언했다. 또 양국 정상은 한·일 군사정보보호협정(지소미아) 종료 유예 철회와 일본의 수출규제 해제 등에도 합의했다. 하지만 한국 정부가 일제 강제징용 피해자에 대한 「제3자 변제」 방식의 배상안을 발표했음에도, 기시다 총리는 강제징용에 대한 사과 등 과거사와 관련한 진전된 입장을 전혀 내놓지 않아 논란이 됐다.

美 실리콘밸리은행 파산, 미국발 은행위기 확산 우려

미국 실리콘밸리은행(SVB)이 3월 10일 파산하면서 시작된 미국발 은행위기가 스위스 크레디트스위스(CS) 은행·독일 도이체방크 위기로까지 확산되며 전 세계 금융시장에 불안감을 일으켰다. 다만 이번 사태의 시작이 됐던 SVB의

인수가 합의되는 등 각국의 신속한 대응책이 나오면서 금융시장이 조만간 안정을 찾을 것이라는 기대감이 나오고 있다. 하지만 한편에서는 다른 은행이나 그림자금융으로의 사태 확산을 우려하며 위기는 아직 끝나지 않았다는 전망도 내놓고 있다.

美, 전기차 보조금 차종 공개 현대·기아차는 제외

미국 정부가 4월 17일 인플레이션감축법(IRA) 세부 지침에 따라 7500달러의 보조금을 받게 되는 16개 전기차 차종을 발표했다. 이날 발표된 보조금 지급 차종에는 테슬라 모델3와 모델Y를 비롯해 쉐보레 볼트, 이쿼녹스 등 미국 업체만 선정됐다. 반면 우리나라의 현대·기아차를 비롯해 일본·유럽의 전기차는 모두 보조금 대상에서 제외됐다. 특히 미국 현지 생산 차량인 현대차 GV70는 배터리 핵심광물 요건을 충족하지 못해 대상에서 제외됐다.

고용부, 주 69시간 공식화 노동계 등 거센 반발

고용노동부가 3월 6일 현행 주 52시간인 연장노동시간 관리 단위를 「월·분기·반기·연」으로 확대해 주당 최대 69시간 근무가 가능해지는 「근로시간제도 개편 방안」을 확정·발표했다. 다만 노동자 건강권 보호를 위해 연속휴식 의무(1주 최대 69시간 가능) 혹은 1주 최대 64시간 상한 준수 가운데 선택할 수 있도록 했다. 하지만 노동계와 야당에서는 이번 방안이 과로와 장시간 노동을 부르는 노동 개악이라며 거세게 반발하고 있다.

설악산 오색케이블카, 41년 만에 조건부 통과

환경부 원주지방환경청이 2월 27일 강원도 양양군의 설악산국립공원 오색케이블카 설치사업 환경영향평가서에 대한 조건부 협의 의견을 양양군에 통보했다. 이로써 해당 사업 논의 41년 만에 사실상 최종 관문 통과가 이뤄졌다. 하지만 환경부의 이번 결정에 대해 지역경제 활성화라는 긍정적 의견과 자연환경 훼손이라는 반대 의견이 충돌하고 있다.

〈에브리씽 에브리웨어 올 앳 원스〉, 제95회 아카데미 7관왕

영화 〈에브리씽 에브리웨어 올 앳 원스〉가 3월 12일 열린 「제95회 아카데미 시상식」에서 작품상·감독상을 비롯해 총 7개 부문을 수상하는 기록을 썼다. 이 영화는 아메리칸 드림을 꿈꾸며 미국으로 이민온 주인공이 멀티버스를 넘나들며 벌어지는 이야기를 담아낸 작품이다. 특히 이 영화의 주연을 맡은 말레이시아 출신의 홍콩 배우 양쯔충은 95년 아카데미 역사상 처음으로 여우주연상을 수상한 아시아계 배우가 됐다.

BTS 지민, 「빌보드 핫 100」 1위 한국 솔로 아티스트 최초

4월 3일 공개된 미국 빌보드 차트(4월 8일자)에 따르면, 방탄소년단(BTS)의 지민이 지난 3월 24일 발매한 솔로 앨범 타이틀곡 〈라이크 크레이지(Like Crazy)〉가 메인 싱글차트 「핫 100」에서 1위를 차지했다. 이로써 지민은 한국 솔로 아티스트 최초로 핫 100 1위를 기록했으며, 〈Like Crazy〉는 빌보드 역사상 핫 100 진입과 동시에 1위로 직행(핫샷)한 66번째 곡으로 기록됐다.

손흥민, 아시아 최초 「EPL 통산 100골」 달성

손흥민(31·토트넘)이 4월 8일 영국 런던 토트넘 홋스퍼 스타디움에서 열린 「2022~23시즌 잉글랜드 프리미어리그(EPL)」 브라이턴과의 홈경기에서 리그 7호 골을 기록, EPL 통산 100번째 골을 달성했다. 이로써 손흥민은 토트넘 소속으로 경기를 뛴 8시즌 동안 총 260경기에 출전해 아시아 선수 최초로 리그 100골을 기록한 데 이어 「통산 100골-50도움」을 작성한 역대 19번째 선수가 됐다. 또 손흥민은 1992년 출범한 EPL에서 34번째로 100호골을 달성한 선수로도 이름을 남기게 됐다.

Infographics

산불피해 현황 | 국가채무 추이 |
마약 밀수 및 검거 추이 | 사회적 고립도 | 계급별 병사봉급 추이 |
우리나라 유엔 정규분담률 현황 | 청년 고용동향

① 산불피해 현황

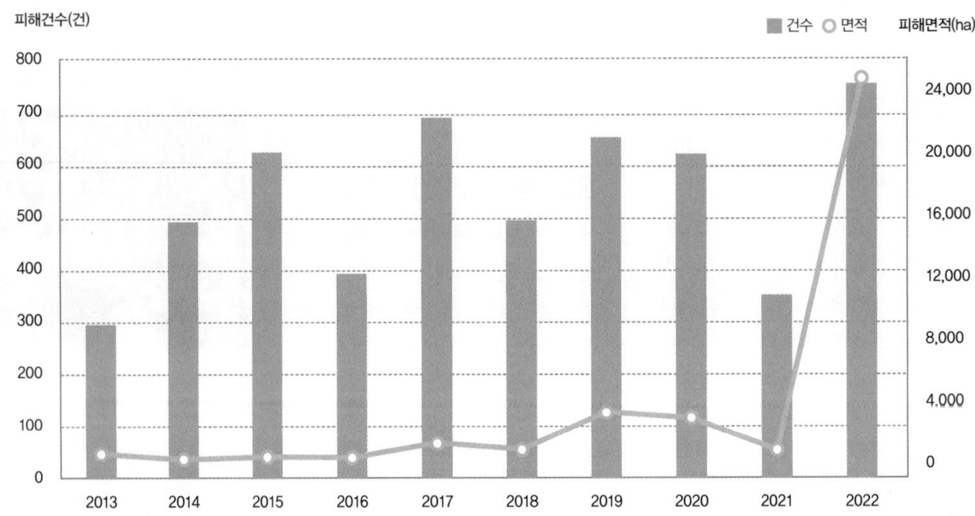

출처: 산림청 「산불통계연보」

지표분석

우리나라는 연평균(2013~22년 평균) 537건의 산불이 발생하여 3,560ha의 산림이 소실되고 있다. 2022년은 건조일수 감소, 강수량 감소로 산불위험이 지속 중이다.

– 강수량 및 일수: 1,119mm, 90일(예년 1,203mm, 105일 / 2021년 1,231mm, 112일)

– 건조특보 발령일수: 149일(예년 134일 / 2021년 127일)

2022 산불발생 건수 756건, 산림피해 2만 4,797.16ha 이다. 산불발생 건수는 최근 10년 평균(537건) 대비 41% 증가했고, 산림피해 면적은 최근 10년 평균(3,560ha) 대비 597% 증가했다. 특히 시기별로는 봄철(2.1~5.15)에 432건 발생, 산림 2만 3,779ha 피해로 건수의 57%, 피해면적의 95%가 집중됐다. 월별 발생건수 최다는 4월 180건(24%), 최대피해는 3월만 2만 842ha(84%)이다. 산불의 주요 원인은 입산자 실화(33%), 논밭두렁 및 쓰레기소각(14%)으로 나타났다. 지역별로는 건조한 날씨와 강풍으로 경기, 경북, 경남에 산불피해가 집중됐다.

② 국가채무 추이

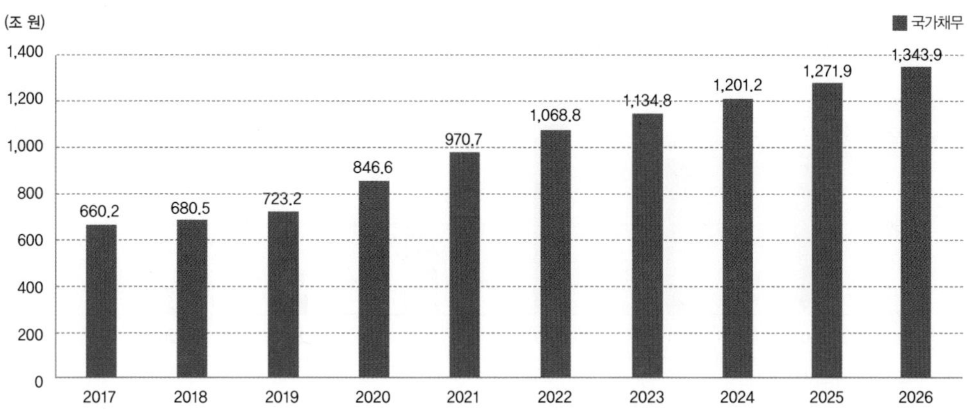

출처: 기획재정부

* 2023년 이후는 「2022~2026 국가채무관리계획」 전망

지표분석

국가채무는 국제(IMF)기준에 따르면 「정부가 직접적인 상환의무를 부담하는 확정채무」를 의미하는 것으로, 보증채무, 4대 연금의 잠재부채, 공기업 부채, 통화안정증권은 그 범위에서 제외된다.

2021년 결산기준 지방정부 포함 국가채무(D1)는 970.7조 원(GDP 대비 46.9%)으로 매년 꾸준히 증가 중이다. 전년 대비 주요 증가요인은 일반회계 적자보전(85.6조 원) 및 외환시장 안정을 위한 외평기금 예탁 증가(5.8조 원) 등을 들 수 있다.

③ 마약 밀수 및 검거 추이

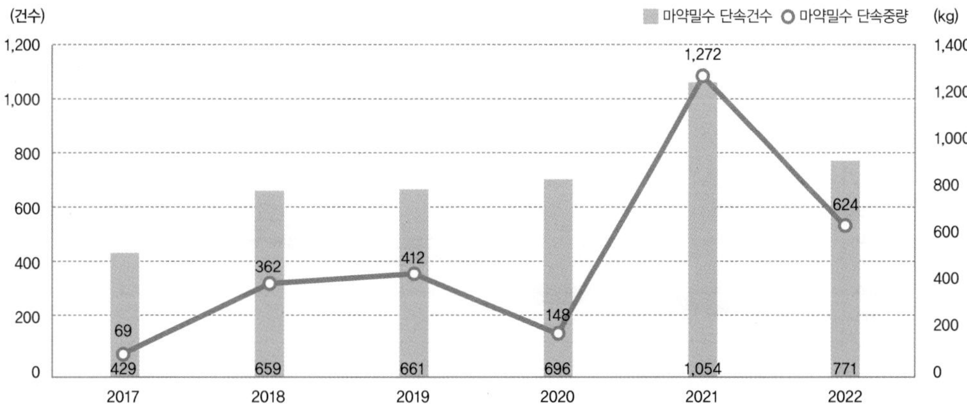

출처: 관세청 (관세행정정보시스템)

지표분석

국내에서 소비되는 마약류 대부분은 해외에서 불법 반입되는 것으로 추정되고 있다. 2021년 관세청이 적발한 마약류는 총 1,054건, 1,272kg으로 전년도와 비교하여 건수는 51% 증가했으며, 중량은 757% 증가했다. 그러나 2022년에는 771건의 마약밀수를 적발해 전년 대비 단속건수가 줄었으며 단속중량도 624kg으로 전년 대비 대폭 줄었다.

④ 사회적 고립도

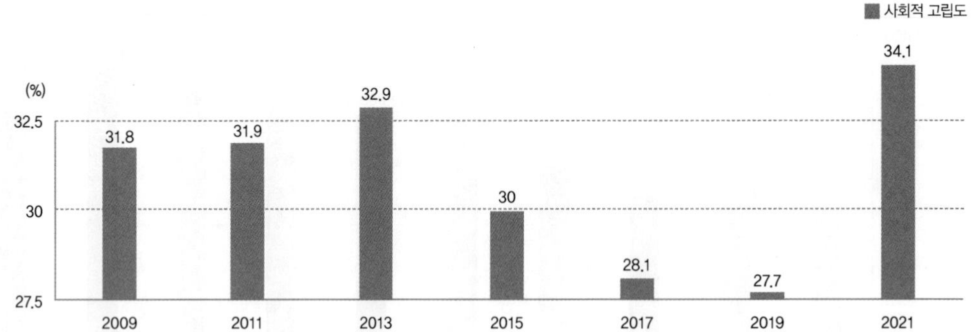

출처: 통계청, 사회조사

주석: 1) 사회적 고립도는 조사대상인구 중 「집안일을 부탁하거나」, 「이야기 상대가 필요한 경우」 둘 중 하나라도 도움을 받을 곳이 없는 사람의 비율임

2) 만 19세 이상 인구를 대상으로 함

지표분석

위기상황에서 인적·정신적인 도움이 필요할 때 도움을 받을 수 있는 곳이 없는 사람의 비율을 보여주는 사회적 고립도는 2021년 34.1%로 2019년보다 6.4%p 증가했다. 2013년 32.9% 이후 지속적인 감소 추세였으나, 코로나19 영향으로 사람과의 만남이 축소되면서 사회적 고립도 또한 증가한 것으로 보인다. 「아플 때 집안일을 부탁할 경우」는 27.2%, 「힘들 때 이야기할 상대」는 20.7%가 없다고 응답했다. 사회적 고립도는 여성보다 남성이 더 높으며, 연령이 증가할수록 사회적 고립도가 증가하여 60세 이상은 41.6%로 19~29세의 26.7%에 비해 14.9%p 높다.

⑤ 계급별 병사봉급 추이

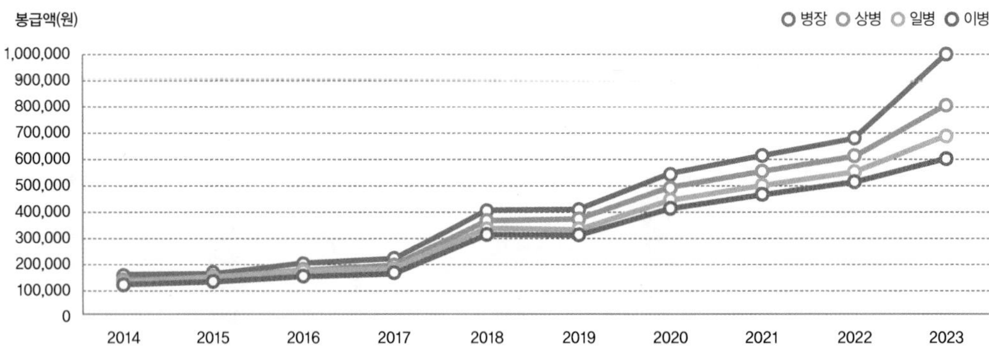

출처: 인사혁신처 「공무원보수규정」 [별표13]

지표분석

국방의무 이행자에 대한 합리적 수준의 보상이 필요하다는 국민적 요구와 국가의 책임 강화 차원에서 병 봉급의 단계적 인상을 추진해 온 결과 2023년 병장의 경우 전년 대비 47.9%의 인금인상 효과를 거뒀다. 2023년 현재 병장 1,000,000원(2022년 676,100원), 상병 800,000원(2022년 610,200원), 일병 680,000원(2022년 552,100원), 이병 600,000원(2022년 510,100원)으로 전년 대비 큰 폭으로 임금이 증가했다.

⑥ 우리나라 유엔 정규분담률 현황

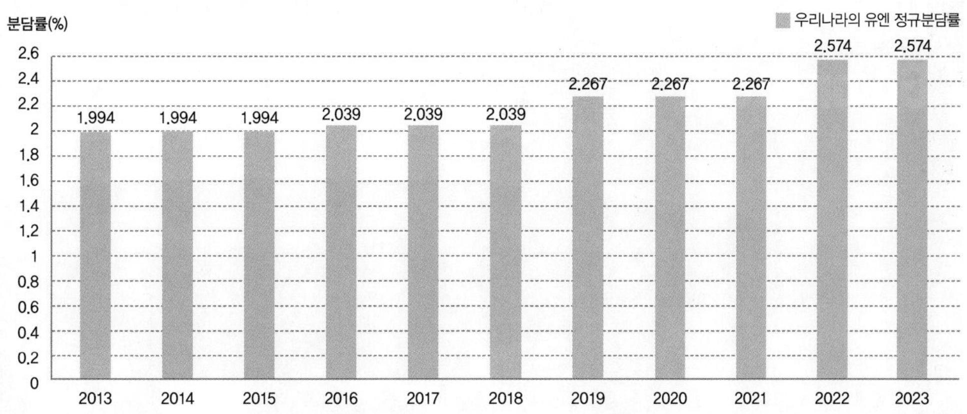

출처: 외교부(UN사무국 자료)

지표분석

유엔 정규예산의 주 원천은 회원국들이 납부하는 분담금으로, 각국의 분담률은 18개국으로 구성된 분담금위원회의 권고를 거쳐 총회에서 산정한다. 유엔 정규분담률은 매 3년마다 각국의 국민소득(GNI · Gross National Income), 외채 등 객관적 경제지표에 근거하여 산정한다. 어떤 국가의 분담률도 22%를 넘지 않으며, 0.001%보다 낮지 않다(미국의 분담률 22%). 우리나라의 경제규모와 1인당 국민소득 등을 바탕으로 결정되는 정규분담률은 유엔 전체 분담금의 2.574%로 세계 9위 수준(PKO 예산은 세계 9위 수준)이다.

⑦ 청년 고용동향

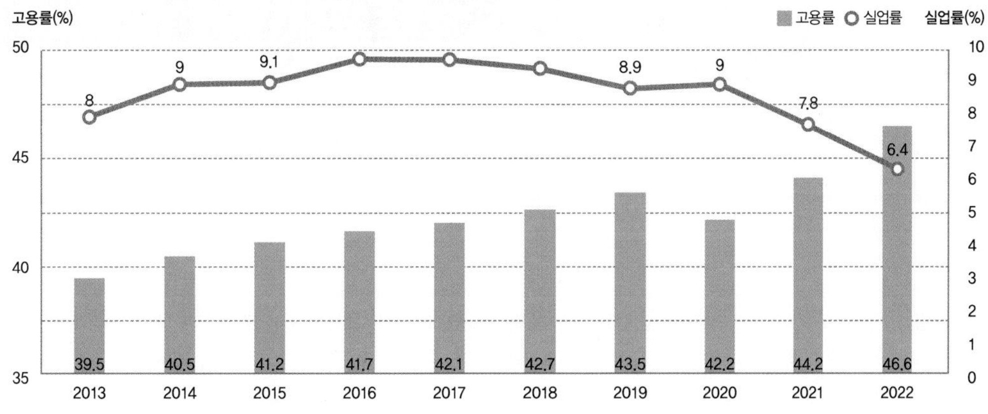

출처: 통계청 「경제활동인구조사」

지표분석

청년 고용동향은 통계청 「경제활동인구조사」 자료 중 청년층(15~29세)을 대상으로 하는 통계수치이다. 2023년 3월 기준 청년층 고용률은 46.2%로 2개월 연속 하락(전년 동월 대비 0.1%p 하락)했다. 실업률은 7.1%로 전년 동월 대비 0.1%p 하락했고, 확장실업률은 17.8%로 2015년 통계 작성 이후 3월 기준 최저 수준을 나타냈다.

미국發 은행위기 Go or Stop?

▲ 미국 실리콘밸리은행(SVB)이 뱅크런 발생 2일 만인 3월 10일 파산한 가운데, 11일 캘리포니아주 샌타클래라에 위치한 SVB 본사 정문이 굳게 닫혀 있다. (사진 출처: 연합 뉴스)

지난 3월 10일 미국 실리콘밸리은행(SVB)이 파산하고 연이어 다른 은행들로 위기가 번지면서 전 세계는 2008년 글로벌 금융위기가 재현될 수 있다는 거센 불안에 직면했다. SVB와 뉴욕 시그니처은행 파산으로 시작된 미국발 금융위기는 이후 유럽으로까지 확산되며 스위스 크레디트스위스(CS) 은행 부실과 독일 도이체방크의 위기로까지 이어졌다. 하지만 미국발 은행위기를 촉발시킨 SVB의 인수가 3월 27일 합의되는 등 각국의 신속한 대응책이 나오면서 금융시장이 조만간 안정을 찾을 것이라는 기대감이 나오고 있다. 하지만 한편에서는 다른 은행이나 그림자금융으로의 위기 확산을 우려하며 위기는 아직 끝나지 않았다는 전망도 내놓고 있다.

한편, 지난 2008년 리먼 브라더스 파산으로 시작됐던 글로벌 금융위기가 은행들의 직접적 부실이 원인이 됐던 반면 SVB 파산에서 시작된 이번 위기는 고객들의 불안감 확산에 따른 뱅크런으로 발생했다는 차이가 있다. 실제로 이를 반영하듯 「뱅크데믹」이라는 신조어가 등장하기도 했는데, 이는 은행에 대한 공포가 감염병처럼 급속하게 번진다는 의미를 갖고 있다.

미국發 은행위기의 시작, 실리콘밸리은행 파산

미국 내 자산 기준 16위 규모(총자산 2090억 달러)로 미국 실리콘밸리 스타트업의 돈줄로 불리던 실리콘밸리은행(SVB)이 뱅크런(대규모 예금 인출 사태) 발생 2일 만인 3월 10일 파산했다. 미 캘리포니아주 금융보호혁신국은 이날 불충분한 유동성(자금 여력)과 지급 불능을 이유로 SVB 지점을 폐쇄했으며, 파산관재인으로 미 연방예금보험공사(FDIC)를 임명했다고 발표했다. SVB의 파산은 지난해 본격화된 미 연방준비제도(연준, Fed)의 급격한 금리 인상으로 SVB가 보유한 국채 가격이 급락하고, 이에 대규모 자금 조달 계획을 발표한 것이 원인이 됐다. 무엇보다 SVB의 파산은 단일 은행으로서는 2008년 저축은행 워싱턴뮤추얼(총자산 3070억 달러) 이후 미국 역사상 2번째로 큰 규모라는 점에서 전 세계적으로 위기 확산 우려를 높였다.

실리콘밸리은행(SVB · Silicon Valley Bank)

1983년 설립된 미국 캘리포니아주 샌타클래라에 본사를 둔 스타트업 전문은행으로, 미국 테크·헬스케어 벤처기업의 약 44%를 고객으로 두고 있었다. 특히 수년간 이어진 초저금리로 투자가 몰린 IT 업계의 호황으로 크게 성장해 2022년 말 총자산이 2090억 달러로 미국 내 자산 기준 16위 규모를 지니고 있었다. 우리나라의 경우 SVB 지점은 없으나 국민연금이 상당액을 투자한 것으로 알려졌는데, 국민연금은 2022년 말 기준으로 이 은행 주식 10만 795주(294억 원 규모)를 보유하고 있다.

SVB, 왜 파산했나

SVB는 예금주에게서 자유로운 입출금이 가능한 단기 자금을 끌어모은 뒤 상대적으로 장기로 묶여 있는 미국 국채 등에 투자하는 방식으로 규모를 키워 왔다. 하지만 지난해 3월부터 미 연준(Fed)의 연이은 기준금리 상승으로 보유한 국채 가격이 급락하면서 손실이 늘기 시작했다. 여기다 고금리로 돈줄이 막힌 기업들의 인출로 예금이 줄어들자, 대부분 미 국채로 구성된 매도가능증권(AFS, 만기 전 매도할 의도로 매수한 채권과 주식)을 어쩔 수 없이 매각해야 하는 상황에 처하게 됐다. 이에 SVB는 AFS 상당량을 매각하면서 2022년 18억 달러 규모의 손실을 봤다며 이를 메꾸기 위한 22억 5000만 달러 규모의 증자 계획을 3월 8일 발표하게 된다. 하지만 해당 발표 직후 SVB의 주가는 60% 이상 폭락했고 불안감이 고조된 투자자들의 예금 인출이 가속화(뱅크런)됐다. 특히 예금액 대부분이 미 연방예금보험공사(FDIC)가 보증하는 예금자 보호 대상이 아니라는 점에서 3월 9일 하루에만 420억 달러(약 56조 원)가 인출됐다. 이에 미국 캘리포니아주 금융보호혁신국은 3월 10일 SVB의 폐쇄를 전격 결정했다.

리먼 사태의 재발?

SVB가 초고속으로 파산하자 지난 2008년 글로벌 금융위기의 시발점이 됐던 리먼 사태가 재발되는 것이 아니냐는 우려가 확산됐다. 리먼 사태는 2008년 9월 15일 미국의 투자은행 리먼 브라더스가 파산보호를 신청하면서 시작된 것으로, 당시 리먼의 부채 규모는 6130억 달러에 달했다. 하지만 3월 12일 워싱턴포스트(WP)·월스트리트저널(WSJ)·뉴욕타임스(NYT) 등 미국 주요 언론들은 이 두 사태는 큰 차이가 있다는 분석을 잇따라 내놓으며 해당 우려를 잠재웠다. 우선 파산 원인의 경우 리먼 사태는 서브프라임 모기지(비우량 주택담보대출) 부실이 도화선이 됐으나, SVB는 미국 장기국채라는 초우량 안전자산에 투자했음에도 급격한 금리 인상에 따른 국채 가격 하락이 원인이 됐다는 것이다. 또 SVB가 투자한 채권은 만기 시 전액 상환이 보장된다는 점에서 2008년 금융위기로 이어진 위험성이 큰 주택담보대출과는 전혀 다른 분야라고 평가했다.

2023년 실리콘밸리은행 사태와 2008년 리먼 사태 비교

구분	실리콘밸리은행(SVB) 파산	리먼 브라더스 파산
일시	2023년 3월 10일	2008년 9월 15일
총자산	2090억 달러(미국 16위 상업은행)	6390억 달러(미국 4위 투자은행)
원인	미 연방준비제도의 고강도 긴축에 미 기준금리 급등 및 국채 가치 하락으로 대규모 손실	미 기준금리 연쇄 인상과 부동산 경기 침체에 따른 서브프라임모기지 대규모 부실 발생
조치	· 한도 상관 없이 SVB 예금 전액 보증 · 연준, 유동성 지원 위해 새 기금(BTFP) 조성	· 기준금리 대폭 인하 · 연준, 재무부와 양적완화 정책 실시 · 7000억 달러 구제금융 조성 · 예금보험액 10만 달러 → 25만 달러로 상향 조정

은행권 연쇄 도산 우려? 미 정부, 신속한 대응 돌입

SVB 파산 이틀 만인 3월 12일 뉴욕의 중소은행인 시그니처은행이 가상자산 위기 우려 등에 따른 뱅크런을 맞고 폐쇄되면서 본격적인 은행 위기가 시작됐다는 우려가 확산됐다. 이에 은행권 연쇄 도산 등 사태 확산을 우려한 미 정부는 고객이 맡긴 예금을 전액 보증하는 등의 대책을 발표하며 신속히 사태 진화에 나섰다. 이는 SVB 파산에서 시작된 금융 불안을 조기에 해소하지 못할 경우 자칫 2008년 최악의 금융위기가 재현될 수 있다는 위기감에서 비롯된 것이라는 분석이다.

한편, 2개의 은행이 연이어 파산하면서 연준을 비롯한 감독 기관의 책임론이 급부상했는데, 이는 SVB가 지난 5년간 급성장했음에도 금융당국이 그 위험성을 제대로 점검하지 않았다는 것이다. 또 지난 2008년 금융위기 이후 도입된 스트레스 테스트(은행 재정 상태를 주기적으로 점검하는 것)를 받는 은행의 자산 규모 기준을 2018년 500억 달러 이상에서 2500억 달러 이상으로 완화한 것도 이번 사태의 원인으로 작용했다는 지적도 제기됐다.

SVB 파산 2일 만에 시그니처은행 파산

미국 뉴욕의 중소은행인 시그니처은행이 3월 12일 가상자산 위기 우려 등에 따른 뱅크런을 맞고 폐쇄됐다. 2001년 설립된 시그니처은행은 미국 뉴욕·코네티컷·캘리포니아·네바다·노스캐롤라이나주 등에서 영업해 온 상업은행으로, 상업용 부동산과 디지털자산 은행 업무 등을 주로 해 왔다. 미 금융당국에 따르면 시그니처은행의 2022년 말 기준 총자산은 1103억 6000만 달러(약 146조 원), 총 예금은 885억 9000만 달러(약 117조 원) 규모이다. 특히 이 은행은 2018년부터 가상자산 산업에 적극적으로 진출하면서 사세를 급속히 확장했고, 이에 2021년 초에는 가상자산 업체들의 예금이 전체의 27%에 달하기도 했다.

하지만 가상자산 전문은행 실버게이트가 지난 3월 9일 자체 청산을 발표한 데 이어 10일에는 SVB가 전격 파산 절차에 돌입하며 공포심리가 확산됐고, 이에 시그니처은행의 뱅크런이 촉발됐다. 이에 뉴욕주는 3월 12일 시그니처은행을 폐쇄하고 연방예금보험공사(FDIC)를 파산관재인으로 임명하면서 시그니처은행도 파산 절차를 밟게 됐다.

가상자산(Virtual Asset)

컴퓨터 등에 정보 형태로 남아 실물 없이 사이버상으로만 거래되는 자산의 일종으로, 각국 정부나 중앙은행이 발행하는 일반 화폐와 달리 처음 고안한 사람이 정한 규칙에 따라 가치가 매겨진다. 처음 등장했을 때는 암호화폐·가상화폐 등으로 불렸으나 점차 각국 정부나 국제기구에서는 화폐 대신 자산이라는 용어로 통일했다. 우리 정부도 2021년 3월부터 개정된 특정금융정보법에서 암호화폐를 「가상자산」이라고 규정하며, 그 뜻을 「경제적 가치를 지닌 것으로서 전자적으로 거래 또는 이전될 수 있는 전자적 증표」라고 명시한 바 있다. 대표적인 가상자산으로는 비트코인을 비롯해 이더리움, 비트코인 골드, 비트코인 캐시, 리플, 대시, 라이트코인, 모네로 등이 있다.

미 정부, 예금자에 「전액 상환 보장」 발표

미국 재무부와 연준, 연방예금보험공사(FDIC)가 3월 12일 SVB·시그니처은행의 고객이 맡긴 예금을 보험보증 한도와 관계없이 전액 보증하고 유동성이 부족한 금융기관에 자금을 대출한다는 대책을 발표했다. 미 정부의 방안에 따르면 보증 한도인 25만 달러 이상 예치한 고객의 예금은 전액 보증되며, FDIC 보험에 가입되지 않은 시그니처은행의 예금도 전액 보증된다. 여기에 연준은 은행에 유동성을 지원하기 위해 새로운 기금(BTFP·Bank Term Funding Program)을 조성한다고 밝혔다. 이를 통해 미 국채나 주택저당증권(MBS) 등을 담보로 제공하는 금융회사에 최대 1년 만기 대출을 해준다는 계획이다. 또 채권 가격 하락으로 인한 손실을 보지 않도록 채권 담보 가치도 시장 가격이 아닌 액면가로 평가해주기로 했다. 그리고 3월 13일에는 조 바이든 대통령까지 나서 예금 전액보장 방침을 재확인하면서 조기 사태 수습에 나섰다. 바이든 대통령은 이날 SVB와 시그니처은행 파산과 관련한 대국민 연설을 통해 해당 은행들에 예금이 있는 모든 고객은 안심해도 된다고 거듭 강조했다.

퍼스트리퍼블릭 은행에 유동성 지원

뱅크오브아메리카(BOA) 등 미국의 11개 대형 은행들이 3월 16일 파산 위기에 빠진 퍼스트리퍼블릭 은행에 약 39조 원(약 300억 달러)의 유동성을 지원하기로 결정했다. 샌프란시스코에 본사를 둔 퍼스트리퍼블릭은행은 최근 SVB 파산 여파로 뱅크런 우려가 나왔는데, 이 은행도 SVB처럼 예금보호 기준인 25만 달러 이상 예금이 총예금의 약 70%로 높기 때문이다. 이에 따르면 BOA·씨티그룹·JP모건체이스·웰스파고가 각각 50억 달러를 예치하고, 골드만삭스와 모건스탠리가 각각 25억 달러를 넣기로 했다. 또 BNY멜론·PNC뱅크·스테이트스트리트·트루이스트·US뱅크가 각각 10억 달러를 예치한다는 방침이다. 이처럼 미국의 대형은행들이 퍼스트리퍼블랙 은행에 유동성 지원 방침을 내놓으면서 위기 해소 기대감이 높게 일었다. 하지만 이후에도 국제 신용평가기관들의 퍼스트리퍼블릭 은행에 대한 신용등급 강등과 고객들의 예금 인출이 계속되면서 위기를 높이고 있다.

美 퍼스트시티즌스은행, 21조 원에 SVB 인수

미 연방예금보험공사(FDIC)가 3월 27일 성명을 통해 미국의 중소은행인 퍼스트시티즌스가 165억 달러(약 21조 4000억 원)에 SVB의 모든 예금과 대출을 인수하기로 합의했다고 밝혔다. FDIC는 앞서 파산한 SVB의 자산을 압류하고 샌타클래라 예금보험국립은행 법인을 세워 매각을 모색해 왔다. 이후 퍼스트시티즌스와 밸리내셔널뱅코프 2곳이 SVB 인수를 놓고 경쟁을 하다 퍼스트시티즌스가 최종적으로 낙찰된 것이다. SVB의 자산은 720억 달러(약 93조 7000억 원)로 추정되는데, 이는 약 77% 할인된 가격이다. 1898년 설립돼 노스캐롤라이나주 롤리에 본사를 둔 퍼스트시티즌스는 지난해 말 기준 자산규모가 1091억 달러(약 142조 원)로, 미 상업은행 순위 30위에 해당한다. 이번 인수로 SVB 17개 지점은 퍼스트시티즌스 지점으로 이름을 바꾸게 되며, 퍼스트시티즌스의 자산 규모는 미국 내 25번째로 올라설 전망이다.

미국에서 유럽으로 위기 확산? CS 매각과 도이체방크 위기

미국 SVB 파산이 스위스의 세계적 투자은행 크레디트스위스(CS)에까지 여파를 미치면서 미국발 은행 위기가 유럽으로 확산될 수 있다는 우려가 높아졌다. CS는 3월 10일 미국 SVB 붕괴로 시장 변동성이 커지면서 위기설에 휩싸인 가운데, 14일 〈2022년 연례 보고서〉를 통해 회계 내부통제에서 중대한 약점을 발견했고 고객 자금 유출을 아직 막지 못했다고 밝히며 불안감을 확산시켰다. 이에 CS까지 파산할 수 있다는 우려가 거세진 가운데, 스위스 최대 은행 UBS가 3월 19일 CS를 인수하기로 했다고 밝히며 위기를 봉합시켰다. 그런데 3월 24일 독일 최대 투자은행인 도이체방크 주가가 장중 14% 이상 급락한 것은 물론 부도 가능성을 나타내는 신용부도스와프(CDS) 프리미엄까지 급등하면서 유럽 은행위기설이 또다시 대두됐다.

크레디트스위스 매각, 167년 역사 마감

스위스 취리히에 본사를 둔 CS는 전 세계 직원 수가 5만 명에 이르는 세계 9대 투자은행(IB) 중 하나이다. CS는 1856년 스위스 철도시스템 개발을 위한 자금 조달을 위해 설립됐으며, 1900년대에는 소매 금융에도 진출했다. 이후 1990년부터 2000년까지 여러 금융기관을 인수하며 규모를 확대해 왔으나, 2021년 파산한 영국 그린실 캐피털과 한국계 미국인 투자자 빌 황의 아케고스 캐피털 투자 실패로 엄청난 손실을 입었다. 여기에 각종 부패 스캔들에도 연이어 연루됐는데, 특히 프랑스에서는 돈 세탁·세금 사기 등으로 2억 3800만 유로(약 3300억 원)를 지불하기로 검찰과 합의하는 등 법적 문제도 있었다. 이에 CS는 위기 탈출을 위해 대규모 구조조정에 나서기도 했으나, 3월 10일 미국 SVB 붕괴로 시장 변동성이 커지면서 위기에 휩싸였다.

CREDIT SUISSE

▲ 크레디트스위스 은행 로고

UBS, CS 인수 전격 합의

스위스 최대 은행 UBS가 3월 19일 유동성 위기에 빠진 크레디트스위스(CS)를 30억 스위스프랑(약 32억 달러, 4조 2000억 원)에 인수하기로 전격 합의했다. 스위스 정부와 스위스 국립은행은 이날 기자회견을 통해 「스위스 연방정부와 금융감독청(FINMA), 스위스국립은행(SNB)의 지원 덕분에 UBS가 오늘 CS 인수를 발표했다.」고 밝혔다. 이번 인수 총액은 32억 3000만 달러로, CS의 모든 주주는 22.48주당 UBS 1주를 받게 된다. 이번 인수는 스위스 정부가 1000억 달러의 유동성 지원을 제공하는 등 월요일 세계 금융시장의 「블랙먼데이」 사태를 피하기 위해 적극적으로 나서면서 이뤄진 것이다. 여기에 미국 금융당국도 이번 인수 협상 타결을 위해 스위스 당국과 협력했는데, 이는 CS가 무너질 경우 지난 3월 10일 SVB 파산과는 비교도 안 될 정도로 세계 경제에 미칠 충격파가 클 것으로 우려됐기 때문이다.

블랙 먼데이(Black Monday)

미국 뉴욕에서 주가 대폭락이 있었던 1987년 10월 19일을 가리키는 말로, 당시 뉴욕의 다우존스 평균주가는 하루에 508달러(전일 대비 22.6%) 폭락했다. 이날 주가 하락폭은 퍼센트로 따져도 대공황이 초래됐던 1929년 10월 28일과 29일의 12.6%와 11.7%에 비해서도 2배 정도가 큰 수치였다. 이 주식파동은 수일 내에 일본, 영국, 싱가포르, 홍콩 등에서도 큰 폭의 주가 폭락을 일으키면서 전 세계적으로 1조 7000억 달러에 달하는 증권투자 손실이 초래된 바 있다.

SVB 파산에서 CS 인수 합의까지

3. 8. 미국 실리콘밸리은행(SVB), 매도가능증권(AFS) 매각해 18억 달러 규모 손실 및 22.5억 달러 증자계획 발표
9. SVB 예금 420억 달러 뱅크런 발생
10. 미 캘리포니아주 금융보호혁신국, SVB 폐쇄
12. • 뉴욕 규제당국, 시그니처은행 폐쇄
• 미 재무부·연준·연방예금보험공사, SVB와 시그니처은행 예금 전액 보증 발표
15. • 스위스 투자은행 크레디트스위스(CS) 주가, 장중 30% 이상 급락
• 스위스 중앙은행, CS에 최대 500억 스위스프랑(약 70조 원) 유동성 지원 발표
16. 미 11개 은행, 퍼스트리퍼블릭 은행에 총 300억 달러(약 39조 원) 예치 발표
19. 스위스 금융기관 UBS, 32억 달러에 CS 인수 타결

美 연준 등 6개 중앙은행 유동성 공급 강화 합의

미 연준(Fed), 유럽중앙은행(ECB)을 포함해 스위스·일본·영국·캐나다 등 세계 주요 6개 중앙은행이 3월 19일 공동성명을 내고 기존에 체결된 「달러 유동성 스와프 라인」 협정을 통한 유동성 공급 강화에 합의했다. 통화를 교환하기 위한 두 중앙은행 간의 계약인 스와프 라인은 달러 표시 부채를 보유한 각국에 달러 유동성이 부족할 때 안전장치로 사용되고 있다. 중앙은행들은 달러 유동성 스와프의 운용 빈도를 주 단위에서 일 단위로 늘리기로 했는데, 해당 조치는 3월 20일부터 적용돼 적어도 오는 4월 말까지 이어질 예정이다. 이번 조치는 UBS가 크레디트스위스(CS) 인수를 발표한 직후에 나온 것으로, 6개 중앙은행들이 연계해 매일 달러 공급에 나서는 것은 코로나19 위기 대응에 나섰던 2020년 이후 처음이다.

CS 채권 22조 원, 새 리스크로 부상

UBS가 CS를 32억 달러에 인수하는 과정에서 CS 주식은 사주되 CS가 발행한 조건부자본증권(코코본드·AT1)은 상환하지 않기로 하면서 글로벌 금융시장에 새 리스크로 부상했다. 코코본드는 주식과 채권 성격을 동시에 지닌 하이브리드 채권으로, 일반적인 채권의 경우 회사 파산 시 선순위로 변제되나 코코본드는 위기 상황에 주식으로 강제 전환하거나 상각할 수 있다는 조건이 붙어 있다. 이에 회계상으로도 부채가 아닌 자본으로 분류돼 은행들의 자기자본 확충수단으로 각광받아 왔다. CS의 채권은 160억 스위스프랑(약 22조 6000억 원) 규모인데, US의 결정으로 해당 채권의 가치가 하루아침에 0이 되면서 채권 보유자들의 반발뿐 아니라 전체 채권시장 혼란으로 이어지고 있다. 우선 신종자본증권은 주식보다는 선순위로 여겨지지만 이번 UBS의 CS 인수 과정에서는 이 원칙이 지켜지지 않았다. 또 투자자들 사이에서는 안전자산으로 꼽히는 채권도 휴지조각이 될 수 있다는 인식이 확산되면서 채권 투자 수요가 줄어들 수 있다는 우려도 높아지고 있다. 이에 일각에서는 뱅크런을 막으려다 본드런(채권 대량 매도)으로 이어질 수 있을 것이라는 우려가 나왔다.

코코본드(CoCo Bond)

2008년 글로벌 금융위기로 은행들이 연이어 부실화되는 상황에서 은행 손실을 세금으로 메우지 않고 투자자들이 떠안도록 고안된 채권이다. Contingent Convertible Bond(우발전환사채)의 앞 두 글자씩을 따서 코코본드라고 부른다. 이는 위기가 발생하면 채무가 소멸(상각)되거나 보통주로 전환될 수 있어 통상적인 채권보다 리스크가 훨씬 크다. 회계상으로 부채가 아닌 자본으로 분류되며, 금융사들의 경우 이를 통해 자본을 확충하는 효과가 있다. 통상 만기는 30년 이상이며, 변제우선순위는 후순위채보다 후순위다.

도이체방크로 위기 확산 「뱅크데믹」 등장

3월 10일 SVB 파산으로 시작된 금융시장에 대한 공포가 스위스 CS를 거쳐 독일 최대 투자은행인 도이체방크로까지 확산됐다. 3월 24일 도이체방크 주가는 장중 14% 이상 급락한 것은 물론 부도 가능성을 나타내는 신용부도스와프(CDS) 프리미엄까지 급등하면서 위기설이 제기됐다. 도이체방크는 2019년 이후 재무건전성이 양호한 은행으로 꼽혀온 데다 앞서 SVB와 CS 사태와는 달리 은행 파산이 우려될 만한 주요 이슈가 없었다. 하지만 이와 같은 위기가 일어난 데에는 UBS의 CS 전격 인수 이후 170억 달러 규모 신종자본증권인 AT1(코코본드)이 전액 상각 처리됨에 따른 것이라는 분석이 나왔다. 즉, AT1 비중이 상대적으로 높은 도이체방크에 대한 공포가 확산되며 주가 급락으로 이어졌다는 것이다.

한편, 미국에서 시작된 은행 위기가 유럽의 대형은행으로까지 확산되면서 「뱅크데믹(Bankdemic)」이라는 말까지 등장했다. 이는 은행(Bank)과 팬데믹(Pandemic, 감염병의 유행)을 합친 말로, 은행에 대한 공포가 감염병처럼 급속하게 번진다는 뜻이다. 월스트리트저널(WSJ)은 「뱅크데믹이라는 은행을 뒤덮은 침울한 구름이 자본 시장에 그림자를 드리우고 있다.」는 기사를 내놓기도 했다.

▲ 도이체방크 로고

연이어 새 주인 찾은 파산 은행들 위기는 끝났다? 계속된다?

미국 은행 위기를 촉발시켰던 SVB가 3월 26일 퍼스트시티즌스 은행으로의 인수 합의가 이뤄지고, SVB 파산 여파로 무너졌던 시그니처은행도 예금과 일부 대출 자산이 뉴욕 커뮤니티뱅코프(NYCB)의 자회사 플래그스타은행에 매각됐다. 이에 미국발 금융위기가 진화되며 금융시장이 안정을 찾을 것이라는 기대가 나왔는데, 한편에서는 미 지방은행과 글로벌은행으로 번진 부실 우려가 아직 진화되지 않아 여전히 안심할 수 없다는 우려도 나오고 있다. 우선 유동성 위기에 빠진 퍼스트리퍼블릭 은행의 경우 미국 대형은행들이 유동성 공급에 나섰음에도 주가가 90% 넘게 폭락하는 등 파산 위기에 몰린 상태이며, 미 지방은행들에 대한 위기도 불거지면서 예금자들의 뱅크런이 계속되고 있다. 실제로 「월가 황제」로 불리는 제이미 다이먼 JP모건체이스 최고경영자(CEO)는 4월 4일 공개된 연례 주주서한을 통해 최근 은행권 위기는 아직 끝나지 않았다고 경고했다.

SNS 보급, 새로운 공포의 확산?

이번 미국·유럽의 은행위기와 잇따른 뱅크런 사태는 2008년 금융위기와는 사뭇 다른 양상으로 진행됐는데, 이는 스마트폰과 SNS(사회관계망서비스)의 발달이 한 요인이 됐다는 분석이 높다. 즉 SNS 등을 통한 빠른 소문 확산이 쉬운 예금 인출이 가능한 스마트폰 뱅킹과 만났고, 결국 이것이 뱅크런과 은행의 급속한 붕괴를 유발했다는 것이다. 실제로 월스트리트저널(WSJ)은 3월 12일 〈스마트폰 뱅크런으로 비운을 맞는 SVB〉라는 제목으로 SVB 주고객인 실리콘밸리 스타트업 사업가들이 거래 은행의 위기 소식을 듣자마자 순식간에 스마트폰으로 예금을 대거 인출하면서 빠른 속도로 뱅크런이 발생했다고 보도했다. 또 WSJ는 독일 도이체방크 주가가 폭락한 3월 24일 SNS에서 활동하는 개인투자자들이 도이체방크를 새로운 타깃으로 정하면서, 이 은행에 대한 언급이 최근 며칠간 폭발적으로 증가했다고 보도하기도 했다.

그림자금융이 복병이다?

미국과 유럽에서 동시다발적으로 은행위기가 이어진 가운데, 향후 그림자금융(섀도뱅킹)이 위기 확산의 뇌관이 될 수 있다는 지적이 나오고 있다. 그림자금융은 은행과 유사한 기능을 하지만 중앙은행의 유동성 지원이나 예금자 보호를 원활하게 받을 수 없어 시스템적 위험을

유발할 가능성이 높은 금융상품과 영역을 총칭한다. 실제로 워싱턴포스트(WP)는 3월 26일 뉴욕연방은행의 보고서를 인용해 그림자금융 때문에 은행이 위험에 빠질 수 있다고 보도했다. 보고서에 따르면 그림자 금융회사들이 유동성 부족으로 자산을 급히 처분하면 해당 자산 가격이 급락하고 이렇게 되면 그림자 금융회사와 비슷한 자산을 보유한 은행권도 연쇄적으로 위기를 겪을 가능성이 있다. WP는 미국 내 그림자금융의 자산 규모가 30조 달러(약 3경 9000조 원)를 넘었지만, 은행과 달리 미국 중앙은행(Fed) 등의 감독을 받지 않는다고 지적했다. 세계 금융시스템 감독 협의체인 금융안정위원회(FSB)에 따르면 글로벌 비은행권의 자산 규모는 2008년 말 99조 3400억 달러에서 2021년 말 239조 2700억 달러로 141%나 증가했다.

그림자금융(Shadow Banking)

그림자라는 말은 은행 대출을 통해 돈이 유통되는 일반적인 금융시장과 달리 투자대상의 구조가 복잡해 손익이 투명하게 드러나지 않는다는 점에서 붙은 것이다. 투자은행헤지펀드·구조화투자회사(SIV) 등의 금융기관과 머니마켓펀드(MMF)·환매조건부채권(RP)·자산유동화증권(ABS) 등의 금융상품 등이 그림자금융에 해당한다. 일반적으로 그림자금융은 비은행 금융기관의 중요한 자금 조달 역할을 수행해 은행의 기능을 보완하는 역할을 하지만, 자금중개 경로가 복잡해 금융기관 간 위험이 상호 전이될 위험성을 안고 있다. 특히 그림자금융은 2008년 글로벌 금융위기를 확산시킨 원인으로 지목돼 비판의 대상이 되기도 했다.

국내 예금자 보호한도는 어떻게? _ 미국 SVB 파산 이후 미 금융당국이 해당 은행에 맡긴 고객 예금을 보험보증 한도와 관계없이 전액 보증키로 하면서 우리 금융당국도 3월 15일 유사한 사태가 벌어질 경우 예금전액 보호 조치를 취할 수 있을지에 대한 검토에 나섰다. 우리나라는 예금보험공사를 통해 동일한 금융회사 내에서 예금자 1인의 원금과 이자를 포함해 최고 5000만 원까지 보호하고 있다. 하지만 이번 글로벌 은행 위기 확산 이후 20년이 넘도록 5000만 원으로 고정돼 있는 예금자 보호한도를 상향해야 한다는 목소리가 높아지기 시작했다. 이에 따르면 우리나라 1인당 GDP가 2001년 1만 5736달러에서 지난해 3만 5003달러로 2배 이상 증가했기에 예금자 보호한도도 경제규모 상승에 맞춰 상향해야 한다는 것이다. 이에 여야 정치권에서는 예금자 보호한도 상향을 통해 소비자들의 불안 심리를 누그러뜨리고 뱅크런을 사전에 차단한다는 취지로 개정법 마련에 나섰다. 하지만 금융계 일부에서는 예금자 보호한도 상향이 모럴 헤저드와 같은 부작용으로 이어질 수 있다는 점을 지적하며 이에 대한 찬반 논쟁이 일고 있다.

최신시사상식 221집

최신 주요 시사

정치시사 / 경제시사 / 사회시사 / 문화시사
스포츠시사 / 과학시사 / 시시비비(是是非非)
시사용어 / 시사인물

정치 시사

2023. 2. ~ 4.

美 정부 기밀문건 온라인 유출 한국·이스라엘 등 동맹국 도·감청 논란

미국 뉴욕타임스(NYT) 등이 4월 6일 미국과 북대서양조약기구(NATO·나토)가 비밀리에 진행 중인 우크라이나 지원 계획이 담긴 기밀문건이 트위터와 텔레그램 등 소셜미디어(SNS) 등에 퍼지고 있다고 보도하면서 전 세계적인 논란이 됐다. 유출된 문건은 100쪽가량으로 미 합동참모본부가 미 국가안보국(NSA)·중앙정보국(CIA) 등 여러 정보기관에서 수집한 정보를 취합해 작성한 것으로 추정된다고 NYT는 전했다. 이번에 유출된 문서는 러시아-우크라이나 전쟁과 관련한 전황을 분석한 정보 문건이 대부분인데, 특히 일부 문건을 통해 미국 정부가 한국·이스라엘 등 동맹국을 대상으로 도·감청을 했다는 사실까지 드러나면서 파문은 더욱 확산됐다.

한국 관련 유출 내용은 무엇? 뉴욕타임스(NYT)·워싱턴포스트(WP) 등에 따르면 이번 기밀문건에는 살상무기를 제공하지 않는다는 원칙을 고수해 온 한국 정부가 우크라이나에 포탄을 제공하라는 미국의 요구에 응할지 고심했다는 내용이 포함됐다. 이는 최근 사임한 김성한 전 국가안보실장과 이문희 전 국가안보실 외교비서관 등 외교안보 고위관계자들이 지난 3월 초 국가안전보장회의(NSC)에서 논의한 내용이다. 이에 따르면 이 전 비서관이 정부의 정책을 변경해 우크라이나에 무기를 제공하는 것을 공식 천명하자고 하자, 김 전 실장이 한미 정상회담을 앞두고 회담과 무기 지원을 거래했다는 오해를 살 수 있다고 우려하는 내용이 담겼다. 여기에 김 전 실장은 폴란드에 포탄을 수출하고, 폴란드가 이를 우크라이나에 제공하는 우회 지원을 대안으로 제시했다.

한편, 이러한 정보들의 출처는 통신·메시지 도감청으로 확보한 정보를 뜻하는 「신호정보 보고서(SIGINT·시긴트)」라고 명시됐다고 해당 언론들은 전했다.

첩보의 종류

종류	주요 내용
휴민트(HUMINT)	인적 네트워크를 활용해 수집한 정보
시긴트(SIGINT)	전화통화나 전자메시지를 도감청해서 수집한 정보
테긴트(TECHINT)	기술 정보. 기술적으로 정보를 수집하는 행위를 뜻하기도 함
이민트(IMINT)	영상을 활용한 정보 수집
오신트(OSINT)	공개된 정보를 합법적으로 수집하는 것

美의 동맹국 도감청 논란 미국 정부가 동맹국에 대해 도감청을 해 온 사실이 드러난 것은 이번이 처음은 아니다. 지난 2010년 위키리크스는 미 국무부가 한국을 포함한 전 세계 270개 해외공관과 주

고받은 외교 문서 25만 건을 해킹해 공개했었다. 특히 2013년에는 CIA와 NSA에서 활동했던 에드워드 스노든이 미국 정보당국의 무차별적 정보 수집을 폭로하면서 미국의 도감청 의혹이 일반에게도 널리 알려졌다. 당시 스노든은 NSA가 「프리즘(PRISM)」이라는 감시 프로그램을 통해 자국민 수백만 명의 개인정보 무단 수집은 물론 한국·일본·프랑스 등 우방국 정상들도 감시하고 있다고 폭로해 큰 파장을 일으켰다. 그 여파로 당시 버락 오바마 미 대통령이 동맹국 정상을 상대로 한 도·감청을 중단하겠다고 약속했지만 이는 지켜지지 않았다. 즉, 스노든의 폭로 이후에도 NSA가 2012~2014년 독일·스웨덴·노르웨이·프랑스 등의 지도자급 정치인과 정부 고위 관계자를 감청한 사실이 2021년 5월 덴마크 언론의 보도로 드러나면서 또다시 논란이 일어난 것이다.

유출된 미국 기밀문건의 주요 내용

한국	•3월 초 한국 국가안전보장회의, 美 포탄 제공 요구에 고심 •당시 국가안보실장, 폴란드 통한 포탄 판매 방안 제의 •우크라이나 포탄 지원 관련 한국의 정보는 시긴트로 입수했다고 감청 시사
우크라이나	•동부 격전지 바흐무트 전황, 우크라이나군 무기 보급과 병력 증강 현황 •미국이 우크라군에 제공한 고속기동포병로켓시스템(하이마스) 탄약 소진 속도 •우크라이나 전쟁 러시아 전사자 최대 4만 3000명, 우크라이나 전사자 최대 1만 7500명
이스라엘	정보기관 모사드, 베냐민 네타냐후 총리의 사법 정비에 대한 반대 시위 지원 공작
영국	지난해 9월 크림반도 해안에서 러시아 전투기가 영국 정찰기를 격추할 뻔한 사건 발생
러시아	북대서양조약기구(나토)의 탱크 지원에 대한 대응

기밀문건 유출 용의자, 잭 테세이라 체포 전 세계적으로 논란을 일으킨 미국 국방부 기밀문건 유출 용의자가 4월 13일 미 매사추세츠주 노스다이튼에서 체포됐다. 검거된 용의자는 미 공군 주방위군 소속 정보 관련 부서의 일병 잭 테세이라(21)로, 앞서 워싱턴포스트(WP) 등 미 언론은 기밀문건 최초 유출자가 게임 채팅 플랫폼 디스코드의 채팅방에서 OG라는 닉네임을 쓰는 20대 초중반의 미 남성이라고 보도한 바 있다. 미 사법 당국은 용의자 신병을 확보함에 따라 기밀문서의 정확한 유출 규모와 유출 목적, 단독 범행 여부 등에 대해 본격적으로 수사할 예정이다. 기밀 유출은 스파이방지법에 따라 반출 문건 1개당 최대 10년형이 선고될 수 있는 중범죄인데, WP 보도에 따르면 테세이라가 유출한 문건은 최소 300건을 넘어선다.

한편, 미 정규군이 아닌 매사추세츠 주방위군 소속의 말단 통신병이 1급 기밀에 제한 없이 접근했다는 점이 드러나면서 미국의 허술한 보안 체계에 대한 비난이 거세질 것으로 보인다. 특히 유출 문건 분량이 당초 알려진 100여 쪽이 아니라 무려 350건이라는 증언도 나오면서 파문은 더 확산될 전망이다.

디스코드(Discord) 게이밍에 특화된 음성 채팅 프로그램으로, 게임 이용자들이 필요한 실시간 소통을 음성 메신저로 즉각 주고받는 플랫폼이다. 디스코드는 2015년 처음 출시될 때만 해도 채팅 기능밖에 없었지만 점차 문서, 이미지, 영상 공유 등의 기능이 추가되면서 게이머 커뮤니티로 진화했다. 특히 2020년 이후 코로나19 팬데믹 상황에서 화상회의 서비스인 「줌(Zoom)」과 더불어 전 세계 이용자 수가 급증했다. 월스트리트저널(WSJ)에 따르면 이번 기밀문건 유출은 지난 1월 디스코드에서 12명 남짓의 소규모 익명 회원들이 우크라이나 전쟁 관련 세부 정보가 담긴 파일들을 올리면서 시작됐다. 해당 파일들은 3월 초까지 디스코드 내에서만 공유되다가 이후 일부가 사회관계망서비스(SNS)로 올라오면서 확산됐다.

중국 양회 폐막, 시진핑 국가주석 3연임 시 주석 1인 체제 공고화

3월 4일 전국인민정치협상회의(정협) 전체회의와 함께 개막한 중국의 연례 최대 정치행사인 양회(兩會)가 13일 열린 전국인민대표대회(전인대) 전체회의를 끝으로 10일간의 일정을 마무리하며 폐막했다. 이번 양회에서 시진핑(習近平, 70) 주석은 국가주석과 중앙군사위원회 주석으로 재선출되며 3연임을 확정지었는데, 국가주석 3연임은 1949년 중화인민공화국 건국 이후 처음이다. 특히 이번 시진핑 집권 3기에서는 시 주석의 측근들이 대거 지도부에 포진된 반면 그동안 공산당 3대 계파를 형성했던 공청단파와 상하이방은 전멸하면서 시 주석의 1인 독주 체제가 완성됐다.

중국 양회(中國 兩會) 중국의 최고권력기관인 전국인민대표대회(전인대)와 국정자문회의 격인 전국인민정치협상회의(정협)를 통칭하는 말로, 한 해 중국 정부의 경제·정치 운영 방침이 정해지는 최대 정치행사다. 1954년 출범한 전인대는 우리나라 국회와 비슷한 것으로 31개 성·시(省·市)와 인민해방군 대표 2900여 명이 모여 주요 국정을 심의하고 법률을 의결한다. 중국 최고의 정책자문기구인 정협은 1949년 신중국 설립과 동시에 출범해 현재에 이르고 있다.

중국 국가주석(中國 國家主席) 중국 국가를 상징적으로 대표하는 직위로, 전인대 상무위원회 결정에 따라 법률은 물론 특사령, 계엄령, 선전포고, 동원령을 공포할 수 있다. 대외적으로는 중국을 대표해 외국사절을 접수하고, 전인대 상무위원회 결정에 따라 해외주재 전권대사를 파견·소환하며, 외국과 체결한 조약 및 협정을 비준·폐기하는 권한을 가진다. 역대 중국 국가주석은 1대 마오쩌둥(毛澤東), 2대 류샤오치(劉少奇), 3대 리셴녠(李先念), 4대 양상쿤(楊尙昆), 5대 장쩌민(江澤民), 6대 후진타오(胡錦濤) 등 시 주석을 포함해 모두 7명이다.

2023년 중국 양회 주요 내용

시진핑, 중국 첫 3연임 국가주석 시진핑 국가주석이 3월 10일 열린 국가주석과 국가중앙군사위원회 주석 투표에서 2018년에 이어 두 번 연속 만장일치로 첫 3연임 국가주석에 올랐다. 시 주석은 지난해 10월 열린 당대회에서 공산당 총서기와 당 중앙군사위원회 주석으로 선출된 바 있어, 이번 결과에 따라 당·군·정을 모두 장악한 명실상부한 1인 지배 체제를 완성하게 됐다. 1949년 중화인민공화국(신중국) 건국 이후 국가주석을 3번 연임하는 것은 시 주석이 처음으로, 시 주석은 지난 2012년 제18차 당대회에서 최고지도자에 오른 뒤 이듬해 전인대에서 국가주석으로 처음 선출됐다. 이후 2018년 전인대에서 재선에 성공한 뒤에는 헌법 개정을 통해 3연임 제한 규정을 삭제한 바 있다. 이로써 시 주석은 중국 권력 정점에 오른 2013년부터 올해까지 10년의 임기를 수행한 데 이어 2028년까지 5년 더 임기를 이어가게 됐다.

3월 10일 국가주석 투표와 함께 진행된 선거에서 전인대 상무위원회 위원장에는 시진핑 2기에서 반부패 사정을 총지휘했던 자오러지(趙樂際, 66) 공산당 중앙위원회 상무위원이 선출됐으며, 국가부주석에는 한정(韓正, 69) 부총리가 선출됐다. 여기에 중국 공산당 서열 4위이자 시 주석의 책사로 꼽히는 왕후닝(王滬寧·68) 정치국 상무위원은 이날 정협 주석에 취임했다.

내각 지도부까지 시진핑 측근, 1인 권력체제 완성 전인대가 3월 11~12일 전체회의를 개최해 총리와 부총리 등 국무원 인사를 단행했다. 중국의 권부 2인자 격인 국무원 총리에는 시자쥔 그룹의 선두주자이자 시 주석의 복심으로 불리는 리창(李强, 64) 상무위원이 선출됐다. 리 총리는 시 주석이 지난 2002~2007년 저장성 성장과 당서기를 지낼 때 비서실장을 지낸 핵심 측근으로, 상하이 당서기를 지내다 지난해 당대회에서 당 서열 2위의 중앙정치국 상무위원에 발탁된 바 있다. 그리고 4명

의 부총리에는 중앙정치국 상무위원인 딩쉐샹(丁薛祥, 61)을 비롯해 허리펑(何立峰, 68)·장궈칭(張國淸, 59)·류궈중(劉國中, 61) 중앙정치국 위원이 선출됐다. 이처럼 지난해 당대회를 통한 공산당 지도부에 이어 국무원까지 이른바 「시자쥔(習家軍, 시 주석 측근 그룹)」으로 채워지면서 시 주석은 1인 체제를 공고화하게 됐다.

시진핑 집권 3기 주요 내각 및 국가기관장

인물	현 직위 및 주요 이력
시진핑(70)	국가주석 겸 중앙군사위원회 주석
한정(69)	국가부주석(상하이방 출신)
리창(64)	•국무원 총리, 당 중앙정치국 상무위원 •주요 이력: 2002~2007년 시진핑 주석의 저장성 성장과 당서기 시절 비서실장 역임
딩쉐샹(61)	•국무원 부총리, 당 중앙정치국 상무위원 •주요 이력: 시 주석 상하이시 당서기 시절 비서실장(2007년), 중앙판공청 주임 겸 국가주석 판공실 주임
허리펑(68)	•국무원 부총리, 당 중앙정치국 위원 •주요 이력: 1980년대 시 주석 샤먼시 부시장 재직 당시 샤먼시 정부 판공실 부주임, 국가개혁발전위원회 주임
류궈중(61)	•국무원 부총리, 당 중앙정치국 위원 •주요 이력: 2020년 8월~2022년 10월 산시성 당서기
장궈칭(59)	•국무원 부총리, 당 중앙정치국 위원 •주요 이력: 1999~2013년 중국병기공업그룹에서 일하며 총경리 역임
자오러지(66)	•전인대 상무위원장 •주요 이력: 시진핑 집권 1기(2012~2017년) 시 당 중앙조직부장, 2기(2017~2022년) 시 당 중앙기율검사위원회 서기 역임(인사·사정 작업 총괄)
왕후닝(68)	•정협 주석 •시 주석의 책사로 불리는 인물

리커창 퇴임 _ 공청단과 상하이방은 몰락 시진핑 집권 1·2기에서 총리를 맡았던 리커창(李克强)이 3월 5일 전인대 14기 1차회의 개막식 정부 업무보고를 끝으로 10년 임기를 마치고 총리직에서 물러났다. 리 총리는 이날 업무보고를 통해 올해 성장률 목표를 5% 안팎으로 정했다고 발표했는데, 이는 중국 정부가 연간 성장률 목표를 발표하기 시작한 1994년 이래 코로나19 충격을 받았던 2020년을 제외하고는 가장 낮은 수치다. 리 총리는 시 주석과 다른 파벌인 공산주의청년단(공청단) 출신으로, 2000년대 초중반에는 중국 최고지도자 자리를 놓고 시 주석과 경쟁하기도 했다. 하지만 임기 중 분배를 내세운 시 주석(리 총리는 성장)과 이견을 보이면서 시 주석 2기 때는 사실상 식물 총리로 전락한 바 있다.

이와 같은 리커창의 퇴임과 함께 이번 전인대에서는 그동안 공산당 내 3대 계파(태자당, 상하이방, 공청단파)로 시 주석과 경쟁해 오던 공청단과 상하이방이 모두 한직으로 물러났다. 상하이방 출신인 한정 전 상무 부총리가 국가부주석에, 공청단 출신의 후춘화 전 부총리가 정협 부주석에 임명되긴 했으나 해당 직들은 실권이 거의 없는 일종의 명예직에 불과하다.

✎ 리창 신임 총리가 3월 13일 전인대 폐막 직후 열린 내외신 기자회견에서 올해 5% 성장은 쉽지 않은 목표지만 반드시 달성하겠다고 밝혔다. 리 총리는 정부가 제시한 5% 안팎 성장 목표를 위한 4대 수단으로 ▷적극적 재정 정책 ▷내수 수요 확대 ▷개혁과 혁신 ▷리스크 관리를 꼽았다. 중국은 이번 전인대 업무보고에서 올해 국내총생산(GDP) 증가율 목표를 5% 안팎으로 제시했는데, 이는 코로나19 확산에 따른 봉쇄 조치가 있던 지난해(5.5% 안팎)보다도 낮춰 잡은 것이다. 더욱이 외부 전망치인 5~6% 안팎보다 낮은 것은 물론 중국이 연간 GDP 증가율 목표를 발표하기 시작한 1994년 이후 가장 낮은 수치다.

마크롱 프랑스 대통령, 연금개혁법 서명 법제화 마무리-이르면 9월 시행

에마뉘엘 마크롱 프랑스 대통령이 4월 15일 현재 62세인 정년을 2030년까지 64세로 2년 연장하는 것을 핵심으로 한 연금개혁법에 공식 서명했다. 이로써 지난 3개월간 전 국민적 반대 시위로 프랑스 사회에 격랑을 일으켜온 연금개혁법이 전격 공포되며 법제화가 완료됐다. 이는 곧바로 프랑스 관보에 실려 효력이 발생, 이르면 오는 9월 1일 시행될 예정이다.

앞서 지난 4월 14일 헌법재판소 격인 프랑스 헌법위원회는 연금개혁법안 조항 대부분이 헌법과 합치한다며 합헌 결정을 내렸다. 다만 일정 규모 이상 기업에 대해 고령자 고용률 관련 지표인 「시니어 지수」를 매년 고시하도록 의무화하는 조항 등 6개 조항은 헌법불합치 판단을 받아 법에서 삭제됐다. 이처럼 연금개혁법이 공포됐으나 야당과 노동계의 반발은 더욱 격화되고 있어 해당 법을 둘러싼 사회 혼란은 지속될 전망이다.

프랑스 연금개혁법 주요 내용

연금 수령 시작 최소 연령	현재 62세 → 2030년 64세(2023년 9월 1일부터 정년 매년 3개월씩 연장)
연금 100% 수령 위한 기여 기간	42년 → 43년(시작 시점 2035년 → 2027년)
최소 연금 상한	9월부터 최저임금의 75% → 85%
노동시장에 일찍 진입 시 조기 퇴직 허용	▷16세 이전 노동 시작 시 58세 ▷18세 이전 60세 ▷20세 이전 62세 ▷20~21세 63세 퇴직

연금개혁법 공포에 이르기까지 마크롱 대통령은 처음 집권한 2017년 대선에서부터 연금개혁을 핵심 공약으로 내세웠으나 국민적 저항과 코로나19 팬데믹으로 추진을 중단했었다. 하지만 2022년 재선에 성공한 뒤에는 연금개혁을 강력하게 추진했고, 지난 1월 10일 연금재정 적자 압박 가속화를 이유로 정년을 62세에서 64세로 연장하는 내용의 연금개혁안을 발표했다. 이 개혁안은 3월 16일 상원을 통과했으나, 하원 통과가 불확실하다고 판단한 마크롱 대통령은 표결을 생략하고 총리 책임 아래 법안을 통과시킬 수 있는 「헌법 49조3항」을 발동했다. 그러자 이에 반대하는 야당 의원들은 법안을 취소할 수 있는 총리(엘리자비트 보른) 불신임안을 발의하며 법안 처리에 맞섰다. 하지만 3월 20일 치러진 보른 총리 불신임안 표결 결과 총 577석 가운데 공석(4석)을 제외한 과반(287석)에 9표 차로 미치지 못하면서 부결됐고, 극우 성향의 국민연합(RN)이 별도로 발의한 불신임안도 94명의 찬성을 확보하는 데 그치며 2건의 불신임안이 모두 부결됐다. 이에 연금개혁법안은 의회를 통과한 효력을 지니게 됐으며, 프랑스 헌법위원회 심사만을 남겨두게 됐다. 그리고 헌법위원회가 4월 14일 연금개혁안 일부 조항을 제외하고 사실상 합헌 판단을 내리면서 마크롱 대통령은 연금개혁법을 즉시 공포했다.

프랑스 연금개혁법 일지

1. 10.	에마뉘엘 마크롱 대통령, 연금개혁안 발표
10~	프랑스 노동조합, 파업 및 시위
3. 16.	마크롱 대통령, 하원 표결 없이 정부 입법 가능한 헌법 특별조항(49조 3항) 발동으로 연금개혁법안 처리
20.	프랑스 하원, 엘리자베트 보른 총리 불신임안 부결 → 연금개혁법안 의회 통과 효력 발생
4. 14.	프랑스 헌법위원회, 연금개혁법안 헌법 합치 판결
15.	마크롱 대통령, 연금개혁법 공식 서명

연금개혁법 법제화 완료, 혼란은 지속 전망 연금개혁법 발표(1월) 이후 3개월간 프랑스에서는 이에 반대하는 시위와 파업이 계속되고 있는데, 특히 전국 단위의 시위가 12차에 걸쳐 벌어지면서 교통·에너지·학교 등이 노조 파업으로 마비됐다. 특히 헌법위원회의 연금개혁법 합헌 결정과 마크롱 대통령

의 법 공포 이후 시위는 더욱 거세졌는데, 반대 시위와 파업을 이끄는 프랑스 노동조합 연대는 노동절인 5월 1일 총파업을 예고하고 나섰다. 여기에 정부에 정년 연장 계획 철회를 촉구하며 연합전선을 구축한 프랑스 주요 8개 노동조합 역시 마크롱 대통령이 포기할 때까지 계속해서 싸울 것이라는 입장을 밝힌 바 있다.

한편, 로이터통신 등 외신은 앞서 연금개혁법이 의회를 통과했을 때 마크롱 대통령이 재선 1년 만에 지난 2018년 노란 조끼 시위 이후 중대한 위기를 맞게 됐다는 분석을 내놓은 바 있다. 당시 유류세 인상에 대한 반발로 시작된 노란 조끼 시위는 5개월가량 지속됐으며, 이에 마크롱 대통령의 지지율은 18%까지 급락한 바 있다.

노란 조끼 시위 2018년 11월 에마뉘엘 마크롱 대통령의 유류세 인상 발표에 반대하면서 시작돼 점차 마크롱 대통령의 퇴진을 요구하는 반정부 성격으로 확산된 시위를 말한다. 마크롱 정부는 친환경 경제로의 전환과 환경오염 방지 대책의 일환으로 2018년 1년간 유류세를 경유(디젤) 23%, 휘발유 15%를 인상하고 2019년 1월에도 추가로 인상하다는 계획을 발표했다. 이에 많은 프랑스 시민들은 마크롱 정부가 기업들에게는 세금을 삭감해 주면서 서민들에게만 세부담을 짊어지게 한다며 거세게 반발했다. 이와 같은 거센 저항에 프랑스 정부는 결국 2018년 12월 4일 유류세 추가 인상 계획을 중단한다고 발표했다.

영국-EU, 북아일랜드 관련 브렉시트 새 합의 북아일랜드 교역 장벽 완화

영국과 유럽연합(EU)이 2월 27일 영국 본토와 북아일랜드 간 교역 장벽을 낮추는 브렉시트(Brexit, 영국의 EU 탈퇴) 후속 협약에 전격 합의했다. 리시 수낵 영국 총리와 우르줄라 폰데어라이엔 EU 집행위원장은 이날 공동 기자회견을 통해 북아일랜드 관련 브렉시트 협약을 수정한 「윈저 프레임워크(Windsor Framework)」에 합의했다고 발표했다.

북아일랜드(Northern Ireland) 영국 아일랜드섬 북동부에 위치한 지역으로, 본래 켈트족 거주 지역이었으나 12세기 이후 영국의 귀족 및 영주들에 의해 정복됐고 1801년 영국에 합병됐다. 하지만 자치권을 요구하는 민족운동이 계속되었고, 이에 영국은 1차 세계대전 이후 영국계 신교도가 많은 얼스터 지방(현재의 북아일랜드)을 분리하고 아일랜드를 자치령으로 하는 타협안을 승인하면서 1922년 아일랜드 자유국이 수립됐다. 아일랜드는 1948년 헌법 개정에 이어 다음해에 영연방에서 이탈, 완전 독립을 이뤘다. 그러나 잉글랜드와 스코틀랜드계가 많이 거주하던 북아일랜드가 영국령으로 남으면서 신교와 구교가 대립하는 북아일랜드 분쟁이 시작됐다. 계속되던 갈등은 1998년 4월 벨파스트 협정으로 봉합됐는데, 이 협정에 따라 영국은 아일랜드와 북아일랜드 간 자유로운 통행과 무역을 보장했고, 아일랜드는 북아일랜드 6개 주에 대한 영유권 주장을 포기했다.

영국-EU, 합의 이유와 합의안 주요 내용 북아일랜드 협약은 2021년 1월 1일 본격 시행된 브렉시트를 앞두고 체결한 북아일랜드 교역에 관한 규정을 말한다. 이는 유럽연합(EU) 회원국인 아일랜드와 국경을 맞댄 영국령 북아일랜드를 예외적으로 EU 단일시장에 남기고, 영국 본섬과 북아일랜드 사이에 통관·검역 절차를 만든 것이다. 그러나 브렉시트 발효 이후 영국 본섬에서 북아일랜드로 넘어가는 국내 이동 물품까지 통관·검역 대상이 되며 절차가 지연되자 갈등이 계속됐다. 특히 이러한 갈등이 북아일랜드의 영국연방파와 분리독립파 간 유혈 충돌을 끝낸 1998년 벨파스트 협정을 위태롭게 할 것이라는 우려까지 제기되면서 영국은 협약 개정을 EU에 요구해 왔다.

이에 따라 영국과 EU 간에 이뤄진 윈저 프레임워크에 따르면 영국 본토에서 북아일랜드로 넘어가는 물품을 「북아일랜드행(녹색 선)」과 「아일랜드 등 EU행(적색 선)」으로 구분해 녹색 선 물품에 대해서는 검역·통관 절차를 면제한다. 또 EU 규정을 따르던 북아일랜드의 부가가치세율은 앞으로 영국 정부가 정하기로 했으며, 영국 정부가 승인한 의약품의 북아일랜드 판매도 가능하도록 했다. 그리고 북아일랜드에서 EU의 법률이 적용될 때 북아일랜드 의회가 이의를 제기할 수 있도록 했으며, 이 경우 영국 정부가 거부권을 행사할 수 있도록 했다. 다만 교역 분쟁이 발생할 경우에는 유럽사법재판소(ECJ)가 최종 중재를 맡는다는 내용이 명시됐다.

영국 브렉시트~북아일랜드 협약 재협상 타결까지

2016. 6.	英, 브렉시트 국민투표 「EU 탈퇴」 52%로 가결
2020. 1.	영국-EU, 브렉시트 합의안 서명(※ 아일랜드의 EU 잔류로 영국 본토에서 북아일랜드(영국령)로 가는 물품도 검역·통관을 거치도록 한 북아일랜드 협약 비준)
2021. 1.	英, 북아일랜드 협약 재협상 요구
2023. 2. 27.	영국-EU, 북아일랜드 협약 재협상 타결

이란-사우디, 중국 중재로 관계 복원 국교 단절 7년 만의 화해

중동 질서를 좌우하는 지역 내 두 강국인 이란과 사우디아라비아가 3월 10일 공동성명을 통해 양국의 외교관계를 복원하고 2개월 안에 상대국에 대사관과 공관을 다시 열기로 합의했다고 밝혔다. 이란과 사우디의 이번 합의는 중국의 중재로 3월 6~10일 베이징에서 열린 협의를 통한 것이다. 양국의 관계 복원은 지난 2016년 사우디의 시아파 성직자 사형 집행을 계기로 국교가 단절된 지 7년 만으로, 당시 사우디의 사형 집행에 반발한 이란 강경 보수 세력들은 자국 주재 사우디 공관 2곳을 공격한 바 있다. 두 나라는 이 사건으로 국교를 단절했다가 2021년부터 이라크와 오만의 중재로 여러 차례에 걸쳐 관계 개선을 위한 협상을 진행해 왔다.

수니파와 시아파(Suunis & Shiis) 이슬람교를 양분하는 분파로, 이슬람 창시자 무함마드 사후(632년)에 그의 후계자 선정 방식을 놓고 충돌하며 분열한 양대 종파다. 수니파는 「전통과 공동체를 따르는 사람들」이란 뜻으로, 그 종주국은 사우디아라비아이다. 카타르, 쿠웨이트, 요르단 등의 중동 국가들은 물론 아프리카, 동남아시아 등에서도 수니파 이슬람교를 믿고 있다. 시아파는 「알리를 따르는 사람들」이란 의미로, 그 종주국은 이란이며 이라크와 바레인 등에서 시아파 비중이 높다. 현재 전 세계 이슬람교도 가운데 수니파가 전체의 90%를 차지하는 다수파이고, 나머지 10%가 시아파이다.

이란-사우디 관계 복원이 미칠 영향은? 양국의 관계 복원은 그간 계속돼 온 중동 내 긴장 완화의 신호탄이 될 것이라는 기대가 높은데, 특히 10년 가까이 이어지고 있는 예멘 내전에 미칠 영향이 주목된다. 2014년 시작된 예멘 내전은 예멘 정부를 지지하는 사우디와 후티 반군을 지지하는 이란 간의 대리전으로 변모하면서 현재까지도 계속되고 있다.

특히 이번 합의가 중국의 중재로 이뤄지면서, 그동안 미국이 주도해온 중동 외교 판도가 뒤집어지는 등 향후 중동의 지정학적 정세 재편에 큰 영향을 미칠 것이라는 전망이 높다. 현재 중국은 사우디 원유의 최대 수입국이며, 미국의 경제 제재로 판로가 막힌 이란산 원유를 대량 수입하는 이란

의 최대 무역 파트너이기도 하다. 반면 미국은 이란과는 물론 사우디와는 언론인 자말 카슈끄지 암살 사건과 원유 증산 문제로 관계가 악화된 상태다. 조 바이든 대통령은 지난해 석유 가격 안정화를 위해 사우디를 찾아 무함마드 빈살만 왕세자를 만나며 관계 회복에 나섰지만, 사우디는 이후에도 주요 산유국들의 감산 결정을 주도하며 바이든 행정부에 반기를 든 바 있다.

자말 카슈끄지 암살 사건 사우디아라비아 무함마드 빈살만 왕세자의 정책을 비판하던 중견 언론인 자말 카슈끄지가 2018년 10월 결혼서류 준비차 터키 이스탄불의 사우디 총영사관을 방문했다가 본국에서 급파된 요원들에게 잔혹하게 살해된 사건을 말한다. 당시 카슈끄지가 사우디 왕실의 지시로 암살됐다는 의혹이 제기되면서 국제사회의 비판이 커졌으나, 사우디는 이를 전면 부인하고 나섰다. 특히 배후로 지목된 빈살만은 부하들이 독자적으로 벌인 범죄라고 해명했지만, 그가 지시했다는 정황이 잇따라 제시되면서 논란이 됐다.

튀르키예·이집트도 10년 만에 관계 회복 진행 로이터통신이 3월 18일 튀르키예와 이집트 외교장관이 이집트 카이로에서 회담하고 2013년 양국 관계가 사실상 단절된 지 10년 만에 관계 회복에 나섰다고 보도했다. 양국 관계는 2013년 7월 이집트 군부가 튀르키예의 동맹인 무슬림형제단의 무함마드 무르시 대통령을 축출한 뒤 급속히 악화됐다. 이후에도 두 나라는 리비아 내전 개입과 동지중해 천연가스 이권을 둘러싸고도 갈등을 빚었다. 하지만 지난해 11월 FIFA 월드컵이 열린 카타르 도하에서 양국 대통령이 만나 악수하는 등 갈등 완화 움직임이 이어져 왔다.

ICC, 푸틴에 체포영장 발부
국가원수로는 수단 바시르·리비아 카다피에 이어 세 번째

국제형사재판소(ICC)가 3월 17일 러시아–우크라이나 전쟁 중 우크라이나 어린이들을 러시아로 강제 이주시킨 혐의로 블라디미르 푸틴 러시아 대통령에 대한 체포영장을 발부했다. ICC가 지난해 2월 러시아의 우크라이나 침공 이후 공식적으로 러시아 최고위급 인사를 피의자로 특정한 것은 이번이 처음이다. 특히 국가원수급에 체포영장이 발부된 것은 수단의 오마르 알바시르 전 대통령, 리비아의 전 독재자 무아마르 카다피에 이어 푸틴이 세 번째이다.

국제형사재판소(ICC·International Criminal Court) 집단학살, 전쟁범죄, 반인도적 범죄를 저지른 개인을 처벌하는 세계 최초의 상설 전쟁범죄재판소이다. 2002년 7월 1일 발족됐으며 본부는 네덜란드 헤이그에 있다. 임기 9년인 18인의 재판관을 비롯해 소추부, 사무국으로 구성돼 있으며 우리나라는 2003년 2월 정식 가입국이 됐다. ICC는 해당 국가가 전쟁범죄 등에 대한 재판을 거부하거나 재판할 능력이 없다고 판단될 때 재판절차에 들어간다. 다만 2002년 7월 이전에 발생한 행위는 다룰 수 없도록 불소급 원칙이 적용되며, 최고 형량은 징역 30년(극단적인 경우 종신형)이다.

ICC 체포영장 주요 내용 ICC는 3월 17일 홈페이지에 올린 성명에서 푸틴 대통령이 점령지의 우크라이나 어린이들을 불법 추방·이주시킨 전쟁범죄에 대해 책임이 있으며, 마리야 르보바벨로바 러시아 대통령실 아동인권 담당 위원에 대해서도 같은 혐의로 체포영장을 발부했다고 밝혔다. 하지만 ICC가 체포영장을 발부했더라도 푸틴 대통령의 신병을 확보하기는 사실상 불가능한데, 이는 러시아가 지난 2016년 ICC 회원국에서 탈퇴해 현재 관할권을 인정하지 않고 있기 때문이다. 다만 123개국이 가입한 ICC가 푸틴 대통령을 전쟁범죄 혐의자로 공식 지목했다는 점에서 그 상징적 의미가 작지 않다는 평가가 나온다. 여기에 123개 ICC 회원국들은 체포영장이 발부된 혐의자를 체포해 ICC에 넘겨야 할 의무가 있기 때문에 푸틴 대통령이 방문할 수 있는 국가가 줄어드는 등 러시아의 고립을 심화시키는 실질적 효과도 기대할 수 있다는 분석이다.

러시아 관영 타스통신은 푸틴 대통령이 우크라이나 동부 돈바스(도네츠크·루한스크) 지역을 사상 처음으로 방문했다고 3월 19일 보도했다. 푸틴 대통령이 지난해 2월 24일 러시아의 우크라이나 침공 이후 우크라이나 내 점령지 방문을 공개한 것은 이번이 처음이다. 무엇보다 푸틴의 돈바스 방문은 국제형사재판소(ICC)가 푸틴에 대한 체포영장을 발부한 직후 이뤄진 것이어서 그 방문 의미를 두고 많은 해석이 나오고 있다. 푸틴 대통령은 앞서 3월 18일에는 크림반도 강제병합 9주년을 맞아 크림반도를 찾기도 했다.

푸틴, 「벨라루스에 전술핵 배치」 푸틴 러시아 대통령이 3월 25일 국영 TV 인터뷰에서 벨라루스에 러시아의 전술 핵무기를 배치하기로 합의했다고 발표했다. 푸틴 대통령의 이번 발언은 지난 2월 21일 신전략무기감축협정(New START, 뉴스타트/ ※ 시사용어 참조) 참여 중단을 전격 선언한 지 한 달 만이다. 푸틴 대통령은 핵무기 운반체계인 이스칸데르 미사일 여러 대와 전술 핵무기를 탑재할 수 있는 10대의 항공기를 이미 벨라루스에 주둔시켰다며 오는 7월 1일까지 저장고를 완성하겠다고 공언했다. 그러면서 핵무기 통제권은 러시아가 가지기 때문에 유럽 6개 기지에 전술핵을 둔 미국처럼 핵확산금지조약(NPT) 위배가 아니라고 강조했다. 만약 러시아가 벨라루스에 전술핵을 배치하면 1996년 러시아·우크라이나·벨라루스·카자흐스탄 등 4개국에 분산 배치됐던 핵탄두를 옮겨 받았던 이래 약 30년 만에 처음으로 국외에 핵무기를 배치하는 것이다. 한편, 벨라루스는 러시아의 주요 동맹국으로 러시아와 전쟁 중인 우크라이나를 비롯해 북대서양조약기구(NATO) 동맹인 폴란드·리투아니아·라트비아와 국경을 맞대고 있다.

알렉산드르 루카셴코 벨라루스 대통령이 3월 31일 국정연설에서 러시아의 전술핵에 이어 전략핵도 자국에 배치할 가능성을 언급했다. 그의 전략핵 발언은 앞서 지난 3월 25일 푸틴 러시아 대통령이 벨라루스에 전술핵을 배치할 것이라는 발언 이후 나온 것이다. 전술핵은 전투 지역 등 제한된 영역에서만 사용하는 핵무기인 반면 전략핵은 도시 전체 파괴 등 훨씬 더 광범한 지역을 공격할 수 있는 무기를 뜻한다.

네타냐후 이스라엘 총리, 시위 격화·축출 거론에 사법부 무력화 입법 연기

베냐민 네타냐후 이스라엘 총리가 3월 27일 사법부 무력화 내용을 담은 사법 조정안 입법 시한을 연기하겠다고 밝혔다. 이번 연기 발표는 해당 법안을 공개적으로 반대한 요아브 갈란트 국방장관 해임을 계기로 3달간 이어지던 반대 시위 규모가 더욱 커진 데다 야당에서 총리 축출까지 거론하는 등 거센 저항에 부딪힘에 따른 것이다. 하지만 해당 법안 폐기를 선언한 것은 아니기 때문에 향후 법안 논의 과정에서 현재와 같은 논란이 다시 일어날 수 있다는 전망이 높다.

베냐민 네타냐후(Benjamin Netanyahu) 지난해 10월 3일 치러진 총선에서 승리하며 1년 반 만에 총리에 복귀한 이스라엘 역대 최장수 총리로, 1996~1999년, 2009~2021년 두 차례에 걸쳐 총 15년이 넘게 집권했다. 그는 1996년 46세의 나이로 역대 최연소 총리에 올랐고, 이후 2009·2013·2015·2019년 총선에서도 연이어 승리하면서 초대 총리인 다비드 벤구리온(13년 5개월 재임)을 제치고 역대 최장 총리직 수행 인물이 된 바 있다. 그러다 2021년 6월 이스라엘 의회가 9개 야권 정당이 동참하는 연립정부를 최종 승인하고 새 연정을 공식 출범시키면서 총리직에서 물러났다가 지난해 총선에서 승리하며 복귀했다.

사법부 무력화 법안, 연기에 이르기까지 지난해 12월 29일 출범한 이스라엘 새 정부는 네타냐후의 리쿠드당을 중심으로 「독실한 시오니즘」 등 3개의 극우정당, 초정통파 유대교 정당인 「샤스」, 보수 유대 정치연합인 「토라유대주의연합(UTJ)」 등 우파 연정이 참여하고 있다. 이들 연정은 올해 초부터 대법원의 최종심 기능을 약화시키고 행정부가 법관 인사에 개입할 수 있도록 하는 법 개정을 추진해 왔다. 구체적으로 이 법은 대법관 임명안 가결정족수를 6명으로 해 사실상 여당이 대법관 인사를 쉽게 다룰 수 있도록 했으며, 대법원이 내린 위헌 결정을 의회가 과반 찬성으로 뒤집을 수 있도록 했다. 또 법원이 연성헌법인 기본법에 반하는 변론을 들을 수 없고, 기본법을 무력화 또는 제한하는 결정은 무효라는 문구도 포함됐다. 이에 해당 개정안은 사법 시스템을 무력화하고 민주주의를 파괴한다는 거센 비판에 직면했는데, 특히 해당 개정안이 2019년 비리 혐의로 재판을 받고 있는 네타냐후 총리에게 셀프 면죄부를 주기 위한 것이라는 비난이 높아졌다.

이에 해당 법안을 반대하는 정치권의 움직임 및 국민들의 대규모 시위가 이어진 가운데, 네타냐후가 3월 26일 법안 강행을 공개 비판한 요아브 갈란트 국방부 장관을 전격 해임하면서 상황은 더욱 최악으로 치달았다. 네타냐후가 국방부 장관의 해임을 발표한 이날 하루에만 이스라엘 전역에서 약 70만 명이 시위에 참여했고, 야권은 네타냐후 총리의 축출을 거론했으며, 핵심 우방인 미국까지 심각한 우려를 표하고 나섰다.

사법부 무력화 법안 추진 일지

2022. 12. 29.	네타냐후 내각 출범
2023. 1. 12.	사법부 무력화 법안 발표, 이스라엘 야권 및 시민 거센 반발
3. 25.	갈란트 국방장관, 입법 중지 요구
26.	네타냐후 총리, 갈란트 장관 경질
27.	네타냐후 총리, 시위 격화에 「입법 연기」 발표

마잉주 대만 전 총통, 74년 만에 중국 방문
차이잉원은 방미-대만 전·현 총통 정반대 행보

마잉주(馬英九, 72) 전 대만 총통이 3월 27일 국공내전(1927년 4월~1950년 5월에 일어난 중국 국민당과 공산당 사이의 내전) 종료 이후 74년 만에 대만 전·현직 총통으로서는 처음으로 중국을 방문했다. 마 전 총통은 이번 방중의 목적이 조상에 대한 제사와 민간 교류라고 강조했으나, 대만의 전직 총통 사상 첫 중국 방문이라는 점에서 이목을 모았다. 지난 2008년부터 2016년까지 타이완 총통을 역임한 국민당 출신의 마 전 총통은 재임 시절인 2015년 11월 시진핑 중국 국가주석과 첫 양안 정상회담에 나서기도 했다.

한편, 차이잉원 현 대만 총통은 3월 29일부터 9박 10일 일정으로 중미 수교국 과테말라, 벨리즈를 방문하면서 미국 뉴욕과 로스앤젤레스를 각각 경유하기로 예정돼 있어 전현직 총통의 상반된 행보가 관심을 끌고 있다. 여기에 1941년부터 대만과 수교했던 중남미 온두라스가 3월 26일 전격적으로 중국과 수교하고 대만과 단교하는 조치를 취하면서 차이 총통의 이번 중남미 순방이 달성할 성과에도 관심이 집중됐다.

온두라스, 대만과 단교-중국과 수교 1941년 대만과 수교한 중남미 온두라스가 3월 26일 82년간 유지했던 외교 관계를 끊고 중국과 전격 수교했다. 중국 중앙(CC)TV에 따르면 친강(秦剛) 중국 외교부

장과 에두아르도 엔리케 레이나 온두라스 외무장관은 이날 베이징에서 회담한 뒤 외교관계 수립을 공표했다. 이로써 대만의 정식 수교국은 파라과이, 과테말라, 벨리즈, 아이티, 나우루, 팔라우, 투발루, 마셜제도, 세인트키츠네비스, 세인트루시아, 세인트빈센트그레나딘, 에스와티니, 교황청(바티칸) 등 13개국으로 줄어들게 됐다.

한편, 중국은 대만 독립을 주장하는 차이 총통이 집권한 2016년부터 차이나머니를 활용해 대만을 고립시키고 있다는 의혹을 받고 있다. 이번 온두라스와 대만의 단교 배경에도 중국의 금전적 약속이 있다는 의혹이 나오고 있는데, 2016년부터 현재까지 온두라스를 포함해 9개국이 대만과 단교한 바 있다.

차이잉원 총통 취임(2016년 5월) 이후 대만과 단교한 9개국은?

- 2016년: 상투메프린시페
- 2017년: 파나마
- 2018년: 엘살바도르, 도미니카공화국, 부르키나파소
- 2019년: 솔로몬제도, 키리바시
- 2021년: 니카라과
- 2023년: 온두라스

美·英·호주 오커스 정상 첫 대면회의 호주, 美 핵추진잠수함 5척 도입

미국·영국·호주 3자 안보협의체인 「오커스(AUKUS)」 정상들이 3월 13일 미국에서 첫 대면(對面) 정상회의를 갖고 오커스 차원에서 호주에 핵추진잠수함을 당초 예상보다 조기 공급하는 세부 계획을 공식 발표했다. 오커스 3국 정상에 따르면 미국은 2030년대 초반께 호주에 버지니아급 핵잠수함 3척을 판매하는데, 호주가 원하면 2척을 추가 판매하겠다는 방침이다. 이들 3개국은 지난 2021년 오커스 창설 당시 2040년까지 호주가 8척의 핵잠을 보유하도록 하겠다고 밝혔는데, 이번 회의를 통해 이 일정을 10년 더 앞당긴 것이다. 호주는 미국으로부터 핵잠을 인도받으면 세계 7번째 핵잠 보유국이 되는데, 특히 미국이 핵잠 관련 기술을 타국에 전수하는 것은 1958년 영국에 제공한 이후 처음 있는 일이다.

오커스 국가들의 이와 같은 합의는 미국이 인도·태평양 지역에서 호주를 통해 중국을 견제하겠다는 것으로 해석되고 있다. 이에 왕원빈 중국 외교부 대변인은 3월 14일 해당 합의가 핵 비보유국의 핵물질 보유 등을 금지한 핵확산금지조약(NPT)의 목적과 취지에 위배된다며 반대를 표명했다.

주요국 핵잠수함 보유 현황

국가	보유 수
미국	72척
러시아	32척
중국	12척
영국	11척
프랑스	8척
인도	2척

오커스(AUKUS) 미국이 인도태평양 지역에서의 안보 증진을 목적으로 영국, 호주와 함께 출범시킨 외교안보 3자 협의체로 2021년 9월 공식 출범했다. 오커스라는 명칭은 호주(Australia), 영국(UK), 미국(US)의 국호 첫 글자 및 이니셜을 따 지은 것이다. 오커스 출범은 인도태평양에서 일본, 호주, 인도를 거쳐 유럽의 영국까지 연결하는 거대한 해양안보 전선을 구축해 중국에 맞서 해양 안보를 강화하려는 미국의 전략적 의도가 반영된 것으로 분석되고 있다. 무엇보다 오커스는 미·영 양국이 호주의 핵추진잠수함(핵잠) 개발을 공동 지원하고 18개월간 공동연구를 진행하기로 한 부분이 핵심으로 꼽힌다.

핀란드, 나토 31번째 회원국 가입
유럽 안보지형에 큰 변화

△ 핀란드의 나토 가입(4. 4.)

핀란드가 1948년 이후 74년 만에 중립 노선을 철회하고 4월 4일 북대서양조약기구(NATO·나토)의 31번째 회원국으로 가입했다. 나토가 새 회원국을 받아들인 것은 2020년 북마케도니아 이후 3년 만이다. 핀란드는 지난해 2월 러시아의 우크라이나 침공 3개월 만인 그해 5월 스웨덴과 함께 나토 가입을 신청했으며, 지난 3월 30일 나토 회원국인 튀르키예가 마지막으로 비준안을 가결하면서 사실상 가입이 확정된 바 있다. 러시아와 1340km 국경을 맞대고 있는 핀란드의 가입에 따라 나토가 러시아와 맞댄 국경의 길이는 2배 이상 늘어나게 됐다.

한편, 나토 가입을 위해서는 회원국 모두의 동의가 있어야 하는데, 핀란드와 달리 스웨덴은 튀르키예와 헝가리의 비준을 받지 못해 가입에 난항을 겪고 있다. 특히 스웨덴은 쿠르드족 문제를 둘러싸고 튀르키예와 갈등을 빚고 있는데, 튀르키예는 스웨덴 내 쿠르드노동자당(PKK) 관련자 송환과 스웨덴 정부의 반(反)이슬람 시위 용인 등을 문제 삼아 스웨덴의 나토 가입 비준을 미뤄오고 있다.

북대서양조약기구(나토, NATO) 1949년 미국 워싱턴에서 조인된 북대서양조약을 기초로 유럽 10개국과 미국·캐나다 등 12개국이 참가해 발족시킨 집단방위기구다. 창설 당시 12개국으로 출발했으나 1991년 구소련 해체 이후 과거 구소련권이었던 동유럽 국가들이 대거 가입하며 확장을 지속했다. 그리고 4월 4일 핀란드의 가입에 따라 현재 31개국이 회원국으로 가입돼 있다.

나토 회원국 (31개국)	미국, 캐나다, 벨기에, 덴마크, 프랑스, 아이슬란드, 이탈리아, 룩셈부르크, 네덜란드, 노르웨이, 포르투갈, 영국, 그리스, 튀르키예. 독일, 스페인, 체코, 폴란드, 헝가리, 에스토니아, 라트비아, 리투아니아, 슬로베니아, 슬로바키아, 불가리아, 루마니아, 알바니아, 크로아티아, 몬테네그로, 북마케도니아, 핀란드

유엔, 우크라이나 평화 결의안 채택
러시아·북한·시리아 등은 반대

유엔 회원국들이 2월 23일 우크라이나 전쟁 발발 1년을 맞아 미국 뉴욕 유엔본부에서 열린 긴급특별총회에서 우크라이나를 침공한 러시아의 무조건적이고 즉각적인 철군을 요구하는 결의안을 찬성 141표·반대 7표·기권 32표로 채택했다. 미국과 유럽연합(EU) 등이 중심이 돼 추진한 이번 결의안에는 우리 정부도 공동제안국 명단에 이름을 올렸고, 총회에서도 찬성표를 던졌다. 총회 결의안은 법적 구속력이 없지만, 국제사회가 한목소리로 러시아의 침공에 대한 법적인 책임까지 제기했다는 점에서 의의가 있다는 평가다.

다만 이번 표결 결과는 지난해 10월 러시아의 일방적인 우크라이나 4개 주 합병 결정에 대한 반대 결의안에 143개 나라가 찬성했던 것에서 거의 달라지지 않은 것이다. 이번 결의안에는 러시아와 함께 북한과 벨라루스, 시리아, 말리, 니카라과, 에리트레아 등이 반대표를 던졌고, 중국과 인도는 이번에도 기권했다.

유엔 인권이사회, 북한 인권결의안 채택(4. 4.) 유엔 인권이사회가 4월 4일 한국 정부가 2018년 이후 5년 만에 공동제안국으로 복귀해 초안 협의에 적극 참여한 북한인권결의안을 채택했다. 북한인권결의안은 2003년 유엔 인권이사회의 전신인 인권위원회에서 처음 채택된 뒤 올해까지 21년 연속으로 채택된 것이다. 결의안은 북한에서 벌어지는 광범위하고 조직적인 인권침해와 반인권 범죄를 규탄하고 개선을 촉구하는 내용을 담았다. 특히 이번에는 한국의 드라마·노래 등을 금지하는 북한의 반동사상문화배격법 관련 내용이 새롭게 추가됐는데, 2020년 제정된 이 법은 한국을 비롯한 외부에서 제작된 콘텐츠 일체를 반동사상문화로 규정해 엄격히 금지하는 내용을 담고 있다.

美 국무부, 「2022 국가별 인권보고서」 공개 尹 대통령의 비속어 논란 대응, 폭력과 괴롭힘으로 규정

미국 국무부가 3월 20일 공개한 국가별 인권보고서를 통해 한국이 표현 및 언론의 자유를 위협하고 있다고 지적했다. 미 국무부는 매년 각국의 언론 보도 등을 취합해 인권 상황을 나열하는 보고서를 발표하고 있다. 국무부는 이번 보고서에서 한국의 중대한 인권 문제로 명예훼손죄 적용을 포함한 표현의 자유 침해, 정부의 부패, 젠더 폭력 조사 및 책임 부재, 군대 내 동성애 처벌 문제 등을 꼽았다.

美 국무부 보고서 주요 내용 보고서는 지난해 9월 윤석열 대통령의 뉴욕 방문 당시 있었던 비속어 논란과 관련해 윤 대통령과 여당의 대응을 언론 및 표현의 자유에 대한 「폭력과 괴롭힘」으로 규정했다. 당시 윤 대통령은 조 바이든 미국 대통령과 48초 동안 회동한 뒤 이동하면서 비속어가 섞인 발언을 해 큰 논란을 일으킨 바 있다.

보고서는 또 「한국 정부와 공인들은 공개적인 토론을 제한하고, 개인과 언론의 표현을 괴롭히고 위협하거나 검열하기 위해 명예훼손법을 이용했다」며, 한동훈 법무부 장관 명예훼손 혐의로 벌금형이 선고된 유시민 전 보건복지부 장관과 윤 대통령 배우자 김건희 여사 관련 보도로 경찰의 압수수색을 받은 열린공감TV를 사례로 적시했다. 아울러 부패 및 정부의 투명성 결여와 관련해서는 윤 대통령이 지난해 광복절 특사에 이재용 삼성전자 부회장과 신동빈 롯데그룹 회장을 사면한 사실을 포함했다. 이 밖에 대장동 사건과 관련해서는 김용 전 민주연구원 부원장과 곽상도 전 국민의힘 의원 기소 사실 등이 언급됐다.

성추문 입막음 도널드 트럼프 전 대통령, 美 역대 대통령 첫 기소

미국 뉴욕 맨해튼 대배심이 3월 30일 성추문 입막음 의혹과 관련해 도널드 트럼프 전 미국 대통령을 기소하기로 결정했다고 밝혔다. 전·현직 미 대통령의 기소 결정은 1776년 미국 건국 이후 처음 있는 일로, 특히 현시점에서 공화당의 가장 유력한 대선 후보인 트럼프의 기소로 2024년 미 대선 판도에 적지 않은 파장이 예상되고 있다. 이번 기소로 트럼프가 향후 대선 가도에 큰 타격을 받게 됐다는 관측과 오히려 지지층 결집의 계기가 될 것이라는 전망이 교차하고 있다.

트럼프 공소장 주요 내용 검찰은 트럼프 전 대통령이 지난 2016년 대선 직전 성추문 입막음 대가로 거액의 돈을 전달케 하고 이를 법률 자문료 형태로 문서를 위조했다며 34개의 혐의를 적용했다. 특히 전직 포르노 배우인 스토미 대니얼스 외에도 성인잡지 플레이보이 모델 캐런 맥두걸, 트럼프에게 혼외자가 있다고 주장했던 뉴욕 트럼프타워 도어맨까지 총 3건의 입막음 대가를 지불했다는 내용이 공소장에 적시됐다.

한편, 이번 기소 결정에 최악의 정치 탄압이라며 거세게 반발한 트럼프 전 대통령은 4월 4일 기소인 부절차에 출석한 뒤 연설을 통해 「소송은 오로지 2024년 대선에 개입하려고 시작된 것」이라며 지지자 결집에 나섰다. 하지만 트럼프는 2020년 대선 당시 조지아주 개표 개입 의혹을 비롯해 ▷2021년 1·6 의사당 난입 선동 의혹 및 백악관 기밀문서 유출 의혹 ▷부동산 개발회사 트럼프기업 회계 조작 및 사기 의혹 등으로 추가 기소 가능성까지 있어 타격이 불가피할 전망이다.

北, 한미 연합연습 반발해 ICBM 등 미사일 도발 SRBM 공중폭발 및 핵어뢰 시험까지 시행

북한이 3월 13일부터 23일까지 11일간 진행된 한미 프리덤실드(FS·Freedom Shield) 연합연습 진행에 반발하며 수차례의 무력시위를 진행했다. 김정은 북한 국무위원장은 3월 11일 열린 노동당 중앙군사위 확대회의에서 한미 연합훈련에 상응하는 군사적 대응에 나설 것을 암시했는데, 실제로 북한은 FS훈련을 하루 앞둔 12일 사상 처음으로 잠수함순항미사일 2발을 발사했다.

북한은 이후 ▷3월 14일 단거리탄도미사일(SRBM) 2발 ▷16일 대륙간탄도미사일(ICBM) 1발 ▷22일 순항미사일 4발 발사 등 연이은 미사일 도발을 비롯해 21~23일에는 수중 핵무기인 「핵무인수중공격정」 시험 성공까지 주장했다. 그리고 3월 19일과 22일에는 모형 전술 핵탄두를 탑재한 탄도미사일과 전략순항미사일을 저고도 상공에서 폭발시키는 시험을 진행했다며 핵무기 실전 운용능력이 완성 단계에 도달했음을 과시했다.

⊕

자유의 방패(FS·Freedom Shield) 연합연습 한미 군 당국이 3월 13~23일까지 11일간 실시한 연합연습으로, 사단급 규모의 쌍룡 상륙훈련과 연합 특수작전훈련(Teak Knife·티크 나이프) 등 20여 개의 대규모 연합 FTX(실기동훈련)가 시행됐다. 티크 나이프는 한·미 양국의 특수부대가 유사시 북한 지휘부를 제거하는 임무 등을 숙달하는 훈련으로, 올해 훈련에는 미 공군의 지상지원용 공격기(건십) AC-130J 「고스트 라이더」가 처음 참가했다. 아울러 이번 FS 연습 기간 중에는 「전사의 방패(Warrior Shield)」라 명명된 연합야외기동훈련이 집중적으로 시행됐다.

한미 연합연습 전후 북한의 무력시위 전개는?

SLCM·ICBM 등 미사일 도발 북한이 한미 프리덤실드(FS) 연합연습 개시 전날인 3월 12일 함경남도 신포 인근 해상에서 잠수함순항미사일(SLCM) 2발을 발사했다. 북한이 SLCM을 쏜 것은 이번이 처음으로, 잠수함을 이용한 미사일 도발로 보면 지난해 5월 초 미니 SLBM(잠수함발사탄도미사일) 발사 이후 10개월 만이다. 이후 3월 14일에는 황해남도 장연 일대에서 동해상으로 단거리탄도미사일 2발을 발사한 데 이어 16일에는 평양 순안 일대에서 동해상으로 「화성-17형」으로 추정되는 대륙간탄도미사일(ICBM) 1발을 발사했다. 북한의 ICBM 발사는 지난 2월 18일 화성-15형 발사 이후 약 한 달 만에 이뤄진 것으로, 특히 해당 발사는 이날 일본 도쿄에서 개최 예정인 한일 정상회담을 겨냥한 것으로 추측됐다. 그리고 3월 19일 동해상으로 SRBM 1발을 발사한 북한은 ▷22일 순항미사일 4발 ▷27일 황해북도 중화 일대에서 동해상으로 SRBM 2발을 발사했다. 3월 27일 발사의 경우 한미 해군과 해병대가 3월 20일부터 4월 3일까지의 일정으로 경북 포항 일대에서 진행 중인 연합 상륙작전(쌍룡훈련)에 대한 반발 차원에서 행한 것으로 해석됐다.

핵습격 가정 저고도 상공 폭발시험 북한이 3월 19일 한국을 공격 목표로 모형 전술 핵탄두를 탑재한 단거리탄도미사일(SRBM)을 상공 800m에서 폭발시키는 시험을 한 것으로 확인됐다. 3월 20일 조선중앙통신 등에 따르면 북한은 지난 18~19일 「핵 반격 가상 종합 전술훈련」이자 「적 주요 대상에 대한 핵 타격 모의 발사훈련」을 실시했으며, 이를 통해 핵탄두부의 핵폭발 조종장치와 기폭장치의 동작 신뢰성을 검증했다고 주장했다. 북한이 이날 핵 공중 폭파 실험에 사용한 미사일은 대남(對南) 타격용 무기이자 변칙 기동으로 요격을 피할 수 있는 북한판 이스칸데르 「KN-23」인 것으로 분석됐다. 또 북한은 3월 22일 전략순항미사일부대들의 전술핵공격 임무 수행절차와 공정을 숙달하기 위해 4발의 전략순항미사일을 발사했다면서, 화살-1형과 2형 1발씩을 600m 상공에서 공중 폭발시켰다고 주장했다.

✎ 만약 북한 주장대로 해당 시험에서 핵폭발 조종장치와 기폭장치가 정상적으로 작동했다면 한국 전역을 타격할 수 있는 핵무기는 사실상 완성 단계라고 볼 수 있다는 분석이 나온다. 전술핵을 지상에서 가까운 상공에서 폭발시키면 피해가 극대화되는데, 실제로 미국은 지난 1945년 8월 16kt 규모의 원자폭탄을 일본 히로시마 상공 570m에서 폭발시켰고 당시 14만 명이 사망한 바 있다.

북한 전술핵 탑재 예상 주요 단거리미사일

구분	사거리	탄두 중량	배치 여부
KN02(개량형)	170km	500kg	O
스커드B(화성5호)	300km	1000kg	O
스커드C(화성6호)	500km	700kg	O
KN23(북한판 이스칸데르)	800km	500kg	배치 임박
KN24(북한판 에이태큼스)	400km 이상	400~500kg	배치 임박
KN25(600mm 초대형 방사포)	400km	–	실전 배치 돌입 추정
스커드ER(화성9호)	1000km	500kg	O

핵어뢰 첫 시험, 육해상 이어 수중 핵공격 능력 과시 북한이 지난 3월 21~23일 「해일」과 25~27일 「해일-1형」에 이어 4월 4~7일에도 「해일-2형」 핵무인수중공격정(핵어뢰)의 수중 폭발시험을 진행했다고 8일 공개했다. 이는 보름 새 세 차례나 핵어뢰의 수중 폭발시험 성공을 과시한 것으로, 북한에 따르면 4월 시험한 해일-2형은 1000km 거리를 모의해 조선 동해에 설정된 타원 및 8자형 침로를 71시간 6분간 잠항했다. 특히 해일-2형의 잠항 거리(1000km)는 해일-1형(600km)보다 400km나 늘어났으며, 잠항 시간 역시 앞서 해일에 비해서는 12시간, 해일-1형에 비해서는 30시간 길어졌다. 무엇보다 북한은 그동안 열차·이동식발사대(TEL)·저수지·잠수함·사일로(지하발사시설) 등 다양한 핵발사 수단을 개발해 왔는데 여기에 수중에서 은밀한 기습 공격이 가능한 핵어뢰까지 개발한 것이다. 이에 유사시 「킬체인 → 한국형 미사일방어 → 대량응징보복」으로 구성된 한국형 3축체계가 사실상 무력화되는 것이 아니냐는 우려가 높아졌다.

✎ 북한이 성공 사실을 공개한 핵무인수중공격정 해일은 「지구 최후의 날(Doomsday · 둠스데이)」이라는 별명을 가지고 있는 러시아의 핵어뢰 포세이돈과 유사하다는 분석이 일었다. 포세이돈은 전 세계에서 가장 큰 핵어뢰로, 해저를 따라 수백km를 이동하면서 해안 방어선을 뚫고 도시를 타격할 수 있다. 특히 그 위력이 2Mt급으로 제2차 세계대전 당시 일본 히로시마에 투하된 원자폭탄 리틀보이(15Kt급)보다 100배 이상 강력한 것으로 알려졌다.

한미 연합연습 전후 북한의 도발과 한미 전력 전개는 어떻게?

북한	3. 12.	함경남도 신포 일대 해상에서 잠수함발사순항미사일(SLCM) 2발 발사
	14.	황해남도 장연 일대에서 동해상으로 KN-23 추정 단거리탄도미사일(SRBM) 2발 발사. 비행거리 약 620km
	16.	평양 순안 일대에서 동해상으로 「화성-17형」 추정 ICBM 1발 발사. 비행거리 1000여km
	19.	평안북도 동창리 일대에서 동해상으로 SRBM 1발 발사. 비행거리 800여km
	21~23.	함경남도 이원 일대에서 핵무인수중공격정(핵어뢰) 수중폭발시험
	22.	함경남도 함흥 일대에서 동해상으로 순항미사일 4발 발사(동해 600m 상공 모의 핵탄두 폭파 시험)
	27.	황해북도 중화 일대에서 동해상으로 SRBM 2발 발사
	25~27.	해일-1형 수중 폭발시험 진행
	4. 4~7.	해일-2형 수중 폭발시험 진행
한국·미국	3. 13~23.	한미연합 지휘소연습 「프리덤 실드」 실시
	19.	B-1B 전략폭격기 등 한미공중훈련
	20.~4. 3.	한미연합상륙훈련 「쌍룡훈련」 실시
	27.	미 핵항모 니미츠함 등 한국 해군과 연합훈련

北, 실전용 핵탄두 실물 공개 「소형화·표준화 완성」 주장

북한이 3월 28일 각종 탄도·순항미사일, 초대형 방사포, 핵어뢰 등 주로 남한을 겨냥한 8종의 전술핵무기에 탑재할 전술 핵탄두를 처음으로 공개했다. 「화산-31」이라는 명칭의 이 규격화된 전술핵탄두는 직경 50cm 미만으로 추정되고 있다. 북한은 앞서 한미 연합훈련에 대한 맞대응으로 실질적 전술핵 사용 능력을 과시하는 훈련을 이어 왔는데, 니미츠함의 부산항 입항 당일인 3월 28일에는 전술 핵탄두까지 공개하면서 위협 수위를 끌어올린 것이다. 특히 북한이 지난 2016년과 2017년 5·6차 핵실험에 앞서 각각 증폭핵분열 핵탄두와 수소탄 추정 핵탄두를 공개했다는 점에서 이번 전술 핵탄두 공개가 7차 핵실험을 예고한 것이라는 관측까지 나오고 있다.

⊕

니미츠함(USS Nimitz) 미국 해군이 운용하는 핵추진 항공모함으로, 함명은 2차 세계대전 당시 태평양함대 사령관이었던 해군 제독 체스터 니미츠의 이름을 따 명명된 것이다. 니미츠함은 길이 약 332m, 너비 약 76m로 축구장의 3배 크기이며 높이는 23층 건물에 육박한다. 또 승조원 약 6000명에 F/A-18 슈퍼호넷 전투기 등 함재기 90여 대를 탑재할 수 있어 떠다니는 군사기지로 불린다. 니미츠함은 지난 2013년 이후 10년 만인 3월 28일 부산항에 입항했다.

北 전술 핵탄두 공개 주요 내용 북한 관영 매체들은 이날 김정은 국무위원장이 전날 「핵무기 병기화 사업 지도」를 했다며 전술 핵탄두 실물과 사진들을 공개했다. 북 매체가 공개한 사진 속 벽면 패널

에는 화산-31로 명명한 전술 핵탄두의 투발수단(탑재무기) 8종이 제시됐는데, 여기에는 ▷북한판 이스칸데르로 불리는 KN-23 및 KN-23 개량형 미사일 ▷북한판 에이태큼스 KN-24 미사일 ▷600mm 초대형 방사포 ▷핵장착 무인수중공격정(핵어뢰) 해일 ▷화살-1·2 장거리 전략순항미사일 ▷신형 단거리 전술 지대지미사일 등이 포함됐다. 이는 탄도·순항미사일, 방사포, 어뢰 등 다양한 투발 수단에 장착할 수 있도록 핵탄두를 소형화·경량화·규격화했다는 것으로 추정된다.

북한 공개 전술 핵탄두 탑재 무기체계 및 과거 핵탄두 공개사

북한 공개 전술 핵탄두 탑재 무기체계	• KN-23 및 개량형 탄도미사일: 북한판 이스칸데르, 사거리 800km • KN-24 탄도미사일: 북한판 에이태큼스, 사거리 400km • 신형 단거리 전술 지대지미사일: 전방 포병부대용, 연속 발사 가능 • 600mm 초대형 방사포: 연속발사 가능 • 핵어뢰 해일: 수중 폭발로 방사능 쓰나미 일으켜 타격 • 화살-1·2 장거리 전략순항미사일: 사거리 1500~2000km, 낮은 고도로 탐지 및 요격 회피
북한의 과거 핵탄두 공개	• 2016년 3월(2016년 9월 9일 5차 핵실험): KN-08 탑재 추정 원형 핵탄두 모형(직경 50~70cm) • 2017년 9월(2017년 9월 3일 6차 핵실험): 화성-14형 탑재 추정 핵탄두(수소탄) 장구형 핵탄두 모형(길이 1m) • 2023년 3월 28일: 화산-31 공개(직경 40~50cm)

北, 고체 ICBM 추정 「화성-18형」 시험발사 1단은 정상각도, 2·3단은 고각방식

북한이 지난 4월 13일 고체연료를 사용한 신형 대륙간 탄도미사일(ICBM) 「화성-18형」을 시험발사했다고 14일 발표했다. 북한은 추진체 단 분리에 대해 「1계단은 표준탄도 비행 방식, 2·3계단은 고각 방식」으로 쐈다고 설명했는데, 이는 1단은 정상각도(30~45도)로 발사해 탄도미사일 궤적으로 비행했고 2·3단은 의도적으로 각도를 높여 속도와 사거리를 줄였다는 의미다. 북한은 지난 2017년 7월 4일 화성-14형을 시작으로 화성-17형까지 지속적으로 ICBM 기술을 진화시키며 발사를 지속해 왔는데, 통상 3단으로 구성되는 ICBM의 단계별 비행 각도를 공개한 것은 이번이 처음이다.

화성-18형 제원

최대 사거리	1만 km 이상(추정)
연료	고체연료
탄두	다탄두(추정)
탄두 중량	500kg(추정)
발사 방식	콜드론치(Cold Launch): 미사일을 먼저 튕겨 올린 뒤 공중에서 엔진을 점화해 날아가는 방식

앞서 합동참모본부는 지난 4월 13일 평양 인근에서 고각으로 발사된 「중거리급 이상 탄도미사일(IRBM)」이 1000km 비행 뒤 동해상에 탄착했다고 밝히며 고체연료 추진제를 이용한 새로운 무기일 가능성을 제기한 바 있다. 특히 이번 미사일 발사는 북한이 지난 4월 7일부터 남북공동연락사무소와 서·동해 군 통신선을 통한 정기 통화에 응답하지 않은 지 6일 만에 이뤄진 것이다.

고체연료 추진 로켓 로켓은 크게 고체연료 추진 방식과 액체연료 추진 방식으로 구분되는데, 고체연료 발사체는 구조가 간단하고 발사 전에 연료를 주입할 필요가 없어 신속한 발사가 가능하다. 또 발사체를 연료를 장착한 상태로 관리할 수 있어 취급이 비교적 용이하고 대량생산에도 유리하다. 이 때문에 고체연료 ICBM은 핵 소형화와 함께 북한 핵무력 완성의 최종 관문이자, 우리나라의 킬체인(북 미사일 발사 사전 탐지 후 선제타격)을 무력화할 수 있는 핵심 무기로 꼽히고 있다.

우주발사체 고체연료와 액체연료 비교

구분	고체연료	액체연료
구조	간단	복잡
연료 주입	발사체 내 항시 저장	장시간 연료 주입
제작비용	저렴	고가
누출 및 연소 안전성	누출 위험 없음	누출 위험 존재, 연소 불안정
점화	일회용	재사용 가능
연료 효율	나쁨(저궤도, 소형 발사 유리)	좋음(중궤도, 정지궤도 발사 유리)

정부, 국제사회 첫 北 인공위성 제재 감시품목 77개 지정

외교부가 3월 20일 북한의 인공위성 개발 대응에 특화된 77개의 감시대상품목(Watch-list) 목록을 발표했다. 이번 제재는 윤석열 정부 출범 이후 다섯 번째로, 국제사회에서 인공위성 분야에서 대북 맞춤형 제재를 발표한 것은 이번이 처음이다. 해당 목록에는 ▷초점면어셈블리 등 광학탑재체 구성품목 ▷별추적기·저정밀태양센서·자기토커 등 자세제어를 위한 장비 ▷태양전지판 ▷안테나 ▷위성항법장치(GPS) 등 인공위성 체계 전반을 포괄하는 품목들이 포함됐다. 이들 물품은 「국제평화 및 안전유지 의무이행을 위한 무역에 관한 특별 고시」에 따라 제3국을 우회해 북한에 수출하는 것이 금지된다.

여기다 정부는 북한의 핵·미사일 개발 및 대북 제재 회피에 관여한 개인 4명과 기관 6개도 독자 제재 대상으로 추가 지정하기로 했다. 개인은 ▷리영길 노동당 군정비서 ▷김수길 전 노동당 총정치국장 ▷정성화 연변실버스타 CEO ▷싱가포르 국적 탄위벵 등 4명이며, 기관은 ▷중앙검찰소(법무부 대검찰청에 해당) ▷베이징숙박소 ▷조선 4·26 아동영화촬영소 ▷철산무역 ▷위 티옹 ▷WT 해운 등 6곳이 제재 대상에 올랐다.

대북 독자제재 추가 지정 대상

개인	리영길	당 군정비서 → 핵·미사일 프로그램 개발 관여
	김수길	전 총정치국장 → 핵·미사일 프로그램 개발 관여
	정성화	연변실버스타 CEO → 북한 IT인력의 외화벌이 관여
	탄위벵(싱가포르)	위 티옹·WT해운 대표 → 불법 금융활동
기관	중앙검찰소	북한 주민 강제노역 통한 미사일 자금 조달
	베이징숙박소	북한 노동자 송출 및 관리
	조선 4·26 아동영화촬영소	
	철산무역	
	위 티옹(싱가포르)	북한 정부 지원 자금세탁, 현금 밀수
	WT해운(싱가포르)	

윤석열 대통령-기시다 총리, 한일 정상회담
셔틀외교 복원·지소미아 완전 정상화 外

윤석열 대통령과 기시다 후미오 일본 총리가 3월 16일 일본 도쿄에서 정상회담을 갖고 12년 만의 셔틀외교 복원 등 양국 관계 회복을 선언했다. 또 양국 정상은 한·일 군사정보보호협정(지소미아) 종료 유예 철회와 일본의 수출규제 해제 등에도 합의했다. 하지만 한국 정부가 일제 강제징용 피해자에 대한 일본 측 입장을 수용한 「제3자 변제」 방식의 배상안을 발표했음에도, 기시다 총리는 강제징용에 대한 사과 등 과거사와 관련한 진전된 입장을 전혀 내놓지 않았다. 이에 따라 한일관계 회복을 위해 우리나라가 일본에 강제징용 면죄부를 줬다는 비판이 제기됐다.

셔틀외교(Shuttle Diplomacy) 첨예하게 대립하고 있는 양국 사이를 중재하기 위해 제3자를 활용하는 외교 방식 또는 국제 관계를 말한다. 1973년 제4차 중동전쟁이 발발하자 당시 미국 국무장관이던 헨리 키신저(H. Kissinger)가 양측을 오가며 평화협상을 위한 중재자 역할을 했는데, 이를 두고 셔틀외교라는 말이 처음 사용됐다.

한일 정상회담 주요 내용 한일 정상은 이날 ▷종료 유예 상태인 지소미아(GSOMIA) 정상화 ▷정상 간 셔틀외교 재개 ▷일본 측의 한국에 대한 반도체 관련 3개 품목 수출규제 해제와 한국 측의 세계무역기구(WTO) 제소 철회 등에 합의했다. 이로써 지난 2019년 7월 한국에 대한 일본의 수출 규제와 화이트리스트(수출 우대국) 배제 조치, 이에 따른 우리 정부의 지소미아 연장 중단 등으로 악화일로를 걸어오던 양국 관계가 회복 수순에 접어들 것으로 보인다. 다만 양국은 또다른 관심사였던 한국의 수출 품목에 대한 일본의 화이트리스트 배제 조처에 관해서는 향후 대화를 이어가기로 해 추후 과제로 남겼다. 이 밖에 국가안전보장회의(NSC) 차원의 경제안보대화 출범 등 양국 간 정치·경제·문화 차원의 교류를 증진하기로 했으며, 민간에서는 전국경제인연합회와 일본의 게이단렌(경제단체연합회)이 유학생 지원 등을 위한 「한일 미래 파트너십 기금」을 설립하겠다고 발표했다.

하지만 이번 한일 정상회담에서 일제강점기 강제동원 피해자 배상을 위한 한국 정부의 「제3자 변제안」과 관련한 기시다 총리의 직접적 사과나 유감 표명은 없어 논란이 일고 있다. 기시다 총리는 한국 정부의 강제동원 해법 발표와 관련해 「대단히 엄중한 상태에 있었던 양국 관계를 건전한 관계로 되돌리기 위한 것으로 평가한다.」며 「일본 정부는 1998년 10월 발표한 일·한 공동선언(김대중·오부치 선언)을 통한 역사인식과 관련해 역대 내각 인식을 앞으로도 계속해서 계승해나갈 것을 확인한다.」고만 밝혔다. 한편, 윤 대통령은 한일 정상회담 이후 열린 공동 기자회견에서 「추후 피고 기업에 대한 구상권 청구 가능성」은 고려하고 있지 않음을 밝혔다.

지소미아(GSOMIA, 한일군사정보보호협정) 박근혜 정부 때인 2016년 11월 23일 한국과 일본이 군사정보 직접 공유를 위해 체결한 협정으로, 당시 국민적 반발에도 협정 체결이 추진되면서 거센 논란이 일었다. 협정은 군사정보의 전달·보관·파기·복제·공개 등에 관한 절차를 규정하는 21개 조항으로 구성됐다. 그러다 2019년 8월 22일 일본이 우리나라를 화이트리스트에서 배제하는 조치 등을 취하자 당시 문재인 정부는 협정 유지가 우리의 국익에 부합하지 않는다며 지소미아 종료를 공식 발표했다. 이에 한일 지소미아는 2019년 11월 23일 0시를 기해 종료될 예정이었으나, 우리 정부가 종료시한 6시간을 앞두고 종료 통보의 효력을 일시 중지하기로 하면서 종료 유예 상태로 이어져 왔다.

김대중-오부치 선언 1998년 10월 8일 일본 도쿄를 방문한 우리나라의 김대중 대통령과 일본의 오부치 게이조(小渕恵三) 총리가 서명한 공동선언을 말한다. 이 선언에서 일본은 1995년 8월 15일 무라야마 도미이치(村山富市) 전 총리의 「전후 50주년 특별담화」를 기초로 과거 식민지 지배에 대해 「통절한 반성과 마음에서의 사죄」를 문서화했다.

한일·일한 미래 파트너십 기금 창설 발표 한국과 일본 재계를 대표하는 전국경제인연합회(전경련)와 게이단렌(經團連·일본경제단체연합회)이 3월 16일 「한일·일한 미래 파트너십 기금」을 창설한다고 발표했다. 이 기금은 ▷정치·경제·문화 등 분야에서 미래지향적 한·일 관계를 구축하기 위한 연구 및 사업 ▷미래를 담당할 젊은 인재 교류 촉진 등의 사업을 시행한다는 방침이다. 기금의 경우 우선 전경련이 10억 원, 게이단렌이 1억 엔(약 9억 8700만 원)의 조성금을 내 시작하게 되며 사업에 따라 회원사들의 개별 참여를 독려할 계획이다. 하지만 일제 강제징용 배상소송 피고기업인 일본제철과 미쓰비시중공업이 개별적으로 기금 조성에 참여할지는 결정되지 않아 한계로 지적된다.

한일 정상회담 주요 내용

구분	한국 정부	일본 정부
일제강점기 강제동원 피해자 배상 해법	제3자 변제안 발표. 구상권 행사 상정하지 않고 있음(윤석열 대통령)	역사 인식에 대한 역대 내각의 입장을 전체적으로 계승 확인(기시다 후미오 총리)
일본의 수출 규제	세계무역기구(WTO) 제소 철회	수출규제 해제. 화이트리스트 복원은 향후 대화
한일 지소미아	완전 정상화	완전 정상화
셔틀외교 재개	수시로 만나 협력하기로 의견 일치	(방한은) 적절한 시기에 검토할 예정

독도·위안부·후쿠시마 수산물 등 대일외교 논란 이번 한일 정상회담에서 일본 측이 2015년 위안부 합의 이행을 요구하고 독도 영유권을 주장했다는 일본 언론들의 보도가 나오면서 윤석열 대통령의 외교에 대한 비판이 나왔다. 산케이신문은 3월 20일 기시다 총리가 이번 회담에서 일본군 위안부 합의 이행과 후쿠시마 수산물 등에 대한 수입 규제 철폐를 요구했다고 보도하면서 국내에 큰 논란을 일으켰다. 이에 대통령실은 3월 20일 후쿠시마 수산물 수입규제 철폐 문제 등 양국 정상회담의 상세한 내용에 대해서는 공개할 수 없지만, 독도·위안부 문제는 논의된 바 없다는 입장을 내놓았다.

한편, 우리나라는 지난 2011년 후쿠시마 원전사고 이후 후쿠시마를 포함해 주변 8개 현 모든 어종의 수산물 수입을 전면 금지하고 있으며, 농산물에 대해서도 후쿠시마현 쌀과 버섯류 등 14개 현 27개 품목의 수입을 금지하고 있는 상태다.

✎ **정부, 지소미아 정상화 마무리** 외교부가 3월 21일 외교경로를 통해 지난 2019년 일본 측에 통보한 지소미아 관련 두 건의 공식서한을 모두 철회한다는 결정을 일본 측에 서면으로 통보했다고 밝혔다. 이는 기존에 「종료 통보 효력 정지」 상태여서 운영은 되지만 법적으로는 불안정했던 지소미아의 지위까지 완전히 정상화하기 위한 조처다. 앞서 일본은 한국 대법원의 강제징용 판결에 대한 사실상의 보복으로 2019년 한국에 수출규제를 가했고, 문재인 정부는 이에 대응해 일본에 지소미아 종료를 통보했다가 그 효력을 정지시킨 바 있다.

日 외교청서, 역대 내각 역사인식 계승 누락 일본 정부가 4월 11일 발표한 〈2023년판 외교청서〉에서 독도가 일본 고유의 영토이고 한국이 불법 점거하고 있다는 억지 주장을 6년째 이어갔다. 또 일제강점기 강제동원 피해자들을 「구(舊) 한반도 출신 노동자」로 표현해 강제성을 희석한 것은 물론, 우리 정부의 강제동원 피해배상 해법 발표 당시 일본 입장을 설명하면서 언급했던 「1998년 김대중-오부치(小淵) 선언 등 역대 내각의 역사인식 계승」은 포함시키지 않았다. 한편 지난해 외교청서에서는 우리나라를 「중요한 이웃나라」라고만 표현했으나, 올해 청서에서는 「국제사회의 다양한 과제 대응에서 협력해가야 할 중요한 이웃나라」라며 수식어를 일부 추가했다. 우리 외교부는 이날 서울 종로구 청사로 구마가이 나오키 주한일본대사관 총괄공사를 초치(招致)해 독도에 대한 부당한 영유권 주장 등에 항의했다.

일본 2023년 외교청서 주요 내용

한일관계	국제사회의 다양한 과제에 대응하기 위해 협력해야 할 중요한 이웃나라
일제 강제동원	3월 6일 한국 정부는 「옛 한반도 출신 노동자」 문제에 대한 자신의 입장을 발표. 이에 하야시 외무상은 한국 정부가 발표한 조치를 2018년 대법원 판결로 인해 매우 경색된 상태에 있던 일·한 관계를 건전한 관계로 회복하기 위한 것으로 평가
독도	다케시마는 역사적 사실에 비춰봐도 국제법으로도 명백한 일본 고유 영토

정부, 일제 강제동원 피해배상에 「제3자 변제」 공식 확정
피해자 측에 「제3자 변제」 판결금 지급 시작

정부가 3월 6일 일제강점기 강제동원 피해자 배상 문제 해법으로 일본 피고 기업 대신 국내 재단을 통한 제3자 변제 방안을 공식 확정했다. 이에 따르면 행정안전부 산하 일제강제동원피해자지원재단(이하 재단)이 강제동원 피해자·유족 지원과 피해구제의 일환으로 2018년 대법원의 배상 확정판결을 받은 국내 강제징용 피해자들에게 판결금 및 지연이자를 지급한다. 그리고 재원 마련은 포스코를 비롯해 16개가량의 국내 청구권자금 수혜 기업의 자발적 기부를 통해 우선적으로 추진된다. 그러나 강제동원 판결 피해자 지원단체와 대리인단은 정부의 이번 방안에 대해 「한국 행정부가 일본 강제동원 가해 기업의 사법적 책임을 면책시켜주는 것」이라고 반발했다.

한편, 4월 13일 정부에 따르면 2018년 대법원에서 승소를 확정한 강제징용 피해자 15명 가운데 10명의 유가족이 정부의 제3자 변제 해법을 수용하고 배상금을 수령하기로 했다. 하지만 나머지 피해자 5명 측은 재단에 내용증명을 보내 정부 해법을 거부한다는 뜻을 공식적으로 밝힌 상태다. 거부한 피해자에는 일본제철 피해자 이춘식 할아버지, 미쓰비시 근로정신대 피해자인 양금덕·김성주 할머니 등 생존 피해자 3명 전원이 포함돼 있다.

일제 강제징용 문제를 둘러싼 주요 일지

1965. 6.	한일, 청구권협정 체결 「양국 및 국민 간 청구권 문제 완전히 최종적으로 해결」
1997~2003.	징용 피해자, 일본 법원에 소송했으나 패소
2005. 2.	피해자 여운택 씨 등 신일본제철(현 신일철주금) 상대 손배소 제기
2008. 4.	서울중앙지법 원고 패소 판결
2012. 5.	대법원 상고심, 「개인 청구권 남아 있다」며 파기환송
2018. 10.	대법원 재상고심, 「신일철주금이 징용 피해자에게 1억 원 배상」 판결
11.	대법원, 미쓰비시중공업 피해자 배상 판결 확정
2019. 7.	일본, 불화수소 등 3개 품목 한국 수출 규제
8.	일본, 수출 절차 간소화 혜택 부여하는 화이트리스트에서 한국 제외
2023. 3. 6.	한국 정부, 징용 피해 배상 해법으로 제3자 변제 방식 발표

방안 주요 내용 및 일본 측 반응 일제강점기 강제징용 배상 문제는 한일 외교의 최대 현안으로, 강제동원 피해조사위원회에 따르면 일제강점기 당시 국내외로 강제 동원된 사람은 약 782만 명이다. 이번 정부안에서 역대 정부가 추진해온 「일본 피고 기업의 배상 참여」는 빠졌고, 일본의 사과도 이전 내각들의 입장을 재확인하는 간접 사죄 형식에 그쳤다.

기시다 후미오(岸田文雄) 일본 총리는 3월 6일 우리 정부의 발표 이후 「1998년 10월 발표된 한일 공동선언을 포함해서 역사 인식에 관한 역대 내각의 입장을 전체적으로 계승하고 있다.」는 입장을 내놓았으나 사죄나 반성이라는 말은 언급하지 않았다. 또 이번 소송의 피고인 일본제철과 미쓰비시중공업은 배상 문제는 1965년 한일 청구권협정으로 이미 해결됐다는 종전의 입장을 고수했다. 앞서 지난 2018년 우리 대법원은 일본제철·미쓰비시중공업 등 일본 전범기업 2곳에 각각 강제동원 피해자 15명에게 1인당 1억 원 또는 1억 5000만 원의 배상금을 지급하라고 판결했으나, 해당 기업들은 배상 협의에 응하지 않고 있는 상태다.

1965년 한일청구권협정 대한민국과 일본이 국교 정상화와 전후 보상을 논의하며 1965년 6월 22일에 체결한 국제 조약인 한일협정에 포함돼 있는 내용이다. 전문과 7개의 조문으로 구성된 한일협정은 ▷법적 지위 협정 ▷어업 협정 ▷청구권 협정 ▷문화재 협정 등 구체적인 세부 협정과 함께 채택됐다. 청구권 협정은 일본이 한국에 무상 3억 달러·유상 2억 달러를 지급하기로 하고 한국은 일본에 대한 모든 청구권이 완전하고 최종적으로 해결됐다고 선언한다는 내용을 담고 있다.

정부, 日 수출규제 해제 착수 돌입 산업통상자원부가 3월 6일 일본의 수출규제가 해제되기도 전에 세계무역기구(WTO) 분쟁 해결절차를 중단한다고 밝혔다. 일본은 지난 2018년 10월 한국 대법원이 일본 피고 기업이 강제징용 피해자에게 배상하라는 확정 판결을 내리자 2019년 7월 불화수소·플루오린 폴리이미드·포토레지스트 등 3개 반도체 핵심 소재의 한국 수출을 막았고, 8월에는 수출 절차 간소화 혜택을 주는 화이트리스트에서 한국을 제외시켰다. 일본은 이와 같은 방침에 대해 초기에는 강제징용에 대한 우리 대법원의 판결(2018년 10월)을 이유로 내세웠으나, 이후 ▷한국의 전략물자 밀반출과 대북제재 위반 의혹 ▷수출국으로서의 관리책임 등으로 계속 말을 바꿨다. 이에 우리 정부는 일본의 수출 규제 조치를 WTO에 제소하고 한일군사정보보호협정(지소미아) 종료를 통보하는 등 맞대응에 나서며 양국의 본격적인 갈등이 시작된 바 있다. 특히 당시 일본의 수출규제가 시작되자 국민들 사이에서는 일본 정부의 결정을 납득할 수 없다는 여론과 함께 일본 제품에 대한 대규모 불매운동이 전개되기도 했다.

일본의 대한 수출규제 3가지 품목 주요 내용

불화수소(에칭가스)	반도체 제조공정 중 회로의 패턴을 형성하는 식각(Etching, 회로의 패턴 중 필요한 부분만 남기고 불필요한 부분은 깎아내는 공정)과 세정(Cleaning) 공정에 활용
포토레지스트	반도체 제조공정 중 웨이퍼 위에 빛을 노출해 회로를 인쇄하는 노광(Photo) 공정에 활용
플루오린폴리이미드	불소 처리를 통해 열안정성·강도 등의 특성을 강화한 폴리이미드(PI) 필름으로, OLED 패널 제조 등에 활용

미쓰비시 국내 자산 소송 제기 강제징용 피해자 대리인단이 지난 2018년 대법원에서 손해배상 승소 판결을 받은 원고 일부가 미쓰비시중공업의 국내 자산에 대해 추심금을 청구하는 소송을 3월 15일 서울중앙지법에 냈다고 16일 밝혔다. 해당 소송에는 피해자 양금덕 씨(94)와 작고한 피해자의 유족 1명이 참여했다. 피해자들이 추심금 청구를 한 자산은 미쓰비시중공업의 손자회사인 국내 법인 엠에이치파워시스템즈코리아 주식회사의 금전 채권으로, 추심금 청구소송을 통해 법원에서 승소 판결을 받으면 해당 자산을 강제 집행할 수 있다.

윤석열 정부 첫 통일백서 발간,
한반도 비핵화 대신 북한 비핵화

통일부가 4월 14일 윤석열 정부 첫 통일백서인 〈2023 통일백서〉를 발간했다. 291쪽에 달하는 이번 백서는 한반도 정세 불안정과 남북 교류협력 단절의 책임이 북한의 핵 위협과 군사 도발에 있다고 적시했으며, 기존의 「한반도 비핵화」 대신 「북한 비핵화」라고 표현했다. 또 기존에 사용해 오던 「북·미」, 「북·미관계」는 「미·북」, 「미·북관계」란 용어로 총 7번 사용된 데 비해 「북미」는 남북관계 주요 일지에 「미북」과 병행해 딱 한 번 등장했다. 북한 도발에 대해서는 「일체의 무력도발 불용」 「단호한 대처」 등의 표현으로 강경하게 대응해 나갈 것이란 점도 분명히 했다. 특히 2장인 「북한주민의 인권 증진과 분단고통 해소」(총 33쪽 분량)에서 북한 인권 문제를 상세히 다루는 등 해당 분야에 상당 분량을 할애했다.

한편, 올해 백서는 총 1만 부를 발간해 주요 기관과 민간단체, 연구기관 등에 배포될 예정으로 파일은 통일부 홈페이지에서 내려받을 수 있다.

尹 대통령, 양곡관리법 개정안 거부권 행사
2016년 이후 7년 만의 거부권

윤석열 대통령이 4월 4일 양곡관리법 일부 개정안에 대해 전형적인 포퓰리즘 법안이라며 재의요구권(거부권)을 행사했다. 이는 양곡법 개정안이 지난 3월 23일 더불어민주당 주도로 국회 본회의에서 통과된 지 12일 만이다. 양곡관리법 개정안은 쌀 수요 대비 초과 생산량이 3~5%이거나 수확기 쌀값이 전년 대비 5~8% 하락할 때 정부가 초과 생산량을 의무적으로 매입하도록 하는 것이 핵심이다. 더불어민주당은 쌀값 안정화와 농민 생존권 보장 등을 내세워 개정안을 강력히 추진했으나, 정부·여당은 매입비용 부담 및 농업 경쟁력 저하 등의 부작용을 지적하며 반대해 왔다.

한편, 윤 대통령의 거부권 행사로 양곡관리법 개정안은 4월 13일 국회 본회의에서 재표결에 부쳐졌으나 찬성 177·반대 112·무효 1표로 부결됐다. 법안 재의결은 재적의원 과반 출석에 출석의원 3분의 2 이상의 찬성을 요건으로 한다.

양곡관리법 양곡의 효율적인 수급관리와 양곡증권정리기금의 설치 등을 통해 식량을 안정적으로 확보함으로써 국민경제에 이바지함을 목적으로 하는 법이다. 이 법에서 「정부관리양곡」이란 정부가 민간으로부터 매입하거나 외국으로부터 수입하는 등의 방법으로 취득해 관리하는 양곡이며, 「공공비축양곡」은 양곡부족으로 인한 수급불안과 천재지변 등의 비상시에 대비하기 위해 정부가 민간으로부터 시장가격에 매입해 비축하는 미곡과 대통령령으로 정하는 양곡을 말한다.

대통령 거부권 역대 67번째 윤석열 대통령이 양곡관리법 개정안에 재의를 요구(거부권 행사)하면서 역대 대통령이 거부권을 행사한 사례는 모두 67건이 됐다. 1948년 7월 17일 제헌헌법에 대통령 거부권 조항이 명문화된 이후 이승만 전 대통령이 45건, 박정희 전 대통령이 5건을 행사했다. 가장 최근은 지난 2016년 5월 당시 박근혜 대통령이 상시청문회법으로 불렸던 국회법 개정안에 거부권을 행사한 것으로, 윤 대통령의 이번 거부권은 약 7년 만이다. 김영삼·김대중·문재인 전 대통령의 경우 거부권을 한 차례도 쓰지 않았다.

대통령 거부권 대통령이 국회에서 이송된 법률안에 이의를 달아 국회로 되돌려 보내 재의를 요구할 수 있는 헌법상(53조) 권한이다. 이는 정부와 국회의 의견이 대립할 때 정부에 주어지는 가장 강력한 대응 수단이다. 국회에서 법률안에 대해 본회의 의결을 거친 뒤 정부에 법률 공포를 요청할 경우, 대통령은 그 법률안에 이의가 있을 때 해당 법률안이 정부에 이송된 후 15일 이내에 이의서를 붙여 국회로 환부하고 그 재의를 요구할 수 있다. 이후 국회가 거부된 법안을 재의결에 부쳐 재적의원 과반수 출석과 출석의원 3분의 2 이상 찬성으로 의결하면 그대로 법률로 확정된다.

대통령 거부권 행사 절차

국회(의결된 법률안 정부로 이송)

▼ 이의가 있을 경우 ▼ 15일 이내

대통령 재의 요구(거부권) | 대통령 법률안 공포

▼ 15일 이내 이의서를 붙여 국회로 이송

국회, 거부된 법안을 재의결(재적의원 과반수 출석, 출석의원 3분의 2 이상 찬성)

▼

재의결 법률안, 법률로 최종 확정(대통령 거부권 행사 불가, 부결 시에는 법률안 폐기)

정부, 쌀 수급안정대책 마련 정부가 4월 6일 민·당·정(민간·여당·정부) 간담회를 열어 올해 수확기 산지 쌀값을 한 가마(80kg)에 20만 원 수준이 되도록 하는 쌀 수급안정대책을 발표했다. 이는 앞서 4월 4일 윤석열 대통령이 양곡관리법 개정안에 대해 법률안 거부권을 행사한 데 따른 후속 대책이다. 또 정부는 농가 경영 안정을 위한 농업 분야 직불금 관련 예산을 올해보다 2000억 원 늘어난 3조 원 이상으로 늘리고 2027년까지 5조 원 수준으로 확대한다는 방침이다. 아울러 공익형 직불은 중소농 중심으로 소득보전 효과를 높이는 방향으로 개편하고, 농가별·품목별 실제 수입·매출이 일정 수준 이상 변동하는 경우 이를 완화하는 경영안정 프로그램을 도입하기로 했다.

헌재, 「검찰 수사권 축소법(검수완박법)」 법무부·검찰 권한쟁의 각하-법 효력 유지

헌법재판소가 3월 23일 한동훈 법무부 장관과 검찰(6명)이 지난해 국회를 통과한 개정 검찰청법과 형사소송법의 입법 과정 및 법률 내용이 검사의 수사·소추 기능을 제대로 작동하지 않도록 했다며 제기한 권한쟁의심판에서 각하(5 대 4) 결정을 내렸다. 각하는 청구를 제기할 자격이 인정되지 않아 본안 심리를 하지 않고 사건을 끝내는 것으로, 헌재는 수사권은 검찰에만 독점적으로 부여된 것이 아니며 그 주체와 행사 방법은 국회가 입법으로 결정할 수 있다고 판결했다.
헌재는 이날 국민의힘 유상범·전주혜 의원이 국회 법제사법위원장을 상대로 낸 권한쟁의심판에서는 「당시 (박광온) 법사위원장이 국민의힘 의원들의 심의·표결권을 침해했다」며 5 대 4 의견으로 인정했다. 하지만 그 정도가 심하지 않아 법안 가결을 무효로 할 정도는 아니라며 5 대 4 의견으로 법사위 통과가 유효하다고 판단했다.

권한쟁의심판(權限爭議審判) 헌법상의 국가기관 사이에 권한의 존재 여부나 범위를 놓고 다툼이 생겼을 때 헌법재판소가 유권 판단을 내리는 절차다. 헌법재판관 전원(9명)이 심리하고 재판관 과반(5명 이상)의 찬성으로 인용, 기각, 각하 결정을 내릴 수 있다. 이는 국가기관 또는 지방자치단체 상호간의 권한분쟁을 해결하는 제도이기 때문에 일반 국민은 청구할 수 없다.

검수완박법 쟁점과 헌재 판단은?

심판 대상	결정	이유
국회 법사위원장의 가결 선포	권한침해확인청구 5:4 인용	법사위원장은 회의 주재자의 중립적 지위에서 벗어나 미리 가결 조건을 만들었고 토론 기회를 제공하지 않아 국회의원의 심의·표결권을 침해했다.
	무효확인청구 4:5 기각	법사위원장의 가결선포 행위에 헌법 및 국회법 위반은 없었다. 심의·표결권 침해로도 볼 수 없다.
국회의장 가결선포 행위	권한침해확인청구 4:5 기각	국회의장의 가결선포 행위에 헌법 및 국회법 위반은 없었다. 법사위에서의 절차상 하자만으로 본회의에서 법률안 심의·표결권이 침해됐다고 보기 어렵다.
	무효확인청구 4:5 기각	
검사의 수사권 축소	권한침해확인청구 4:5 각하	수사권·소추권을 직접 행사하지 않는 법무부장관은 청구인 자격이 없다.
	무효확인청구 4:5 각하	헌법이 수사권을 검사에게 부여한 것으로 해석하기 어렵다. 이에 따라 수사권 조정으로 검사들의 헌법상 권한침해 가능성은 없다.

검찰 수사권 축소법, 입법 11개월 만에 결론 검찰 수사권 축소법(검수완박법)으로 불리는 검찰청법·형사소송법 개정안은 지난해 4~5월 국회를 통과해 같은 해 9월 10일부터 시행됐다. 검찰은 앞서 2021년 시행된 검경 수사권 조정에 따라 6대 범죄(부패·경제·공직자·선거·방위사업범죄와 대형참사) 수사를 맡고 있었으나, 개정 법률에 따라 부패·경제범죄 수사만 담당하게 됐다. 또 경찰에서 송치받은 사건은 해당 사건과 동일성을 해치지 않는 범위에서만 수사할 수 있도록 보완수사 범위가 축소됐다. 이에 한동훈 법무부 장관과 검사 6명은 국회가 검찰청법·형사소송법을 개정한 행위에 권한침해가 있고, 법안을 무효로 해달라며 권한쟁의심판을 청구했다. 그러나 헌재의 이번 결정에 따라 검찰 수사권 축소법은 그 효력을 유지하게 됐으며, 이에 법무부가 지난해 검찰 수사권 축소법 시행을 앞두고 개정한 검수원복(검찰 수사권 원상복구) 시행령이 다시금 논란이 되고 있다.

법무부는 지난해 검찰 수사권 축소법 시행 직전 수사개시규정(대통령령) 개정을 통해 「부패범죄·경제범죄 등 대통령령으로 정하는 중요 범죄」 문구를 근거로 검사가 수사할 수 있는 범죄 유형을 넓힌 바 있다. 이에 직권남용이나 정치자금법 위반처럼 공직자범죄·선거범죄로 분류됐던 범죄가 부패범죄로 재분류됐고, 기술유출 같은 방위사업범죄는 경제범죄로 재해석됐다. 그러나 이는 상위 규범인 검찰 수사권 축소법의 입법 취지와 상반되는 것은 물론 시행령으로 법을 무력화시켰다는 점에서 논란이 됐다.

검찰 수사권 축소법 주요 내용 개정 검찰청법은 검찰의 직접 수사범위 축소 외에도 수사 검사와 기소 검사를 분리하고, 검찰총장이 부패·경제범죄 수사를 담당하는 일선 수사부서와 검사 등의 현황을 분기마다 국회에 보고하도록 했다. 그리고 개정 형사소송법은 기존 사건과 별개 사건을 수사하거나 다른 수사를 통해 확보된 증거 등을 통해 자백이나 진술을 강요할 수 없도록 규정했다.

개정 검찰청법과 형사소송법 주요 내용

개정 검찰청법	•검찰의 직접 수사범위, 6개 범죄에서 2개 범죄로 축소 •수사 검사와 기소 검사의 분리 •검찰총장, 부패·경제범죄 수사를 담당하는 일선 수사부서와 검사 등의 현황을 분기마다 국회 보고
개정 형사소송법	•검찰, 경찰 송치 사건에 대해 「동일성이 인정되는 범위 내에서」만 보완 수사 가능 •별건수사 금지: 기존 사건과 별개 사건을 수사하거나 다른 수사를 통해 확보된 증거 등을 통해 자백이나 진술을 강요할 수 없음 •경찰이 송치하지 않도록 결정한 것에 이의신청할 수 있도록 하는 주체에서 고발인 제외

헌재, 「혼외자 낳은 생부도 출생신고 가능」 생모로 출생등록 제한은 헌법불합치

헌법재판소가 3월 30일 기혼 여성과 불륜 관계로 낳은 혼외자(혼인 외 출생자)의 출생신고를 생모만 할 수 있도록 규정한 현행 가족관계등록법(46조·57조)에 대한 헌법소원에서 재판관 전원일치 의견으로 헌법불합치 판결을 내렸다. 가족관계등록법 46조에 따르면 혼외자의 출생신고는 모(母)가 해야 한다고 규정하고 있으며, 혼인 외 생부가 자녀의 출생신고를 하려면 같은 법 제57조에 따라 생모가 소재불명이거나 생모를 특정할 수 없는 등의 사유가 확인되어야 한다. 헌재는 태어난 즉시 출생 등록이 될 권리는 독자적인 기본권이지만, 현행법은 사실상 미혼부의 출생신고를 막아 출생한 아이의 헌법상 기본권을 지나치게 침해해 위헌이라고 판단했다.
한편, 헌법불합치는 법률이 위헌이지만 곧바로 무효로 할 경우 생길 법적 공백과 사회적 혼란을 피하기 위해 법 개정 때까지 한시적으로 법의 형식을 유지하는 결정이다. 이번 법 조항에 대해 헌재가 정한 개정 시한은 2025년 5월 31일이다.

강제퇴거 외국인 무기한 구금도 「헌법불합치」 헌재는 3월 24일 강제퇴거 명령을 받은 외국인을 국외로 추방할 때까지 계속 보호시설에 가둬둘 수 있도록 한 출입국관리법 63조 1항에 대한 위헌법률심판 제청 사건에서 재판관 6 대 3 의견으로 헌법불합치 결정을 내렸다. 헌재는 해당 조항이 과잉금지원칙과 적법절차원칙을 위배해 피보호자의 헌법상 신체의 자유를 과도하게 침해한다고 판단했다. 또 상당수 국가들이 기간이 정해져 있지 않은 구금상태가 심각한 인권침해를 초래할 수 있다며 강제퇴거 대상자의 구금기간에 상한을 두고 있다는 점도 언급했다. 이번 헌재의 판결에 따라 국회는 2025년 5월 31일까지 해당 조항을 개정해야 한다.

부처님오신날·성탄절, 올해부터 대체공휴일 적용

인사혁신처가 부처님오신날과 성탄절에도 대체공휴일을 적용하는 내용을 담은 「관공서의 공휴일에 관한 규정」 개정안(대통령령)을 3월 16일부터 입법예고한다고 15일 밝혔다. 대체공휴일은 토요일·일요일과 명절, 국경일이 겹칠 경우 법으로 정한 비(非)공휴일에 쉬도록 하는 제도다. 이번 개정안은 입법예고 기간(3월 16일~4월 5일)을 거친 뒤 법제처 심사, 차관·국무회의, 대통령 재가를 거치면 관보에 정식 공포된다. 개정안이 공포되면 올해 부처님오신날부터 대체공휴일이 적용되는데, 이번 부처님오신날은 토요일과 겹치는 5월 27일(음력 4월 8일)이기에 월요일(5월 29일)까지 3일 연휴가 가능해질 것으로 전망된다.
한편, 대체공휴일은 박근혜 정부 때인 2013년 10월 설날·추석 연휴, 어린이날을 대상으로 처음 시행됐다. 이후 2021년 7월 문재인 정부에서 「공휴일에 관한 법률」 등 근거 법률을 제정해 5인 이상 상시 근로자를 고용하는 사업장이 지켜야 하는 유급(有給) 휴일로 적용하기 시작했으며, 대체공휴일 대상도 ▷3·1절 ▷광복절 ▷개천절 ▷한글날 등으로 확대 적용돼 왔다.

국회 정개특위, 3가지 선거제 개편안 채택 의원 300석은 유지

국회 정치개혁특별위원회(정개특위)가 3월 22일 「국회의원 선거제도 개선에 관한 결의안」을 의결해 30일 전원위에 상정했다. 전원위에 상정된 3개의 선거제 개편안은 ▷도농복합 중대선거구제+권역별·병립형 비례대표제 ▷개방명부식 대선거구제+병립형 비례대표제 ▷소선거구제+권역별 준연동형 비례대표제 등 3가지가 명시됐다. 국회는 전원위를 통해 내년 총선의 규칙을 정하겠다는 취지지만 여야는 물론 각 당내에서도 선거제에 대한 의견이 엇갈리고 있어 논의는 난항을 겪을 가능성이 높다는 전망이 나온다.

한국 선거제도의 변화

1948. 제헌 국회의원 선거, 소선거구제
1963. 6대 총선(비례대표제)
1973. 9대 총선(2인 중선거구제), 비례대표제 폐지
1981. 11대 총선(비례대표제)
1988. 13대 총선(소선거구제)
2000. 16대 총선(비례대표제)
2004. 17대 총선(1인2표 정당명부식 비례대표제)
2020. 21대 총선(준연동형 비례대표제)

전원위 상정 3개의 선거제 개편안은 무엇?

중대선거구제(도농복합형)+권역별·병립형 비례대표제 도시의 경우 한 선거구에서 3~5명을 뽑는 중대선거구를 도입하고, 농·산·어촌 지역에서는 지금처럼 1명을 뽑는 소선거구제를 유지한다. 3~5인 선거구에 정당은 복수 후보를 공천할 수 있지만, 유권자는 1명의 후보를 골라 기표한다. 비례대표는 권역별·병립형으로 선출하는 방안이 제안됐는데, 이는 전국을 6개 또는 17개 권역별로 나눠 준(準)연동형이 아닌 단순 득표 비례로 의석을 배분하는 것이다.

개방명부식 대선거구제+병립형 비례대표제 전국에 4~7인 선거구를 도입하는 대선거구제가 핵심으로, 유권자는 지역구 후보를 뽑을 때도 하나의 정당 기표란과 그 정당이 추천한 후보자 기표란에 각각 기표한다. 이는 각 정당 지역구 득표율을 기초로 정당별 의석 숫자를 배분한 뒤 해당 정당 내 후보자 득표순으로 당선인을 정하는 것이다. 예컨대 어느 지역을 5인 선거구로 할 경우 득표율에 따라 「A당 3석, B당 2석」 같이 나눈 뒤 A당 후보 1~3위와 B당 후보 1~2위가 당선되는 방식이다. 비례대표제는 전국·병립형이 제안됐는데, 이는 20대 총선처럼 정당별 전국 득표율에 따라 단순 비례로 의석을 배분하는 방식이다.

소선거구제+권역별 준연동형 비례대표제 지역구 의원은 소선거구제로 뽑고, 비례대표는 준연동형 비례대표제로 뽑는 21대 총선 방식과 유사한 안이다. 다만 이 안은 21대 총선과 달리 비례대표를 전국 단위가 아닌 6개 권역별로 뽑는다.

정개특위 의결 선거제 개편 3개 안 주요 내용

구분	도농복합 중대선거구제+ 권역별·병립형 비례대표제	개방명부식 대선거구제+ 병립형 비례대표제	소선거구제+ 권역별 준연동형 비례대표제
지역구	•대도시는 중대선거구제(3~5명 선출) 도입 •농어촌은 1명 뽑는 소선거구제 유지	•대선거구제(4~7명 선출) 도입. 정당 득표율에 따라 의석 배분 후 후보자 득표순으로 당선자 결정	한 선거구당 1명 선출하는 소선거구제 유지
비례대표	•정당득표율에 따라 비례대표 의석 배분하는 병립형 도입 •전국을 6~17개 권역으로 배분	•현행 준연동형을 병립형으로 변경 •권역별 아닌 전국 단위 선거 유지	현행 준연동형 유지하되 전국을 6개 권역으로 나눠 비례대표 선출

선거제 개편안 관련 용어들

중·대선거구제 국회의원 선거는 선거구(선거를 시행하는 지역적 단위) 설정 방식에 따라 소선거구·중선거구·대선거구제로 나뉘는데, 중·대선거구제는 한 선거구에서 2명 이상의 대표를 선출하는 선거제도를 말한다. 특히 2명 이상을 선출하더라도 전국을 단위로 하지 않고 지역을 단위로 하여 2명 이상~5명 이하를 선출하는 것은 중선거구제라고 한다. 중·대선거구제는 소선거구제에 비해서 사표(死票)를 방지할 수 있고 인물 선택의 범위가 넓어지는 등의 장점이 있다. 반면 군소 정당의 난립으로 정국이 불안정해질 수 있으며, 복수공천에 따른 계파정치가 심화될 수 있다는 단점이 있다. 또한 선거비용이 증가하며 보궐선거와 재선거의 실시가 곤란하다는 것도 단점으로 지적된다. 우리나라에서는 3차 개헌 이후 참의원 선거에서 중·대선거구제가 활용됐으며, 제4~5공화국에서는 국회의원 지역구 선거에 중선거구제를 채택한 바 있다.

소선거구제 한 선거구에서 가장 많은 득표수를 기록한 의원 1명만이 선출되는 제도다. 즉, 소선거구를 채택하는 경우 의원은 후보자 중에서 가장 다수의 표를 획득한 사람이 선출되기 때문에 다수대표제와 연결된다. 소선거구제에서는 군소정당의 중앙 진출이 어려워 2대 정당제가 되기 쉽고, 그러한 의미에서 정국이 안정된다는 장점이 있다. 또 선거구가 좁으므로 선거인들이 후보자를 알기 쉽고, 선거 비용도 절약된다. 그러나 1명을 제외하고는 모두 낙선되므로 사표(死票)가 많아지고, 무소속이나 소수 정당 후보자들의 당선이 어렵다는 단점이 있다. 다만 이를 보완하기 위해 소수 정당에도 의석을 주는 비례대표제를 가미하는 방법이 있다. 우리나라에서는 지난 13대 총선(1988년 4월)부터 소선거구제를 도입해 30년 넘게 시행해 왔는데, 이에 따른 여러 문제점이 노출되자 지난 21대 총선에서 처음으로 준연동형 비례대표제를 도입한 바 있다.

소선거구제와 중대선거구제 장단점 비교

소선거구제	구분	중대선거구제
•다수당 출현 유리해 상대적 정국 안정 •후보자 파악에 유리함 •선거관리가 용이하고 선거비용 절약	장점	•소수정당의 원내 진입 용이 •유권자의 사표 감소 •후보 선택의 외연성 확대
•양당제 고착화 •많은 사표 발생해 소수당 불리 •지역주의 심화	단점	•복수 공천에 따른 계파정치 심화 •후보자 난립 •선거비용 증가

준연동형 비례대표제 2019년 총선에서 처음 도입한 선거 제도로, 의석수를 「지역구 253석, 비례대표 47석」 현행 그대로 유지하되 비례대표 47석 중 30석에만 연동형 캡(Cap, 상한선)을 적용해 연동률 50%를 적용하는 방식이다. 연동형 비례대표제가 정당의 득표율에 연동해 의석을 배정하는 방식인데 반해, 정당 득표율에 50%만 연동한 것이어서 「준연동형 비례대표제」라는 명칭이 붙었다. 이는 소수 정당의 의회 진출을 유리하게 하고자 하는 취지로 도입됐으나, 당시 총선에서 미래통합당은 미래한국당이라는 위성정당을 창당한 뒤 비례대표 후보를 몰아줬고 민주당도 더불어시민당 창당으로 맞불을 놓으면서 그 취지가 무력화된 바 있다. 2019년 총선에서는 더불어시민당이 17석, 미래한국당이 19석, 정의당이 5석, 국민의당이 3석, 열린민주당이 3석을 차지한 바 있다.

권역별 비례대표제 전국을 5~6개 정도의 권역으로 나누고 인구 비례에 따라 권역별 의석수(지역+비례)를 먼저 배정한 뒤 정당투표 득표율에 따라 그 의석을 나누는 것이다. 그리고 권역별 지역구

당선자 수를 제외한 나머지에는 비례대표를 배정한다. 권역별 비례대표제에 대해서는 전국 단위 정당 득표율에 따라 비례대표 의석을 배정하는 현행 전국구 방식에 비해 지역주의 구도를 완화하는 제도라는 평가가 있는 반면, 비례대표제의 본래 취지를 왜곡하는 방안이라는 주장이 맞선다.

병립형 비례대표제·연동형 비례대표제 병립형 비례대표제는 지역구는 지역구대로 뽑고 비례대표 의석만 정당득표율대로 나누는 것으로, 20대 국회까지 적용된 방식이다. 연동형 비례대표제는 정당의 득표율에 따라 의석을 배분하는 제도다. 총 의석수는 정당득표율로 정해지고, 지역구에서 몇 명이 당선됐느냐에 따라 비례대표 의석수를 조정하는 방식이다.

비례대표제(比例代表制) 정당의 득표수에 비례해 당선인 수를 배정하는 선거방식으로, 소수파에게도 그 득표비례에 따라 의석을 부여해 소수대표를 보장할 수 있다는 것이 가장 큰 장점으로 꼽힌다. 이는 소수대표제가 다수파에 의원을 독점시키지는 않으나 공정한 비율로 대표된다는 보장은 없다는 점을 보완, 여론을 공정하게 반영시키기 위해 고안된 것이다.

국가보훈부 격상·재외동포청 신설 개정 정부조직법 국회 통과

국가보훈처를 국가보훈부로 격상하고 외교부 산하에 재외동포청을 신설하는 정부조직 개편안이 2월 27일 국회 본회의를 통과했다. 이는 윤석열 정부 출범 이후 9개월여 만으로, 해당 개정안은 공포 후 3개월이 지난 6월 5일부터 시행될 예정이다.

개정안에 따르면 국가보훈처는 국가유공자 및 가족에 대한 예우·지원 등 보훈 기능을 강화하고 보다 효율적인 보훈 정책을 추진하기 위해 국가보훈부로 격상된다. 이로써 국가보훈처는 1961년 전신인 군사원호청이 신설된 지 62년 만에 국가보훈부로 거듭나게 됐다. 또 종합적인 재외동포 정책 수립과 시행을 위해 재외동포청을 신설하는 내용도 이번 개정안에 담겼다. 이로써 현재 해당 업무를 맡아온 외교부 산하 공공기관 재외동포재단은 폐지되며, 동포재단의 기존 사업인 ▷재외동포·단체 교류 협력 ▷네트워크 활성화 및 차세대 동포교육 ▷문화홍보사업 등은 재외동포청에서 승계해 수행하게 된다.

정부조직법(政府組織法) 국가행정사무의 체계적이고 능률적인 수행을 위해 국가행정기관의 설치·조직과 직무범위의 대강을 정함을 목적으로 하는 법이다. 「정부조직법」은 대통령, 국무총리, 행정각부의 구성에 대해 규정하고 있으며, 중앙행정기관(부·처·청 및 외국)의 설치와 직무범위는 법률로 정하도록 하고 있다.

재외동포청 주요 내용 외교부에 따르면 기존 외교부 조직에서 재외동포영사기획관이 담당하던 재외동포과와 영사서비스과는 신규 재외동포청으로 이관되고, 외교부에는 내국인과 재외국민을 보호하기 위한 조직만 남게 된다. 기존 재외동포재단 업무도 재외동포청으로 이관되고, 민원서비스를 담당하는 「재외동포서비스지원센터」라는 조직이 재외동포청 내에 신설된다. 또 재외동포청 산하에는 재외동포정책국과 교류협력국 등이 신설되는데, 특히 재외동포정책국은 미주유럽동포과·아주러시아동포과 등 지역별로 조직이 세분화된다.

6월 5일부터 시행되는 개정 정부조직법에 따른 정부조직도(현재 18부·4처·18청·6위원회 → 개편 19부·3처·19청·6위원회)

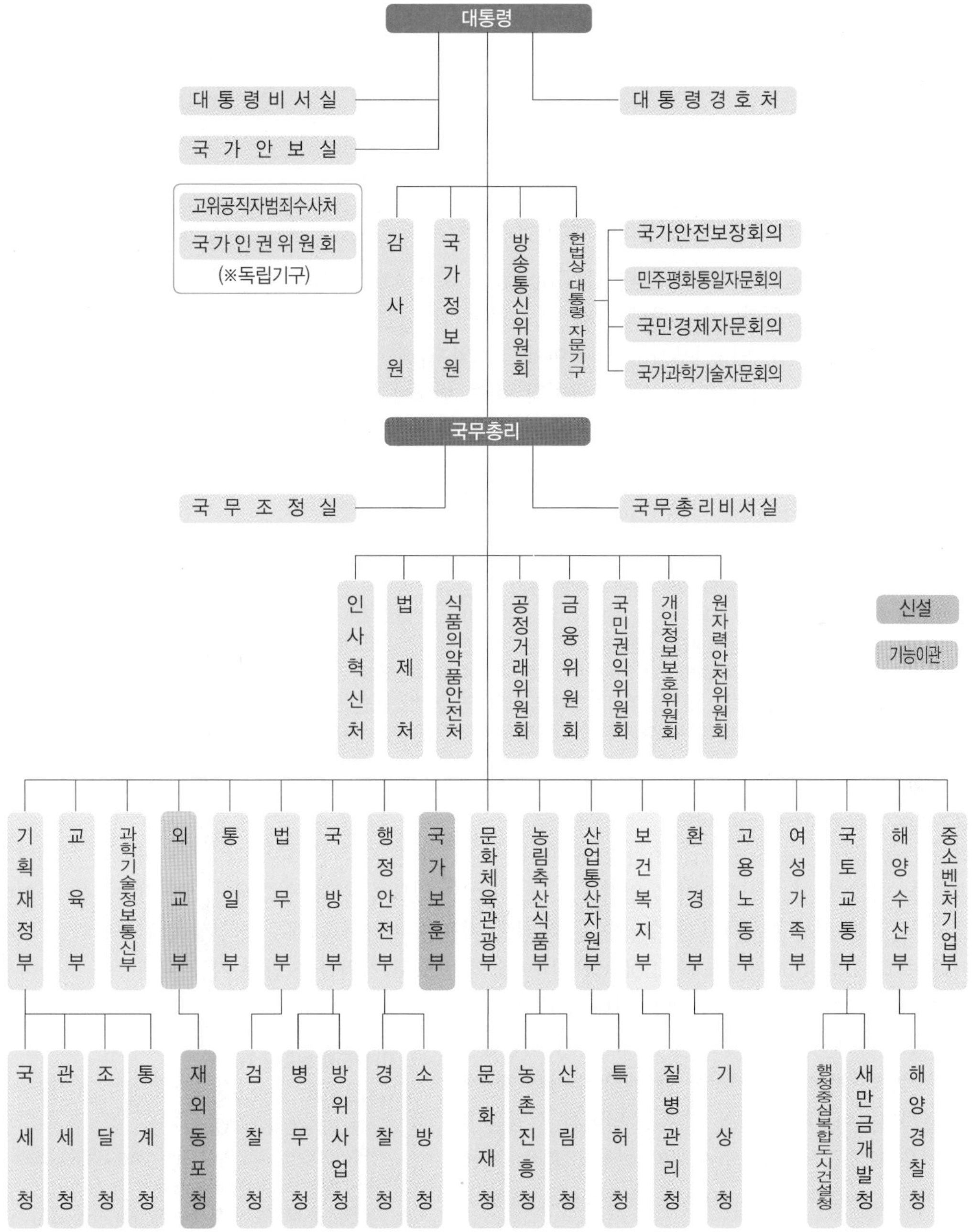

- 대통령
  - 대통령비서실
  - 국가안보실
  - 대통령경호처
  - 고위공직자범죄수사처, 국가인권위원회 (※독립기구)
  - 감사원
  - 국가정보원
  - 방송통신위원회
  - 헌법상 대통령 자문기구
    - 국가안전보장회의
    - 민주평화통일자문회의
    - 국민경제자문회의
    - 국가과학기술자문회의
  - 국무총리
    - 국무조정실
    - 국무총리비서실
    - 인사혁신처
    - 법제처
    - 식품의약품안전처
    - 공정거래위원회
    - 금융위원회
    - 국민권익위원회
    - 개인정보보호위원회
    - 원자력안전위원회
    - 기획재정부
      - 국세청
      - 관세청
      - 조달청
      - 통계청
    - 교육부
    - 과학기술정보통신부
    - 외교부
      - 재외동포청
    - 통일부
    - 법무부
      - 검찰청
    - 국방부
      - 병무청
      - 방위사업청
    - 행정안전부
      - 경찰청
      - 소방청
    - 국가보훈부
    - 문화체육관광부
      - 문화재청
    - 농림축산식품부
      - 농촌진흥청
      - 산림청
    - 산업통산자원부
      - 특허청
    - 보건복지부
      - 질병관리청
    - 환경부
      - 기상청
    - 고용노동부
    - 여성가족부
    - 국토교통부
      - 행정중심복합도시건설청
      - 새만금개발청
    - 해양수산부
      - 해양경찰청
    - 중소벤처기업부

신설 / 기능이관

경제 시사

2023. 2. ~ 4.

美 상무부, 「반도체 보조금 심사기준」 공개
초과이익 환수·반도체 시설 공개 등 독소조항 논란

미국 상무부가 2월 28일 「반도체과학법(Chips and Science Act)」에 따른 반도체 보조금 신청절차 및 심사기준을 발표했다. 이 기준에 따라 미 정부는 보조금을 신청한 미국 투자 반도체기업에 390억 달러(약 50조 원), 연구개발(R&D) 분야에 132억 달러(약 17조 원)를 지원할 방침이다. 하지만 미 정부는 이번 보조금 지원에 있어 초과이익 환수, 반도체 시설 공개를 부대조건으로 내걸어 과도한 시장 개입이라는 논란이 커지고 있다. 특히 치열한 기술 경쟁을 벌이는 반도체 기업들은 보안을 위해 제조시설 등을 외부에 공개하지 않는다는 점에서 해당 조항은 사실상 기업의 영업 기밀을 요구하는 것이라는 지적까지 나오고 있다.

반도체칩과 과학법(반도체과학법, CHIPS and Science Act) 미국이 중국과의 기술 패권 경쟁에서 그 우위를 강화하기 위해 반도체 및 첨단기술 생태계 육성에 총 2800억 달러(약 366조 원)를 투자하는 것을 핵심으로 한 법으로, 지난해 8월 9일 조 바이든 대통령의 서명에 따라 시행됐다. 이 법에 따르면 미국 내 반도체 시설 건립 보조금 390억 달러를 비롯해 연구 및 노동력 개발에 110억 달러, 국방 관련 반도체칩 제조에 20억 달러 등 반도체 산업에 527억 달러가 지원된다. 또 미국에 반도체 공장을 건설하는 글로벌 기업에 25%의 세액공제를 적용하는 방안도 포함됐으며, 미국이 첨단 분야의 연구 프로그램 지출을 늘려 기술적 우위를 지킬 수 있도록 과학 연구 증진에 2000억 달러가량을 투입하는 내용도 담겼다.

반도체 보조금 심사기준 주요 내용 미국 상무부는 ▷경제·국가안보 ▷상업적 타당성 ▷재무상태 ▷인력개발 등 6가지 보조금 지급 조건을 제시하면서 이 가운데 국가안보에 가장 큰 비중을 두겠다고 밝혔다. 이와 함께 생산시설이 상업적으로 존속할 수 있도록 투자·업그레이드의 지속성을 들여다보고, 사업의 예상 현금흐름과 수익률 등 수익성 지표를 바탕으로 재무 건전성을 검증한다는 계획이다. 특히 1억 5000만 달러(약 2000억 원) 이상의 반도체 지원금을 받는 기업은 예상을 초과하는 이익 일부를 미 정부와 공유해야 한다는 내용의 「초과이익 공유제」가 이번 보조금 심사기준에 포함됐다. 이는 기업이 보조금을 신청할 때 예상 수익을 제출하도록 하고, 이로부터 일정 기준을 넘어선 수익을 올릴 경우 보조금의 최대 75%까지 이익을 환수하겠다는 것이다. 여기다 향후 10년간 중국에서 반도체 생산 능력을 확대하지 않겠다고 약속한 기업에만 보조금을 지원한다는 내용이 명시됐으며, 보조금 신청 시 자사주 매입이나 배당을 향후 5년간 자제하겠다는 약속을 받는다는 내용도 포함됐다.

미 반도체 보조금 지급 요건

- 현금흐름, 내부수익률 등 수익성 지표 관련 자세한 재무계획서 제출
- 1억 5000만 달러 이상 지원 받는 기업은 초과수익 발생 시 미 정부와 공유
- 지원금을 배당주나 자사주 매입에 사용 금지
- 중국 또는 관련 국가에서 10년간 반도체 생산 능력 확대 금지
- 공장 직원과 건설 노동자에 보육 서비스 제공
- 미국산 철강 및 건설 자재 사용

독소조항 논란 반도체 업계에서는 미국 정부가 내놓은 이번 보조금 지원 요건 가운데 ▷미국 내 생산시설에 대한 접근 허용 ▷초과이익 공유 ▷10년간 중국 투자 금지 등을 독소조항으로 꼽고 있다. 미국 내 생산시설에 대한 접근 허용은 자칫 기밀 누설로 이어질 수 있으며, 초과이익 공유의 경우 예상보다 높은 실적이 날 때마다 미 정부에 수익을 반납해야 해 경쟁력에 심각한 타격을 입을 수 있다는 우려가 나온다. 특히 향후 10년간 중국 또는 관련 국가에서 반도체 생산능력 확대를 금지하는 조항은 우리나라 기업에게 매우 어려운 문제로 꼽힌다. 현재 삼성전자와 SK하이닉스 모두 중국에 반도체 생산 거점을 운영하고 있는데, 삼성전자는 시안 공장에서 낸드 생산량의 40%를 생산하며, SK하이닉스는 D램과 낸드 생산량의 각각 40%와 20%를 우시와 다롄 공장에서 생산하고 있다. 여기다 삼성전자와 SK하이닉스는 현재까지 각각 중국에 33조 원, 35조 원 이상을 투자한 것으로 알려졌다.

美, 반도체과학법 세부규정안 발표(3. 21.) 미국 상무부가 3월 21일 반도체과학법 지원금이 국가 안보를 저해하는 용도로 사용되지 않도록 설정한 반도체법 가드레일(안전장치) 조항의 세부 규정안을 관보 등을 통해 공개했다. 이번 규정안은 반도체과학법 보조금 대상자들이 중국과 러시아, 이란, 북한 등 해외 우려 국가에서 첨단 반도체 생산시설을 신규 또는 증설하는 등의 반도체 생산능력 확대에 투자할 수 없도록 했다. 구체적으로 첨단 반도체의 경우 생산능력을 5%, 이전 세대의 레거시(구형 범용, Legacy) 반도체는 생산능력을 10% 이상 확장하지 못하도록 했다. 첨단 반도체에 대해서는 구체적인 기준을 적시하는 대신 범용 반도체에 대해 ▷28nm(1나노는 10억분의 1m) 이상 로직 반도체 ▷18nm 이상 D램 ▷128단 이상 낸드플래시로 규정했다. 특히 보조금을 받은 기업이 수령일 이후 10년간 중국 등 우려국가에서 반도체 생산능력을 실질적 확장(Material Expansion)할 경우 상무부가 보조금 전체를 회수할 수 있도록 규정했다. 미국 정부는 이번 규정안에 대해 60일간의 의견수렴을 거친 뒤 최종 확정한다는 방침이다.

미국 상무부 반도체 가드레일 세부조항 주요 내용

- 보조금 수령 시 다른 국가에서 보조금 사용 금지
- 보조금 수령 후 10년간 우려국에서 반도체 생산능력 실질적 확장 시 보조금 전액 반환(우려국: 중국, 러시아, 이란, 북한 등)
  - 첨단 반도체: 생산능력 5% 이상 확장 불가
  - 범용 반도체: 생산능력 10% 이상 확장 불가

세부규정안, 국내 기업에의 영향은? 규정안에 따르면 중국에서 첨단 반도체를 생산하는 삼성전자와 SK하이닉스는 보조금을 받으면 이후 10년간 중국 내 반도체 생산능력을 5% 이상 확장할 수 없다. 앞서 반도체법은 미국의 보조금을 받은 기업이 10년 이내에 중국에서 반도체 생산능력을 실질적으로 확장할 경우 보조금 전액을 반환해야 한다고 규정했다. 이에 국내업계는 실질적인 확장에 반도체 생산시설의 기술적 업그레이드도 포함할 가능성을 우려해 왔으나, 이번 규정안에서는 실질적인 확장이 양적인 생산능력 확대로만 명시돼 최악은 면했다는 반응이다. 즉, 중국 공장 운영이 전면 차단될 수 있다는 우려와 달리 공장 시설의 부분 업그레이드는 가능할 것으로 보이기 때문이다.

한편, 미 상무부는 지난해 10월 발표한 대중(對中) 반도체 장비 수출통제 조치를 통해 이미 한국 기업의 중국 내 첨단 반도체 생산에 제동을 건 적이 있다. 당시 한국 정부는 미국 정부와의 조율을 통해 삼성전자와 SK하이닉스에 대한 수출 통제에 있어 1년 유예 조치를 받은 바 있다. 이에 이들 기업은 올해 10월까지는 중국 공장에 필요한 장비를 계속 수입할 수 있지만, 이후는 불확실한 상황이라 대책 마련이 요구되고 있다.

美, 인플레이션감축법(IRA) 세부지침 발표 현대·기아차 전기차 보조금 대상 제외

미국 재무부가 3월 31일 북미에서 최종 조립된 전기차에만 최대 7500달러(약 1000만 원)의 세제혜택을 부여하는 「인플레이션감축법(IRA)」과 관련한 세부지침 규정안을 발표하고 오는 4월 18일부터 시행한다고 밝혔다. 앞서 지난해 8월 16일 조 바이든 미국 대통령이 서명한 IRA는 북미에서 최종 조립되지 않는 전기차의 세액공제 혜택을 제외시키는 것을 핵심으로 한다. 이번 지침은 ▷북미에서 제조·조립한 배터리 부품이 50% 이상이면 3750달러 ▷미국이나 미국과 자유무역협정(FTA)을 체결한 국가에서 채굴·가공한 핵심광물이 40% 이상을 충족해야 3750달러가 각각 지급되도록 했다. 이 비율은 연도별로 매년 단계적으로 높아지는데 핵심광물은 2027년부터는 80% 이상, 배터리 부품은 2029년부터는 100%가 조건에 맞아야 한다.

인플레이션감축법(IRA·Inflation Reduction Act) 미국 내 급등한 인플레이션을 완화하기 위해 제정된 법으로, 조 바이든 미국 대통령이 지난해 8월 16일 서명하면서 발효됐다. 이 법은 기후변화 대응과 의료비 지원 등에 4300억 달러를 투입하고, 법인세 인상을 골자로 한 7400억 달러 증세 방안을 담고 있다. 특히 전기차 구매 시 보조금(세액공제 혜택)을 받기 위해서는 전기차 제조에서 중국 등 우려국가의 배터리 부품과 광물을 일정률 이하로 사용하도록 해 전기차 가치사슬에서 중국을 배제하려는 의도가 있다는 분석이 있다. 또 북미에서 조립되지 않는 전기차의 보조금 지급을 중단하는 내용을 담고 있는데, 이는 한국에서 전기차를 조립해 수출하는 우리 기업 매출에 큰 타격이 될 수 있다는 점에서 많은 우려가 일고 있다.

IRA 세부지침 주요 내용과 국내 영향은? 미국 재무부는 배터리 부품 기준을 세분화하며 양극판·음극판은 부품으로 포함하고 구성 재료인 양극활물질·음극활물질 등은 포함하지 않았다. 국내 배터리업계의 경우 양극활물질 등은 국내에서 진행하고 이후 양극판·음극판을 만드는 단계는 미국에서 진행하고 있어, 기존 공정을 바꾸지 않아도 IRA 보조금을 받을 수 있게 될 전망이다. 또 핵심광물의 경우 미국과 FTA를 체결하지 않은 국가에서 수입한 재료를 한국에서 가공해도 보조금 지급 대상에 포함되는 내용이 담겼다. 이에 인도네시아, 아르헨티나 등 미국과 FTA를 체결하지 않은 국가에서 핵심광물을 채굴하더라도 한국에서 가공해 50% 이상의 부가가치를 창출하면 보조금을 받을 수 있다. 다만 재무부는 배터리 부품은 2024년부터, 핵심광물은 2025년부터 「외국 우려 단체」에서 조달하지 못하도록 규정했다. 외국 우려 단체에 대한 구체적인 내용은 이번에 발표되지 않았으나, 업계에서는 추가 세부안에 중국이 포함될 것으로 전망하고 있다. 이에 배터리업계에서는 2025년 전에는 중국 핵심광물의 의존도를 줄여야 할 것으로 전망된다.

한편, 미국·캐나다·멕시코 등 북미 지역에서 전기차를 최종 조립해야만 최대 7500달러의 세액공제를 받을 수 있다는 대전제 요건은 그대로 유지됐다. 세액공제 형태로 지급되는 보조금은 ▷북미에서 제조·조립한 배터리 부품 사용 시 3750달러 ▷미국이나 FTA 국가에서 채굴·가공한 핵심광물 사용 시 3750달러가 각각 지급되는 구조다. 이에 현재 미국에서 판매되는 현대차 아이오닉5와 기아 EV6 등의 전기차는 모두 한국에서 생산되고 있어 보조금 대상에서 제외될 전망이다.

미 인플레이션감축법 세부지침 주요 내용

구분	배터리 부품(3750달러 세액공제)	배터리 핵심광물(3750달러 세액공제)
내용	북미에서 제조·조립한 배터리 부품 사용	미국 또는 미국 FTA 협정국에서 채굴·가공한 핵심광물 사용
비율	현재 기준 50% 이상(2029년까지 100%, 단계적 상승)	현재 기준 40% 이상(2027년까지 80% 이상, 단계적 상승)
세부 지침	양극판, 음극판, 분리막, 전해질 배터리 셀, 모듈 등으로 부품 정의	리튬, 니켈, 망간, 흑연, 코발트 등 미국 또는 FTA 협정국에서 50% 이상 채굴·가공된 경우 보조금 지급

美, 전기차 보조금 16개 차종 공개-현대·기아차 제외 미국 정부가 4월 17일 IRA 세부지침에 따라 최대 7500달러의 보조금을 지급하는 16개 전기차(하위 모델 포함 22개) 대상 차종을 발표했다. 기존에는 북미산 조립 요건만 맞추면 보조금 대상이었지만 올해는 엄격해진 배터리 요건을 맞춰야만 혜택을 받을 수 있어 기존 40종이 넘었던 혜택 대상이 대폭 줄어들었다. 재무부가 이날 발표한 보조금 지급 대상 전기차에는 테슬라 모델3와 모델Y를 비롯해 쉐보레 볼트, 이쿼녹스, 포드 E-트랜짓, 머스탱 등 미국 제조사 차량만이 명단에 올랐다. 반면 한국의 현대·기아차를 비롯해 일본, 유럽의 전기차는 모두 보조금 대상에서 제외됐다. 특히 앨라배마 공장에서 조립되는 현대차 GV70의 경우 세부 요건 발표 이전에는 보조금을 받았지만 이번에는 제외됐다.

EU, 「유럽판 IRA」 핵심원자재법·탄소중립산업법 초안 공개 제3국 원자재 수입 비율 65% 미만으로 제한

유럽연합(EU)이 3월 16일 중국산 의존도를 낮추고 미국 인플레이션감축법(IRA)에 대응하기 위한 「핵심원자재법」과 「탄소중립산업법」 초안을 공개했다. 해당 법에 따르면 특정국 수입에 의존하고 있는 핵심 원자재의 EU 내 가공 비중을 대폭 확대하는 등 원자재 공급망 안정·다각화 대책을 추진한다. 이날 공개된 초안은 집행위와 유럽의회, EU 27개국으로 구성된 이사회 간 3자 협의를 거쳐 확정되는데, 해당 과정에는 약 1~2년이 소요될 전망이다.

핵심원자재법·탄소중립산업법 초안 주요 내용

핵심원자재법(CRMA·Critical Raw Material Act) 특정국에 대한 공급망 의존도를 축소하고 역내투자를 확대하는 등의 대책으로 유럽연합(EU) 내 원자재 공급 안정성을 확보하는 것을 목적으로 하는 법이다. 이에 따르면 2030년까지 EU 연간 전략 원자재 소비량의 10%를 EU 역내에서 추출하고 40% 가공하며 15%의 재활용 역량을 보유하는 것을 목표로 한다. 또 2030년까지 종류·가공 단계를 불문하고 특정한 제3국산 전략적 원자재 수입 비율을 역내 전체 소비량의 65% 미만으로 제한하도록 했다. 전략적 원자재는 배터리용 니켈, 리튬, 천연흑연, 망간을 비롯해 구리, 갈륨, 영구자석용 희토류 등 총 16가지 원자재가 분류됐다.

EU는 해당 규정 이행을 위해 유럽핵심원자재이사회를 구성해 원자재 전략 프로젝트를 선정하고, 인허가 우선순위를 부여해 심사기간을 단축한다는 방침이다. 여기에 신흥 및 개발도상국 등 제3국과 원자재 관련 파트너십을 구축해 광물 채굴 등 새로운 원자재 공급망을 확보하고, 핵심 원자재 클럽을 만들어 공급망 안정에 기여한다는 계획이다. 특히 집행위는 전기차 모터의 필수 부품으로 꼽히는 영구자석에 대해서는 별도 조항에서 「재활용 비율 및 재활용 가능 역량」에 관한 정보공개를 의무화했다.

탄소중립산업법 탄소중립 기술의 EU 내 생산 목표를 설정하고 관련 프로젝트 지원을 위해 규제 간소화와 투자 촉진, 인프라 구축 방안 등을 명시했다. 집행위는 태양광·풍력·배터리·히트펌프·지열에너지·수전해장치·바이오메탄·탄소포집저장(CCS)·그리드(Grid) 기술 등 8가지를 「전략적 탄소중립 기술」로 규정하고, 해당 산업의 역내 제조 역량을 2030년까지 40% 끌어올리는 것을 목표로 설정했다. 또 EU 제조역량 강화를 위해 「탄소중립 전략 프로젝트」를 지정해 관련 허가 처리 기한을 단축하고, 원스톱 창구를 지정해 규제 샌드박스를 도입하는 등 행정절차를 간소화할 방침이다.

핵심원자재법·탄소중립산업법 초안 주요 내용

핵심원자재법	• 제3국산 전략적 원자재 수입 비율 2030년까지 65% 이하로 제한 • 전략적 원자재 역내 채굴량 10%, 가공량 40%, 재활용 비율 15% 이상 달성 • 신규 채굴·가공시설 인허가 및 재활용 사업 신속 허가 • 전기차 모터의 영구자석은 재활용 비율 등 정보공개 의무 강화
탄소중립산업법	• 태양광·배터리 등 8가지 산업, 역내 제조 역량 EU 연간 수요의 40% 달성 • 해당 산업과 관련한 역내 신규사업 허가 시한을 사업에 따라 9~18개월로 단축 • 탄소중립 관련 행정 절차 담당 창구를 일원화해 행정 절차 간소화

산업통상자원부가 3월 17일 EU가 공개한 핵심원자재법·탄소중립산업법 초안에 대해 미국 인플레이션감축법(IRA)과 달리 차별적인 조항은 포함돼 있지 않다고 평가했다. 산업부는 핵심원자재법 초안은 EU 역외 기업에 대한 차별적인 조항이나 원자재 현지 조달 요구를 담지 않았고, 탄소중립산업법도 EU 역내 기업과 수출기업에 동일하게 적용될 것으로 보인다고 분석했다.

EU, 반도체법 합의 유럽연합(EU)이 4월 18일 총 430억 유로(한화 약 62조 원)를 투입해 EU의 반도체 산업을 육성하는 반도체법 시행에 합의하며 글로벌 반도체 전쟁에 본격적으로 뛰어들었다. EU 집행위원회가 이날 타결한 EU 반도체법의 핵심은 2030년까지 민간과 공공에서 430억 유로를 투입해 EU의 글로벌 반도체 시장 점유율을 기존 9%에서 20%까지 확대하는 것이다. EU는 세계 반도체 수요의 20%를 차지해 미국과 중국에 이은 3대 소비시장이지만, 반도체 공급망 점유율은 10%에 불과하다. 이는 대부분 반도체 생산을 외부에 위탁하는 팹리스(반도체 설계) 기업이 많아 생산역량이 부족하기 때문이다. 이에 최근 EU는 반도체를 경제안보의 핵심품목으로 인식하고 EU 역내 반도체 생산역량 강화 및 공급망 안정화를 위해 해당 법안 제정을 추진해 왔다. 이번 법 제정으로 향후 EU의 반도체 제조 역량이 강화될 경우 반도체를 둘러싼 글로벌 경쟁이 더욱 심화될 것이라는 전망이 나온다.

바이든 행정부, 억만장자세 신설 등 2024회계연도 정부 예산안 발표

조 바이든 미국 행정부가 6조 9000억 달러(약 9100조 원) 규모의 2024회계연도(올 10월~내년 9월) 정부 예산안을 3월 9일 발표했다. 이번 예산안은 중국을 견제하기 위한 국방 및 사회복지 예산을 늘리고, 대신 고소득층과 대기업 증세로 재원을 마련해 적자를 줄이겠다는 구상을 담고 있다. 하지만 예산 처리 권한을 가진 하원의 다수당인 공화당이 증세 등에 강력히 반대하고 있어 정부안이 그대로 확정될 가능성은 희박하다는 분석이다.

예산안 주요 내용 _ 억만장자세 신설 이번 예산안은 향후 10년 동안 연방정부 적자를 약 3조 달러(약 3948조 원) 줄이는 것을 목표로 하며, 이에 필요한 재원 일부는 고소득자와 기업에서 충당한다는 계획이다. 대표적으로 상위 0.01%에 최소 세율 25%를 부과하는데, 특히 연소득 40만 달러(약 5억 3000만 원)가 넘는 개인의 소득세 최고 세율을 37.0%에서 39.6%로 인상한다. 또 도널드 트럼프 행정부 시절 21%로 낮아진 법인세율은 다시 28%로 올리며, 석유 및 가스회사에 대한 310억 달러(약 40조 9200억 원) 상당의 보조금과 세금 혜택은 폐지한다. 아울러 메디케어 재정 확충을 위해 연소득 40만 달러(약 5억 2744만 원) 이상인 개인에게 부과하는 공공의료보험(메디케어) 세율은 3.8%에서 5%로 인상한다. 다만 연소득 40만 달러 이하 시민에게는 세금을 올리지 않기로 했으며,

지난해 종료됐던 자녀 1명당 최고 3600달러의 세액공제는 되살리기로 했다.

한편, 이번 예산안에 따르면 국방예산의 경우 전년보다 3.2% 증가한 8420억 달러(약 1111조 원)로 역대 최대 규모를 나타냈다. 또 미국의 자본과 전문 기술이 중국의 첨단 기술 투자로 흘러 들어가는 것을 막는 프로그램을 시행하기 위해 국제무역청(ITA)에 500만 달러를 배정했다.

증세 발표한 바이든 정부(※ 연소득 40만 달러 이상 납세자 대상)

구분	증세 내용
억만장자 자산증가분 세율	최소 25%
개인소득세 최고세율	37 → 39.6%
법인세	21 → 28%
메디케어 부가세	3.8 → 5%

정부, 전국 15곳에 첨단산단 조성
경기 용인에 세계 최대 반도체 클러스터 구축

정부가 3월 15일 열린 제14차 비상경제민생회의에서 경기도 용인에 세계 최대 반도체 클러스터 조성 등 전국에 15개 국가첨단산업단지를 지정해 6대 첨단산업을 집중 육성한다는 내용의 「국가첨단산업 육성전략」을 발표했다. 이에 따르면 ▷반도체(340조 원) ▷디스플레이(62조 원) ▷이차전지(39조 원) ▷바이오(13조 원) ▷미래차(95조 원) ▷로봇(1조 7000억 원) 등 6대 첨단산업에 걸쳐 2026년까지 550조 원 규모의 민간 주도 투자를 유도한다는 전략이다.

6대 첨단산업 육성 전략(단위: 원)

분야	투자 규모	전략 주요 내용
반도체	340조 원	• 반도체 메가 클러스터 조성 • 첨단 패키징 거점 구축에 24조 원 민간 투자
디스플레이	62조 원	• 국가전략기술로 지정해 투자 지원 • 투명, 확장현실, 차량용 등 3대 유망분야 실증
이차전지	39조 원	• 핵심광물 관련 글로벌 광물지도 및 수급지도 제작 • 기술 초격차 위해 민관 20조 원 투자(2030년까지)
바이오	13조 원	• 제조역량 확충을 위한 민간투자 밀착 지원 • 현장수요 맞춤형 인력 양성
미래차	95조 원	• 전기차 생산규모 5배 확대 • 미래차전환특별법 제정
로봇	1조 7000억 원	• 핵심기술 확보를 위해 민관 2조 원 투자 • 규제개선, 실증으로 로봇 친화적 환경 조성

전국 15곳에 국가첨단산단 구축 정부는 전국에 시스템반도체 클러스터를 비롯해 미래차, 원전, 로봇 등 첨단산업별로 15개의 국가첨단산단을 총 4076만m²(약 1230만 평) 규모로 조성한다. 이는 역대 정부에서 지정한 산단 중 가장 큰 규모로, 국가산단으로 지정되면 인허가 신속 처리와 기반시설 구축, 세액 공제 등의 전방위적 혜택이 주어진다. 이 15개 산단 후보지는 사업시행자를 선정한 뒤 개발계획 수립, 예비타당성 조사, 관계기관 협의를 거쳐 국가산업단지로 정식 지정된다. 정부는 그린벨트·농지 등 입지 규제를 적극 완화해 산단 지정이 신속히 추진되도록 지원한다는 계획이다.

지역별 후보지는 어떻게? 경기권에서는 용인 일대 215만 평(710만m²)이 국가산단 후보지로 선정됐다. 이곳에는 시스템반도체를 중심으로 첨단반도체 제조공장 5개를 구축하고, 최대 150개 국내외

소재·부품·장비 기업과 연구기관을 유치한다는 계획이다. 충청권에서는 대전·천안·청주·홍성 4곳이 후보지로 선정돼 미래 모빌리티와 반도체, 철도, 수소·미래차 등을 집중 육성하게 된다. 호남권에서는 광주·고흥·익산·완주 4곳이 선정됐는데, 광주 산업단지는 2개의 완성차 공장을 토대로 미래차 핵심 부품의 국산화에 집중하며 고흥은 나로우주센터와 연계한 우주산업 기술에 집중할 계획이다. 그리고 대구·경북권에서는 대구·안동·경주·울진 등 4곳이 선정됐는데, 대구 산업단지는 미래차와 로봇산업의 기술 융·복합에 집중하고 경주는 소형모듈원전 실증 및 수출을 위한 특화 산업단지로 조성된다. 경남권에서는 창원(103만 평)이 방위·원자력산업 수출 촉진을 위한 산단 후보지로 지정됐으며, 강원권에서는 강릉(28만 평)에 국가산단을 조성해 천연물 바이오산업을 육성하기로 했다.

국가산업단지 후보지 선정

구분	후보지	면적	중점산업
경기권	경기 용인시	710만m²	시스템반도체
충청권	충남 천안시	417만m²	미래모빌리티, 반도체
	충남 홍성군	236만m²	수소·미래차, 2차전지
	충북 청주시	99만m²	철도
	대전 유성구	530만m²	나노·반도체, 항공우주
호남권	전북 익산시	207만m²	식품(푸드테크)
	전북 완주군	165만m²	수소 저장·활용 제조업
	광주 광산구	338만m²	미래차 핵심 부품
	전남 고흥군	173만m²	우주 발사체
대구경북권	경북 울진군	158만m²	원전 활용 수소
	경북 안동시	132만m²	바이오 의약
	경북 경주시	150만m²	소형모듈원전
	대구 달성군	329만m²	미래자동차·로봇
경남권	경남 창원시	339만m²	방위·원자력
강원권	강원 강릉시	93만m²	천연물 바이오

용인 첨단 반도체 클러스터 구축 경기도 용인에 들어서는 첨단 반도체 클러스터는 총 710만m²(215만 평)이다. 이곳에는 2042년까지 삼성전자의 파운드리(반도체 위탁생산)와 첨단 메모리반도체 공장 5곳이 구축되고, 팹리스(반도체 설계)·소부장(소재·부품·장비) 기업 최대 150곳도 입주할 계획이다. 현재 용인에는 SK하이닉스가 120조 원을 투자해 415만m² 규모의 첨단 메모리반도체 클러스터 공사가 이뤄지고 있는데, 여기에 삼성전자까지 첨단 시스템반도체 클러스터 구축에 나선 것이다. 이 신규 클러스터가 조성되면 기존 생산단지(기흥·화성·평택·이천 등)와 인근 소재·부품·장비기업, 판교의 팹리스 밸리를 연계한 세계 최대 규모의 반도체 메가(Mega) 클러스터가 완성되게 된다.

용인 첨단 시스템반도체 클러스터 개관

위치	경기 용인시 남사읍
규모	710만m²(215만 평)
투자	300조 원
유치 시설	• 첨단 반도체 제조공장 5개 • 소재, 부품, 장비기업, 팹리스 기업 150개 • 매출 1조 원 팹리스 10개 육성 목표
기대 효과	직간접 생산 유발 700조 원, 고용 유발 효과 160만 명

정부, 핵심광물 확보 전략 발표
핵심광물의 중국 의존도 2030년 80% → 50%로 하향

산업통상자원부가 2월 27일 핵심광물 33종을 선정하고 매장·생산량을 고려해 30개 전략협력국을 선정해 민간 기업의 광산 투자와 장기 공급계약 체결을 지원하는 내용 등을 담은 「핵심광물 확보전략」을 발표했다. 핵심광물은 가격·수급 위기 발생 가능성이 높고 국내 산업·경제에 미치는 파급효과가 커 경제 안보 차원에서 관리해야 하는 광물을 말한다.

국제에너지기구(IEA)에 따르면 2040년 핵심광물 수요는 2020년보다 4배 이상 급증할 것으로 예상되는데, 우리나라는 광물 수요의 95%를 수입에 의존하고 있어 이들 광물의 공급망 안정이 매우 중요한 상황이다. 무엇보다 2021년 기준 우리나라는 이차전지용 수산화리튬의 84%, 양극재 원료인 황산코발트와 이차전지용 황산망간의 97%, 전기차용 희토류의 54%를 중국으로부터 들여올 정도로 중국 의존도가 높다.

핵심광물 확보전략 주요 내용 정부는 경제안보 차원에서 관리가 필요한 구리·텅스텐 등 핵심광물 33종을 선정했으며, 이 가운데 반도체와 이차전지·전기차 등에 필수적인 리튬·니켈·희토류(5종) 같은 10대 전략 핵심광물을 우선 집중관리하기로 했다. 또 매장·생산량을 고려해 30개 전략협력국을 선정해 민간 기업의 광산 투자와 장기 공급계약 체결을 지원한다. 여기에 미국이 주도하는 광물안보파트너십(MSP)과 호주가 주도하는 IEA 협력체계도 적극 활용해 우리 기업들이 안정적으로 해외 프로젝트에 진출할 수 있는 기회를 확보한다.

우리나라의 전략 핵심광물별 의존도는? (자료: 산업통상자원부)

종류	용도	최대 의존국
리튬	2차전지 양극재	중국 84%(수산화리튬)
니켈	2차전지 양극재, 철강	핀란드 45%(황산니켈)
코발트	2차전지 양극재	중국 69%(수산화코발트)
망간	2차전지 양극재	중국 97%(황산망간)
흑연	2차전지 음극재	중국 87%(인조흑연)
희토류	영구자석, 연마제	중국 86%(영구자석)

아울러 10년 전 일몰됐던 해외자원개발 투자세액공제의 재도입을 추진하는 등 기업의 핵심광물 투자에 대한 세제·금융 지원 등을 강화한다. 또 수급위기 대응을 위해 핵심광물 비축일수를 현행 54일에서 100일로 확대하고, 새만금 산업단지에 2026년까지 핵심광물 전용 신규 비축기지를 구축한다는 방침이다. 이 밖에 핵심광물 전용기지 신설을 위한 예비타당성조사와 긴급 상황 시 수요 기업에 8일 내 원료를 공급할 수 있는 비축물자 신속 방출제도 도입도 추진한다. 산업부는 이를 통해 현재 80%대인 핵심광물 특정국 수입 의존도를 2030년까지 50%대로 줄이고, 현재 2%대인 핵심광물 재자원화 비중을 20%대로 확대한다는 방침이다.

핵심광물 종류

33종 핵심광물	리튬, 니켈, 코발트, 망간, 흑연, 희토류(네오디뮴, 디스프로슘, 터븀, 세륨, 란탄), 니오븀, 구리, 알루미늄, 규소, 마그네슘, 몰리브덴, 바나듐, 백금족(백금, 팔라듐), 주석, 타이타늄, 텅스텐, 안티모니, 비스무스, 크롬, 연, 아연, 갈륨, 인듐, 탄탈룸, 지르코늄, 스트론튬, 셀레늄
10대 전략 핵심광물	리튬, 니켈, 코발트, 망간, 흑연, 희토류(세륨, 란탄, 네오디뮴, 디스프로슘, 터븀)

전략 발표의 배경 정부가 이처럼 핵심광물 확보전략을 내놓은 것은 전기차 배터리의 핵심광물 보유국들이 자원 국유화 조치로 잇달아 빗장을 걸어 잠그고 있는 데 따른 것이다. 대표적으로 미국의

인플레이션감축법(IRA) 시행 이후 배터리 원료의 중국 의존도를 낮출 대안으로 주목받은 멕시코는 최근 리튬 국유화 조치에 나섰고, 칠레·볼리비아·아르헨티나도 국유화에 속도를 높이고 있다. 또 세계 최대 리튬 수출국인 중국 역시 리튬 등이 함유된 희토류를 「수출금지 및 제한 기술 품목」에 포함시키는 방안을 검토 중인 것으로 알려졌다.

배터리 핵심 원자재 국유화 현황

국가	현황
멕시코	최근 리튬 국유화 선언. 국영기업 설립 및 리튬 탐사와 채굴 독점
아르헨티나	라리오하주 리튬 전략물자 지정, 기업 채굴권 정지
칠레	3월 국영기업 설립 및 리튬 국유화 방침
볼리비아	2008년 리튬 국유화 선언
중국	리튬 및 희토류 수출금지 및 제한기술목록 포함 검토

여기다 지난해 도입된 미국의 IRA도 핵심광물 확보 경쟁을 일으키는 요인으로 꼽히고 있는데, IRA는 북미나 미국과 자유무역협정(FTA)을 맺은 국가에서 채굴한 광물을 일정 비율 이상 사용한 배터리에 한해서만 세액공제를 적용하도록 돼 있기 때문이다. 올해는 이 비율이 전체 광물의 40%를 충족해야 하는데 이 비중은 점차 높아져 2027년에는 80% 이상을 사용해야 한다.

정부, 휴가비 600억 원 지원 등 내수 활성화 대책 발표

정부가 3월 29일 비상경제민생회의에서 숙박 쿠폰과 여행비 등 휴가비 지원에 총 600억 원의 재정을 투입하는 내용 등을 담은 「내수 활성화 대책」을 발표했다. 이는 최근 부진한 국내 소비를 진작하기 위한 방편으로, 내국인의 국내 여행을 장려하고 외국인 관광객의 한국 유치를 증가시켜 내수를 활성화하겠다는 구상이다.

내수 활성화 대책 주요 내용

내국인의 국내 여행 장려 정부는 내국인을 대상으로 숙박비나 교통비 등을 지원한다는 방침으로, 여행자가 온라인 플랫폼으로 국내 여행지의 숙소를 예약할 경우 3만 원, 유원지 입장권 등을 예약하면 1만 원의 할인 혜택을 제공한다. 중소·중견기업 근로자와 소상공인 등 최대 19만 명에게는 10만 원의 국내 여행비를 지원하며, 5월 연휴 기간 KTX 운임 할인 폭은 최대 50%까지 확대한다. 또 문화비와 전통시장 지출에 대한 소득공제율을 4~12월까지 한시적으로 10% 포인트 상향할 계획으로, 이에 따라 문화비 공제율은 30%에서 40%로, 전통시장 지출은 40%에서 50%로 올라간다.

민생 대책 민생대책의 일환으로 취약계층의 생계비 부담을 지원하는 대책도 발표됐는데, 소비자 부담이 높은 주요 농축수산물에 대해 4월부터 6월까지 총 170억 원 규모의 할인을 지원한다. 이는 일반 대형마트 등에서는 1인당 1만 원 한도 내에서 20%의 가격 할인이, 전통시장에서는 최대 4만 원 한도로 20~30% 가격 할인이 제공될 것으로 전망된다. 또 국민의 통신비 부담을 덜기 위해 일반 요금제보다 저렴한 5G 시니어 요금제(3종), 데이터 사용에 특화된 청년요금제(18종) 등을 출시한다.

외국인의 한국 관광 유치 정부는 코로나19를 겪으면서 급감한 방한 외국인 관광객을 올해 중 1000만 명 수준까지 늘리겠다는 계획이다. 이를 위해 국내 입국 거부율이 낮은 미국·일본·홍콩·대만 등 22개국에는 전자여행허가제(K-ETA) 절차를 내년까지 한시 면제키로 했다. K-ETA는 한국과

비자 면제협정을 맺거나 국내에 비자 없이 입국할 수 있는 110개국 국민이 관광·행사 참석 등의 목적으로 한국을 방문할 때 개인정보를 사전에 등록해야 하는 제도를 말한다. 또 코로나19로 중지됐던 3종 환승 무비자 제도를 복원해 환승 관광객의 유입 확대도 추진하는데, 이를 통해 유럽·미국·중국·동남아 등 34개국의 입국비자 소지자는 한국에서 갈아타면 지역 제한 없이 최대 30일간 체류할 수 있게 된다. 여기다 전 세계적인 팬덤이 형성된 케이팝을 매개로 한 대형 콘서트를 4월부터 10월까지 전국 각지에서 릴레이로 개최하는 등 외국인을 위한 각종 축제를 마련한다는 계획이다.

내수 활성화 대책 주요 내용

구분	주요 내용
국내 관광 장려	• 숙박 예약 시 3만 원 할인 • 유원시설 온라인 예약 시 1만 원 할인쿠폰 제공 • 문화비 및 전통시장 지출에 대한 소득공제율 상향(4~12월) • 중소기업 근로자·소상공인 휴가비 지원
생계비 부담 경감	• 농축수산물 품목 170억 원 규모 할인 지원(4~6월) • 통신요금 부담 완화: 저렴한 5G 시니어 요금제, 데이터 특화 청년요금제 출시
해외 관광객 유치	• 미국, 일본, 영국 등 22개국 대상 전자여행허가제(K-ETA) 한시(2023~2024년) 면제 추진 • 코로나19로 중지된 환승 무비자제도 복원 • 5~10월 중 서울, 부산, 전북, 인천, 제주 등에서 대규모 K팝 콘서트 개최

가덕도신공항, 5년여 앞당긴 2029년 12월 개항
건설 방식은 육해상 매립식으로 변경

국토교통부가 3월 14일 가덕도신공항 기본계획 용역 중간 보고회를 열고 공항을 당초 예정(2035년 6월)보다 5년 6개월 앞당겨진 2029년 12월 개항한다고 밝혔다. 정부는 연말까지 기본계획을 수립·고시하고 내년 말 착공에 들어간다는 계획인데, 공사비용은 13조 7600억 원 수준으로 예상된다. 이처럼 정부가 신공항 개항 시기를 앞당긴 것은 「2030 부산세계박람회」 일정에 맞춘다는 의지가 반영된 것으로, 앞서 부산시는 신공항의 개항시점을 2030년 이전으로 앞당겨줄 것을 정부에 요구한 바 있다. 그러나 이를 위해서는 법령 개정과 안전 문제 등 해결 과제가 남아 있어 이를 둘러싼 논란이 일어날 것으로 보인다.

가덕도신공항특별법 부산 가덕도 일대에 대규모 국제공항을 건설하는 사업을 지원하는 내용이 포함된 법으로, 2021년 2월 26일 국회 본회의를 통과했다. 이 법에는 ▷예비타당성 조사 면제 ▷신공항건설사업을 위한 시행 절차 ▷신공항 건설사업의 원활한 추진과 효율적인 관리를 위한 신공항 건립추진단 구성(국토교통부) ▷건설 관련 각종 부과금 감면 또는 면제 등의 내용이 포함됐다.

건설방식 변경 등 주요 내용 국토교통부는 지난해 사전타당성 조사에서 가덕도신공항의 공사 기간을 9년 8개월로 2035년 6월 개항 계획을 제시했지만, 이번에 내놓은 기본계획은 공사 기간이 5년으로 2029년 12월 개항을 목표로 하고 있다. 즉 공사 기간은 4년 8개월 단축되고, 개항 시점은 5년 6개월 앞당겨진 것이다. 또 국토부는 지난해 사전타당성 조사에서는 가덕도신공항을 전부 해상 매립하기로 했지만, 개항 시기를 앞당기기 위해 매립식 건설공법으로 육지와 해상에 걸쳐 건설하기로 공항 배치를 변경했다. 아울러 사업기간 단축을 위해 조기 보상에 착수하고, 부지조성공사를 단일 통합발주(턴키) 방식으로 시행하기로 했다. 여기다 가덕도신공항건설공단법 발의에 맞춰 사업을 효율적으로 이끌어갈 전문사업관리조직을 신설하고, 해당 조직은 사업지연 방지를 위해 설계 단계에서부터 종합사업관리(PgM)를 적용한다는 계획이다. PgM(Program Management)은 복수의 프로젝트(토목, 건축, 전기, 항행안전시설, 관제, 공항운영 등)를 종합적으로 연계해 대규모 사업을 총괄 관리하는 것을 말한다.

가덕도신공항 계획 비교

구분	사전타당성 조사(2022년 4월)	기본계획 검토안(2023년 3월)
착공 준비(설계 및 보상)	2023년 하반기~2025년 하반기	2024년 1월~2024년 12월
공항 배치	전부 해상에 배치	육해상에 걸쳐 배치
공사 기간	2025년 10월~2035년 6월(9년 8개월)	2024년 12월~2029년 12월(5년)
사업 관리	발주 방식 미제시	단일공구 통합발주
개항 시점	2035년 6월	2029년 12월

국토부 계획을 둘러싼 논란 국토교통부의 계획대로 공사기간을 단축하기 위해서는 법령 개정과 안전 문제, 경제성 논란 등 향후 해결해야 할 과제들이 산적해 있다. 특히 이번에 변경된 매립식 건설의 경우 향후 연약지반이 가라앉으면서 땅이 불규칙하게 내려앉는 「부등침하」 문제가 발생할 수 있다는 우려가 나온다. 더욱이 국토부는 지난해 4월 가덕도신공항 건설 추진계획 검토보고서에 매립식으로 지을 경우 부등침하 우려가 높다고 명시했는데, 불과 1년 새 그 판단이 달라졌다는 점도 문제로 지적된다. 즉 국토부는 활주로의 20년 후 예측 부등침하량(0.076%/30m)이 국제기준 허용치(0.1%/30m)보다 작아 항공기 운항 안전에는 문제가 없을 것이라는 상반된 입장을 내놓았다. 무엇보다도 신공항 계획 때부터 제기돼 왔던 경제성 우려는 여전한데, 이는 이 지역의 항공 수요가 신공항 건설을 필요로 할 만큼 크지 않다는 것으로 가덕도신공항은 지난해 경제성 평가에서 0.51~0.58을 기록했었다.

가덕도신공항 추진 일지

2021. 2.	가덕도신공항특별법 국회 본회의 통과
5.~2022. 4.	사전 타당성조사 용역 시행
2022. 4.	예비 타당성조사 면제
5.~2023. 3.	기획재정부 사업계획 적정성 검토 및 완료
2022. 8.~	기본계획·전략환경영향평가 용역 진행 중
2023. 3. 14.	국토부, 매립식으로 2029년 개항 추진 발표

한편, 가덕도신공항 조기 착공을 위해 토지 보상 시점을 앞당길 수 있도록 하는 가덕도신공항특별법 개정안이 3월 30일 국회 본회의를 통과했다. 개정안은 가덕도신공항 건설과 관련해 토지 등을 포함한 기본계획을 수립·고시하는 경우 「공익사업을 위한 토지 등의 취득 및 보상에 관한 법률」에 따른 사업인정 고시가 있는 것으로 본다는 내용을 신설했다.

금융위원회, 소액생계비대출 3월 27일 출시
최대 100만 원 지원-기본 금리는 연 15.9%

금융위원회가 최대 100만 원까지 소액의 생계자금을 신청 당일 지원받을 수 있는 소액생계비대출 상품을 3월 27일 출시한다고 밝혔다. 이는 제도권금융은 물론 기존의 정책서민금융 지원마저도 받

기 어려워 불법사금융 피해에 노출될 우려가 있는 대상자를 위해 신설된 제도다. 이는 연체 여부와 무관하게 신청 당일 최대 100만 원이 지원되는데, 정부는 해당 제도를 올해 1000억 원 규모로 운영한 뒤 향후 확대나 연장 여부를 결정한다는 방침이다.

소액생계비대출 주요 내용 지원 대상은 신용평점이 하위 20% 이하이면서 연 소득 3500만 원 이하인 만 19세 이상 성인으로, 소득이 없거나 기존에 금융사 연체 이력이 있더라도 대출을 받을 수 있다. 이는 생계비 용도로 최대 100만 원 이내에서 대출이 가능한데 먼저 50만 원을 빌린 이후 이자를 6개월 이상 성실하게 납부하면 50만 원 추가 대출을 받을 수 있다. 다만 병원비나 등록금 등 용처가 증빙될 경우에는 처음부터 한 번에 100만 원을 빌릴 수 있다. 대출을 받은 이용자들은 기본 1년, 최장 5년 만기로 이자를 내다가 만기에 대출액을 갚으면 되며, 중간에 대출을 갚아도 수수료가 발생하지 않는다. 만약 신용여건 등이 개선된 경우는 최저신용자 특례보증, 햇살론15 등 대출 한도 등의 조건이 유리한 상품으로 연계 지원이 가능하다. 대출 금리는 연 15.9%를 기본으로 최저 9.4%까지 낮아지는 구조로 돼 있는데, 서민금융진흥원의 금융교육을 이수하면 금리가 0.5%포인트 인하되고 이자를 성실히 내면 6개월마다 2차례에 걸쳐 3%포인트씩 추가로 인하된다. 대출 신청은 전국 46곳의 서민금융통합지원센터를 직접 방문해야 하며, 대출금은 신청 당일에 계좌를 통해 지급된다.

소액생계비대출 주요 내용

대출 한도	100만 원
지원 대상	신용평점 하위 20% 이하, 연소득 3500만 원 이하인 만 19세 이상 성인
금리	연 15.9%(성실상환 시 9.4%까지 인하)
상환 방식	1~5년 만기 일시상환(중도상환수수료 없음)
이용 방법	사전 예약 후 서민금융통합지원센터(전국 46곳) 방문 신청

청년도약계좌 6월 출시,
5년간 월 70만 원 납입 시 5000만 원 형성

금융위원회가 3월 8일 오는 6월 출시가 예정된 청년도약계좌 가입 조건과 혜택 등에 대한 세부 사항들을 공개했다. 청년도약계좌는 윤석열 대통령이 대선 공약에서 청년층에게 자산형성 기회를 만들어주겠다며 도입을 약속한 정책형 금융상품이다. 이는 가입자가 매월 70만 원 한도로 5년간 자유롭게 납입하면 정부 지원금(최대월 2만 4000원)과 비과세 혜택(15.4%)을 받을 수 있다.

청년도약계좌 무엇? 청년층이 매달 70만 원 한도로 5년간 자유롭게 납입하면 최대 5000만 원 내외의 목돈을 모을 수 있는 금융상품을 말한다. 이는 가입자가 매월 40만~70만 원을 계좌에 납입하면 정부가 매달 2만 2000~2만 4000원을 기여금 형태로 보태주고, 이자소득에 비과세 혜택을 부여해준다. 상품금리는 가입 후 최소 3년간 고정금리가 제공되며, 이후 2년간은 변동금리가 적용된다. 최종 만기 수령액은 본인 납입금과 정부 기여금, 경과이자가 합산된 금액으로 지급되며, 이자소득에는 비과세 혜택이 적용된다.

청년도약계좌는 나이와 개인소득, 가구소득을 모두 충족해야 가입할 수 있는데, 만 19~34세이면서 개인소득이 총급여 기준으로 7500만 원 이하, 가구소득은 중위 180% 이하를 충족해야 한다. 가입자는 개인소득 수준, 본인이 납입한 금액에 따라 정부 기여금을 지원받을 수 있는데, 개인소득이 낮을수록 많은 지원이 이뤄질 수 있도록 소득구간별로 차등이 있다. 특히 총급여 4800만 원 이하인 경우 월 70만 원 납입한도에 미치지 못하는 금액을 납입(월 40~60만 원)하더라도 정부 지원금을 모두 수령할 수 있도록 기여금 지급한도가 별도로 설정됐다.

청년도약계좌 주요 내용

가입 대상	개인소득 7500만 원 이하이고 가구소득 중위 180% 이하인 만 19~34세 청년
정부 기여금	소득과 납입금에 따라 월 최대 2만 4000원 지원
적용 금리	3년 고정금리 후 2년 변동금리 적용(실제 금리는 추후 결정)
중도 해지	• 가입자의 퇴직·해외이주·사망, 천재지변, 생애최초 주택구입 등 특별 중도해지 요건 해당되면 정부 혜택 적용 • 특별 중도해지 요건에 해당하지 않을 시 정부 기여금 및 비과세 혜택 제외

4월 7일부터 전매제한 완화 수도권 최대 10년 → 3년 단축

국토교통부가 4월 4일 수도권 아파트 분양권 전매제한 기간이 최대 10년에서 3년으로 단축되는 내용 등을 담은 주택법 시행령 개정안이 의결됐다고 밝혔다. 전매제한 완화는 4월 7일부터 시행되며, 이전에 분양을 마친 아파트에 대해서도 소급 적용된다.

시행령 개정에 따라 수도권의 전매제한 기간은 최대 10년에서 공공택지나 분양가상한제 적용 등 규제지역은 3년, 과밀억제권역은 1년, 그 외 지역은 6개월로 완화된다. 만약 3년 이전에 소유권 이전 등기가 완료되면 3년이 지난 것으로 간주한다. 비수도권의 전매제한은 최장 4년에서 공공택지 또는 규제지역은 1년, 광역시 도시 지역은 6개월로 단축된다. 그 외 지역은 전매제한이 전면 사라진다. 다만 수도권 분양가상한제 적용 주택에 적용된 2~5년의 실거주 의무 폐지와 관련된 주택법 개정안은 국회에 계류 중이어서 당장 전매제한이 풀려도 분양권을 팔 수는 없다.

분양권 전매 주택을 분양받은 사람이 그 지위를 다른 사람에게 넘겨줘 입주자를 변경하는 것을 뜻한다. 즉 주택청약통장 가입자에게 우선 공급한 분양아파트의 입주권을 분양권 또는 당첨권이라 하는데, 이것을 아파트에 입주하기 전에 실제 물건이 아닌 권리형태로 제3자에게 되파는 것을 가리킨다.

헌법재판소가 4월 2일 투기지역·투기과열지구 내 15억 원 초과 아파트 주택담보대출을 금지한 문재인 정부의 2019년 12·16 부동산 대책에 대해 재판관 5 대 4의 의견으로 합헌 결정을 내렸다.

전세사기 방지법 국회 통과 임차인 정보 열람권 확보·공인중개사 처벌 강화

국회가 3월 30일 공인중개사의 처벌을 강화하고 임차인의 열람권을 확보하는 등 전세사기를 방지하기 위한 법안을 통과시켰다. 국회는 이날 임차인이 계약을 체결할 때 임대인에게 정보 제시를 요구할 수 있도록 한 「주택임대차보호법」 개정안을 통과시켰다. 개정법은 계약 체결 시 임대인이 임차인에게 임차주택 확정일자 부여일, 차임 및 보증금 등 정보와 납세증명서를 제시하거나 계약 체결 전 임대차 정보 제공, 미납 세액 열람에 동의할 것을 규정했다. 여기에 개정법의 실효성 제고를 위해 주택임대차표준계약서도 개정하는데, 이는 임대인이 사전에 고지하지 않은 선순위 임대차 정보나 미

납·체납한 국세·지방세가 있다는 사실이 확인되면 임차인은 위약금 없이 계약을 해제할 수 있도록 하는 특약사항 체결을 권고하게 된다.

또 공인중개사가 금고 이상 형의 집행유예를 선고받은 경우 유예 기간이 만료돼도 향후 2년간 활동할 수 없도록 결격 기간을 갖도록 하는 「공인중개사법」 개정안도 국회를 통과됐다. 이는 최근 일부 공인중개사들이 조직적 전세 사기에 가담한 것으로 드러나면서 처벌을 강화하고자 하는 취지다.

테라·루나 사태 권도형 테라폼랩스 대표, 도피 11개월 만에 몬테네그로에서 체포

지난해 한국산 가상자산 테라·루나 폭락사태로 전 세계 투자자에게 50조 원 이상의 피해를 안긴 권도형(32) 테라폼랩스 대표가 3월 23일 몬테네그로에서 체포됐다. 검경에 따르면 권 대표는 몬테네그로 수도 포드고리차 국제공항에서 위조된 여권을 사용해 아랍에미리트(UAE) 두바이행 비행기 탑승을 시도하다 현지 경찰에 체포됐다. 권 대표는 테라·루나 폭락 사태가 터지기 직전인 지난해 4월 싱가포르로 출국한 뒤 두바이와 세르비아 등에서 11개월간 도피 생활을 이어왔다.

권도형 신병확보는 어디로? 몬테네그로 검찰은 3월 24일 권 대표를 공문서 위조 혐의로 기소하고 구금 기간 또한 최장 30일로 연장하겠다고 밝혔다. 법무부는 이날 몬테네그로 당국에 권 대표에 대한 범죄인 인도를 청구하겠다고 밝혔으나, 현지에서 사법 절차가 끝난 뒤에야 다른 나라로 인도가 가능한 데다 국제법상 몬테네그로(피의자를 체포한 국가)가 피의자를 어느 곳으로 송환할지 결정할 수 있어 국내 송환이 조기에 이뤄질지는 미지수다. 현재 한국과 미국 검찰 모두 권 대표의 송환을 추진하고 있는데, 한국 검찰은 지난해 9월 권 대표에 대한 체포영장을 발부받은 뒤 자본시장법 위반, 사기, 배임, 전자금융거래법 위반, 유사수신, 특정금융거래정보법 위반 등 7개 이상의 혐의를 적용한 바 있다. 그리고 미국 검찰은 권 대표가 몬테네그로에서 체포됐다는 소식이 전해진 3월 23일 증권 사기, 상품 사기, 전신 사기 등 8가지 혐의로 권 대표를 기소했다.

권도형 신병확보, 어느 나라로?

한국	자본시장법 위반, 사기, 배임, 전자금융거래법 위반, 유사수신, 특정금융거래정보법 위반 등 7개 이상의 혐의로 체포영장 발부
미국	증권 사기, 상품 사기, 전신 사기 등 8가지 혐의로 기소
몬테네그로	코스타리카 여권(공문서) 위조해 불법 입국 혐의로 구금(최장 30일 연장)
싱가포르	테라 발행사 본사가 싱가포르에 위치

테라·루나 폭락사태 2022년 5월 우리나라 권도형 대표의 블록체인 기업 테라폼랩스가 발행한 김치코인 테라의 가치가 1달러 이하로 떨어지면서 테라와 루나의 동반 폭락으로 이어진 사태를 말한다. 테라는 코인 1개당 가치가 1달러에 고정(페깅)되는 스테이블 코인이며, 루나는 테라의 가치를 뒷받침하기 위해 발행된 코인이다. 2020년부터 시작된 가상자산 훈풍을 타고 테라와 루나의 인기는 치솟았으나 지난해 가상자산 시장에 한파가 닥치면서 상황은 완전히 달라지게 됐다. 당시 테라가 1달러 밑으로 추락하자 테라폼랩스는 루나를 대량으로 발행했다. 그리고 이 루나로 테라를 사들여 유통량을 줄이고 테라 가격을 올리고자 했으나, 알고리즘으로 발행량을 조절해 가격을 유지하는 불안정

한 시스템이 코인의 동반 폭락을 일으켰다. 이에 지난해 4월 초 50조 원에 육박하던 루나의 시가총액은 한 달 뒤인 5월 12일 6000억 원 수준으로 줄어들었고, 지난해 5월 13일 세계 최대의 가상자산 거래소 바이낸스는 루나의 상장폐지를 결정했다.

테라·루나 사태 일지

2018.	권도형, 신현성 티몬 창업자와 테라폼랩스 창업해 테라와 루나 발행
2019. 7.	테라·루나 일반 투자자에게 공개돼 거래 시작
2022. 1.	테라 시총 12조 원, 루나 38조 원 돌파
5.	테라·루나 동반 폭락
9.	검찰, 인터폴 공조해 권 씨 적색수배 및 체포영장 발부
2023. 1.	검찰, 세르비아에 권 씨 긴급인도구속 청구
2.	미국 증권거래위원회, 권 씨 증권거래법상 사기 혐의로 기소
3. 23.	권 씨, 몬테네그로에서 체포

가상자산 시장은 그 규모에도 불구하고 주식 시장과 달리 시세조종 같은 불공정거래 행위를 처벌하기 위한 법률이 갖춰지지 않은 상태다. 이에 권도형 대표의 체포를 계기로 가상자산 관련 규제를 하루빨리 제도화해야 한다는 목소리가 높아지고 있다. 현재 국회에 계류 중인 가상자산 관련 법안은 신규 제정 법률안 11개와 전자금융거래법 개정안 4개를 비롯해 18개에 이른다.

카카오, SM엔터 경영권 확보
공개매수 성공으로 SM 최대주주 등극

카카오가 3월 28일 SM엔터테인먼트 주식 공개매수에 성공하며 지분 34.97%를 추가로 확보했다고 공식 발표했다. 카카오는 이날 공시한 SM 공개매수 결과 보고서를 통해 카카오엔터테인먼트와 함께 지난 3월 7~26일 SM 주식 833만 3641주를 주당 15만 원에 예정대로 매입했다고 밝혔다. 카카오는 이로써 기존 1대 주주 하이브를 제치고 최대 주주 자리에 오르며 SM에 대한 경영권을 확보했다.

SM 경영권 분쟁과 카카오의 경영권 확보까지 SM 경영권 분쟁은 이수만 전 SM엔터테인먼트 프로듀서가 2010년 SM 등기이사직을 사임하며 경영 퇴진을 선언했음에도 개인 회사인 라이크기획을 통해 SM에 대한 지배력을 유지한 것에서 시작됐다. 이후 SM 지분 1%를 확보한 행동주의펀드 얼라인파트너스가 이 문제를 지적하면서 본격적인 분쟁이 전개됐다. 이에 SM은 지난해 10월 이수만 프로듀싱 계약을 조기 종료한 데 이어 올 2월 7일에는 카카오가 신주 및 전환사채 인수를 통해 SM 전체 지분 9.05%를 확보했다고 공시했다.

그러자 이 전 프로듀서는 SM 이사회의 결정이 위법하다며 신주·전환사채 발행 금지 가처분 소송을 제기했고, 이어 2월 10일 하이브가 이 전 총괄이 보유한 지분 14.8%를 인수한다고 공시하면서 경영권 분쟁은 이수만·하이브 측과 얼라인·카카오가 대립하는 구도로 확대됐다. 이후 양측은 연일 공식 입장을 내며 각종 폭로와 반박을 이어갔는데, 3월 6일 하이브가 당초 목표한 25% 공개매수에 실패하면서 카카오가 경영권 분쟁에서 유리한 위치를 차지하게 됐다. 그리고 하이브는 3월 12일 카카오가 경영권을 갖고 하이브는 플랫폼 협력을 하는 방향으로 합의를 이뤘다며 SM 인수 절차를 중단한다고 발표했다.

카카오-하이브, SM 인수전 일지

2022. 2.	행동주의펀드 얼라인파트너스, 「SM 지배구조 개선 요구」
3.	SM 주총 표 대결에서 얼라인이 추천한 감사인 선임
10.	SM, 이수만 프로듀싱 계약 조기 종료
2023. 2. 3.	SM, 이수만 없는 SM 3.0체제 발표
7.	카카오, 유상증자 형태로 SM 지분 9.05% 확보 발표
10.	하이브, 1대 주주 이수만에게 SM 지분 14.8% 확보 발표
16.	• 하이브, SM에 대한 대대적 지배구조 개선안 발표 • 이성수 SM 공동대표, 이 전 총괄의 각종 이권 및 역외탈세 의혹 제기
3. 3.	법원, 카카오의 SM 신주 취득 금지 가처분 인용
6.	하이브, 공개매수를 통해 SM 지분 0.98% 확보 공시(사실상 공개매수 실패)
7.	카카오, SM 주식 주당 15만 원 공개매수
12.	양측 전격 합의(하이브, SM 인수 절차 중단)
28.	카카오, SM엔터테인먼트 최대주주 등극

韓 성장률, 2년 연속 OECD 평균 미달 올해도 1%대 저성장 전망

3월 1일 한국은행과 경제협력개발기구(OECD)에 따르면 지난해 우리나라의 연간 성장률은 2.6%로 2년 연속 OECD 평균(2.9%)에 미달했다. 한국의 성장률이 회원국 평균보다 낮았던 것은 1998년(한국 −5.1%, OECD 평균 2.9%)과 2021년(한국 4.1%, OECD 평균 5.7%)을 포함해 3번에 불과하다. 그마저도 1998년은 외환위기 직후였고, 2021년은 코로나19 팬데믹 회복 국면에서 나타난 기저효과가 영향을 미친 것이었다.

여기에 지난해 4분기 한국의 실질 국내총생산(GDP)은 전 분기 대비 0.4%(속보치) 줄어들면서 2020년 2분기(−3.0%) 이후 2년 6개월 만에 역성장했다. 이는 OECD 38개 회원국 중 지난해 4분기 성장률을 발표한 29개국 평균(0.3%)보다 낮은 것이자 ▷폴란드(−2.4%) ▷리투아니아(−1.7%) ▷오스트리아(−0.7%) ▷스웨덴(−0.6%)에 이어 다섯 번째로 낮은 수준이다.

韓 경제성장률 올해도 1% 전망 한국은행은 최근 올해 우리 경제성장률 전망치를 기존 1.7%에서 1.6%로 하향 조정해 정부전망치(1.6%)와 같은 수준으로 예측했다. 그러나 아시아개발은행(ADB·1.5%), LG경영연구원(1.4%), 주요 해외 투자은행 9곳(평균 1.1%)은 우리 경제가 올해 이보다 더 나쁠 것으로 보고 있다. 앞서 OECD는 지난해 11월 경제전망에서 우리나라의 올해 성장률 전망치를 1.8%, OECD 평균을 0.8%로 각각 제시한 바 있다.

기관별 올해 한국 경제성장률 전망치는?

기관	전망치
경제협력개발기구(OECD), 한국개발연구원(KDI), 현대경제연구원	1.8%
국제통화기금(IMF)	1.7%
기획재정부, 한국은행	1.6%
아시아개발은행(ADB)	1.5%
LG경영연구원	1.4%

통계청, 「2021년 임금근로일자리 소득(보수) 결과」 발표
대기업·중소기업 근로소득 격차 2.1배로 확대

통계청이 2월 28일 발표한 「2021년 임금근로일자리 소득(보수) 결과」에 따르면 통계 작성 이후 처음으로 대기업 근로자의 소득 증가율이 중소기업을 웃돌면서 양 기업 근로자 간 소득 격차가 확대됐다. 2021년 12월 기준 영리기업 가운데 대기업 근로자의 평균소득은 월 563만 원(세전 기준)으로 1년 전보다 6.6% 증가했으며, 중소기업 근로자의 평균소득은 266만 원으로 2.9% 늘었다. 이로써 대기업 근로자의 소득 증가율은 관련 통계 작성이 시작된 2016년 이후 최고를 기록한 반면 중소기업은 최저를 기록했다.

2021년 임금근로일자리 소득 현황
(월 평균소득 기준)

연도	평균소득	중위소득
2017년	287만 원	210만 원
2018년	297만 원	220만 원
2019년	309만 원	234만 원
2020년	320만 원	242만 원
2021년	333만 원	250만 원

「2021년 임금근로일자리 소득(보수) 결과」 주요 내용 2021년 12월 임금근로자의 월 평균소득은 333만 원으로 1년 전보다 4.1%(13만원) 늘었고, 소득순으로 줄 세웠을 때 정중앙에 위치한 값인 중위소득은 250만 원으로 3.3% 늘었다. 소득 구간별로 보면 150만~250만 원 미만이 26.3%로 가장 많았고 250만~350만 원 미만(17.8%), 85만 원 미만(13.8%) 등이 뒤를 이었다. 산업별로 보면 금융·보험업에 종사하는 근로자의 2021년 평균소득이 월 726만 원으로 가장 높은 반면 숙박·음식점업 근로자의 평균소득은 162만 원으로 가장 낮았다. 연령대별로는 40대(414만 원), 50대(388만 원), 30대(361만 원) 순으로 평균소득이 높았고, 평균소득 증가율이 가장 높은 연령대도 40대(5.2%)로 나타났다.
성별로 보면 남성 근로자의 평균소득은 389만 원으로 1년 전보다 4.7% 늘었고, 여성은 256만 원으로 3.7% 증가했다. 여성 근로자의 평균소득은 남성 근로자의 65.8% 수준으로 2020년(66.6%)보다 줄어들었는데, 이는 남성 근로자의 소득 증가율이 여성 근로자를 웃돈 결과다.

韓 여성 관리자 비중 16.3%
36개국 중 35위, OECD 최하위권

3월 8일 경제협력개발기구(OECD)에 따르면 2021년 기준 우리나라 여성 관리자 비중은 16.3%로, 뉴질랜드·콜롬비아를 제외하고 관련 수치가 있는 OECD 36개 회원국 중 35위(최하위는 13.2%의 일본)로 최하위권을 기록했다. 여성 관리자 비중은 기업 임원과 정부 고위 공무원, 국회의원, 대학 총장, 초중고교 교장 등 관리직 취업자 중 여성이 차지하는 비중을 가리킨다.
한국의 2021년 비중인 16.3%는 OECD 회원국 평균(33.7%)의 절반에 그친 것으로, 지난 2011년 10.1%로 OECD 평균(31.2%)의 3분의 1 수준이었던 것에 비해서는 다소 개선된 것이지만 여전히 낮은 수준이다. 특히 전체의 92%에 달하는 33개국이 모두 20%를 넘은 가운데, 라트비아가 45.9%로 1위를 차지했으며 스웨덴(43.0%)·폴란드(43.0%)·미국(41.4%)·에스토니아(41.2%) 등이 뒤를 이었다.

OECD 주요국 여성 관리자 비중
(2021년 기준, 뉴질랜드·콜롬비아 제외 36개 회원국 중)

순위	국가	여성 관리자 비중
1	라트비아	45.9%
2	스웨덴	43.0%
3	폴란드	43.0%
4	미국	41.4%
5	에스토니아	41.2%
34	튀르키예	18.2%
35	한국	16.3%
36	일본	13.2%

지난해 국가채무 1067조 원, 1년 새 97조 증가 1인당 부채는 2076만 원

정부가 4월 4일 국무회의에서 의결한 「2022회계연도 국가결산 보고서」에 따르면 지난해 국가채무(중앙정부+지방정부)는 1067조 7000억 원으로 집계됐다. 이는 전년보다 97조 원(10%) 불어난 규모로, 국가채무가 1000조 원을 넘어선 것은 지난해가 처음이다. 국가채무는 국채·차입금 등 정부가 직접적으로 상환 의무를 지고 있는 나랏빚으로, 국가채무에 공무원과 군인에게 지급해야 할 예상 연금액 등을 더한 국가부채는 지난해 2326조 2000억 원으로 나타났다. 이는 전년(2195조 3000억 원)보다 130조 9000억 원(6%) 늘어난 것으로 1년 만에 역대 최대치를 기록한 것이다. 이로써 지난해 국내총생산(GDP) 대비 국가채무비율은 49.6%로 1년 전 46.9%보다 2.7%포인트 높아졌다. 또 1인당 국가채무도 2076만 원으로, 2021년 1876만 원에서 1년 새 192만 원이 늘었다.

관리재정수지도 사상 최대 규모 적자 지난해 정부의 총수입은 617조 8000억 원, 총지출은 682조 4000억 원으로 통합재정수지(총수입–총지출)는 64조 6000억 원 적자를 기록했다. 이는 지난해 국내총생산(GDP) 대비 3.0% 수준이다. 특히 통합재정수지에서 국민연금 등 4대 보장성 기금을 차감해 정부의 실질적인 재정 상태를 보여주는 관리재정수지(총수입–총지출+사회보장성 지출)는 117조 원 적자로, 사상 최대 규모의 적자를 기록했다.

국가채무 정부가 재정적자를 메우기 위해 국내외에서 돈을 빌려 생긴 빚, 즉 국가가 갚아야 하는 채무를 말한다. 이는 중앙정부 채무와 지방정부 채무를 합한 개념이다.

관리재정수지 정부의 총수입과 총지출의 차이를 나타내는 통합재정수지에서 사회보장성 기금인 국민연금·사학연금·산재보험·고용보험 기금을 제외한 것이다. 정부의 순재정 상황을 나타내는 지표로, 통합재정수지와 함께 국가 재정을 보여주는 재정 지표로 활용되고 있다.

인도 인구, 273년 만에 중국 추월 2063년 인구 17억 명으로 정점 전망

미국 마켓워치가 4월 16일 유엔 인구통계 자료를 토대로 지난 15일 인도 인구가 14억 2578만 2975명으로 중국(14억 1175만 명)을 추월했다고 보도했다. 다만 인도의 인구 수는 인도가 지난 2011년 이래 공식 인구통계를 발표하지 않아 추정치다. 또 월스트리트저널(WSJ)은 중국이 지난 1750년 이래 273년 만에 인구 대국 지위를 내려놓게 됐다고 보도했다. 특히 인도 인구는 향후 40년간 계속 증가한 뒤 2063년 약 17억 명으로 정점을 찍을 것으로 예상되며, 2100년대 초에는 인도 인구가 중국의 2배에 달할 것이라는 관측도 제기된다.

한편, 이와 같은 인구 변화를 두고 미국의 싱크탱크 애틀랜틱 카운슬에서는 세계 경제의 중심이 변화하고 있다는 분석을 내놓았다. 이는 한 국가의 인구는 생산과 소비 등 각종 경제지표에 직접적인 영향을 미치는 변수로 작용하기 때문이다.

사회 시사

2023. 2. ~ 4.

日, 역사 왜곡 초등교과서 심사 통과
징용 강제성 희석·독도 영유권 주장 강화

일본 문부과학성이 3월 28일 교과서 검정심의회를 열고 2024년도 초등학교 교과서 149종이 심사를 통과했다고 발표했다. 하지만 이날 통과된 초등 사회교과서 등에는 일제강점기 빚어졌던 강제징용의 강제성을 희석한 것은 물론 독도 영유권 주장을 강화(일본 고유의 영토, 한국이 불법 점거)하는 내용 등이 대거 포함되면서 거센 논란이 일고 있다. 무엇보다 이번 역사왜곡 교과서의 심사 통과는 윤석열 대통령과 기시다 후미오(岸田文雄) 일본 총리 간 한일 정상회담으로 본격적인 양국 관계 개선을 모색한 지 불과 2주 만이다. 더욱이 일제 강제징용 제3자 변제안 발표 등 윤 정부의 대일 굴욕외교에 대한 반발이 높은 상황에서 이뤄졌다는 점에서 비판이 거세지고 있다.

일본 교과서 역사 왜곡 주요 내용 일본은 임진왜란부터 일제강점기까지 가해국으로서의 역사를 대폭 희석시켰는데, 초등학교 3~6학년이 사용하게 될 사회교과서 12종과 3~6학년이 함께 보는 지도교과서 2종에서 일제강점기 조선인 징병 관련 기술을 강제성을 약화하는 방향으로 수정했다. 대표적으로 초등 사회교과서 점유율 1위인 도쿄서적은 「조선인 남성은 일본군의 병사로 징병됐다」는 기존 표현을 「조선인 남성은 일본군에 병사로 참가하게 됐다」로 바꿨다.
또 독도가 일본 영토이며 한국이 불법 점거하고 있다는 주장은 새로운 사회·지도 교과서에서 더욱 강화됐는데, 독도와 관련한 기술이 있는 11종 교과서 모두 독도를 일본 영토 「다케시마(竹島)」로 표현했다. 여기다 기존에는 일부 교과서만이 독도를 「일본 영토」라고 표기한 반면 이번 개정 교과서 모두가 「일본 고유 영토」로 바꾸었다. 아울러 교과서 8종에는 독도가 일본 영토로 표기된 지도가 포함됐고, 5종에는 「한국이 독도를 불법 점거하고 있다」는 내용이 담겼다. 도쿄서적의 경우 지도 교과서에서 「(독도가) 한국에 점거돼 일본은 항의를 하고 있다.」는 부분을 「(독도가) 한국에 불법으로 점거돼 일본은 항의를 하고 있다.」로 수정됐다.

일본 초등 사회교과서 강제징용·독도 서술 변화는?

구분	출판사	2019년 검정	2023년 검정
강제징용	도쿄서적	다수의 조선인·중국인이 강제적으로 끌려와서 공장이나 광산 등에서~	다수의 조선인·중국인이 강제적으로 동원되어 공장이나 광산 등에서~
		• 남성은 일본군 병사로서 징병당하고~ • [사진 설명] 병사가 된 조선의 젊은이들	• 남성은 일본군 병사로 참여하고 후에 징병제가 시행되어~ • [사진 설명] 지원해서 병사가 된 조선의 젊은이들
	교육출판	일본군 병사로 징병하여 전쟁터로 보내거나~	일본군 병사로 ~~징병하여~~ 전쟁터로 보내거나~

간토대지진	일본문교	「조선인이 우물에 독을 풀고 있다.」 등의 잘못된 소문이 퍼져 많은 조선인들이 살해되는 사건도 일어났다.	문구 전체 삭제
독도	도쿄서적	다케시마는 일본 고유의 영토이지만, 한국이 불법으로 점령하고 있기 때문에~	다케시마는 일본 고유의 영토이지만 70년 정도 전부터 한국이 불법으로 점령하고 있기 때문에~
		일본 고유의 영토이지만 한국에 점거돼~	일본 고유의 영토이지만 한국에 불법으로 점거돼~
	일본문교	일본의 영토인 북방영토와 다케시마 문제의 해결을 위해~	일본의 고유 영토인 북방 영토와 다케시마를 둘러싼 문제의 해결을 위해~

고용노동부, 주 69시간 노동 공식화 「근로시간제도 개편방안」 확정·발표

고용노동부 등 관계부처가 3월 6일 비상경제장관회의를 열고 현행 주 52시간인 연장노동시간 관리단위를 「월·분기·반기·연」으로 확대해 주당 최대 69시간을 일할 수 있도록 하는 「근로시간제도 개편방안」을 확정·발표했다. 이번 정부 안은 지난해 12월 전문가 기구인 미래노동시장연구회가 정부에 권고한 방안을 토대로 마련된 것이다. 고용부는 4월 17일까지 40일간 입법예고 기간을 거쳐 오는 6~7월 중 근로기준법 중 관련 개정안을 국회에 제출한다는 방침이다.

하지만 노동계와 야당에서는 해당 방안이 과로와 장시간 노동을 부르는 노동 개악이라며 거세게 반발했다. 여기에 MZ세대(밀레니얼+Z세대) 근로자들을 중심으로 이번 방안으로 장시간 노동이 일상화될 것이라는 반발이 이어지자 윤석열 대통령은 3월 14일 법안 추진을 재검토하라고 지시했다.

우리나라의 근로시간 제도 변화는?

1989년	주 44시간(최대 64시간)
2003년	주 40시간(최대 68시간)
2018년 7월	주 40시간(최대 52시간, 300인 이상)
2021년 7월	주 40시간(최대 52시간, 50인 미만)

고용부 「근로시간제도 개편방안」 주요 내용

연장노동시간 관리단위, 「월·분기·반기·연」으로 확대 현행 주 52시간제는 1주 단위로 기본근로시간 40시간에 더해 연장근로가 최대 12시간까지 허용되는데, 정부는 이 연장근로 관리단위를 노사 합의로 ▷월(연장근로 52시간) ▷분기(140시간) ▷반기(250시간) ▷연(440시간) 단위로 관리하도록 한다는 계획이다. 만약 월 단위로 연장근로 관리단위를 확대하면 4주를 모두 한 단위로 통합해 1개월에 208시간의 한도가 설정되는 방식이다. 이렇게 되면 휴게시간 등을 제외한 주당 최대 근로시간은 69시간까지 늘어나며, 특정 주는 52시간보다 많이, 특정 주는 52시간보다 적게 일할 수 있게 된다. 이에 정부는 노동자 건강권 보호를 위해 연속휴식 의무(1주 최대 69시간 가능) 혹은 1주 최대 64시간 상한 준수 가운데 선택할 수 있도록 했다.

연장근로 총량 감축제 적용 정부는 관리 단위가 길어질수록 장시간 연속근로 부담이 늘어날 수 있다는 우려에 따라 「연장근로 총량 감축제」를 적용하기로 했다. 단위 기준별 연장근로시간을 살펴보면 ▷월은 52시간(12시간×4.345주) ▷분기는 156시간 ▷반기는 312시간 ▷연은 624시간이다. 정부는 분기 이상의 경우 연장근로 한도를 줄이도록 분기는 140시간(156시간의 90%), 반기는 250시간(312시간의 80%), 연은 440시간(624시간의 70%)까지만 연장근로가 가능하게 했다. 이렇게 되면 주 평균 근로시간이 분기는 50.8시간, 반기는 49.6시간, 연은 48.5시간이 된다. 이와 함께 특정 4주 동안의 주 평균 근로시간이 64시간을 넘기지 않도록 했다. 정부는 대신 연장노동시간을 적립해 휴가로 보상받을 수 있는 「근로시간저축계좌제」를 도입한다는 방침인데, 이는 기존 연차휴가에 더해 장기 휴가를 쓸 수 있도록 한다는 것이다.

연장근로시간 개편 어떻게?

기본 근로시간	기간		연장근로시간 총량	주평균 연장근로시간	연장근로 총량 대비 비율
주 40시간	1주(현행)		12시간	12시간	
	연장근로 추가 선택지	월(1개월)	52시간	12시간	100%
		분기(3개월)	140시간	10.8시간	90%
		반기(6개월)	250시간	9.6시간	80%
		연(1년)	440시간	8.5시간	70%

선택적 근로시간제 개편 일정 기간 동안 근무시간을 자유롭게 조정하는 「선택적 근로시간제」는 정산 기간을 모든 업종에서 3개월로 늘리고, 연구·개발 업무의 경우 6개월까지 정산 기간을 확대한다. 이 경우 정해진 노동시간을 주 4~4.5일간 몰아서 일하는 것이 가능하지만, 전체 노동시간은 달라지지 않는다. 이 밖에 근로자가 근무 시간을 자유롭게 선택하고 출퇴근 시간을 탄력적으로 조절할 수 있도록 한 「탄력근로제」의 실효성도 높인다는 계획이다. 현재는 탄력근로제 도입 시 대상 근로자와 근로일, 근로시간 등을 사전 확정해야 하며 사후 변경 절차가 없다. 이에 불가피한 사유가 있으면 근로자대표와의 협의로 사전 확정 사항을 변경할 수 있는 절차를 마련하기로 했다.

선택적 근로시간제 유연근무제의 일종으로, 한 달(신상품 또는 신기술의 연구개발 업무의 경우에는 3개월) 단위로 미리 정한 총 근로시간 범위 내에서 출퇴근 시간과 근무시간을 자유롭게 정하는 제도이다. 즉, 1개월 정산 기간 내 1주일 평균 52시간(기본 40시간+연장근로 12시간)을 초과하지 않은 범위에서 근로자가 근무시간을 자유롭게 조정하는 제도를 말한다. 한편, 유연근무제는 노동자 여건에 따라 근로시간이나 형태 등을 조절할 수 있는 제도로, ▷탄력적 근로시간제 ▷선택적 근로시간제 ▷재량근로제 등 크게 3유형으로 나뉜다. 탄력적 근로시간제, 선택적 근로시간제, 재량 근로제는 각각 근로기준법 51, 52, 58조에 근거를 둔 제도다.

주52시간제 개편 방안과 이를 둘러싼 비판

구분	현행	개편안	비판
근로시간 산정 기준	주간	월간, 분기, 반기, 연간	주 최대 69시간 장시간 근로의 고착화 우려
연장 근로시간	주 12시간	월 52시간, 분기 140시간, 반기 250시간, 연 440시간	
주간 근로시간	주 최대 52시간	주 최대 64시간 또는 69시간(근로일 간 11시간 휴식 허용)	
근로자 건강권 보호	–	근로일 간 11시간 연속 휴식 부여, 없을 시 주 최대 64시간 근무로 제한	과로사 위험 높아짐
선택근로제	1개월(연구·개발은 3개월)	• 일반 업종: 1개월 → 3개월 • 연구·개발: 3개월 → 6개월	수당 못 받는 연장근무 사례 증가할 우려
근로시간저축제	없음	신설(연장, 야간, 휴일근로 시 수당 대신 휴가로 적립했다가 한꺼번에 사용)	현재도 연차 휴가 다 소진 못하는 상황에서 비현실적인 방안

2자녀도 다자녀 특공·육아기 근로시간 단축 등 정부 5대 핵심 분야 저출산 대책 발표

대통령 직속 저출산고령사회위원회가 3월 28일 ▷돌봄과 교육 ▷일·육아 병행 ▷주거 ▷양육비용 ▷건강 등 저출산 정책의 5대 핵심 분야를 정하고 각 분야에 대한 대책을 발표했다. 이번 저출산 대책은 초등학생 돌봄교육 지원을 대폭 늘리고 신혼부부를 위한 주거서비스를 확대하는 내용 등을 핵심으로 한다. 우리나라의 저출산 고령화 추세는 지속적으로 심화되고 있는데, 특히 지난해 우리나라 합계출산율은 통계 작성이 시작된 1981년 이후 역대 최저치(0.78명)를 기록했다.

저출산 대책 주요 내용 육아기 근로시간 단축제도 대상 자녀 연령을 초등학교 2학년(만 8세)에서 초등 6학년(12세)으로 확대하고, 해당 제도를 사용할 수 있는 기간도 부모 1인당 현행 최대 24개월에서 36개월로 늘리기로 했다. 공공분양 다자녀 특별공급의 자녀 수 기준은 올해 상반기 중 3자녀에서 2자녀로 완화하기로 했으며, 생후 3개월~만 12살 아동이 있는 가정으로 찾아가는 아이돌봄서비스 공급은 2022년 7만 8000가구에서 오는 2027년까지 23만 4000가구로 3배 확대한다. 그리고 올해 1월부터 만 0살·1살 영아를 둔 부모에게 각각 월 70만 원·35만 원씩 지급하는 부모급여는 내년부터 만 0살 월 100만 원·1살 50만 원으로 늘어난다. 또 현재는 미숙아와 선천성 이상아의 의료비 지원에 중위소득 180% 이하라는 소득기준이 있지만 앞으로는 이 기준을 폐지하며, 난임 시술비 소득기준을 완화해 그 대상을 확대하고 난임휴가도 연 3일에서 6일로 늘린다는 방침이다.

육아기 근로시간 단축제도 육아기 근로자들이 전일제 육아휴직 대신 일도 하면서 아이를 돌볼 수 있도록 하기 위해 시행되는 제도이다. 이는 육아휴직과 마찬가지로 만 6세 이하 초등학교 취학 전 자녀에 대해서 가능하며 최대기간은 1년이다. 다만 육아휴직과 육아기 근로시간 단축을 합해 1년을 초과할 수 없다.

부모급여 2022년까지 만 1세 이하 부모에게 매달 30만 원씩 지급되던 영아수당을 확대 개편한 것으로 지난 1월 25일부터 시행됐다. 이 제도는 출산이나 양육으로 인한 소득 감소를 보전해 가정에서 양육자와 아이가 함께하는 행복한 시간을 보장하고, 양육의 경제적 부담을 경감하기 위해 도입한 것이다. 부모급여는 ▷만 0세(0~11개월) 자녀를 둔 부모에게 매달 70만 원 ▷만 1세 자녀(12~23개월)를 둔 부모에게는 월 35만 원씩 지급된다. 이는 2024년부터는 만 0세 100만 원, 만 1세 50만 원으로 그 금액이 인상된다.

저출산 대책 주요 내용

분야	주요 내용
돌봄과 교육	• 아이돌봄서비스 7만 8000가구 → 27만 가구로 확대 • 0세반 운영 어린이집에 인센티브 지급 • 초등학교 돌봄교실 운영시간 확대(19시 → 20시)
일과 육아 병행	• 육아기 근로시간 단축 대상 자녀 연령 및 사용기간 확대: 연령 8세 이하 → 12세 이하, 사용기간 최대 24개월 → 최대 36개월 • 특수근로자, 예술인 육아휴직급여 대상 확대
주거	• 공공주택 청약 다자녀 기준: 3자녀 → 2자녀 • 신혼부부 구입·전세자금 대출 소득요건 완화(매매 8500만 원, 전세 7500만 원 이하)
양육비용	• 0~1세 아동 있는 부모급여 확대(0세 70만 원 → 100만 원, 1세 34만 원 → 50만 원) • 자녀장려금 지급 기준 개선: 부부소득 4000만 원 미만 가구에 자녀 1인당 80만 원
건강	• 난임지원비 소득기준 완화 및 난임 휴가 3일에서 6일로 확대 • 생후 24개월 미만 아동 입원 진료비 전액 국가 지원

고용부, 「노동단체 지원사업 개편방안」 발표 회계 증빙자료 제출 않는 노동단체는 지원사업 배제

고용노동부가 회계 자료를 투명하게 공개하지 않는 노동단체에는 예산 지원을 배제하는 등의 내용을 담은 「2023년 노동단체 지원사업 개편방안」을 2월 23일 발표했다. 노동단체 지원사업은 노조 간부 및 조합원 교육, 국제교류 사업 등 노동단체가 수행하는 각종 사업을 정부가 지원하는 제도로, 올해 관련 예산은 총 44억 원이다.

「2023년 노동단체 지원사업 개편방안」 주요 내용 개편안에 따르면 보조금 지원을 신청하는 노동단체에 대해 노동조합법 제14조에 따른 「재정에 관한 장부와 서류 등의 비치·보존 여부를 확인할 수 있는 증빙자료」를 제출하도록 하고, 이를 제출하지 않는 노동단체는 지원사업에서 배제하기로 했다. 또 노동단체 지원사업 대상을 노조법상 노조에서 「근로자로 구성된 협의체 등 기타 노동단체」로 확대하고, 올해 예산(44억 원)의 절반(22억 원)을 신규 참여기관에 배정한다는 방침이다. 여기에 앞으로는 회계 전문기관을 통해 모든 보조금 정산 보고서를 검증할 방침으로, 검증 결과 부적절하게 사용했거나 부정 수급한 사실이 확인되면 관련 법령에 따라 보조금을 환수하는 등 엄중히 조치할 예정이다.
한편, 노동계는 정부가 자치 영역인 노조의 재정 문제에 간섭해 자율성을 침해한다며 반발하고 있으나, 고용부는 재정 운영이 잘 이뤄지고 있는지 확인할 수 있는 재무제표 등 최소한의 자료를 확인하는 취지일 뿐이라며 반박했다. 그러나 국회 입법조사처가 최근 고용부가 노조에 재정장부와 서류 증빙자료 제출을 요구한 것은 국제노동기구(ILO) 협약 등에 비춰 법적 근거가 없다는 취지의 해석을 내놓으면서 고용부의 이번 방안을 둘러싼 논란이 거세질 것으로 전망된다.

정부, 학교폭력 근절대책 발표 학폭 가해기록 모든 대입전형에 의무 반영

정부가 4월 12일 학교폭력 가해 학생의 학교생활기록부 보존 기한을 현행 졸업 후 2년에서 4년으로 늘리고, 2026년 입시부터는 정시 모집에도 학교폭력 기록을 반영하는 내용 등을 담은 「학교폭력 근절 종합대책」을 발표했다.

학교폭력 근절대책 주요 내용

정시에 학폭 반영 확대 外 정부는 현재 고1 학생이 치르는 2026년 대입부터 수시는 물론 수능·논술·실기·실적 전형에도 학폭 기록을 반영하도록 했다. 그동안 학생부를 활용하는 수시 모집의 경우 대학의 90%가 학폭을 평가에 반영한 반면 정시에서는 대학의 3%만 이를 포함했다. 2026학년도 대입전형 기본사항의 구체적인 내용은 입학일 기준으로 2년 6개월 전에 공표해야 한다는 규정에 따라 오는 8월 공개될 예정이다.
중대한 학폭을 저지른 가해 학생에게 내려지는 6호(출석정지), 7호(학급교체), 8호(전학) 조치의 학생부 보존 기간은 졸업 후 최대 2년에서 4년으로 연장된다. 또 4~7호(4호 사회봉사, 5호 특별교육) 처분을 받은 학생이 학폭 기록을 삭제하려면 심의위원회의 심의 과정에서 피해 학생의 동의를 받도록 했으며, 가해·피해 학생 간 소송 진행 상황도 심의에서 확인해 가해자의 소송 남발도 억제하기로

했다. 여기다 학폭 조치 기재를 회피할 목적으로 자퇴하는 것을 막기 위해 학폭위 조치 결정 전에는 자퇴할 수 없도록 한다는 방침이다.

학교 자체 처벌 권한 강화 피해자 보호 조치도 강화해 가해자와 피해자 즉시 분리 일수가 현행 3일에서 7일 이내로 연장된다. 이는 학교장이 학생을 긴급 분리할 수 있을 뿐 아니라 필요하다면 학급을 교체할 수도 있게 된다. 또 학교장은 학폭 가해자에게 7주간 출석 정지 조치를 내릴 수 있는데, 기존에는 최대 출석 정지가 10일이었다. 아울러 교원이 학폭 대응 과정에서 분쟁에 휘말릴 경우 고의가 아니거나 중대한 과실이 없는 한 교원의 민·형사상 책임을 면제할 방침이다.

학교폭력 근절대책 주요 내용

- 중대한 학폭 기록 기간: 현행 최대 2년 → 4년
- 학폭 기록 대입 반영 확대: 현행 수시 반영 → 정시도 반영
- 자퇴생 학생부 기록 강화: 학폭 조치 기록 전 자퇴는 법적으로 금지
- 학교 차원 조치 강화: 학교장, 학폭 가해자에 7주 출석 정지 조치
- 피해학생 보호 강화: 가해·피해 학생 즉시분리기간 3일 → 7일

교육부, 「디지털 기반 교육혁신 방안」 발표 2025년부터 초·중·고 「영어·수학·정보」 교과에 단계적 도입

교육부가 2025년부터 초·중·고교의 수학·영어·정보 교과에 AI 기반 디지털 교과서를 도입하는 것을 주요 내용으로 하는 「디지털 기반 교육혁신 방안」을 2월 23일 발표했다. 디지털 교과서는 기존 교과서의 학습 콘텐트에 AI 기반의 코스웨어(Courseware·교과과정 프로그램)를 적용한 신개념 교과서를 말한다. 디지털 교과서는 ▷2025년 초등학교 3·4학년, 중학교 1학년, 고등학교 공통·일반선택과목에 우선 도입되고 ▷2026년에는 초등학교 5·6학년, 중학교 2학년에 ▷2027년에는 중학교 3학년까지 대상이 확대된다. 다만 혼란을 최소화하기 위해 2025년까지 3년간은 서책형(종이) 교과서와 병행한 뒤 2028년 이후 전면 전환이 검토된다.

교육부는 이를 위해 2027년까지 학생들에게 1인 1디바이스를 지급해 AI 디지털 교과서를 활용할 수 있도록 한다는 방침이다. 또 디지털 기술의 전문성과 의지를 갖춘 선도교사단(T.O.U.C.H 교사단)을 신설해 집중적으로 양성하기로 했다. 여기다 올해 하반기에 7개 시·도교육청을 선정해 교육청별로 40곳 안팎(총 300곳)의 디지털선도학교를 운영할 예정으로, 선도학교는 이미 개발된 에듀테크 프로그램을 활용해 AI를 활용한 교수·학습법을 실험하게 된다.

초중고 디지털 교과서 단계적 적용, 어떻게 이뤄지나?

구분	주요 내용
과목	• 수학: AI 튜터링 기능 적용, 문제풀이 도움 제공 • 영어: 음성인식 기능 활용 듣기·말하기 연습 지원 • 정보: 코딩실습 강화
도입 시기	• 2025학년도: 수학·영어·정보 초 3~4, 공통·일반선택과목 고 1 • 2026학년도: 초 5~6, 중 2 • 2027학년도: 중 3
디지털 인프라	각 학년도 해당 인원에 1인 1디바이스 제공(모니터링 및 보완)
선도교사단 양성	디지털 교과 활용 선도교사 「터치」 규모 확대(2023년 400명 → 2024년 800명 → 2025년 1500명 → 2026년 2000명)

법원, 동성커플 건강보험 피부양자 자격 인정 사실혼은 불인정-사회보장제도에는 첫 편입

법원이 2월 21일 동성(同性)결혼의 상대방을 사실혼 배우자로 인정할 수는 없지만 건강보험 피부양자 자격은 인정하는 첫 판결을 내렸다. 서울고법 행정 1-3부(재판장 이승한)는 이날 소성욱(32) 씨가 건보공단을 상대로 피부양자 등록 취소가 부당하다며 낸 소송의 항소심에서 1심 판결을 깨고 원고 승소 판결했다. 다만 건강보험공단(건보공단)이 3월 6일 해당 판결에 대해 상고장을 제출하면서 동성커플의 법적 지위에 대한 논란은 대법원 판단으로 이어지게 됐다.

해당 판결에 이르기까지 이번 판결은 지난 2021년 소 씨가 소송을 제기하면서 시작된 것으로, 소 씨는 2019년 5월 남성 김용민(33) 씨와 결혼한 뒤 2020년 2월 건강보험 직장가입자인 김 씨의 피부양자로 등록했다. 하지만 그해 10월 피부양자 인정 조건에 부합하지 않는다는 이유로 공단으로부터 보험료를 내라는 처분을 받자 관련 소송을 제기했다. 이후 1심(서울행정법원)은 이성(異性) 간 사실혼 배우자만 피부양자가 될 수 있다는 취지로 소 씨에 패소 판결을 내렸다. 이번 2심(서울고법)도 동성커플의 혼인을 현행법상 사실혼 관계로 인정하지는 않았지만, 성적 지향을 이유로 피부양자 자격을 인정하지 않는 것은 평등의 원칙에 어긋나는 부당한 차별이라고 판단했다. 재판부는 이날 이성 간의 혼인만을 허용하는 우리 민법과 대법 전원합의체 판결, 헌법재판소 결정 등에 따라 사실혼 관계 자체를 인정할 수는 없다면서 이들 부부에 대해 「동성결합」이라는 표현을 사용했다.

복지부, 문재인케어 개편안 확정 MRI는 사전검사에서 이상 있어야 건보 적용

보건복지부가 2월 28일 건강보험정책심의위원회를 열고 앞으로 두통이나 어지럼증으로 뇌·뇌혈관 MRI(자기공명영상)를 찍을 때 신경학적 검사에서 이상 소견이 있어야만 건강보험이 적용되는 내용 등을 담은 「건강보험 지속가능성 제고 방안」을 확성했다. 이는 지난해 12월 8일 발표한 문재인 케어 개편안을 확정한 것으로, 문재인 정부는 지난 2018년 「2020년 건보 보장률 70%」를 목표로 3800여 개 비급여 항목을 단계적으로 급여화하는 정책을 도입한 바 있다.

방안 주요 내용 현재는 두통이나 어지럼증이 있으면 다른 이상이 없어도 MRI 촬영을 할 때 건강보험이 적용됐으나, 앞으로는 다른 검사(신경학적 검사)에서 이상 소견이 나온 경우에만 건강보험이 적용되며 하루에 찍을 수 있는 횟수도 기존 3회에서 2회로 제한하는 방안이 검토된다. 또 수술 전 관례적으로 찍던 상복부 초음파는 「의학적으로 필요한 경우」에만 건보를 적용하고, 하루에 받을 수 있는 초음파 검사 횟수를 제한하는 기준도 마련한다는 방침이다.

연간 365회 넘게 외래진료를 받은 사람의 건보 본인부담률은 평균 20%에서 90%로 올리는 등 과다의료 이용을 제한하는데, 다만 중증질환 등 여러 차례 의료 이용이 불가피한 경우를 위해 예외 기준을 만든다는 방침이다. 또 외국인이나 해외 장기체류자는 앞으로 입국 후 6개월이 지나야 건보 적용을 받도록 국외 영주권자 자격관리를 강화한다. 이 밖에 악화하는 건보 재정을 강화하기 위해 올해 내로 소득 상위 절반 계층에 대해 본인부담상한액을 차등적으로 최고 69.6% 올리는 방안을 추진한다. 본인부담상한제란 의료비 지출 부담을 덜어주기 위해 연간 의료비(건강보험 적용)가 일정액을 넘으면 그 차액을 돌려주는 제도를 말한다.

건강보험 지속가능성 제고 방안 주요 내용

구분	현행	개선안
뇌·뇌혈관 MRI	이상 소견 없어도 건보 적용, 하루 3회까지 촬영 가능	이상 소견 있을 때만 건보 적용, 하루 2회 촬영으로 제한
초음파 검사	횟수 제한 없음	횟수 제한 기준 마련
외국인, 해외 장기체류자	입국 후 바로 건보 적용	입국 후 6개월 지나야 적용
과다 의료 이용자(연 365회 이상)	본인부담금 평균 20%	본인부담금 90%로 인상

코로나 격리의무, 5월에 「5일」로 단축 위기단계는 「경계」로 하향 방침

중앙재난안전대책본부가 코로나19 확진자의 격리 의무를 5월 초부터 현행 7일에서 5일로 단축하는 등의 내용을 담은 「코로나19 위기 단계 조정 로드맵」을 3월 29일 발표했다. 정부는 3단계에 걸쳐 방역 규제를 풀겠다는 계획으로, ▷1단계 조정은 「심각」인 위기 단계가 「경계」로 바뀌는 때 ▷2단계는 코로나19 감염병 등급이 2급에서 4급으로 내려가는 때 ▷3단계 조정은 코로나19가 엔데믹화되는 상황에 각각 이뤄진다. 우선 이르면 4월 말 세계보건기구(WHO)가 코로나 비상사태 해제를 선언하면 우리도 코로나19 위기 단계를 「심각」에서 「경계」로 낮출 예정이다. 국내에서는 지난 2020년 1월 첫 확진자가 나온 이후 다음 달(2월)부터 3년째 심각 단계를 유지하고 있는데, 이는 총 4단계(관심→주의→경계→심각) 중 가장 높은 단계다. 또 7월쯤에는 격리 및 마스크 착용 의무가 모두 해제되고, 코로나19 유전자증폭(PCR)검사와 신속항원검사가 유료로 전환된다.

「코로나19 위기 단계 조정 로드맵」 주요 내용 방역당국은 4월 말~5월 초 WHO가 코로나19의 국제적 공중보건 비상사태 유지 여부를 결정하면 이를 토대로 1단계 전환을 결정한다는 방침이다. 감염병 위기경보 단계가 「심각」에서 「경계」로 하향되면 보건복지부 장관이 수장을 맡는 중앙사고수습본부 체계로 대응 수준이 완화된다. 확진자의 격리 의무 기간은 7일에서 5일로 단축되고, 입국 후 3일차 유전자증폭(PCR) 검사 권고가 사라진다. 현재 18곳인 임시선별검사소 운영도 중단하며, 일요일을 제외하고 주 6일 발표되는 확진자 통계는 주간 단위로 바뀌게 된다.
2단계 조정은 1단계 조정 후 유행상황 평가와 현장 준비 등을 거쳐 이뤄지는데, 이 단계에서는 코로나19의 감염병 등급이 현재 2급에서 인플루엔자(독감)와 같은 4급으로 전환된다. 2단계에서는 확진자 격리 및 마스크 착용 의무가 모두 권고로 바뀌게 되고, 코로나19가 일반의료체계로 편입되면서 선별진료소 운영이 전면 중단되며 코로나19 검사나 입원치료비의 본인부담금이 올라간다. 마지막 3단계에서는 코로나19가 독감처럼 엔데믹으로 전환되는데, 이는 코로나19를 상시적인 감염병으로 여기고 관리한다는 것이다.

코로나19 일상회복 시나리오

구분	현행	1단계	2단계	3단계
시기		5월 예상	7월 예상	2024년 예상
마스크	일부 유지(입소형 감염취약시설, 의료기관·약국)		권고 전환	
확진자 격리	7일	5일	권고 전환	
검역	입국 후 3일차 PCR 권고	입국 후 3일차 PCR 권고 종료	건강상태질문서 유증상자 제출	검역관리지역 해제
검사	선별진료소·임시선별검사소 PCR	임시선별검사소 운영 중단	선별진료소 종료	
병상	지정 병상(상시+한시), 일반 병상	한시지정병상 축소, 상시 병상 중심 운영	일반의료체계 전환(지정병상 종료)	
예방 접종	누구나 무료 접종			국가필수예방접종(대상자 무료)

기타 코로나19 대책 변화는?

3월 20일부터 대중교통 마스크 착용의무 해제 정부가 지하철·버스 등 대중교통에 대한 마스크 착용 의무를 3월 20일부터 해제한다고 15일 밝혔다. 대중교통 마스크 해제는 중앙정부 차원의 마스크 착용 의무가 생긴 2020년 10월 이후 2년 5개월 만이다. 또 이날부터 마트·역사 등 대형시설 안의 개방형 약국에서도 마스크 착용 의무가 해제돼 벽·칸막이 없이 입점한 개방형 점포라면 마스크를 벗을 수 있다. 다만 출·퇴근 등 혼잡한 시간대 대중교통에서는 마스크 착용이 적극 권장되며, 약국 역시 고령자 등이 자주 방문하는 만큼 약사 등의 종사자는 마스크 착용이 권고된다. 이처럼 대중교통 등이 마스크 착용 의무장소에서 해제됨에 따라 이제 마스크 착용 의무 시설은 병·의원 등 의료기관과 감염취약시설(요양병원, 장기요양기관, 정신건강증진시설, 장애인복지시설)만 남게 됐다.

마스크 착용 의무, 어떻게 변해 왔나

2020. 11. 13. 대중교통·의료기관·다중이용시설 12종 등에서 마스크 착용 의무화
2021. 4. 12. 실내외 마스크 착용 의무화
2022. 5. 2. 감염 위험이 높은 곳 제외하고 실외 마스크 착용 의무 해제
9. 26. 야외에서의 마스크 착용 의무 전면 해제
2023. 1. 30. 실내 마스크 착용 의무 1차 해제(대중교통, 병원 등 제외)
3. 20. 대중교통·개방형 약국, 마스크 착용 의무 해제

코로나19 백신, 독감처럼 연 1회 정기접종 중앙방역대책본부가 코로나19 백신 접종을 독감 백신처럼 연 1회 정기 접종으로 바꾸는 내용 등을 담은 「2023년 코로나 백신 접종 기본 방향」을 3월 22일 발표했다. 코로나 백신 접종은 매년 4분기에 한 번씩 실시하는데, 올해 접종의 경우 오는 10~11월 전 국민을 대상으로 무료로 실시된다. 그리고 항암 치료를 받거나 면역억제제 복용자 등 면역저하자의 경우 연 2회(2분기와 4분기) 접종할 수 있다. 다만 올해 백신 접종은 전 국민 무료로 이뤄지지만, 내년부터 코로나 백신이 국가필수예방접종으로 분류되면 만 13세 이하 어린이와 만 65세 이상 고령자 등 일부에 대해서만 무료로 접종이 이뤄지게 된다.

한편, 코로나19 예방접종은 지난 2021년 2월 처음 시행돼 지난해 2월 4차 접종까지 이어졌고 그해 10월부터 동절기 추가접종이 시행 중에 있다. 그런데 이번에 코로나 백신 접종 정기화가 결정되면서

지난해 10월부터 시행 중인 동절기 추가접종은 오는 4월 8일 0시부로 종료될 예정이다. 다만 백신 접종이 전면 중단되는 것은 아니며, 해외 출국 등의 사유로 인한 접종은 계속된다.

정부, 「제5차 자살예방기본계획」 확정 정신건강검진도 신체검진처럼 2년에 한 번씩 시행

정부가 4월 14일 한덕수 국무총리 주재로 제6차 자살예방정책위원회를 개최하고 앞으로는 정신건강검진을 신체건강검진처럼 2년에 한 번씩 받을 수 있도록 하는 내용 등이 담긴 「제5차 자살예방기본계획(2023~2027)」을 확정했다.

계획 주요 내용 현재는 건강검진대상자가 만 20·30·40·50·60·70세가 되면 건강검진을 받을 때 우울증 검사를 함께 받는 등 10년마다 이뤄지고 있으나, 이 주기를 2년으로 대폭 단축하고 검사대상 질환에 조현병·조울증을 포함하기로 했다. 그리고 검진 결과 위험군으로 판단되면 정신건강의학과 등으로 연계해 조기 진단·치료를 받도록 할 계획으로, 이는 빠르면 2025년 20~34세 청년층을 대상으로 우선 도입한다. 또 전국 17개 시·도에는 「생명존중안심마을」을 조성해 지역 특성에 따른 맞춤형 자살예방사업을 추진하는데, 이는 지역 내 생명지킴이를 통해 고위험군을 조기에 발견해 전문기관으로 연계하는 방식으로 자살예방활동을 하는 제도다. 아울러 현재 자원봉사자에 의존하고 있는 자살 유발정보 모니터링은 전담인력과 조직을 갖춰 24시간 모니터링을 실시하고, 신고·긴급구조·수사 의뢰까지 즉각 대응에 나선다는 방침이다.

조현병[調絃病] 뇌의 착각으로 인해 환청과 환각, 사고력의 문제 등이 발생하는 질병이다. 당초 정신분열증으로 불렸으나 병명에 내재된 잘못된 인식과 부정적 이미지를 해소하기 위해 2011년 「현악기의 줄을 고르다」는 의미를 지닌 조현병으로 명칭이 변경됐다. 조현병의 원인은 아직 명확하게 밝혀지지 않았으나 도파민을 비롯해 신경전달 물질의 이상, 뇌의 구조적-기능적 이상, 유전적·생물학적·사회심리적 요인들이 다양하게 영향을 미치는 것으로 파악된다. 조현병의 증상은 환자 개개인마다 다르고 다양한 증상의 조합이 나타나는 경향이 있는데, 가장 흔한 증상은 환청과 망상이다. 이 밖에 와해된 언어와 행동, 무의욕증, 주의력 결핍, 공격적 행동 등의 증상을 보이기도 한다.

설악산 오색케이블카, 41년 만에 조건부 통과 지역경제 활성화 vs 환경 파괴 논란

환경부 원주지방환경청이 2월 27일 강원도 양양군의 설악산국립공원 오색삭도(索道·케이블카의 법령상 명칭) 설치사업 환경영향평가서에 대한 조건부 협의 의견을 양양군에 통보했다. 환경부는 이날 오색케이블카 설치를 위한 조건으로 ▷상부 정류장 규모 축소 ▷자연경관과 조화로운 설계 ▷풍속·적설 등 강화된 설계 기준 ▷산양 등 법정 보호종에 대한 모니터링 ▷법정 보호식물 등에 대한 추가 현지 조사 등 5가지를 제시했다. 이로써 해당 사업 논의 41년 만에 사실상 최종 관문 통과가 이뤄졌는데, 강원도는 후속 절차를 신속히 진행해 이르면 연내 착공하고 2026년 운영을 시작한다는 방침이다.

하지만 이번 환경부의 결정을 두고 지역경제 활성화와 함께 장애인 등 교통약자의 접근성을 높일 것이라는 긍정적 전망이 나오는 반면, 환경단체 등에서는 자연경관 훼손 및 다른 국립공원에서도 케이블카 설치가 이어질 것이라며 반대하고 있다. 현재 북한산과 지리산, 속리산 등 주요 국립공원에서는 케이블카 사업이 추진 중이거나 환경부와의 마찰 등으로 중단된 상태다.

설악산 오색케이블카 개관

- 길이: 3.313.km
- 형식: 8인승 53대
- 탑승인원: 시간당 825명
- 지주 수: 6개
- 사업비: 약 1000억 원(추정)

설악산 오색케이블카 사업은 무엇? 강원 양양군 서면 설악산 오색지구에서 대청봉 근처에 있는 봉우리인 끝청까지 길이 3.3km의 케이블카를 설치하는 사업으로, 「지역경제 활성화」와 「환경보전」 주장이 팽팽히 맞서며 찬반 논쟁이 계속돼온 사업이다. 설악산 정상인 대청봉에서 직선거리로 1.5km 떨어진 끝청은 등산로로 걸어 올라가면 1시간 30분가량 걸리지만, 케이블카를 타면 15분 11초 만에 도달할 수 있다. 설악산에는 현재 1970년 완공된 첫 번째 케이블카가 설악동과 권금성 사이(1.1km)에서 운행되고 있어, 이번 케이블카가 설치되면 두 번째가 된다.

해당 사업은 강원도가 1982년 설악산 두 번째 케이블카 설치를 요구하면서 시작됐으나 자연 훼손 등의 이유로 추진과 중단이 반복돼 왔다. 그러다 강원도와 양양군이 산양 서식지를 최대한 피하고 대청봉 경관 훼손을 최소화한 현재 노선으로 재추진하면서 2015년 변곡점을 맞았다. 그리고 그해 8월 국립공원위원회의 조건부 승인이 이뤄지면서 급물살을 탔으나, 2016년 12월 문화재청과 환경부가 환경 훼손 우려를 제기하면서 다시 백지화됐다. 이후 양양군은 2019년 5월 환경영향평가서 보완서를 제출했으나 환경부는 그해 9월 「부동의」 결정을 통보했고, 양양군은 이에 반발해 2019년 12월 중앙행정심판위원회에 행정심판을 청구했다. 그리고 2020년 12월 29일 중앙행정심판위원회가 부동의 처분이 부당하다는 결론을 내리면서 사업 재추진의 길이 열리게 됐다. 이후 환경영향평가 재보완이 진행됐고 이번에 환경부에서 조건부 승인이 이뤄지면서 사업은 다시금 탄력을 받게 됐다.

설악산 오색케이블카 사업 일지

2001.	양양군, 오색케이블카 사업 추진 결정
2012~2013.	국립공원위원회, 설치계획 두 차례 부결
2015.	국립공원위원회, 케이블카 설치 조건부 승인
2016.	원주환경청, 환경영향평가 보완 요청
2019.	원주환경청, 오색케이블카 환경영향평가 부동의
2020. 12.	중앙행정심판위원회, 부동의 처분 부당 결론
2023. 2. 27.	환경부, 조건부 협의 의견 제시

환경부, 제주 제2공항 환경평가 조건부 동의
후보지 선정 8년 만에 사업 추진 전망

환경부가 제주 제2공항 개발기본계획 수립을 위한 전략환경영향평가서에 대해 「조건부 협의」 의견을 국토교통부에 통보했다고 3월 6일 밝혔다. 이에 지난 2015년 용지 선정 이후 8년간 표류해온 제주 제2공항 건설사업이 본격적으로 추진될 것으로 전망된다. 제주 제2공항 건설사업은 제주시에 있는 기존 제주국제공항과 별도로 서귀포시 성산읍 온평리 일대 545만 7000m²에 길이 3200m의 활주로 1개를 갖춘 공항을 건설하는 사업이다. 하지만 환경부의 이번 결정에 따른 사업 추진은 제주 사회에 많은 갈등을 일으킬 것으로 전망되는데, 현재 제주도는 공항 건설을 두고 경제성을 강조한 찬성 여론과 환경 훼손을 우려하는 반대 여론으로 양분돼 있다.

제주 제2공항 건설사업 주요 내용 제주 제2공항은 기존 제주공항이 포화 상태에 이르렀다는 지적에 따라 건립 논의가 시작됐으며, 2015년 국토부가 공항 예정지를 포함해 제2공항 건설 방안을 발표하며 본격적으로 추진됐다. 국토부는 2019년 9월 처음으로 환경부에 전략환경영향평가서를 제출한 데 이어 같은 해 12월과 2021년 6월에 이를 보완·제출했지만, 그해 7월 최종 반려됐다. 그러다 올해 1월 국토부가 다시 환경부에 전략환경영향평가서를 제출하면서 해당 사업이 다시 추진됐고, 3월 6일 환경부의 조건부 협의 의견이 나온 것이다.

제주 제2공항 개관

- 위치: 제주 서귀포시 성산읍 일대
- 용지 면적: 545만 7000m²
- 시설: 길이 3200m·폭 60m의 활주로, 여객터미널
- 사업비: 6조 6674억 원
- 개항 목표 시기: 2025년

환경부는 이번 의견에서 ▷행정계획 확정과 환경영향평가에서 제주도와 지역주민에게 충분한 정보 제공 ▷조류 충돌 방지대책 및 서식지 보호계획 수립 ▷항공소음 저감대책 수립 ▷법정 보호생물에 대한 현황조사 등을 조건으로 내걸었다. 환경부의 결정에 따라 국토부는 앞으로 토지 보상 등 향후 추진 일정을 담은 제주2공항 설립 추진 기본계획안을 수립하게 되며, 기본계획 고시 후에는 제주도가 환경영향평가를 진행(제주특별법 근거)해 제주도의회 동의 등의 인허가 절차를 거치게 된다.

제주 제2공항 전략환경영향평가 통과에 이르기까지

2015. 11.	국토교통부, 제주 서귀포시 성산읍 제2공항 건설방안 발표
2019. 9.~	국토부, 전략환경영향평가서 환경부에 제출
2021. 6.	국토부, 평가서 재보완 및 추가자료 제출
2021. 7.	환경부, 평가서 반려
2023. 1.	국토부, 2번째 평가서 제출
3. 6.	환경부, 조건부 협의 의견 통보

통계청, 「2022 한국 사회지표」 발표
전체 가구 중 1·2인 가구 비중 60% 돌파

통계청이 3월 23일 발표한 「2022 한국 사회지표」에 따르면 2021년 전체 가구 중 1인·2인 가구 비중은 각각 33.4%, 28.3%로, 1·2인 가구 비중이 처음으로 60%를 넘어섰다. 전체 인구를 나이순으로 줄 세웠을 때 중앙에 위치하는 중위연령은 45세로 나타났으며, 사망원인 1위는 2021년 인구 10만 명당 161.1명이 사망한 악성신생물(암)로 조사됐다. 2021년 연평균 가구소득은 6414만 원으로 집계됐고, 가구당 평균 자산은 2022년 기준 5억 4772만 원으로 나타났다.

2022 한국 사회지표 주요 내용

인구 2022년 우리나라 총인구는 5163만 명으로 조사됐는데, 이는 2020년 5184만 명으로 정점을 찍은 뒤 감소 추세로 돌아선 것이다. 2022년 중위연령(전체 인구를 나이순으로 줄 세웠을 때 중앙에 위치하는 연령)은 45.0세로 1980년(21.8세) 대비 2배 이상 높아졌으며, 65세 이상 인구는 902만 명(전체 인구의 17.5%)으로 2021년보다 약 45만 명 증가했다. 2022년 합계출산율은 0.78명으로 전년보다 0.03명 감소하면서 1970년 통계 작성 이래 역대 최저치를 경신했으며, 사망자 수는 37만 2800명으로 전년보다 5만 5100명 증가했다. 그리고 2022년 수도권 인구는 2605만 3000명으로 전체 인구의 절반을 넘었는데, 수도권 인구 집중 현상은 앞으로도 지속될 것으로 전망된다.

가구·가족 2021년 평균 가구원 수는 2.3명으로, 2000년 대비 1인·2인 가구의 비중은 커진 반면 3인 이상 가구 비중은 줄어들었다. 2021년 가구 구성 형태는 부부와 미혼자녀(43.3%), 부부(26.6%), 한부모와 미혼자녀(14.6%) 순으로 나타났다. 2021년 첫째아 모(母)의 평균 출산 연령은 32.6세로 전년보다 0.3세 증가했으며, 결혼을 해야 한다고 생각하는 비중은 50%로 2년 전(51.2%)보다 1.2%포인트 감소했다.

건강 2021년 기준 우리나라 국민의 기대수명은 83.6년으로 10년 전(80.6년)보다 3.0년 증가했으며, 전년(83.5년)보다는 0.1년 증가했다. 사망원인 1위는 2021년 인구 10만 명당 161.1명이 사망한 악성신생물(암)이었으며, 심장질환(61.5명)과 폐렴(44.4명)이 뒤를 이었다. 2021년 우리나라 19세 이상 성인의 흡연율은 18.2%로 전년보다 1.0%p 감소했으며, 음주율은 53.5%로 전년보다 1.7%p 줄었다.

교육·훈련 2022년 우리나라 초·중·고 사교육 참여율은 78.3%로 전년보다 2.8%p 증가했으며, 전체 학생 1인당 월평균 사교육비는 41만 원으로 전년보다 11.8% 늘었다. 교원 1인당 학생 수는 초등학교가 13.7명으로 가장 많고, 중학교(11.7명)·유치원(10.3명)·고등학교(9.6명) 순이었다. 학급당 학생 수는 중학교가 25.0명으로 가장 많고, 고등학교(22.6명)·초등학교(21.1명)·유치원(16.7명)이 뒤를 이었다.

노동 2022년 고용률은 62.1%로 전년보다 1.6%p 상승했으며, 실업률은 2.9%로 전년보다 0.8%p 하락했다. 2022년 취업자 중 임금근로자가 차지하는 비중은 76.5%로 전년보다 0.4%p 증가했으며, 임금근로자의 주당 평균 취업시간은 34.7시간으로 전년보다 0.7시간 감소했다. 또 임금근로자의 월평균 임금은 386만 9000원으로 전년보다 18만 원 증가했다.

소득·소비·자산 2022년 우리나라의 국내총생산(GDP)은 2150.6조 원으로 전년보다 3.8% 증가했으며, 1인당 국민총소득(GNI)은 3만 2661달러로 전년보다 7.7% 감소했다. 2022년 소비자물가지수는 107.71로 전년보다 5.1% 상승했으며, 2021년 연평균 가구소득은 6414만 원으로 전년보다 289만 원 증가했다. 그리고 2022년 3월 말 기준 가구당 평균 자산은 5억 4772만 원으로 전년보다 9.0% 증가했고, 같은 시기 가구당 평균 부채는 9170만 원으로 전년보다 4.2% 증가했다. 이 밖에 2021년 균등화 처분가능소득 기준 지니계수는 0.333으로 전년보다 0.002 증가했으며, 소득5분위 배율은 5.96배로 전년보다 0.11배p 증가했다.

지니계수(Gini's Coefficient) 소득 분배의 불평등도를 나타내는 수치로, 0과 1사이의 값을 가진다. 0에 가까울수록 소득분배가 균등하다는 뜻이 된다. 일반적으로 지니계수가 0.4를 넘으면 소득 분배가 상당히 불평등한 것으로 볼 수 있다.

소득 5분위 배율 전체 가구를 소득순으로 20%씩 5등분으로 나눈 후 소득 상위 5분위 계층의 평균 소득을 소득 하위 1분위 계층의 평균 소득으로 나눈 수치를 말한다. 소득 분배가 완전히 균등하게 이루어진 경우 소득 5분위 배율 값은 1이 되며 이 수치가 커질수록 소득 분배의 불평등이 심하다고 볼 수 있다.

범죄·안전 2022년 화재 사망자 수는 341명으로 전년보다 65명 증가했으며, 2021년 도로교통사고로 인한 사망률은 인구 10만 명당 5.6명으로 전년보다 0.3명 감소하면서 2000년 이후 감소 추세

를 이어갔다. 2021년 인구 10만 명당 범죄 발생 건수는 2960건으로 전년보다 10.5%(348건) 감소했다. 또 2022년 19세 이상 국민의 형사사법기관에 대한 신뢰도는 경찰(49.6%)·법원(47.7%)·검찰(45.1%) 순으로 나타났는데, 해당 신뢰도는 전년에 비해 모두 하락했다.

2022 한국 사회지표 주요 내용

구분		주요 내용
인구	총인구	5163만 명(2022년 기준)
	중위연령	45.0세(2022년 기준)
	65세 이상 인구	902만 명(전체 인구의 17.5% 2022년 기준)
	합계출산율	0.78명(2022년 기준)
	수도권 인구	2605만 3000명(2022년 기준)
가구·가족	평균 가구원 수	2.3명(2021년 기준)
	가구 구성 형태	부부와 미혼자녀(43.3%), 부부(26.6%), 한부모와 미혼자녀(14.6%), 2021년 기준
	첫째아 모(母)의 평균 출산 연령	32.6세(2022년 기준)
건강	기대수명	83.6년(2021년 기준)
	사망원인 1위	악성신생물(암), 2021년 기준
	19세 이상 성인 흡연율	18.2%(2021년 기준)
	음주율	53.5%(2021년 기준)
교육·훈련	초중고 사교육 참여율	78.3%(2022년 기준)
	1인당 월평균 사교육비	41만 원(2022년 기준)
	교원 1인당 학생 수	초등학교(13.7명), 중학교(11.7명), 유치원(10.3명), 고등학교(9.6명)
노동	고용률	62.1%(2022년 기준)
	실업률	2.9%(2022년 기준)
	임금근로자의 월 평균 임금	386만 9000원(2022년 기준)
소득·소비·자산	국내총생산(GDP)	2150.6조 원(2022년 기준)
	1인당 국민총소득(GNI)	3만 2661달러(2022년 기준)
	연평균 가구소득	6414만 원(2021년 기준)
범죄·안전	화재 사망자 수	341명(2022년 기준)
	도로 교통사고로 인한 사망률	인구 10만 명당 5.6명(2021년 기준)
	인구 10만 명당 범죄 발생 건수	2960건(2021년 기준)

통계청,「2022년 출생·사망 통계[잠정]」 발표
한국 합계출산율 0.78명 – 2030년 5000만 명 붕괴 전망

통계청이 2월 22일 발표한「2022년 출생·사망 통계(잠정)」에 따르면 지난해 합계출산율은 0.78명을 기록, 1년 전(0.81명)보다 0.03명 줄어들며 0.8명대가 무너졌다. 합계출산율은 가임여성 1명이 평생 낳을 것으로 예상되는 평균 출생아 수로, 인구를 유지하는 데 필요한 합계출산율은 2.1명이다. 특히 우리나라는 경제협력개발기구(OECD) 38개 회원국 중 유일하게 출산율이 1명대 아래인 나라로, 2020년 기준으로는 OECD 평균(1.59명)의 절반 수준이다.

한국은 2007년과 2012년을 제외하고는 2004년부터 16년째 출산율 최하위를 기록하고 있는데, 2018년(0.98명) 0명대로 떨어진 이후 2019년 0.92명, 2020년 0.84명, 2021년 0.81명을 기록한 바 있다. 국내 광역 시·도별로 보면 서울의 출산율이 0.59명을 기록해 가장 낮았으며, 가장 높은 지역은 전국에서 유일하게 1명 이상을 기록한 세종(1.12명)으로 나타났다.

한국의 합계출산율 변화

연도	합계출산율(명)
2017년	1.05
2018년	0.98
2019년	0.92
2020년	0.84
2021년	0.81
2022년	0.78

2030년, 인구 5000만 명 붕괴 전망 지난해 출생아 수는 24만 9000명으로, 1970년 관련 통계 작성을 시작한 이래 역대 최저를 기록했다. 이러한 저출산에는 결혼 자체가 줄고 결혼을 늦게 하는 추세가 주원인으로 작용하고 있는데, 실제로 지난해 혼인 건수는 19만 2000건으로 1970년 관련 통계 작성 이래 가장 적었다. 여기에 지난해 사망자 수(37만 2800명)는 출생아 수보다 12만 3800명 많아 인구 자연감소(출생–사망) 추세가 2020년부터 3년째 이어진 것으로 나타났다. 지역별로 보면 전국 17개 시도 중 세종(1500명)을 제외한 모든 시도에서 출생아 수가 사망자 수보다 적은 것으로 조사됐다. 이처럼 인구 자연감소 속도가 예상보다 빨리 진행되면서 인구 5000만 명 붕괴 시점이 최악의 시나리오였던 2031년보다 빠른 2030년 이전이 될 것이라는 전망이 나오고 있다.

우리나라 총인구 추이

(※ 2012년과 2020년은 확정치, 2031년은 저위 추계 기준)

연도	인구
2012년	5019만 9853명(5000만 명 첫 돌파)
2020년	5183만 6239명
2031년	4998만 6537명(5000만 명 붕괴 전망)

✎ **인구 데드크로스(人口 dead-cross)** 사망자 수가 출생아 수보다 많아지면서 인구가 자연 감소하는 현상을 이르는 말이다. 이는 평균수명의 증가에 따른 인구 고령화, 주출산 연령층 인구 감소, 비혼·만혼 증가, 출산율 저하 등에 따라 나타나는 현상이다.

딸 100명당 아들 104.7명, 출생성비 최저치
셋째아 이상까지 모두 출생성비 정상 범위

통계청이 3월 1일 발표한 「2022년 출생·사망 통계」에 따르면 여아 100명당 남아 수를 뜻하는 「출생성비(性比)」가 지난해 104.7명으로, 1977년(104.2명) 이후 45년 만에 최저치를 기록했다. 통계청이 판단하는 출생성비의 정상 범위는 103~107명인데, 국내 출생성비는 남아선호(男兒選好) 사상으로 1990년 116.5명으로 정점을 찍는 등 1990년대에는 110명을 넘었다. 그러나 이후 ▷2000년 110.1명 ▷2010년 106.9명 ▷2020년 104.8명으로 하락 추세를 보여 왔으며, 지난 2007년(106.2명)에 처음으로 정상 범위에 들어선 바 있다.

셋째아 이상까지 출생성비 정상 범위 지난해에는 총 출생성비뿐 아니라 첫째아, 둘째아, 셋째아 이상으로 나눠 본 출생순위별 출생성비도 모두 정상범위 안에 속했다. 첫째아 출생성비는 104.8명으로 전년보다 0.5명 줄었으며, 둘째아 출생성비는 104.6명으로 전년과 동일했다. 무엇보다 셋째아 이상의 경우 출생성비가 전년보다 1.1명 줄면서 1990년 첫 통계 집계 이후 2019년(103.2명) 다음 역대 두 번째로 낮은 105.4명을 기록했다. 그동안에는 이른바 대(代)를 잇는다는 통념에 따라 셋째아 이상의 출생성비는 첫째아보다 훨씬 높았고, 2014년에야 106.7명으로 정상범위에 들어선 바 있다.

IPCC 기후대응 6차 보고서 발표, 2040년 이전에 지구 표면 온도는 산업화 이전 대비 1.5도 상승

유엔 기후변화에 관한 정부 간 협의체(IPCC)가 3월 13~19일 스위스 인터라켄에서 제58차 총회를 열고 각국 정부가 현재 진행 중인 온실가스 감축 계획을 모두 실행하더라도 2040년 이전에 지구의 표면 온도가 산업화 이전 대비 1.5도 올라갈 것이라는 전망 등을 담은 「제6차 종합보고서」를 만장일치로 승인했다고 20일 밝혔다. IPCC는 기후변화의 과학적 규명을 위해 세계기상기구(WMO)와 유엔환경계획(UNEP)이 1988년 공동 설립한 국제협의체로, 이번 보고서 작성·검토에는 전 세계 과학자 1000여 명과 195개 회원국 정부 대표단이 참여했다.

IPCC 기후변화 평가보고서 IPCC가 지구 온난화의 메커니즘과 사회·경제에의 영향, 그리고 그 대책을 밝히기 위해 1990년부터 내놓고 있는 보고서이다. 이는 1990년 처음 나온 뒤 5~7년 간격으로 발간, 각국 정부가 기후변화정책을 수립하기 위한 과학적 근거로 사용되고 있다. 보고서는 구체적으로 ▷기후변화 과학적 근거(실무그룹1, WG1) ▷기후변화 영향·적응·취약성(실무그룹2, WG2) ▷기후변화 완화(실무그룹3, WG3) 등 3개 부문별 보고서와 특별보고서를 합쳐 종합보고서로 완성된다. 종합보고서는 1990년부터 2014년까지 총 5차례 발간됐고, 2015년 시작된 6차 평가기간(2015~2023년)은 이번 종합보고서 발표로 마무리됐다. IPCC가 내놓는 보고서는 1992년 유엔기후변화협약, 1997년 교토의정서, 2015년 파리기후변화협약 등 기후위기 대응에 있어 큰 역할을 해 왔다. 이에 IPCC는 그 공로를 인정받아 2007년 앨 고어 전 미국 부통령과 함께 노벨평화상을 수상하기도 했다.

IPCC 보고서 주요 내용 2015년 파리기후변화협약 당사국총회에서 200여 개의 당사국들은 산업혁명 이전보다 전 지구 평균기온 상승 폭을 2도 아래로 유지하되 1.5도를 넘지 않도록 노력하기로 한 바 있다. 하지만 지속적인 온실가스 배출로 인해 거의 모든 시나리오에서 가까운 미래(2021~2040년)에 기온 상승폭이 1.5도에 도달하는 것으로 나타났다는 내용이 이번 보고서에 명시됐다. 특히 보고서는 인간의 온실가스 배출이 이미 지구 온도를 1.09도(0.95도~1.20도) 상승시켰다는 내용도 담았다. 아울러 지난 반세기 동안의 기온 상승률이 지난 2000년 사이 가장 높으며, 이산화탄소 농도는 지난 200만 년간 최고 수준이라는 내용도 담겼다.
보고서는 1.5도 제한을 위해 2030년까지 온실가스 배출량을 대폭 줄여야 하지만 세계 각국이 세운 감축 목표로는 이를 달성할 수 없다고 진단하면서, 2030년까지 2019년 대비 온실가스 배출량을 43% 감축해야 한다고 밝혔다. 그리고 더 이상의 온난화를 막기 위해서는 이산화탄소를 포함한 전체 온실가스 배출이 넷제로(온실가스 순배출량이 0인 상태)를 이뤄야 한다고 강조했다. 이 밖에 보고서는 1인당 온실가스 배출량이 가장 높은 상위 10% 가구는 34~45%의 소비 기반 온실가스를 배출했지만 하위 50%는 13~15%를 배출했다며 선진국과 개발도상국, 저개발국의 온실가스 배출 책임이 다르다는 점도 지적했다.

유엔, 「ICJ가 기후행동 권고」 결의안 채택 유엔 총회가 3월 29일 지구 기온의 상승을 1.5℃ 이하로 막기 위해 각 나라가 해야 하는 의무에 대해 국제사법재판소(ICJ)가 법률적 권고를 하도록 하는 내용이 담긴 결의안을 채택했다. ICJ의 권고적 의견은 판결과 달리 법적인 구속력은 없으나 각국 정부와 법원을 압박하는 효과가 있고, 향후 기후관련 소송에서 각국 법원의 판단에 영향을 미칠 수 있다는 평가가 나온다. 또 해당 결의안은 선진국들이 기후변화 대응을 위해 2020년까지 해마다 1000억 달러(130조 원)의 기금을 내놓겠다고 했던 약속을 지키지 않고 있다고 지적하며 성실한 약속 이행을 촉구했다.

국제사법재판소(ICJ·International Court of Justice) 국가 간의 분쟁을 법적으로 해결하는 국제연합(UN)의 주요 사법 기관으로, 국제분쟁의 법적 해결을 위해 설치된 기관이다. 제2차 세계대전 후 상설 국제사법재판소를 계승한 것으로 1946년 네덜란드 헤이그에서 발족했다. 주로 국가들 간의 분쟁을 취급하기 위한 기구로 개인의 형사책임에 관한 사항에 대해서는 관할권이 없다.

정부, 「제1차 탄소중립 기본계획」 확정 2030년 전체 탄소 배출량 목표 유지하되 산업 감축률은 줄여

대통령 직속 2050 탄소중립녹색성장위원회가 지난 3월 11일 내놓은 「제1차 국가 탄소중립 녹색성장 기본계획」이 12일 국무회의에서 최종 확정됐다. 이번 기본계획은 지난해 3월 시행된 탄소중립기본법에 따라 처음 수립된 탄소중립·녹색성장에 관한 최상위 법정 계획이다. 이는 지난 문재인 정부 때 상향된 국가온실가스감축목표(NDC)는 유지하면서 산업계 탄소 배출량 감축 몫은 줄인 것이 핵심으로, 해당 계획을 이행하는 데는 총 89조 9000억 원이 투입될 것으로 예상된다.

제1차 탄소중립 기본계획 주요 내용 2030년 전체 탄소 배출량을 2018년(7억 2760만t) 대비 40% 줄어든 4억 3660만t으로 하고, 이 중 산업계 탄소 배출 목표치는 2018년보다 11.4% 적은 2억 3070만t으로 설정했다. 국가 전체 탄소 배출량 목표치는 문재인 정부 때인 2021년 설정한 것과 같지만, 산업계 감축치는 기존의 14.5%보다 3.1%포인트 줄여 11.4%로 낮췄다. 이에 따라 산업계는 기존 계획보다 810만 톤(2030년 배출량 2억 2260만 톤 → 2억 3070만 톤)의 부담을 덜게 됐다. 그리고 이처럼 산업계에서 발생한 부족분은 원자력발전, 국제감축, 이산화탄소 포집·저장·활용 기술(CCUS) 등으로 보충한다는 계획이다.

이에 환경단체 등은 정부의 이번 계획이 온실가스 최대 배출원 중 하나인 산업 부문의 감축량을 줄이는 것이어서 탄소중립 방향과 대립된다며 반발하고 있다. 또 신재생에너지 확대와 탄소포집 기술 등 감축량을 늘리기로 한 분야에 대해서는 구체적인 계획이 없다는 지적도 나오고 있다.

온실가스 감축목표(NDC) **조정 내용**(단위: 백만톤CO2e), **※ 괄호는 2018년 대비 감축률**

구분	부문	2018년	2030년 목표	
			기존 NDC(2021년 10월)	수정 NDC(2023년 3월)
배출량 합계		727.6	436.6(40.0%)	436.6(40.0%)
배출	전환	269.6	149.9(44.4%)	145.9(45.9%)
	산업	260.5	222.6(14.5%)	230.7(11.4%)
	건물	52.1	35.0(32.8%)	35.0(32.8%)
	수송	98.1	61.0(37.8%)	61.0(37.8%)
	탈루 등	5.6	3.9	3.9
흡수·제거	흡수원	(−41.3)	−26.7	−26.7
	CCUS	(−)	−10.3	−11.2
	국제감축	(−)	−33.5	−37.5

탄소중립녹색성장기본법 2050 탄소중립이라는 국가목표 달성을 위한 법정 절차와 정책 수단을 규정한 법으로, 2021년 9월 24일 제정 및 공포됐다. 그리고 2022년 3월 25일부터 해당 법안이 시행되면서 우리나라는 2050 탄소중립 비전을 법제화한 14번째 국가가 됐다. 법안은 2050년 탄소중립을 국가 비전으로 명시하고, 이를 달성하기 위한 ▷국가전략 ▷중장기 온실가스 감축목표(NDC) ▷기본계획 수립 및 이행점검 등의 법정 절차를 체계화했으며, 특히 NDC를 2018년 대비 40%로 명시했다. 또 탄소중립에 대한 사회 각계각층의 의견을 모으는 민관 협치 기구인 「2050 탄소중립녹색성장위원회」를 새롭게 구성해 탄소중립 기본방향과 주요 계획 및 정책에 대해 심의·의결하도록 했다.

NDC(Nationally Determined Contribution) 파리 기후변화협약에 따라 당사국이 스스로 발표하는 국가 온실가스 감축목표를 말한다. 우리 정부는 2030년까지 국가 온실가스를 2018년 대비 40% 감축하는 방안을 확정한 바 있다.

CCUS(Carbon Capture Utilization and Storage) 탄소 포집·활용·저장 기술을 말한다. 이는 대기 중에 배출되는 이산화탄소를 포집하고 저장하는 CCS(Carbon Capture, Storage)와 이산화탄소를 포집·활용하는 CCU(Carbon Capture, Utilization)의 두 기술이 합쳐진 것이다.

유엔, 「공해 보전조약」 타결
2030년까지 전 세계 바다 30% 보호구역 지정

미국 뉴욕 유엔본부에서 3월 4일 열린 유엔 해양생물다양성보전협약(BBNJ) 5차 비상회의에서 바다 표면적의 약 3분의 2를 차지하는 공해(公海) 보호를 위한 국제해양조약(유엔 국가관할권 이원 지역의 생물다양성협약) 체결이 합의됐다. 유엔에서 해양 관련 조약 합의가 이뤄진 것은 지난 1982년 제정된 유엔해양법약 이후 40여 년 만이다. 무엇보다 이번 조약은 공해를 법적 구속력 있게 보호한다는 점에서 의의를 갖고 있는데, 각 국가에서 비준하면 국내법적인 강제력을 갖게 된다.

조약 내용 조약은 공해의 환경과 해양생물다양성 보호를 목적으로 하는 최초의 지구적 다자조약으로, 전 세계 공해(公海)의 30%를 보호구역으로 정하고 조업과 운항 등 인간 활동을 제한하는 내용을 핵심으로 한다. 구체적으로 공해 및 심해저에 해양보호구역(MPA) 등 구역기반관리수단을 설정하는 기준과 절차를 마련한다는 내용이 명시됐다. 또 공해와 심해저에 영향을 미칠 수 있는 활동에 대한 환경영향평가를 실시하기로 했다. 아울러 공해와 심해저에서 모은 해양 유전자원과 이 유전자원에서 얻은 디지털 염기서열정보(DSI)에 대한 이용 내역을 공유하고, 상업적으로 이용할 때 발생하는 이익을 공유하기 위한 체계도 수립했다.

공해(公海) 배타적경제수역(EEZ)에서부터 대양으로 뻗은 해역을 뜻하며, 통상 각국 해안에서 200해리(약 370km) 밖에 있는 해역이 이에 속한다. 공해는 지구 전체 바다의 64%를 차지하지만 현재 2%만이 현재 해양오염·불법어업 등으로부터 공식적 보호를 받고 있다. 이에 유엔에서는 국가 간 구속력이 있는 협약을 체결함으로써 공해의 해양생태계를 보호하려는 취지로 2004년부터 관련 논의를 시작해온 바 있다.

유엔해양법협약 1982년 12월 10일 자메이카의 몬테고베이에서 해양에서의 기득권을 고수하려는 선진국과 인류 공동의 유산임을 주장하는 개도국 간의 논의 결과로 탄생한 해양법에 관한 조약이다. 이 조약은 ▷12해리(22.2km) 영해제도 및 국제해협 통과·통항제도 확립 ▷200해리(370.4km) 배타적경제수역(EEZ) 제도 확립 ▷대륙붕 제도 확립 ▷심해저와 그 자원을 「인류공동유산」으로 규정 ▷국제해저기구 설립 ▷심해저자원 개발·관리·규제 ▷포괄적인 해양분쟁 해결을 위한 국제해양법재판소 설립 등의 내용을 담고 있다.

EU, 2035년부터 내연기관 신차 판매 금지 확정 합성연료 내연기관차는 예외 인정

유럽연합(EU) 27개국 각료급 이사회인 교통·통신·에너지이사회가 3월 28일 표결을 거쳐 2035년부터 역내에서 판매되는 신규 승용차 및 승합차의 이산화탄소 배출을 전면 금지하는 것을 핵심으로 한 새 규정을 최종 승인했다. 새 규정에 따르면 2030~2034년 EU 역내에서 판매되는 신차는 이산화탄소 배출량을 2021년 대비 승용차는 55%, 승합차는 50%를 감축해야 한다. 그리고 2035년부터는 신규 승용차 및 승합차의 이산화탄소 배출이 아예 금지되면서 사실상 휘발유·디젤 등 기존 내연기관 차량 판매가 불가능해지게 된다. 다만 EU는 합성연료를 주입하는 신차의 경우 2035년 이후에도 판매를 계속 허용하기로 예외를 두기로 했는데, 이는 독일 정부의 강력한 요구가 반영된 것이다.

프랑스 파리, 세계 최초로 공유 전동 킥보드 8월 이후 퇴출

AP통신 등이 프랑스 파리 당국이 공유 전동 킥보드를 올 8월 이후 퇴출하기로 했다고 4월 2일 보도했다. 이는 파리 20개구 주민들을 상대로 전동 킥보드 대여 서비스를 지속할지 찬반을 묻는 주민투표를 시행한 결과 89.03%가 반대한 데 따른 것이다. 2018년 유럽 주요 도시 중 가장 먼저 전동 킥보드를 도입한 파리에는 약 1만 5000대의 전동 킥보드가 운영되고 있으며, 한 달 평균 45만 명 이상이 사용하는 것으로 알려졌다. 하지만 킥보드에 따른 인명사고가 잦아지면서 서비스 중단 목소리가 높아졌다. 이번 결과에 따라 오는 8월 킥보드가 퇴출되면 파리는 유럽 주요 도시 중 전동 킥보드 대여 서비스를 금지하는 유일한 도시가 될 것으로 전망된다.

한편, 우리나라의 경우 전동 킥보드와 관련한 법제화를 시행했으나, 무면허 운전과 음주운전 시 벌금 10만 원·안전모 미착용 2만 원 등으로 처벌이 약하다는 비판이 지속되고 있다.

美 환경보호청, 「탄소 배출기준 강화안」 초안 발표 2032년까지 전기차 비중 67% 목표

미 환경보호청(EPA)이 오는 2032년까지 새로운 승용차와 트럭이 배출할 수 있는 온실가스 및 오염물질을 절반 이상 감축하는 내용 등을 담은 「탄소 배출기준 강화안」 초안을 4월 12일 발표했다. 이와 같은 규칙이 최종 확정될 경우 향후 10년 내로 미국에서 판매되는 신차 중 전기차 비중이 67%까지 올라가게 될 전망이다. EPA는 초안을 토대로 60일간 각계 의견수렴을 거쳐 최종 확정한다는 방침이다.

새 규제안 주요 내용 새 규제안은 2027년식부터 2032년식 차량에 적용되며 6년간 단계적으로 차량의 이산화탄소(CO_2), 비메탄계 유기가스(NMOG)와 질소산화물(NOx), 미세먼지 등의 배출 허용량을 줄여가는 것을 핵심으로 한다. 예컨대 2032년식 승용차의 이산화탄소 배출 허용량을 1마일당 82g으로 설정해 2026년식 대비 56% 줄이도록 했다. 자동차 업계 입장에서는 강화된 기준을 맞추

려면 내연기관차의 기술 개선으로는 한계가 있어 배출량이 적은 전기차 판매 비중을 대폭 늘릴 수밖에 없는데, EPA는 새 기준이 도입되면 전기차가 2032년식 승용차의 67%를 차지할 것으로 전망했다. 아울러 EPA는 전기차 배터리의 내구성 및 품질보증 기준도 새로 제시했는데, 이에 따르면 차량 운행 5년 또는 주행거리 6만 2000마일 동안 원래 배터리 성능의 80%를, 8년/10만 마일 동안 70%를 유지하도록 하는 최소성능기준을 제시했다.

독일, 남은 원전 3기도 가동 중단
탈핵 결정 12년 만에 탈원전 시대로 돌입

독일이 4월 16일 0시 마지막 남은 원전 3기를 폐쇄하면서 60여 년에 걸친 원자력 발전시대를 공식 마감했다. 독일은 이날 1988년부터 가동한 이자르2와 엠스란트, 1989년 상업운전을 시작한 네카베스트하임 2 등의 3기를 폐쇄했다. 독일은 2011년 3월까지 전력의 4분의 1을 원자력에서 얻을 정도로 그 비중이 높았으나, 그해 3월 11일 일본 후쿠시마 원전 방사성 물질 누출사고를 계기로 탈핵을 결정한 바 있다. 하지만 지난해 2월 러시아가 우크라이나를 침공하면서 에너지 위기가 닥쳤고, 이에 독일은 당초 지난해 12월로 예정됐던 엠스란트 등 3개 원전 폐쇄 방침을 일단 연기했다. 이에 일부에서는 폐쇄를 재고해야 한다는 주장이 나오는 등 원전을 둘러싼 찬반 논란이 거세졌다. 하지만 독일 정부는 탈핵 선언 12년 만인 4월 15일 모든 원전 가동을 중단했으며, 향후 태양열과 풍력발전 의존도를 높인다는 계획이다.

문화 시사

2023. 2. ~ 4.

〈에브리씽 에브리웨어 올 앳 원스〉, 제95회 아카데미 7관왕 양쯔충은 아시아계 첫 오스카 여우주연상

영화 〈에브리씽 에브리웨어 올 앳 원스〉가 3월 12일 미국 로스앤젤레스(LA) 돌비극장에서 열린 「제95회 아카데미 시상식」에서 작품상·감독상 등 총 7개 부문을 수상하는 기록을 썼다. 이 영화는 아메리칸 드림을 꿈꾸며 미국으로 이민을 온 에블린(양쯔충)이 멀티버스를 넘나들며 세상과 가족을 구원하며 벌어지는 이야기를 담아낸 작품이다.

특히 이 영화의 주연을 맡은 말레이시아 출신의 홍콩 배우 양쯔충은 여우주연상을 수상하면서 95년 아카데미 역사상 처음으로 여우주연상을 수상한 아시아계 배우가 됐다. 아울러 그는 데뷔 39년 만에 아시아계 배우로는 처음으로 해당 부문 후보에 올라 수상까지 성공하는 기록도 썼다.

아카데미상(Academy Awards) 미국 영화업자와 미국 내 영화단체인 영화예술과학 아카데미협회에서 수여하는 미국 최대의 영화상으로, 「오스카(Oscar)상」이라고도 한다. 작품·감독·남우주연·여우주연·각본상 등 20여 개 부문에 대한 시상이 이뤄지며, 수상 작품은 아카데미 회원 전원의 투표로 최종 결정된다. 우리나라에서는 지난 2020년 제92회 아카데미 시상식에서 봉준호 감독의 〈기생충〉이 작품상·감독상·각본상·국제장편영화상 등 4관왕을 수상하는 기록을 썼고, 2021년 시상식에서는 영화 〈미나리〉에 출연한 배우 윤여정이 한국 배우 최초로 여우조연상을 수상한 바 있다.

주요 수상 내용 영화 〈에브리씽 에브리웨어 올 앳 원스〉가 10개 부문·11개 후보에 올라 작품상을 비롯해 감독상·각본상·여우주연상·여우조연상·남우조연상·편집상 등 7관왕을 기록하며 최다 부문 수상작에 이름을 올렸다. 특히 아시아계 감독과 배우로 구성된 이 영화의 최다 수상은 아카데미가 백인 일색의 「화이트 오스카」라는 비판을 뒤집고 다양성을 인정해 가는 모습을 보여줬다는 평가다.

제95회 아카데미상 주요 수상 부문

구분	수상자(작)
작품상	〈에브리씽 에브리웨어 올 앳 원스〉
감독상	대니얼 셰이너트·대니얼 콴, 〈에브리씽 에브리웨어 올 앳 원스〉
여우주연상	양쯔충, 〈에브리씽 에브리웨어 올 앳 원스〉
남우주연상	브렌던 프레이저, 〈더 웨일〉
여우조연상	제이미 리 커티스, 〈에브리씽 에브리웨어 올 앳 원스〉
남우조연상	키 호이 콴, 〈에브리씽 에브리웨어 올 앳 원스〉
국제장편영화상	〈서부전선 이상 없다〉
각본상	〈에브리씽 에브리웨어 올 앳 원스〉

그리고 제1차 세계대전의 참상을 담은 독일 영화 〈서부전선 이상 없다〉가 국제장편영화상을 포함해 촬영·미술·음악상 등 4관왕에 올라 〈에브리씽 에브리웨어 올 앳 원스〉에 이어 두 번째 최다 수상작이 됐다. 무엇보다 역대 아카데미 시상식에서 비영어권 작품이 4개 부문을 수상한 것은 ▷스웨덴의 〈화니와 알렉산더〉(1982) ▷대만의 〈와호장룡〉(2000) ▷우리나라의 〈기생충〉(2020)에 이어 〈서부전선 이상 없다〉가 네 번째다.

〈아디망에서〉 니콜라 필리베르, 제73회 베를린영화제 황금곰상 수상

니콜라 필리베르 감독(프랑스)이 2월 25일 독일 베를린 팔라스트에서 열린 「제73회 베를린국제영화제」에서 다큐멘터리 〈아다망에서〉로 경쟁 부문 최우수작품상(황금곰상)을 수상했다. 다큐멘터리 영화가 베를린영화제에서 황금곰상을 수상한 것은 2016년 〈바다의 불〉 이후 역대 두 번째다. 〈아다망에서〉는 프랑스 세느강 위를 떠다니는 주간보호시설의 정신질환자와 이들을 돌보는 사람들의 이야기를 다룬 작품이다.

이 밖에 영화 〈2만 종의 벌〉에서 성 정체성을 고민하는 트랜스 소녀를 연기한 8세의 스페인 배우 소피아 오테로가 경쟁 부문 주연연기상(은곰상)을 수상하며, 영화제 최연소 수상 기록을 세웠다. 또 심사위원대상(은곰상)은 크리스티안 펫졸드 감독의 〈붉은 하늘〉이, 감독상(은곰상)은 필립 가렐 감독의 〈더 플라우〉가 수상했다.

✎ 홍상수 감독의 29번째 장편 영화 〈물안에서〉가 이번 베를린영화제 인카운터스 부문에 초청됐으나 수상에는 실패했다. 홍 감독은 〈밤과 낮〉(2008)으로 처음 베를린에 초청돼 지난해까지 경쟁 부문에만 6번 진출, ▷2017년 〈밤의 해변에서 혼자〉로 여우주연상(은곰상) ▷2020년 〈도망친 여자〉로 감독상(은곰상) ▷2021년 〈인트로덕션〉으로 각본상(은곰상) ▷2022년 〈소설가의 영화〉로 심사위원대상(은곰상)을 수상한 바 있다. 한편, 〈물안에서〉는 배우를 꿈꿨던 젊은 남자가 영화를 연출하기 위해 남녀와 섬으로 떠나면서 벌어지는 이야기를 담은 작품이다.

베를린국제영화제(Berlin International Film Festival) 칸(프랑스)·베니스(이탈리아)와 함께 「세계 3대 국제영화제」로 꼽히며, 1951년 동서화합을 모토로 분단 상태에 있던 독일의 통일을 기원하기 위해 창설됐다. 매년 2월 독일 베를린에서 개막해 약 10일간 400여 편의 장·단편 영화를 상영하며, 주요 시상 부문에는 황금곰상(최우수작품상)과 은곰상(심사위원대상·감독상·주연연기상·조연연기상·각본상 등)이 있다. 특히 베를린영화제는 2020년부터 최우수주연상과 조연상을 남녀 성별로 구분해서 시상하던 방식에서 벗어나 「젠더 중립적(Gender Neutral)」인 방식을 내세우며 주연연기상과 조연연기상으로 통합해 시상하고 있다.

BTS 지민, 「빌보드 핫 100」 1위 K팝 솔로 아티스트 최초 기록

4월 3일 공개된 미국 빌보드 차트(4월 8일자)에 따르면, 방탄소년단(BTS)의 지민이 지난 3월 24일 발매한 솔로 앨범 타이틀곡 〈라이크 크레이지(Like Crazy)〉가 메인 싱글차트 「핫 100」에서 1위를 차지했다. 이로써 지민은 한국 솔로 아티스트 최초로 핫 100 1위를 기록했으며 〈라이크 크레이지〉는 빌보드 역사상 핫 100 진입과 동시에 1위로 직행(핫샷)한 66번째 곡으로 기록됐다. 〈라이크 크레이지〉는 지민의 첫 솔로 앨범 〈페이스(FACE)〉에 수록된 타이틀곡으로, 1970년대 유행했던 신스팝 장르에 강렬한 신시사이저와 드럼 사운드가 돋보이는 노래다.
한편, 이전까지 핫 100 최고 순위에 오른 한국 솔로 가수는 2012년 〈강남 스타일〉로 7주 연속 2위를 기록한 싸이(PSY)다.

빌보드 핫 100과 한국 가수의 기록들 빌보드 핫 100(The Billboard Hot 100)은 매주 발표되는 미국 빌보드 차트의 싱글 인기 차트로, 음반 판매량에 따른 순위를 매기는 「빌보드 200」과 함께 메인차트에 속한다. 1958년부터 발표되고 있는 빌보드 핫 100은 ▷디지털 음원 판매량 ▷스트리밍 횟수 ▷라디오 방송 횟수 ▷유튜브 조회수 등을 종합해 순위를 매긴다. 빌보드 핫 100에 한국 가수가 진출한 것은 2009년 원더걸스의 〈노바디〉가 76위에 오른 것이 최초였으며, 이후 싸이가 〈강남스타일〉과 〈젠틀맨〉으로 각각 2위와 5위를 기록했다. 이후 씨엘(CL), BTS, 블랙핑크, 트와이스, 뉴진스, 피프티피프티 등이 핫 100에 진입하는 기록을 세웠다. 특히 BTS는 2020년 9월 첫 영어 신곡인 〈다이너마이트〉로 한국 가수 최초로 핫 100 1위에 오른 이후 ▷〈세비지 러브〉 리믹스 버전 ▷〈라이프 고스 온〉 ▷〈버터〉 ▷〈퍼미션 투 댄스〉 ▷〈마이 유니버스〉(콜드플레이와의 협업곡) 등 총 6곡의 핫 100 1위곡을 보유하고 있다.

4·19 혁명·동학농민혁명 기록물, 세계기록유산 등재 전망

4월 17일 문화재청에 따르면 유네스코 세계기록유산 국제자문위원회(IAC)가 최근 열린 회의에서 「4·19 혁명 기록물」과 「동학농민혁명 기록물」에 「등재 권고」 판정을 내리면서 이들 유산이 올해 세계기록유산으로 등재될 전망이다. 이 유산들의 최종 등재 여부는 오는 5월 10~24일 열리는 유네스코 집행이사회에서 결정되는데, 이 2건의 유산이 등재될 경우 한국이 보유한 세계기록유산은 총 18건이 된다.

우리나라의 세계기록유산 ▷훈민정음(1997) ▷조선왕조실록(1997) ▷직지심체요절(2001) ▷승정원일기(2001) ▷조선왕조의궤(2007) ▷해인사 고려대장경판 및 제경판(2007) ▷동의보감(2009) ▷일성록(2011) ▷5·18 민주화운동 기록물(2011) ▷난중일기(2013) ▷새마을운동 기록물(2013) ▷한국의 유교책판(2015) ▷KBS 특별생방송 이산가족을 찾습니다 기록물(2015) ▷조선왕실 어보와 어책(2017) ▷국채보상운동기록물(2017) ▷조선통신사기록물(2017)

주요 내용 4·19 혁명 기록물은 1960년 독재정권을 무너뜨린 4·19 혁명의 원인과 전개 과정, 그리고 혁명 직후 처리 과정을 보여주는 기록유산이다. 이는 1960년 2월 28일 대구에서 열린 학생집회부터 그해 4월 19일에 열렸던 대규모 시위까지와 관련된 기록물로 총 1019건이다. 동학농민혁명 기록물은 1894~1895년 부패한 지도층과 외세의 침략에 항거하며 일어났던 동학농민혁명 관련 기록물이다. 여기에는 당시 조선 정부와 동학농민군, 농민군 진압에 참여한 민간인, 일본공사관 등이 생산한 185건의 기록물이 포함됐다.

한편 이번 유네스코 회의에서는 북한이 신청한 〈혼천전도〉도 세계기록유산으로 등재 권고됐다. 이에 북한은 〈무예도보통지〉(2017년 등재)를 포함해 모두 2종목의 세계기록유산을 보유하게 될 전망이다.

美 경매에서 환수된 독서당계회도, 국가지정문화재 보물 지정 예고

문화재청이 2022년 3월 미국 크리스티 경매에서 매입해 국내로 환수한 16세기 실경산수화 「독서당계회도(讀書堂契會圖)」를 3월 13일 국가지정문화재 보물로 지정 예고했다. 이 작품은 일본 교토 국립박물관장을 지낸 간다 기이치로(神田喜一郎, 1897~1984)가 소장하고 있다가 그의 사망 이후 미국 경매를 통해 490년 만에 국내로 환수된 바 있다.

문화재청에 따르면 독서당계회도는 기존 보물로 지정된 계회도 13점과 비교했을 때 두 번째로 제작된 작품이지만, 후대 제작된 계회도의 전형적인 형식인 상단 표제·중단 그림·하단 좌목 형태로는 제작시기가 가장 앞서는 작품이라는 점에서 매우 중요하다. 아울러 조선 초기에 성행했던 이상적 풍경을 그린 관념산수화와는 다르게 실제 한강 주변 풍경을 그린 실경산수화의 시원 양식을 유추할 수 있다는 점에서 역사적·미술사적 가치가 높다.

독서당계회도(讀書堂契會圖) 조선 중종 재위(1506~1544) 기간에 사가독서(賜暇讀書·조선시대 젊고 유능한 문신들에게 휴가를 주고 학문에 전념하게 한 인재양성책)한 관료들의 모임을 기념해 그린 작품이다. 이는 학문연구 기관인 독서당(讀書堂)을 배경으로 20~30대 젊은 관료들이 친목 모임인 계회(契會)를 벌이는 모습을 담고 있다. 그림 상단에는 한문으로 「讀書堂契會圖(독서당계회도)」라는 제목이 전서체로 쓰여 있고, 중앙에는 가운데에 위치한 응봉(鷹峰·매봉산)을 중심으로 한강변 두모포 일대를 묘사했으며, 지붕만 보이는 독서당과 관복을 입은 참석자들이 뱃놀이를 하는 모습도 표현됐다. 특히 그림 하단에는 사가독서에 참석한 12인의 이름·본관·품계·관직 등이 기재돼 있는데, 이들의 관직을 《조선왕조실록》 및 각종 문집에서 확인한 결과 1531년(중종 26년)경에 그린 것으로 추정된다.

△ 독서당계회도
(출처: 문화재청)

문화재청, 「민영환 서구식 군복」 국가등록문화재 지정 예고

문화재청이 3월 15일 민영환(閔泳煥, 1861~1905)이 입었던 군복을 「민영환 서구식 군복」이란 명칭으로 국가등록문화재로 지정 예고했다. 민영환 서구식 군복은 1895년 시행된 「육군복장규칙」에 따라 1897~1900년에 만들어진 것으로 추정되며, 모자와 상·하의 등 모두 14건·17점으로 구성돼 있다.

조선 말기 문신이자 대한제국의 개화 관료였던 민영환은 1905년 체결된 을사늑약의 부당함과 자유 독립을 강조하는 유서를 남기고 일제의 침략에 죽음으로 항거한 인물로, 해당 유물은 민영환의 후손이 2005년 민영환 순국 100주년을 맞아 고려대 박물관에 기증한 것으로 알려졌다. 문화재청에 따르면 민영환 서구식 군복은 1897년과 1900년에 개정된 「육군장졸 복장제식」에 따라 예모·대례의·소례·견장·도대·대수 등의 구성을 대부분 갖추고 있어 복식사적 가치가 충분하다.

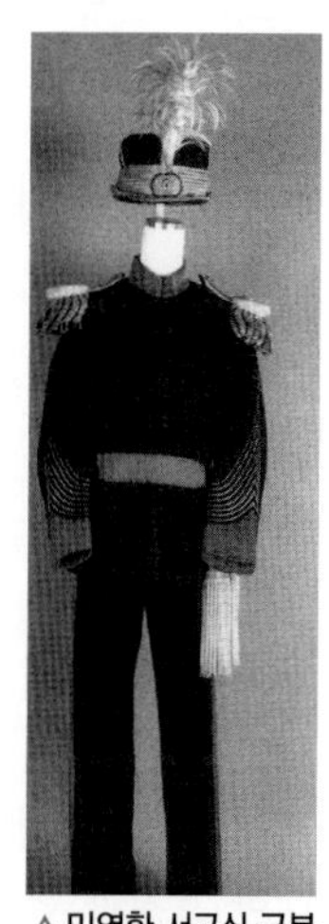

△ 민영환 서구식 군복
(출처: 문화재청)

동여도의 지리 정보 적힌 「대동여지도」 일본에서 환수-국내 첫 공개

문화재청이 3월 30일 서울 종로구 국립고궁박물관에서 국외소재문화재단이 일본으로부터 매입해 국내 환수(3월 17일)한 「대동여지도(大東輿地圖)」를 언론에 공개했다고 밝혔다. 문화재청에 따르면 대동여지도는 유물 소장자가 매도 의사를 밝히면서 존재가 확인됐으며, 정보 입수 이후 문화재청의 적극적인 행정 지원과 수차례에 걸친 국외소재문화재재단의 면밀한 조사, 관계자 간 긴밀한 협업을 바탕으로 국내로 들여오는 데 성공했다.

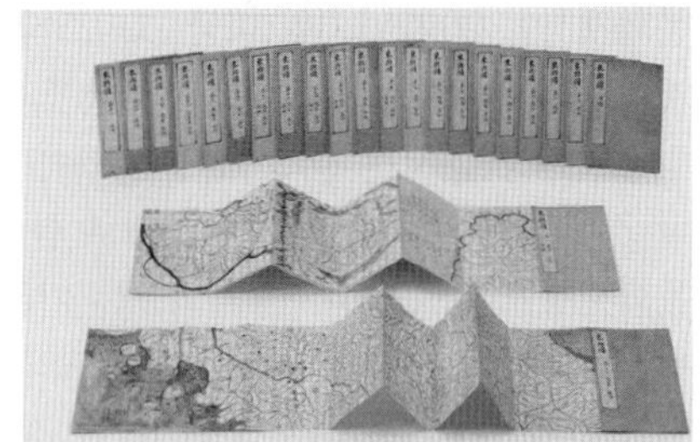

△ 3월 30일 공개된 대동여지도(출처: 문화재청)

동여도 품은 대동여지도 이날 공개된 대동여지도는 가로 20cm·세로 30cm 크기의 총 23첩(목록 1첩·지도 22첩)으로 구성돼 있으며, 전체로 펼치면 약 가로 4m×세로 6.7m에 이른다. 이는 동여도(東輿圖)의 형식을 따른 것으로, 일반적인 대동여지도는 목록이 따로 없으며 22첩으로 구성돼 있다. 또한 이번에 공개된 대동여지도는 1864년 제작한 목판본에 가필·채색하고 19세기에 제작된 것으로 추정되는 동여도에 기술된 지리정보를 필사(筆寫)해 추가한 것으로, 동여도와 대동여지도가 하나의 지도에 담겨져 있어 지리정보가 더 세세하다. 여기다 지도유설이 1첩에 간인(刊印)돼 있는 그동안의 대동여지도와 달리 지도의 빈 공간에 필사돼 있어 세부적인 구성에서도 다른 양상을 보인다. 문화재청에 따르면 환수된 지도는 기존 대동여지도와 달리 영토의 역사와 지도제작법 등 동여도의 주기(註記) 내용을 필사해 목판본인 대동여지도의 한계를 보완한 최초의 사례라는 점에서 역사적·학술적 가치가 있다.

대동여지도(大東輿地圖) 조선의 지리학자였던 김정호(金正浩, 1804~1866 추정)가 약 27년 동안 전국을 직접 답사하고 실측하여 1861년 처음 제작·간행하고 1864년 재간한 22첩의 병풍식 전국 지도첩이다. 우리나라를 남북으로 120리 간격으로 구분해 22층으로 만들고 각 층마다 동서 방향의 지도를 수록했으며, 목판본으로 제작돼 지리 정보가 사회적으로 더 쉽게 확산하는 계기가 됐다.

동여도(東輿圖) 김정호가 목판본 대동여지도 제작에 앞서 만든 채색 필사본의 조선 전도로, 23층의 절첩식 지도다. 동여도는 전체적으로 한반도의 윤곽, 산계(山界) 및 수계(水界), 도로망 등 대부분의 내용이 대동여지도와 유사하지만 조선의 교통로와 군사 시설 등의 지리 정보와 약 1만 8000여 개에 달하는 지명이 실렸다는 점에서 더 상세하다.

문화재청, 현존 최고 나신걸 한글편지 「보물」로 지정

문화재청이 3월 9일 현존하는 한글편지 가운데 가장 오래된 것으로 추정되는 「나신걸 한글편지」를 국가지정문화재 「보물」로 지정했다. 문화재청에 따르면 나신걸 한글편지는 1446년 훈민정음 반포 이후 한글이 변방지역과 일반 백성에게까지 널리 보급된 실상을 파악할 수 있는 자료이자 상대방에 대한 호칭과 높임말 등 15세기 언어생활을 알려주는 귀중한 자료라는 점에서 학술·역사적 의의가 크다.

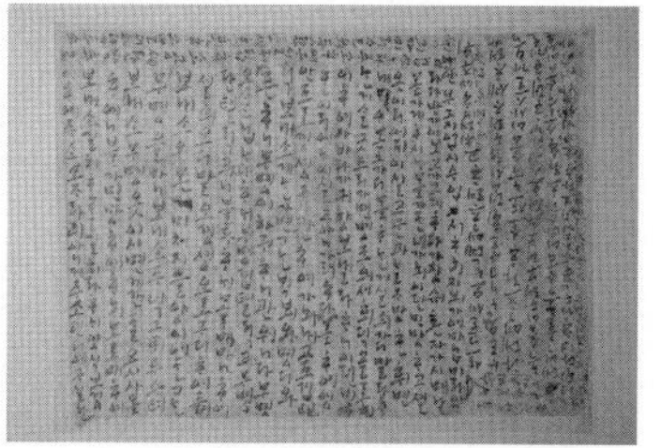

△ 나신걸 한글편지(출처: 문화재청)

나신걸 한글편지 조선 초기 함경도에서 활동한 군관 나신걸(1461~1524)이 아내 신창 맹 씨에게 한글로 써서 보낸 2장의 편지로, 현존하는 가장 오래된 한글편지다. 해당 유물은 2011년 대전 금고동에 있던 신 씨의 묘를 후손들이 이장하는 과정에서 피장자의 머리맡에서 여러 번 접힌 상태로 발견됐는데, 아래·위·좌우에 걸쳐 빼곡히 채워진 편지 글에는 농사일과 가정사를 살피라는 당부와 가족에 대한 그리움이 담겨있다. 편지의 제작 시기는 내용 중 1470~1498년 동안 함경도의 옛 지명으로 쓰인 영안도(永安道)라는 말을 통해 나신걸이 군관 생활을 하던 1940년대에 작성됐을 것이라 추정된다. 이는 1446년 훈민정음이 반포된 지 불과 45년이 지난 시점에서 한양에서 멀리 떨어진 변방 지역과 하급관리에게까지 한글이 널리 보급되었던 실상을 보여주며, 한글이 여성 중심의 글이었다고 인식됐던 것과 달리 조선 초기부터 남성들에게도 익숙했다는 것을 보여준다.

피아니스트 조성진의 〈더 헨델 프로젝트〉, 美 빌보드 클래식 차트 1위

미국 빌보드에 따르면 3월 15일 조성진(29)의 〈더 헨델 프로젝트(The Handel Project)〉가 정통 클래식 앨범 차트 「트래디셔널 클래식 앨범」 부문 정상에 올랐다. 〈더 헨델 프로젝트〉는 조성진(2015년 쇼팽 국제 피아노 콩쿠르 한국인 최초 우승자)이 세계적인 클래식 레이블 도이치그라모폰에서 발매한 첫 바로크 음반으로, 그의 여섯 번째 정규앨범이기도 하다. 이번 앨범에는 1970년 런던에서 처음 출판된 헨델의 하프시코드 모음곡 중 2번, 5번, 8번과 사라반드, 미뉴에트 등이 수록됐다.
한편, 조성진에 앞서 빌보드 클래식 주간 차트에서 1위에 오른 한국인 연주자로는 피아니스트 임현정과 선우예권 등이 있다. 임현정은 2012년 그의 데뷔 앨범인 〈베토벤 소나타 전곡〉으로, 선우예권은 2017년 우승한 〈제15회 반 클라이번 콩쿠르〉 실황 음반으로 1위에 올랐던 바 있다.

티빙 오리지널 시리즈 〈몸값〉, 칸 국제시리즈 페스티벌 각본상 수상

티빙 오리지널 시리즈 〈몸값〉이 4월 19일 프랑스 칸 뤼미에르 대극장에서 열린 제6회 칸 국제시리즈 페스티벌 폐막식에서 장편 경쟁부문 각본상(Best Screenplay)을 수상했다. 한국 드라마가 이 시상식에서 상을 받은 것은 이번이 처음으로, 경쟁 부문에 한국 드라마가 후보에 오른 것은 2018년 제1회 때 tvN 드라마 〈마더〉 이후 두 번째다. 〈몸값〉은 동명의 단편영화(연출 이충현)를 원작으로 한 작품으로, 서로의 몸값을 두고 흥정하던 중 지진으로 건물이 무너지면서 벌어지는 이야기를 다룬 6부작 스릴러 드라마다. 한편, 칸 국제시리즈 페스티벌은 전 세계 드라마와 시리즈 콘텐츠를 대상으로 매년 프랑스 칸에서 열리는 시상식이다.

스포츠 시사

2023. 2. ~ 4.

손흥민, 「EPL 통산 100골」 달성 아시아 최초 – EPL에서는 34번째 기록

손흥민(31·토트넘)이 4월 8일 영국 런던 토트넘 홋스퍼 스타디움에서 열린 「2022~2023시즌 잉글랜드 프리미어리그(EPL)」 30라운드 브라이턴과의 홈경기에서 리그 7호 골을 기록, EPL 통산 100번째 골을 달성했다. 이로써 손흥민은 토트넘 소속으로 경기를 뛴 8시즌 동안 총 260경기에 출전해 아시아 선수 최초로 리그 100골을 기록한 데 이어 「통산 100골–50도움」을 작성한 역대 19번째 선수가 됐다. 특히 1992년 출범한 EPL에서 지금까지 100호 골을 기록한 것은 손흥민이 34번째로, 현역 선수 중 EPL에서 손흥민보다 많은 골을 넣은 선수로는 해리 케인(30·토트넘·206골)·제이미 바디(36·레스터시티·134골)·무함마드 살라흐(30·리버풀·132골)·래힘 스털링(28·첼시·113골) 등 4명에 불과하다.

손흥민의 EPL 기록들 2015년 8월 토트넘으로 이적한 손흥민은 EPL 두 번째 경기였던 2015년 9월 20일 크리스털 팰리스전에서 데뷔 골을 기록했다. 이후 2017년 11월 5일에 EPL 진출 세 시즌 만에 통산 20호 골을 기록하면서 박지성을 제치고 아시아 선수 EPL 최다 골 기록을 보유하게 됐다. 그리고 2020년 9월 20일 사우샘프턴전에서는 4골을 기록하며 아시아 선수의 EPL 한 경기 최다득점 기록을 경신하기도 했다. 이후 2021~2022시즌에는 23골을 득점하며 아시아 최초의 「EPL 골든부츠(득점왕)」 수상자가 된 것은 물론 유럽 5대 빅리그에서 득점왕을 기록한 유일한 아시아 선수로도 이름을 올렸다. 아울러 손흥민은 「손케 듀오」라 불리며 2015~2016시즌부터 호흡을 맞추고 있는 해리 케인(30)과 지금까지 45골을 만들어 내며 EPL 역대 최다 골 합작 기록을 보유하고 있다.

EPL 시즌별 손흥민 득점

시즌	경기 수	득점
2015~2016	28	4골
2016~2017	34	14골
2017~2018	37	12골
2018~2019	31	12골
2019~2020	30	11골(통산 50호 골)
2020~2021	37	17골
2021~2022	35	23골
2022~2023	28	7골(통산 100호 골)

일본, 2023 WBC 우승 통산 세 번째–미국은 준우승

일본이 3월 22일 미국 플로리다주 마이애미 론디포 파크에서 열린 「2023 월드베이스볼클래식(WBC)」 결승전에서 미국을 3–2로 꺾으며 우승을 차지했다. 일본은 이번 대회 조별리그부터 결승전

까지 단 한 번도 패배하지 않고 결승전에 오른 바 있다. 그리고 이번 우승으로 2006년 제1회 대회와 2009년 제2회 대회 이후 14년 만이자 통산 세 번째 우승을 달성했는데, 올해로 5회째를 맞이한 WBC에서 2회 이상 우승한 국가는 일본이 유일하다. 이번 대회 최우수선수(MVP)에는 일본의 오타니 쇼헤이(29)가 선정됐다. 그는 첫 출전한 이번 대회 7경기에서 ▷타율 0.435(23타수 10안타) ▷1홈런 ▷8타점·9득점·10볼넷 ▷투수로 3경기 2승 1세이브를 기록하며 일본의 승리를 견인했다.

한편, 우리나라는 이번 대회 조별리그에서 호주와 일본에 잇달아 패하면서 체코와 중국전의 승리에도 불구(2승 2패)하고 8강 진출이 좌절됐다. 우리나라는 제1회 대회와 2회 대회에서는 각각 3위와 준우승을 차지한 바 있으나, 이번 대회 결과에 따라 3차례 연속 1라운드 탈락이라는 결과를 안게 됐다.

월드베이스볼클래식(WBC·World Baseball Classic) 메이저리그 선수 등 각국 프로 야구 선수들이 참가하는 야구 국가 대항전으로, 야구의 세계화를 취지로 2004년부터 추진돼 2006년 처음 개최됐다. 실제로 우승 트로피 한가운데 놓인 은빛 공에 지구의 경도와 위도를 상징하는 선을 새겨 대회가 추구하는 야구의 세계화에 대한 의지를 담았다. 2006년 첫 대회를 치른 WBC는 3년마다 개최됐던 대회를 2009년 제2회 대회 이후로는 4년 주기로 변경했고, 이에 제3회 대회는 2013년에 개최됐다. 한편, 코로나19로 인해 6년 만에 개최된 제5회 WBC 참가국은 기존 16개국에서 20개국으로 늘어났다.

2023 WBC 주요 변화는? 2023 월드베이스볼클래식(WBC)은 3월 8일 대만 타이중에서 열리는 A조 쿠바와 네덜란드의 경기를 시작으로 개막됐다. 이번 대회에서는 1라운드에서 조별 풀리그(리그전)를 치러 각 조 1위와 2위가 2라운드에 진출하며, 2라운드에서는 토너먼트 단판 승부 방식으로 치러지도록 경기 방식이 변경됐다. 또 이번 대회부터는 정규 이닝이 끝난 10회부터 바로 승부치기에 돌입, 연장 11회부터 무사 1·2루 상황에서 공격하며 주자는 메이저리그처럼 2루에만 둔다. 만약 승부치기를 하고도 14회까지 무승부일 경우에는 재경기를 열도록 했다. 특히 지명타자 제도에서 「오타니 룰」로 불리는 규정이 새롭게 적용, 선발 투수로 출전한 선수가 마운드에서 내려가도 지명타자로 계속 경기를 소화할 수 있는 이른바 투타 겸업이 허용됐다.

WBC 역대 대회 우승·준우승 및 한국 결과

연도	우승	준우승	한국 결과
2006년	일본	쿠바	3위
2009년	일본	대한민국	준우승
2013년	도미니카공화국	푸에르트리코	1라운드 탈락
2017년	미국	푸에르트리코	1라운드 탈락
2023년	일본	미국	1라운드 탈락

리오넬 메시, 클럽 통산 700골 달성 유럽 5대 리그 최초 기록

리오넬 메시(36·파리 생제르맹)가 2월 26일 프랑스 마르세유 스타드 벨로드롬에서 열린 「2022~2023 시즌 프랑스 리그1」 25라운드 올랭피크 마르세유와의 원정 경기에서 리그 12골을 기록하며 팀의 3-0 완승을 이끈 것은 물론 「클럽 통산 700골」이라는 대기록을 작성했다. 이로써 메시는 크리스티아누 호날두(38·알나스르)에 이어 두 번째로 클럽 통산 700골을 기록하게 됐다. 그러나 호날두의 득점에는 스포르팅(포르투갈)에서 넣은 5골이 포함돼 있어 범위를 유럽 5대 리그(잉글랜드·스페인·독일·프랑스·이탈리아)로 좁히면 메시가 최초의 기록이 된다. 메시는 2004년부터 17시즌 동안 FC 바르셀로나에서 공식적으로 778경기를 뛰며 672골을 기록했으며, 2021년 프랑스 파리 생제르맹(PSG)으로 이적한 뒤에는 62경기·28골로 유럽 5대 리그 소속 선수 중 처음으로 클럽 경기 통산 700득점이라는 대기록을 세우게 됐다.

메시, FIFA 올해의 남자 선수상 수상 리오넬 메시가 2월 27일 프랑스 파리에서 열린 「더 베스트 FIFA 풋볼 어워즈 2022」에서 최고의 영예인 「올해의 남자 선수상」을 수상했다. 올해의 선수는 FIFA(국제축구연맹) 회원국 대표팀 감독과 주장, 미디어, 팬 투표 결과 등을 반영해 선정하는데, 메시는 총합 52점을 획득해 킬리안 음바페(프랑스·44점)와 카림 벤제마(프랑스·34점)를 제쳤다. 이로써 메시는 2019년에 이어 두 번째로 올해의 선수로 선정되며, 크리스티아누 호날두(포르투갈)와 로베르트 레반도스프키(폴란드)와 함께 2회 수상자에 이름을 올리게 됐다. 한편, 메시는 앞서 발롱도르 7회 수상(2009·2010·2011·2012·2015·2019·2021년)에 이어 FIFA 올해의 선수상까지 2회 수상하며 최다 수상 기록을 보유하고 있다.

더 베스트 FIFA 풋볼 어워즈(The Best FIFA Football Awards) FIFA 회원국의 축구대표팀 감독·주장·미디어·팬의 투표 결과 등을 반영해 그해 활약한 축구선수에게 수여하는 상이다. 1991년 올해의 선수상을 제정한 FIFA는 2010~2015년 6년간 프랑스 축구 전문지 《프랑스풋볼》이 선정하는 발롱도르와 통합해 FIFA 발롱도르라는 이름으로 시상하다 2016년부터는 다시 분리했다. 시상 부문은 남자 선수상을 비롯해 ▷여자 선수상 ▷남자 감독상 ▷골키퍼상 ▷베스트 11 ▷푸스카스상(올해의 골) ▷페어플레이어상 등으로 이뤄져 있다.

맨유, 뉴캐슬 유나이티드 제치고 6년 만에 카라바오컵 정상

맨체스터 유나이티드(맨유)가 2월 27일 영국 런던 웸블리 스타디움에서 열린 「2022~2023시즌 잉글랜드 리그컵(EFL컵·카라바오컵)」 결승전에서 뉴캐슬을 상대로 2-0으로 승리했다. 이로써 맨유는 2016~2017시즌 유럽축구연맹(UEFA) 유로파리그 우승 이후 6년 만에 통산 6번째 리그컵 정상에 등극했으며, 리버풀(9회)과 맨시티(8회)에 이어 세 번째로 많은 리그컵 우승을 기록하게 됐다. 또한 이날 우승으로 2022년 4월 맨유 지휘봉을 잡은 에릭 텐하흐 감독(53) 체제의 첫 우승을 거두게 됐으며, 구단 역사상 가장 길었던 무관 기록도 끝내게 됐다.

한편, 맨유는 1986년부터 2013년까지 팀을 이끌었던 알렉스 퍼거슨(82) 전 감독 시절 ▷EPL 13번 ▷FA컵 5번 ▷EFL컵 4번 ▷UEFA 챔피언스리그 2번 우승을 기록하며 전성기를 누렸다. 하지만 이후 지난해까지 3차례 우승(2016년 FA컵, 2017년 EFL컵, 유로파리그)에 그쳤던 바 있다.

알렉스 퍼거슨·아르센 벵거, 사령탑 최초 EPL 명예의 전당에 헌액

잉글랜드 프로축구 프리미어리그(EPL) 사무국이 3월 29일 공식 누리집을 통해 알렉스 퍼거슨(81·영국) 전 맨체스터 유나이티드 감독과 아르센 벵거(73·프랑스) 전 아스널 감독이 「EPL 명예의 전당」에 헌액됐다고 밝혔다. 감독이 EPL 명예의 전당에 이름을 올린 것은 2021년 제정 이래 이번이 처음이다.

EPL 사무국에 따르면 퍼거슨과 벵거 감독은 각 구단에 전례 없는 수준의 성공을 안겼고, 총 16개의 리그 타이틀(맨유 13개, 아스널 3개)을 나눠 가지며 리그 역사상 유명한 라이벌 구도를 형성했다.

EPL 명예의 전당(EPL Hall of Fame) EPL을 빛낸 선수들의 재능과 기술을 공헌하기 위해 2021년 도입됐다. EPL 사무국은 순수 프리미어리그 경력만을 선정 기준으로 인정하는데, ▷EPL 250경기 이상 출전 ▷원클럽 경우 최소 200경기 이상 ▷EPL 득점상·골키퍼상 수상 ▷EPL 올해의 선수 선정 ▷3회 이상 리그 우승 ▷리그 100골 이상 ▷골키퍼의 경우 클린시트 100회 이상 등의 엄격한 조건을 적용한다. 한편, 올해에는 사령탑 부문이 새롭게 추가돼 퍼거슨 전 맨유 감독과 벵거 전 아스널 감독이 이름을 올렸다.

퍼거슨과 벵거 감독이 세운 기록들 퍼거슨 감독은 1986년부터 2013년까지 27년 동안 맨유를 이끌면서 정규리그에서 두 차례의 3연패 기록 및 총 810경기 중 528승을 거뒀다. 특히 강력한 리더십으로 팀과 선수를 성장시킨 공헌을 인정받아 올해의 감독에 11번 선정됐으며, 이달의 감독상을 27번 수상했다. 여기다 1998~1999시즌 영국 축구 역사 최초로 「트레블(EPL 정규리그, 유럽축구연맹 챔피언스리그, FA컵 동시 우승)」을 달성해 기사 작위를 받기도 했다.

프랑스 출신인 벵거는 EPL 첫 외국인 감독으로서 1996년부터 2018년까지 22년간 팀을 이끌며 828번의 경기에서 476승을 거뒀고, 1998·2002·2004년 올해의 감독으로 선정되기도 했다. 특히 2003~2004시즌 아스널은 EPL에서 무패 우승이라는 대기록을 작성했는데, 이 기록은 아직도 깨지지 않고 있다.

K리그 명예의 전당, 초대 헌액자 발표
최순호·홍명보·신태용·이동국 선정

한국프로축구연맹이 3월 16일 프로축구 출범 40주년을 맞아 설립된 「K리그 명예의 전당」 초대 헌액자를 발표했다. 명예의 전당은 ▷선수(Stars) ▷지도자(Leaders) ▷공헌자(Honors) 3개 부문으로 구성되며 올해를 시작으로 2년마다 선수 부문에서 4명, 지도자와 공헌자 부문에서 각 1명씩 총 6명의 헌액자를 정한다. 선정은 선정위원회가 후보를 추천한 뒤 위원회(25%)·구단 대표 및 감독(25%)·미디어(25%)·온라인 팬 투표(25%)를 거쳐 이뤄진다. 특히 올해 선수 부문은 출범 40주년의 의미를 담아 세대별 10년 간격으로 1명씩 최고의 선수 4명을 뽑았으며, 지도자와 공헌자 부문에서 각각 1명씩 선정했다.

초대 헌액자 주요 내용 1세대 헌액자 최순호 단장(K리그 100경기·23골·19도움)은 1980년 실업팀 포항제철에 입단, 1986년 리그 우승과 1984년 K리그 베스트 11을 차지했다. 2세대 홍명보 감독(156경기·14골·8도움)은 포항에서 데뷔하자마자 리그 우승과 베스트 11, 최우수선수(MVP)를 달성했다. 3세대 신태용 감독(401경기·99골·68도움)은 1992년 일화천마에서 데뷔해 신인상을 받았고, 1993~1995년 일화가 K리그 사상 첫 3연패를 달성할 때 핵심 멤버로 활약하며 1995년에는 MVP를 수상했다. 이후 2001~2003년 리그 3연패를 한 번 더 이끈 뒤 은퇴했다. 가장 높은 득표율을 기록한 4세대 이동국 부회장(548경기·228골·77도움)은 K리그 역대 최다 득점과 최다 공격포인트, 필드 플레이어 최다 출장 기록을 보유하고 있으며, 2009년 전북현대에 입단해 2020년 은퇴할 때까지 통산 8회 우승을 차지했다.

한편, 선정위원회가 별도로 선정한 지도자 부문의 김정남 감독(201승·168무·159패)은 1989년 유공·2005년 울산의 우승을 이끌었으며, 공헌자 부문의 박태준 회장은 포항제철 창단과 한국 최초 축구 전용구장인 포항스틸 야드를 건립한 공로를 인정받았다.

고진영, HSBC 위민스 월드챔피언십 역대 최초로 2연패 달성

고진영(28)이 3월 5일 싱가포르 센토사 골프클럽 탄종코스(파72)에서 열린 미국여자프로골프(LPGA) 투어 「HSBC 위민스 월드챔피언십」에서 최종합계 17언더파 271타를 기록하며 2위 넬리 코르다(25·미국)를 두 타 차로 제치고 우승을 차지했다. 이로써 고진영은 지난해에 이어 올해 대회도 우승하면서 2008년 시작된 이 대회 최초로 타이틀 방어에 성공하고, 투어 통산 14승 고지도 달성했다. 아울러 고진영은 2015년과 2017년에 우승한 박인비(35)에 이어 대회 2승(다승)을 기록한 두 번째 선수가 됐다.
한편, 한국은 고진영의 이번 우승으로 투어 18개 대회 연속 무승도 끝내게 됐는데, 한국 골프 선수의 종전 마지막 투어 우승은 2022년 6월 KPMG 여자 PGA 챔피언십 정상에 올랐던 전인지(29)다.

고진영은 누구? 2013년 9월 KLPGA 입회를 통해 데뷔했으며, 2017년 한국에서 개최된 KEB 하나은행 챔피언십 우승으로 LPGA 투어 멤버십을 획득했다. 2018년에는 ISPS 한다 호주여자오픈에서 우승과 동시에 LPGA 신인상을 차지하며 두각을 나타냈다. 이후 2019년 ANA 인스퍼레이션과 에비앙 챔피언십 우승을 포함해 2023년 7시즌 연속 LPGA 투어 1승 이상을 기록 중이다. 여기다 고진영은 통산 145주 세계랭킹 1위를 기록하며 여자 골프 역대 2위에 해당하는 기록도 보유하고 있다.

스코티 셰플러, PGA 플레이어스 챔피언십 우승

스코티 셰플러(27·미국)가 3월 13일 미국 플로리다주 폰테베드라비치 TPC 소그래스(파72)에서 열린 미국프로골프(PGA) 투어 「플레이어스 챔피언십」에서 최종합계 17언더파 271타를 기록, 티럴 해턴(영국)을 5타 차로 따돌리며 우승을 차지했다. 이로써 셰플러는 지난 2월 웨이스트 매니지먼트 피닉스오픈에 이어 우승을 차지하며, 시즌 2승과 투어 통산 6승을 기록하게 됐다. 또한 2022년 4월 마스터스에서 우승했던 셰플러는 잭 니클라우스와 타이거 우즈에 이어 마스터스와 플레이어스 챔피언십을 재패한 선수가 되면서 역대 가장 많은 상금(450만 달러, 약 60억 원)도 획득했다.

PGA 플레이어스 챔피언십(PGA Players Championship) 1974년 처음 창설되어 1982년부터는 PGA 투어 본부가 있는 미국 플로리다주 폰테 베드라비치의 소그래스 TPC 스타디움 코스에서 매년 열리고 있는 대회다. 세계적으로 높은 랭킹을 기록하고 있는 선수들이 참가하고, 4대 메이저대회(마스터스·PGA 챔피언십·US오픈·디 오픈 챔피언십)보다 상금 규모와 우승 특전이 최고 수준이라 「제5의 메이저대회」라는 평가를 받고 있다.

욘 람, PGA 마스터스 우승 생애 첫 그린 재킷 차지

욘 람(29·스페인)이 4월 10일 미국 조지아주 오거스타 내셔널 골프클럽(파72)에서 끝난 PGA 투어 「제87회 마스터스」에서 최종합계 12언더파 276타로 우승하며 생애 첫 그린 재킷(Green Jacket)을 차지했다. 이로써 람은 PGA 투어 통산 11승이자 2021년 US오픈 이후 두 번째 메이저대회 우승을 차지했으며, US오픈과 마스터스에서 모두 우승한 최초의 유럽 출신 골퍼에 이름을 올렸다. 특히 람은 이번 대회 1라운드 첫 홀 더블보기 이후 4타 차로 우승을 달성했는데, 마스터스에서 첫 홀 더블보기 후 우승을 차지한 선수는 1952년 샘 스니드 이후 71년 만이다.

한편, 이번 마스터스에는 사상 처음으로 한국 선수들 4명이 출전해 전원 본선 무대를 밟았다. 이 가운데 김주형(21)과 임성재(25)가 나란히 2언더파 286타를 쳐 공동 16위에 올랐고 이경훈은 공동 23위, 김시우는 공동 29위로 대회를 마무리했다.

마스터스(The Masters) 남자프로골프(PGA) 투어 4대 메이저대회 중 하나로, 1934년 처음 시작돼 매년 4월에 개최되고 있다. 이 대회는 초청 형식으로 운영되어 메이저대회 우승자 등 강자(마스터)만이 참가할 수 있다. 대회 우승자에게 전년도 우승자가 「그린 재킷」을 입혀주는 것이 이 대회의 전통인데, 이는 1949년 샘 스니드가 우승했을 때부터 대회 우승자에게 녹색 재킷을 입혀준 것에서 유래한 것이다.

대니 리, LIV 시리즈 2차대회 정상 등극 한국계 선수 첫 우승

뉴질랜드 교포 대니 리(33·한국명 이진명)가 3월 20일 미국 애리조나주 마리나 더 갤러리 골프클럽(파71)에서 열린 「2023 골프 인비테이셔널 시리즈」 2차대회에서 최종합계 9언더파 204타를 기록하며 우승을 차지했다. 이로써 대니 리는 개인전 우승 상금 400만 달러(약 52억 원) 외에도 단체전에서도 3위를 차지하며 약 54억 원에 달하는 상금을 획득했다. 대리 리의 이번 우승은 지난 2015년 7월 PGA 투어 그린브라이어 클래식 이후 7년 8개월 만인데, 특히 지난해 출범한 LIV 골프 개인전에서 교포 선수가 우승한 것은 대니 리가 처음이다.

LIV 골프 인비테이셔널 시리즈(LIV Golf Invitational Series) 사우디아라비아 국부펀드(PIF)가 주도하는 골프 대회로, 미국프로골프(PGA) 투어가 장악하고 있는 세계 프로 골프대회에 도전하려는 취지로 창설됐다. 총 8개 대회 중 1~7차 대회는 48명의 선수가 컷 탈락 없이 전체 3라운드 54홀 경기로 치르며, 샷 건 스타트 방식을 적용해 모든 선수들이 동시에 경기를 진행할 수 있다. 개인전 2000만 달러와 단체전 500만 달러 등 매 대회마다 총상금 2500만 달러가 걸려 있으며, 최하위도 12만 달러를 챙길 수 있다.

대니 리는 누구? 1990년 인천에서 태어났으며, 8세 때 이민을 떠나 뉴질랜드 국적을 얻었다. 2008년 US 아마추어 챔피언십에서 18세 1개월의 나이로 우승하며 이전까지 대회 최연소 우승이었던 타이거 우즈(18세 7개월)의 기록을 경신했다. 2009년에는 조니워커 클래식에서 우승하며 최연소 챔피언은 물론 아마추어 세계 1위를 기록하기도 했다. 이후 2012년 PGA투어에 데뷔해 11시즌을 뛰었으나 우승은 2015년 그린 브라이어 클래식이 유일했다. 그러다 지난 2월 LIV 시리즈 2023시즌 개막전을 앞두고 합류했으며, 이번 2차대회에서 한국계 선수 최초로 우승을 차지했다.

남녀 프로배구 대한항공·도로공사, V리그 통합우승

남자 프로배구 대한항공과 여자 프로배구 도로공사가 각각 「2022~2023시즌 V리그」 챔피언 결정전에서 우승하며 시즌을 마무리했다. 대한항공은 현대캐피탈과의 경기에서 전적 3승 무패로, 도로공사는 흥국생명과의 경기에서 전적 3승 2패를 기록하며 우승했다.

대한항공, 구단 창단 이래 첫 「트레블」 달성 남자 프로배구 대한항공이 4월 3일 천안 유관순체육관에서 열린 현대캐피탈과의 「2022~2023시즌 V리그」 남자부 챔피언 결정전(5전 3승제) 3차전에서 세트스코어 3-2를 기록, 전적 3승 무패로 우승했다. 이로써 대한항공은 통산 네 번째 정상에 등극한 데 이어 3시즌 연속 통합우승(정규리그 1위·챔피언 결정전 우승)을 차지하게 됐는데, V리그에서 3시즌 연속 통합우승을 차지한 팀은 삼성화재에 이어 두 번째다. 여기다 대한항공은 올 시즌 개막에 앞서 2022년 8월 순천 KOVO컵 결승에서 한국전력을 상대로 3-0으로 우승했던 바 있어, 구단 첫 「트레블(컵 대회 우승, 정규리그 1위, 챔피언결정전 우승)」도 달성하게 됐다.

도로공사, 사상 첫 챔프전 「리버스 스윕」 우승 여자 프로배구 도로공사가 4월 6일 인천 삼산체육관에서 열린 흥국생명과의 「2022~2023시즌 V리그」 여자부 챔피언 결정전(5전 3승제) 5차전에서 세트스코어 3-2로 승리, 2017~2018시즌 이후 5년 만이자 통산 2번째 우승을 차지했다. 도로공사는 챔프전 1·2차전에서는 패배했으나 3~5차전에서 연승하며 「리버스 스윕 우승」을 달성했는데, 출범한 지 19년 된 V리그의 챔프전에서 리버스 스윕 우승을 달성한 팀은 남녀부를 통틀어 도로공사가 최초다. 또한 이날 우승으로 도로공사는 2007~2018시즌 GS 칼텍스와 2008~2009시즌 흥국생명에 이어 정규리그 3위가 챔피언 결정전에서 우승한 세 번째 팀이 됐다.

김연경·한선수, 2022~2023 V리그 MVP 김연경(35·흥국생명)이 4월 10일 열린 「2022~2023시즌 V리그 정규리그 시상식」에서 총 유효 투표수 31표를 휩쓸어 만장일치로 최우수선수(MVP)에 선정됐다. V리그 MVP 투표에서 만장일치가 나온 것은 2018~2019시즌 이재영(전 흥국생명)에 이어 두 번째다. 여기다 김연경은 2015~2016시즌부터 3시즌 연속 정규리그 MVP를 차지했는데, 해외 생활을 마치고 복귀한 2020~2021시즌에도 MVP에 올랐던 바 있어 개인 통산 5번째 MVP를 차지하며 역대 최다 수상 기록을 경신했다.

한편, 남자부 정규리그 MVP는 대한항공의 한선수(38)가 18표(58%)의 지지를 받아 수상했다. 2007~2008시즌에 데뷔한 그는 프로 18시즌 만에 MVP를 수상했는데, 세터로는 역대 최초다. 이밖에 최효서(19·KGC 인삼공사)가 리베로 포지션 최초로 여자부 신인선수상을 수상했으며, 남자부 신인선수상은 삼성화재 미들 블로커 김준우(23)가 수상했다.

여자 프로농구 우리은행, 통산 10번째 통합우승

아산 우리은행이 3월 23일 부산 사직체육관에서 열린 「2022~2023시즌 여자프로농구 챔피언 결정전(5전3승제)」 3차전에서 부산 BNK를 64-57로 제치고 전적 3승으로 승리, 이번 시즌 정규리그에 이어 챔피언 결정전에서 우승했다. 이로써 우리은행은 2017~2018시즌 이후 5년 만이자 통산 11번째 우승을 차지했는데, 정규리그와 챔피언 결정전을 모두 석권하는 통합우승으로는 10번째가 됐다. 여기다 우리은행은 역대 WKBL ▷정규리그(14회) ▷챔피언결정전 ▷통합우승에서 모두 최다 우승 타이틀을 보유하고 있다.

인삼공사, 남자 프로농구 정규리그 정상 안양 KGC 인삼공사가 3월 26일 안양실내체육관에서 열린 「2022~2023시즌 한국농구연맹(KBL)」 정규리그에서 원주 DB 프로미를 76-71로 꺾으며 정상에 올랐다. 이로써 KGC 인삼공사는 2016~2017시즌 이후 6년 만이자 통산 두 번째 정규리그 우승을 이뤄냈다. 여기다 KGC 인삼공사는 시즌 개막부터 종료까지 한 번도 선두 자리를 내주지 않는 「와이어 투 와이어(Wire to Wire)」 우승을 달성했는데, 정규리그 와이어 투 와이어 우승은 2011~2012시즌 원주 동부와 2018~2019시즌 울산 현대모비스에 이어 인삼공사가 역대 세 번째다.

김선형·김단비, 남녀 프로농구 정규리그 MVP 정규리그 3위 팀 가드 김선형(35·SK)이 3월 30일 서울 강남구 그랜드 인터컨티넨탈 파르나스에서 열린 「2022~2023시즌 남자프로농구 정규리그 시상식」에서 기자단 투표 109표 중 65표를 얻어 MVP에 선정됐다. 이로써 김선형은 프로 2년 차였던 2012~2013시즌 이후 10년 만이자 두 번째 MVP를 수상했다. 김선형은 이번 시즌 평균 16.3득점·6.8어시스트·2.7리바운드를 기록, 데뷔 이후 처음으로 평균 16득점 이상을 올렸고 어시스트 1위에 올랐다.
이에 앞서 3월 6일 열린 「2022~2023시즌 여자프로농구 정규리그 시상식」에서는 김단비(33·우리은행)가 기자단 투표 110표 중 107표를 얻어 데뷔 16시즌 만에 처음으로 최우수선수(MVP)에 선정됐다. 김단비는 이번 시즌부터 우리은행 소속으로 경기를 뛰며 평균 17.2득점·6.1어시스트·8.8리바운드를 기록, 우리은행의 압도적인 정규시즌 우승(25승5패)을 이끌었다.

배드민턴 안세영, 27년 만에 전영오픈 여자단식 우승

안세영(21·삼성생명)이 3월 19일 영국 버밍엄 유틸리타 아레나에서 열린 「2023 전영오픈」 여자단식 결승에서 천위페이(중국)를 세트스코어 2-1로 이기며 첫 전영오픈 금메달을 차지했다. 이 대회 여자단식에서 한국 선수가 우승한 것은 1996년 대회 이후 27년 만이다. 이로써 안세영은 1981년 황선애, 1986년 김연자, 1996년 방수현에 이어 우승 계보에 이름을 올리게 됐다.
이 밖에 이번 전영오픈 혼합복식에서는 서승재-채유정 조가 세계랭킹 1위 정쓰웨이-황야충 조(중국)에 패하며 은메달을 차지했다. 그리고 여자복식에서는 우리나라의 김소영-공희용 조와 백하나-이소희 조가 각각 금메달과 은메달을 차지했다. 이로써 한국 배드민턴은 이번 대회에서 금메달 2개·은메달 2개를 수확해 2008년 대회(금 2개·은 1개·동 1개) 이후 최고 성적을 거뒀다.

전영오픈 1899년 처음 개최돼 세계에서 가장 역사가 오래된 배드민턴 대회로, 세계배드민턴연맹(BWF) 월드 투어 중 최고 수준인 「슈퍼 1000」 대회 중 하나다. 배드민턴에서는 올림픽과 세계선수권, 월드투어 파이널에 이어 권위를 인정받고 있는 대회이기 때문에 「배드민턴의 윔블던」이라 통하기도 한다. 특히 올림픽 출전권은 매년 4월 말 기준 세계랭킹에 따라 부여되는데, 전영오픈에 가장 많은 랭킹 포인트가 걸려 있다. 한편, 우리나라는 1981년 전영오픈에 처음으로 진출했는데, 당시 여자단식에서 황선애가 우승을 차지한 바 있다.

한국 피겨스케이팅 차준환·이해인, 세계선수권 첫 남녀 동반 은메달

우리나라의 차준환(남자 싱글)과 이해인(여자 싱글)이 일본 사이타마 슈퍼아레나에서 3월 열린 「국제빙상경기연맹(ISU) 세계피겨선수권대회」에서 나란히 은메달을 차지하는 기록을 썼다. 남녀 싱글에서 동반 메달을 기록한 것은 한국 피겨 역사상 처음 있는 일이며, 한국 피겨 선수가 세계선수권에서 메달을 딴 것은 2013년 세계선수권에서 우승한 김연아(33) 이후 10년 만이다.

이해인(18·세화여고)은 3월 24일 열린 여자 싱글 프리스케이팅에서 147.32점을 받아 쇼트프로그램(73.62) 합계 220.94점으로 일본의 사카모토 가오리(224.61점)에 이어 2위에 올랐다. 그리고 3월 25일 열린 남자 싱글 프리스케이팅에서는 차준환(22·고려대)이 169.39점을 기록, 쇼트프로그램(99.64점) 합계 296.03점으로 일본의 우노 쇼마(310.04점)에 이어 2위를 차지했다. 특히 한국 남자 선수 최초의 은메달을 차지한 차준환은 지난 2022 베이징 동계올림픽에서 세웠던 자신의 역대 최고점(282.38점)도 경신했다.

한국, 국가대항전 팀 트로피 사상 첫 출전에 은메달 한국 피겨스케이팅 대표팀이 4월 15일 일본 도쿄에서 열린 2022~2023 국제빙상경기연맹(ISU) 피겨스케이팅 월드 팀 트로피에서 총점 95점을 기록, 미국(120점)에 이어 은메달을 차지했다. 특히 이번 대회에서 여자싱글의 이해인이 쇼트·프리 모두 1위를 기록하면서 랭킹 포인트 12점씩 총 24점을 획득했고, 남자싱글의 차준환도 쇼트 2위·프리 1위로 포인트 23점을 안기며 한국의 은메달에 기여했다. 이로써 한국 대표팀은 사상 처음 출전한 월드 팀 트로피 대회에서 메달까지 획득하며 피겨강국 반열에 올라섰음을 보여줬다.

월드 팀 트로피(World Team Trophy)

2009년 시작돼 2년마다 열리고 있는 단체전 성격의 국가 대항전으로, 한 시즌 동안 가장 좋은 성적을 낸 6개국이 출전한다. 국가별로 남녀 싱글 각 2명과 아이스댄스, 페어 한 조씩 모두 8명이 팀을 이뤄 참가한다. 올해는 한국·미국·일본·이탈리아·프랑스·캐나다가 참여했다.

이채운, 한국 선수 최초로 스노보드 세계선수권대회 우승

스노보드의 이채운(17·수리고)이 3월 3일 조지아 바쿠리아니에서 열린 「국제스키연맹(FIS) 프리스타일·스노보드 세계선수권대회」 스노보드 남자 하프파이프 결선에서 93.5점을 기록하며 우승을 차지했다. 이로써 이채운은 한국 남녀 스키·스노보드 선수 최초로 이 대회에서 우승하며 한국 설상(雪上) 종목의 역사를 새로 썼다. 한국 선수의 이 대회 종전 최고 성적은 2017년 프리스타일 스키 여자 듀얼 모굴 서지원(29)과 2021년 스노보드 남자 평행대회전 김상겸(34)이 기록한 4위다.

한편, 스노보드는 스피드와 화려한 묘기, 기술 등 어떤 점에 중점을 두느냐에 따라 세부 종목이 나뉘는데, 현재 올림픽에서는 ▷평행대회전(남녀) ▷하프파이프(남녀) ▷스노보드 크로스(남녀) ▷빅에어(남녀) ▷슬로프스타일(남녀) ▷혼성 단체전 등 총 11개의 세부종목이 치러지고 있다. 이 가운데 하프파이프는 기울어진 반원통형 슬로프를 타고 오르내리며 회전과 점프 등 공중 연기를 선보이는 종목으로, 선수들의 기본 동작과 회전·기술·난도에 따라 순위가 매겨진다.

미케일라 시프린, 알파인스키 월드컵 통산 87승 남녀 통틀어 최다승 기록

미케일라 시프린(28·미국)이 3월 11일 스웨덴 오레에서 열린 「2022~2023시즌 국제스키연맹(FIS) 월드컵」 알파인 여자 회전 경기에서 1·2차 시기 합계 1분41초77를 기록, 2위 웬디 홀데너(30·스위스)를 0.92초 차로 제치며 우승했다. 이로써 시프린은 전날 대회전 우승에 이어 1승을 추가하며 월드컵 통산 87승을 달성, 남자부 잉에마르 스텐마르크(67·스웨덴)의 86승을 뛰어넘어 34년 만에 남녀 선수 통합 최다 우승자에 등극했다. 시프린은 앞서 지난 1월 24일 이탈리아 크론 플라츠에서 열린 대회전에서 83번째 우승으로 린지 본(미국·82승)을 제치고 여자부 최다승 기록을 세운 바 있다.
한편, 시프린은 이번 시즌 회전과 대회전을 비롯해 전 종목 점수를 더한 종합에서도 1위를 확정지으며 2017·2018·2019·2022년에 이어 통산 5번째 월드컵 종합 우승도 차지했다.

FIFA, 인도네시아의 U-20 월드컵 개최 자격 박탈 결정

국제축구연맹(FIFA)이 3월 30일 성명을 통해 종교적인 문제로 인도네시아를 「2023 FIFA U-20 월드컵」 개최국에서 제외하고 새로운 개최국 선정을 결정했다고 밝혔다. 앞서 이번 대회 유럽 지역 예선을 통과한 이스라엘의 참가가 결정되자 인도네시아 내 이슬람 단체들은 이슬람 국가인 팔레스타인을 탄압하는 이스라엘의 대회 참가를 반대하는 시위를 벌였다. 여기다 강경 이슬람 단체들이 이스라엘 선수단을 납치하겠다는 위협까지 잇따르자 선수단 보호를 위한 FIFA의 개최국 변경 가능성에 대한 관측이 제기됐던 바 있다.
한편, 아르헨티나 축구협회는 FIFA에 인도네시아를 대신해 U-20 월드컵을 개최하겠다는 요청서를 공식적으로 제출했으며, 최근 월드컵을 개최했던 카타르도 대안으로 거론되고 있다.

FIFA U-20 월드컵(FIFA U-20 Worldcup) FIFA(국제축구연맹)가 주관하는 국제축구대회 중 하나로, 20세 이하 선수들로 구성된 국가대표팀이 참가한다. 대회는 1977년 코카콜라 주최로 튀니지에서 처음으로 시작돼 2년 주기로 열리고 있으며, 1981년 호주 대회부터는 FIFA 공식대회로 승격됐다. 당초 U-20 세계청소년축구선수권대회로 불렸으나, FIFA가 대회의 의미를 격상시키기 위해 명칭 변경을 추진하면서 2007년 대회부터는 U-20 월드컵으로 불리고 있다. 한편, 우리나라는 2019년 폴란드 대회에서 FIFA가 주관하는 남자 축구대회로는 처음으로 결승에 진출, 준우승을 차지하면서 역대 가장 좋은 성적을 거둔 바 있다.

과학 시사

2023. 2. ~ 4.

챗GPT 최신 버전 「GPT-4」 출시 이미지 인식 및 언어능력 향상

인공지능(AI) 챗봇 챗GPT의 개발사인 오픈AI가 현재 챗GPT에 적용된 GPT-3.5의 업그레이드 버전인 「GPT-4」를 3월 14일 공개했다. 이는 지난해 11월 챗GPT를 내놓은 지 약 4개월 만이다. GPT-4와 이전 GPT-3.5의 가장 큰 차이점은 텍스트뿐 아니라 이미지까지 이해할 수 있는 「멀티모달(Multimodal)」 모델이라는 점이다. 오픈AI는 GPT-4를 공개하면서 챗GPT의 유료 버전(챗GPT 플러스)에 이를 바로 적용했으며, 오픈AI와 협력하는 마이크로소프트(MS)도 이날 자사 검색엔진인 「빙」에 GPT-4를 탑재했다고 밝혔다.

GPT-4의 성능은? 오픈AI가 자사 홈페이지에 공개한 GPT-4의 가장 큰 특징은 텍스트만 입력할 수 있었던 기존 GPT-3.5와 달리 이미지를 인식하고 해석할 수 있다는 점이다. GPT-4에서는 사용자가 이미지를 활용해 질문할 수 있는데, 예컨대 사용자가 냉장고 내부 사진을 올리면 GPT-4가 이를 바탕으로 해당 식재료로 만들 수 있는 요리와 조리법을 추천한다. 다만 결과물(답변)은 기존과 마찬가지로 텍스트로만 출력할 수 있다. 또 GPT-4는 각종 시험에서 GPT-3.5 기반의 챗GPT를 뛰어넘는 성능을 입증했는데, 예컨대 언어 능력의 경우 영어능력이 MMLU(대규모 다중작업 언어이해, AI 언어 모델의 언어 능력을 보여주는 벤치마크) 기준 70.1%(GPT-3.5)에서 85.5%로 향상됐다. 또 MMLU 번역 테스트에서는 세계 26개 언어 중 한국어를 포함한 24개 언어에서 GPT-3.5 영어 서비스보다 높은 성능을 나타냈다. 여기에 미국 모의 변호사시험과 미국 대학입학시험인 SAT에서는 상위 10%의 성적을 기록했다. 아울러 GPT-3.5가 한 번에 최대 약 3000단어(영어 기준)까지 처리했던 데 비해 GPT-4는 약 2만 5000단어까지 처리하는 등 데이터 처리량도 늘어났다. 한편, 오픈AI는 AI가 거짓을 마치 사실처럼 전하는 환각현상(Hallucination)도 GPT-3.5에 비해 약 40% 줄었으며, 허용되지 않은 콘텐츠 요청에 응답할 가능성도 GPT-3.5 대비 82% 줄었다고 밝혔다.

GPT-3.5와 GPT-4 비교

구분	GPT-3.5	GPT-4
출시일	2022년 11월	2023년 3월
지원 언어	영문 데이터 기반	한국어 포함 26개 언어능력 향상
특징	텍스트 입력 시 결과물을 텍스트로 출력	멀티모달로 텍스트뿐 아니라 이미지도 입력 가능. 다만 결과물은 텍스트로 출력
적용 범위	챗GPT 무료버전	챗GPT 플러스(유료), MS 검색엔진 「빙」
성능	• 미 변호사시험 213점(상위 90%) • SAT 수학시험 590점(상위 30%)	• 미 변호사시험 298점(상위 10%) • SAT 수학시험 700점(상위 11%)

챗GPT는 무엇인가 사용자가 대화창에 텍스트를 입력하면 그에 맞춰 대화를 나누거나 답변을 제공하는 대화형 AI 챗봇으로, 지난해 11월 30일 처음 공개됐다. 챗GPT의 챗은 채팅의 줄임말이고 GPT는 「Generated Pre-trained Transformer」의 앞 글자를 딴 것이다. 이는 오픈AI에서 만든 대규모 언어예측 모델인 GPT-3.5 기술을 기반으로 하는데, 오픈AI는 매개변수 수에 따라 ▷2018년 GPT-1(1억 1700만 개) ▷2019년 GPT-2(15억 개) ▷2020년 GPT-3(1750억 개)로 버전을 업그레이드해 왔다. 챗GPT는 사람의 피드백을 활용한 강화학습(Reinforcement Learning)을 통해 코딩이나 명령어 없이 텍스트 입력만으로 인간과 소통하거나 정해진 과제를 수 초 내로 수행하는 것이 특징이다. 무엇보다 단순히 정보를 취합해 전달하는 수준이 아닌 논문, 소설, 노래 작사·작곡 등 창의적 콘텐츠 제작 및 기술적 문제의 해결방안까지 제시한다. 또 대화의 숨은 맥락을 이해하거나 이전의 질문 내용이나 대화까지 기억해 답변에 활용하는 등 기존의 챗봇과 확연한 차이를 보이고 있다. 여기다 오픈AI는 그동안 인공지능의 문제점으로 지적돼온 차별·혐오 발언을 차단하기 위해 챗GPT에 AI 기반 조정 시스템인 「모더레이션 API(Moderation API)」를 탑재했다. 다만 챗GPT는 가끔 잘못되거나 편향적인 정보를 제공할 수 있으며, 2021년 이전 정보만을 학습했기 때문에 이후의 지식은 제한돼 있다는 한계가 있다.

이탈리아 데이터보호청이 4월 1일 개인정보 보호를 위해 챗GPT 접속을 차단하고 개발사인 오픈AI가 유럽연합(EU)의 개인정보보호규정(GDPR)을 준수했는지 여부를 조사하겠다고 발표했다. 서방 국가에서 개인정보 보호를 이유로 챗GPT를 금지한 것은 이탈리아가 처음이다. 이에 앞서 지난 3월 30일 미국의 비영리단체 인공지능 및 디지털 정책센터는 오픈AI가 최근 출시한 차세대 모델 GPT-4가 편향적이고 기만적이며 개인정보 보호와 공공안전에 위협이 된다며 오픈AI를 연방거래위원회(FTC)에 고발한 바 있다. 여기다 챗GPT로 대표되는 생성형 AI가 사회 전반에 큰 변화를 일으키면서 전 세계 정보기술(IT) 리더들을 중심으로 AI 개발에 속도 조절이 필요하다는 주장까지 나오고 있다.

구글, 챗GPT 맞선 「바드」 공개
MS는 「빙」에 이미지 생성 AI 「달리」 적용

구글이 3월 21일 미국과 영국에서 일부 이용자를 대상으로 인공지능(AI) 챗봇 「바드(Bard)」를 공개한다고 발표했다. 또 오픈AI와 협력해 자사 서비스에 전방위적으로 AI를 도입 중인 마이크로소프트(MS)는 이날 자사 검색엔진 「빙(Bing)」에 그림을 그려주는 AI 기능(달리)을 탑재한다고 밝혔다. 이에 AI 챗봇의 주도권을 차지하기 위한 글로벌 빅테크들의 경쟁이 본격화됐다는 분석이 나오고 있다.

구글, 챗GPT 대항마 「바드」 공개 구글이 3월 21일 블로그를 통해 미국과 영국에서 일부 이용자를 대상으로 AI 챗봇 「바드」를 공개한다고 발표했다. 바드 역시 챗GPT처럼 이용자가 질문을 하면 그에 대한 답을 제시하는데, 챗GPT가 단어를 차례대로 보여주며 답변하는 반면 바드는 한꺼번에 답을 제시한다. 또 답변을 여러 버전으로 내놓는 것도 특징으로, 이에 이용자는 가장 적합한 답변을 선택해 후속 질문을 이어가거나 다른 답변을 다시 요청할 수도 있다. 특히 바드는 구글 검색과 연동돼 있어 사용자는 「구글 잇」 버튼을 눌러 답변의 근거가 된 웹사이트를 직접 찾아볼 수 있다.

MS·어도비, 이미지 생성 서비스 발표 MS가 3월 21일 이미지 생성 AI인 달리(DALL-E)를 검색엔진 빙과 웹브라우저 엣지에 적용한 「빙 이미지 크리에이터」를 출시했다. 이는 빙에서 AI 챗봇과 대화를 하며 바로 원하는 그림을 생성할 수 있는데, 유해하거나 위험한 지시에 대해서는 거부 또는 사용자에게 경고가 표시된다. 해당 기능은 빙 AI 챗봇 접근 허가를 받은 사람들에게 순차적으로 허용될 예정이다. 여기에 어도비도 이날 포토샵·일러스트레이터 등 자사 제품에 통합할 수 있는 생성 AI 「파이어플라이」 베타버전을 출시했다. 이는 이용자가 입력한 텍스트를 기반으로 이미지와 텍스트 아트 등을 만들어주는데, 무료로 공개되거나 저작권이 만료된 그림을 기반으로 학습해 저작권 문제가 없다는 것이 특징이다.

생성 AI(Generative AI) 기계 스스로 학습한 알고리즘으로 글·이미지·영상 등을 이용자가 원하는 형태로 생성해 내는 기술을 일컫는다. 기존 AI가 데이터와 패턴을 학습해서 대상을 이해하는 것이라면 생성 AI는 기존 데이터와의 비교 학습을 통해 새로운 콘텐츠를 탄생시키는 것으로, 이러한 특성 때문에 「초거대 AI」라고도 불린다. 대표적인 생성 AI에는 ▷오픈AI가 개발한 「달리(Dall-E)」 ▷미드저니 AI연구소의 「미드저니(Midjourney)」 ▷스테빌리티AI의 「스테이블 디퓨전(Stable Diffusion)」 등이 있다. 이 가운데 미드저니가 만들어낸 작품은 지난해 9월 미국에서 열린 미술전에서 디지털 아트 부문 1위를 차지하면서 큰 논쟁을 일으킨 바 있다. 그리고 달리(DALL-E)가 창조한 그림은 4월 미국 뉴욕의 세계 최대 규모 화랑인 가고시안에서 개막한 베넷 밀러의 개인전에 전시되며 화제를 모았다.

중국도 생성 AI 경쟁에 가세 중국 최대 전자상거래 업체 알리바바가 4월 11일 자체 개발한 AI 챗봇 「퉁이 첸원」을 전격 공개했다. 전날인 4월 10일에는 중국 인공지능(AI) 업계의 선도 기업으로 꼽히는 센스타임(商湯科技)이 AI 챗봇인 「센스챗」을 공개했다. 현재 중국의 생성 AI 경쟁을 선도하는 곳은 최대 검색엔진 업체인 바이두로, 바이두는 지난 3월 16일 AI 챗봇 어니봇을 공개한 바 있다.

통신사 vs 콘텐츠사업자 「망 사용료」 갈등 2023 MWC에서 관련 논쟁 확산

2월 27일부터 3월 2일까지 스페인 바르셀로나에서 열린 세계 최대 정보통신기술(ICT) 전시회 「모바일 월드 콩그레스(MWC) 2023」에서 망 사용료를 둘러싼 논쟁이 확산되면서 해당 문제가 IT 업계의 주요 이슈로 부상했다. 유럽연합(EU) 집행위원회 티에리 브르통 내부시장 담당 집행위원은 MWC 개막일인 2월 27일 「열린 미래를 위한 비전」 세션 기조연설에서 빅테크가 망 사용에 대한 공정한 대가를 냄으로써 품질을 개선하는 데 이바지할 필요성이 있다고 밝혔다. 이러한 망 사용료에 대해 유럽 통신사들은 통신사가 설치한 망으로 이익을 누리는 빅테크도 망 투자에 기여해야 공정하다는 입장이지만, 유튜브·넷플릭스 등 동영상 서비스업체들은 망 이용료 때문에 콘텐츠 투자에 소홀할 경우 결국 소비자만 피해를 본다며 이를 반대하고 있다.

망 사용료를 둘러싼 논란 망 사용료는 인터넷 회선 접속료, 서비스 이용료 등 정보통신망과 관련된 이용 요금을 포괄적으로 지칭하는 말이다. 그러나 이는 전 세계적으로 동영상 서비스가 확산된 이후 인터넷서비스사업자(ISP)와 콘텐츠사업자(CP) 간의 갈등으로 이어졌다. 통신사들이 중심이 된 ISP들은 CP들이 과도한 트래픽을 유발해 망을 유지 보수하는 데 많은 비용이 들기 때문에 돈을 더 내라는 주장이지만, 망 중립성 원칙을 내세운 CP 측은 이용자에게 망 사용료를 받고 있는 상황에서 통신사들이 공급자에게도 이용료를 내게 하는 것은 부적절하다는 입장이다. 우리나라에서는 SK브로드밴드와 넷플릭스가 망 사용료를 놓고 2020년 4월부터 법적 공방을 이어오고 있는데, 2021년 6월 1심에서는 SK의 승소 판결이 내려졌으나 넷플릭스의 항소로 2심 절차가 진행 중에 있다. 그런데 이번에 유럽 통신업계도 글로벌 CP들에 망 사용료 분담을 요구하고 나서며 망 사용료 이슈가 국제적 문제로 확산될 조짐이다.

망 중립성(網中立性, Network Neutrality) 인터넷 망을 이용하여 전달되는 인터넷 트래픽에 대해 데이터의 내용이나 유형을 따지지 않고, 이를 생성하거나 소비하는 주체에 차별 없이 동일하게 취급해야 한다는 것을 의미한다. 망 중립성에 따르면 한 달 100GB(기가바이트)의 데이터 트래픽을 일으키는 기업 소비자와 1GB의 데이터만 사용하는 개인이 동일한 부담을 지게 된다. 하지만 스마트폰·노트북 등 디지털 기기를 통해 대규모 데이터를 이용하는 인터넷 환경이 일반화되면서 망 중립성에 대한 논란이 점차 커져가고 있다.

망 사용료를 둘러싼 인터넷서비스사업자(ISP) **vs 콘텐츠사업자**(CP)

ISP	CP
• 망 사용료와 망 중립성은 무관한 개념 • 이용료의 경우 CP와 고객 등 망을 이용하는 양측 모두에 과금 가능 • CP는 이용자 증가로 많은 수익 창출하는 반면 통신사들은 망 증설에 막대한 비용을 들이고도 수익화가 어려움	• 망 사용료 부과는 망 중립성 원칙 훼손 • 고객에 이어 CP에도 비용을 청구하는 것은 이중 과금이므로 불합리함 • 망 사용료는 CP의 콘텐츠 투자를 줄이고 결국 소비자들에 대한 피해로 이어질 것

과기부, 「한국형발사체 3차 발사허가 심사결과안」 심의·확정 누리호 3차 발사 이르면 5월 중순 시행

과학기술정보통신부가 3월 31일 제46회 우주개발진흥실무위원회를 열고 한국형발사체(KSLV-Ⅱ) 누리호 3차 발사를 오는 5월 중순에서 6월 하순 사이 시행하는 등의 내용을 담은 「한국형발사체 3차 발사허가 심사결과안」 등을 심의·확정한다고 밝혔다. 누리호는 앞서 1차와 2차 발사 때 각각 위성모사체와 성능검증위성을 탑재했으며, 지난해 6월 21일 2차 발사에서는 162.5kg의 탑재체를 지구 700km 상공 우주궤도에 올려놓는 데 성공한 바 있다. 이번 3차 발사 때에는 ▷지상관측 임무를 수행하는 「차세대 소형위성 2호」 ▷우주 날씨 관측위성인 「도요샛」 등 실제 활용될 8개의 위성이 탑재될 예정이다. 특히 이번 3차 발사는 누리호 고도화 사업의 첫 도전 과제로, 이 사업은 2027년까지 누리호를 4차례 반복 발사해 누리호의 발사 신뢰성을 높이는 것을 목표로 한다.

△ 누리호 2차 발사 때의 모습 (2022. 6. 21.)

누리호(KSLV-2) 국내 기술로 개발한 3단 액체로켓으로 1단은 75t급 액체엔진 4개, 2단은 1개, 3단은 7t급 액체엔진으로 구성돼 있다. 누리호에 들어갈 엔진의 성능을 검증하기 위한 시험발사체는 2018년 11월 28일 성공적으로 발사됐으며, 누리호의 첫 발사는 2021년 10월 21일 이뤄졌다. 누리호 1차 발사에서는 「1단, 페어링, 2단, 위성모사체 분리」 등의 모든 비행 절차가 성공적으로 완료됐지만, 로켓에 실렸던 위성모사체(더미위성)의 궤도 안착에는 실패했다. 그러나 2022년 6월 21일 진행된 2차 발사는 성공적으로 이뤄지면서 우리나라는 전 세계에서 7번째로 1톤급 실용위성을 우주발사체에 실어 자체 기술로 쏘아올린 나라에 등극한 바 있다.

과기부,「디지털 서비스 안정성 강화 방안」 발표
네이버·카카오도 7월부터 디지털 재난대응 의무화

과학기술정보통신부가 지난해 10월 SK C&C 판교 데이터센터 화재에 따른 카카오·네이버 서비스 장애 후속 조치로 오는 7월부터 대형 부가통신사업자들의 디지털 재난 대응을 의무화하는 내용 등을 담은「디지털 서비스 안전성 강화 방안」을 3월 30일 발표했다.

SK C&C 데이터센터 화재 지난해 10월 15일 경기도 성남시 분당에 위치한 SK C&C 데이터센터 지하 전기실에서 발생한 화재로, 이로 인해 카카오와 네이버 등 이곳에 서버를 두고 있는 업체들의 인터넷 서비스가 줄줄이 먹통이 되는 사고가 발생했다. 화재는 발생 8시간여 만인 이날 오후 11시 46분 완전 진화됐으나, 이로 인해 빚어진 카카오 먹통 사태는 2010년 카카오톡이 처음 출시된 이래 최장 기간·최대 규모 서비스 장애로 기록되면서 많은 혼란을 일으켰다.

주요 내용 방송통신발전기본법 개정에 따라 그간 통신사·방송사 등 기간통신사업자에 한정됐던 디지털 재난 관리 대상이 되는 사업자에 하루 평균 서비스 이용자 수 1000만 명 이상이거나 트래픽 양 비중이 국내 총 트래픽 중에 2% 이상을 차지하는 부가통신사업자가 포함됐다. 데이터센터의 경우 책임보험 의무가입 최고 수준인 매출액 100억 원 이상 사업자 중에서 전산실 바닥 면적이 2만 2500m² 이상이거나 전력 공급량이 40MW 이상인 곳으로 정했다. 아울러 이러한 기준에 미치지 않아도 서비스 장애를 일으킨 일정 규모 이상 플랫폼 또는 데이터센터 사업자는 통신재난관리심의위원회 심의를 거쳐 한시적으로 관리 대상으로 지정할 수 있도록 했다. 이 밖에 현재 10분 단위까지 운영되고 있는 배터리 계측주기를 10초 이하로 단축하고 배터리 선반 간격을 0.8~1m 확보하도록 하는 등 배터리 관리체계(BMS)를 개선하기로 했다.

재난관리 대상 사업자(안)

기간통신(기존)	• 가입자 수 10만 명 또는 회선 수 50만 이상 • 네트워크 장애 예방 및 대응 • 중요통신시설 안전관리 등
데이터센터 (신규)	• 바닥면적 2만 2500m² 또는 전력 공급량 40MW 이상 • 매출액 100억 원 이상 • 화재예방, 전력 생존성 확보 • 보호조치 기준 강화 등
부가통신서비스 (신규)	• 이용자 수 1000만 명 또는 트래픽량 비중 2% 이상 • 내규모 장애발생 사업자(재난관리심의위원회 심의) • 핵심기능 다중화, 주요 서비스 분산 등

대법,「퀄컴 1조 원대 과징금 정당」 확정
사상 최대 규모

대법원이 4월 13일 다국적 통신업체 퀄컴이 시장지배적 지위를 남용해 휴대전화 제조사 등에 부당한 계약을 강요했다는 이유로 공정거래위원회(공정위)가 부과한 1조 원대 과징금을 최종 확정하는 판결을 내렸다. 대법원 3부(주심 노정희 대법관)는 이날 퀄컴 인코포레이티드와 퀄컴 테크놀로지 인코포레이티드, 퀄컴 CDMA 테크놀로지 아시아퍼시픽이 공정거래위원회를 상대로 낸 시정명령 등 취소 청구소송에서 1조 원대 과징금 부과를 확정했다. 공정거래 관련 소송은 신속 판단을 위해 서울고법이 1심, 대법원이 2심으로 진행된다.

프랜드(FRAND) 공정하고, 합리적이고, 비차별적이라는 뜻의 「Fair, Reasonable & Non-Discriminatory」의 약자이다. 특허가 없는 업체가 표준특허로 제품을 만들고 이후 특허 사용료를 내는 권리를 의미한다. 이는 특허권자의 무리한 요구로 타 업체의 제품생산을 방해하는 것을 막기 위해 도입된 제도이다.

대법원 판결에 이르기까지 공정위는 퀄컴이 모뎀칩셋 공급을 볼모로 휴대폰 제조사에 부당한 특허권 계약 체결을 강요하는 등 이른바 갑질을 하고 특허권을 독식했다고 봤다. 이에 따르면 퀄컴은 휴대전화 생산에 필수적인 이동통신 표준필수특허(SEP)를 보유하고 있는데, 이는 특허 이용을 원하는 사업자에게 SEP를 차별 없이 제공하겠다는 「프랜드(FRAND) 확약」을 한 데 따른 것이다. 그러나 삼성·인텔 등 칩세트사가 계약 체결을 요구하면 퀄컴은 이를 거부하거나 판매처를 제한하는 등 실질적인 특허권 사용을 제한했다고 공정위는 판단했다.
이에 공정위는 퀄컴이 시장지배적 지위를 남용해 공정거래법을 위반했다고 판단해 2016년 12월 퀄컴에게 약 1조 300억 원의 과징금 부과 처분을 내렸는데, 이는 공정위 역사상 최대 규모의 과징금 처분이었다. 공정위는 또 퀄컴에 휴대폰 제조사에 라이선스와 관계없이 모뎀칩을 제공하고, 모뎀칩 제조사와 라이선스를 체결하도록 하는 등의 시정명령도 내렸다. 이러한 공정위의 처분에 반발한 퀄컴은 2017년 취소소송을 제기했고, 2019년 서울고법(원심)은 공정위 시정명령 10건 중 8건이 적법하고 과징금도 정당하다는 판단을 내놨다. 이에 퀄컴은 판결에 불복해 상고했지만, 대법원은 원심 판단이 옳다고 보고 해당 처분을 그대로 확정했다.

대법, 「구글, 제3자에게 넘긴 韓이용자 정보 내역 공개」 일부 승소 원심 깨고 파기환송

대법원이 4월 13일 구글이 미국 정보기관 등 제3자에게 넘긴 한국 이용자의 정보 내역을 공개해야 한다는 판결을 내렸다. 대법원 3부(주심 노정희 대법관)는 이날 국내 인권활동가 오모씨 등 4명이 구글과 구글코리아를 상대로 「개인정보 제3자 제공 내역을 공개하라」며 낸 소송 상고심에서 원심 판결 가운데 원고들이 일부 패소한 부분을 파기하고 서울고법으로 돌려보냈다.
인권활동가인 오 씨 등은 2014년 구글이 미국 국가안보국(NSA)의 프리즘(PRISM) 프로그램에 사용자 정보를 제공했고 이에 따라 자신들의 개인정보와 지메일 사용 내용이 넘어갔을 가능성이 있다며 정보공개 내용을 밝히라고 구글에 요구했다. 하지만 구글은 이와 같은 요청을 거부했고, 이에 이들은 본인들이 사용하는 구글 계정과 관련해 구글 본사와 구글 코리아가 수집·보유하고 있는 개인정보와 서비스 이용내역을 제3자에게 제공한 현황을 공개하라는 취지의 공익소송을 제기한 바 있다.

1심~대법 판결 주요 내용 1심은 국내 소비자는 국제사법에 따라 한국 법원에 구글을 상대로 소를 제기할 수 있다며 제3자에게 제공한 국내 이용자 정보 내역을 공개해야 한다고 원고 일부 승소 판결을 내렸다. 2심도 원심 판단을 유지한 데 이어 원심에서 책임이 인정되지 않은 구글코리아에도 책임이 있다고 봤다. 다만 미국법령에서 비공개 의무를 부여하고 있는 사항은 구글이 원고에게 그 열람·제공을 거부할 수 있다고 봤다.
하지만 대법원은 정보통신 서비스 제공자가 그 외국(미국) 법령에서 정보 공개를 제한하고 있다는 사정만으로 곧바로 (공개를 거부할) 정당한 사유가 있다고 볼 수는 없다고 판단했다. 이어 원고 등이 구글과 맺은 이용자 계약은 국제사법상 소비자 계약에 해당하므로, 원고들의 상거소지국(주거하는 국가) 강행 규정의 적용을 받아야 한다고 판단했다. 이에 따라 재판부는 국내의 정보통신망법을 적용해야 한다고 봤는데, 구 정보통신망법 제30조(이용자의 권리 등) 제4항은 「정보통신서비스 제공자 등은 제2항에 따라 열람 또는 제공을 요구받으면 지체 없이 필요한 조치를 해야 한다.」고 규정한다.

이노스페이스 독자 개발 「한빛-TLV」 발사 성공
한국도 민간 우주시대 개막

국내 우주 스타트업 이노스페이스가 3월 21일 그간 독자 개발해온 엔진검증용 시험발사체 한빛-TLV를 성공적으로 발사, 목표대로 임무를 마쳤다고 밝혔다. 이노스페이스에 따르면 국내 첫 민간 발사체인 한빛-TLV는 브라질 알칸타라 우주센터에서 3월 20일 오전 2시 52분(현지시간 3월 19일 오후 2시 52분)에 발사돼 106초간 엔진이 연소한 뒤, 4분 33초 동안 정상 비행 후 브라질 해상 안전 설정 구역 내에 정상 낙하했다.

한빛-TLV는 이노스페이스가 독자 개발한 엔진검증용 시험발사체로, 국내 첫 민간 발사체이다. 이는 중량 50kg급 탑재체를 고도 500km의 태양동기궤도에 투입할 수 있는 2단형 소형위성 발사체 「한빛-나노」에 적용될 추력 15t 하이브리드 엔진 비행성능 검증을 위해 개발이 시작됐다. 한빛-TLV는 길이 16.3m, 지름 1m, 무게 8.4t의 1단 로켓으로 엔진 1기를 장착한다. 이번 시험발사에서는 브라질 공군 산하 항공과학기술부(DCTA)가 자체 개발한 관성항법시스템 「시스나브(SISNAV)」가 탑재됐다.

한빛-TLV 개관

길이	16.3m
중량	8.4t
엔진	추력 15t급 하이브리드 엔진
추진체	액체 산화제, 고체 파라핀
탑재체	관성항법시스템 시스나브(SISNAV)

국제 연구진, 중국 화난수산시장 유전자 샘플 재분석
코로나19 숙주 「너구리」 가능성 제기

3월 17일 CNN 방송 등에 따르면 미국 과학연구소 스크립스 리서치 등 소속 국제 연구진들이 지난 2020년 1~3월 중국 우한의 화난(華南)수산시장 내에서 채취된 유전자 데이터를 재분석한 결과 코로나19의 초기 확산에 중국 시장에서 거래된 너구리가 연루됐을 가능성이 제기됐다. 국제 연구진이 분석한 유전자 샘플은 당초 3년 전 수집돼 중국 과학계에서 분석했으나, 중국은 올해 1월에야 국제 인플루엔자 정보공유기구(GISAID)에 관련 데이터를 공개했고 최근에는 이마저도 삭제했다. 하지만 데이터가 완전히 삭제되기 전 프랑스의 한 생물학자가 이를 우연히 발견했고, 그가 이를 국제 과학자 그룹과 공유하면서 해당 데이터는 재분석을 거치게 됐다.

재분석 결과 주요 내용 재분석 결과 화난시장에서 발견된 코로나19 바이러스가 동물이 아닌 인간 발(發)이라고 결론 낸 중국 측의 주장과는 정반대의 결과가 나왔다. 유전자 데이터를 분석해보니 코로

나19에 양성 반응을 보인 유전자 샘플에서는 이 시장에서 판매됐던 너구리의 유전자가 상당량 섞여 있는 것으로 드러났다. 연구팀은 이에 대해 시장에서 판매된 너구리가 코로나19 바이러스의 숙주였을 수도 있다는 점을 시사한다고 설명했다. 연구진은 세계보건기구(WHO) 내 「새로운 병원체의 기원 조사를 위한 과학 자문그룹(SAGO)」에 해당 사실을 전달했으며, WHO는 중국이 코로나19와 너구리 등 야생동물 간 연관성에 대해 더 일찍 공표했어야 한다고 비판했다. 또 중국이 누락된 증거를 국제사회와 즉시 공유할 때가 됐다고도 덧붙였는데, 국제사회에서는 이전부터 중국이 코로나19 기원에 대한 정확한 정보를 은폐하고 있다는 의혹이 제기돼 왔다.

한편, 중국 화난수산시장은 어물뿐 아니라 박쥐·천산갑·뱀·너구리 등 각종 야생동물을 식용으로 판매하고 있는 곳으로, 코로나19가 2019년 12월 세계보건기구(WHO)에 정체불명 폐렴으로 처음 보고됐을 때 발병지로 지목된 바 있다.

스페이스X 달·화성우주선 「스타십」, 첫 지구궤도 시험비행 실패

일론 머스크가 이끄는 우주기업 스페이스X가 4월 20일 달·화성 탐사를 위해 개발한 대형 우주선 「스타십(Starship)」의 첫 지구궤도 시험비행에 나섰으나 실패했다. 스페이스X는 이날 오전 8시 33분 미국 텍사스주 남부 보카 치카 해변의 우주발사시설 스타베이스에서 스타십을 발사했다. 하지만 수직으로 솟아오른 스타십은 이륙한 지 약 4분 만에 비행 중 빙글빙글 돌다가 상공에서 폭발했다.

스타십 무엇? 스페이스X가 달과 화성에 사람과 화물을 보낸다는 목표로 개발해온 우주선으로, 길이 50m·직경 9m이며 우주선 내부에 150t까지 화물을 적재할 수 있다. 스타십은 인류 역사상 가장 크고 강력한 로켓으로 평가받는데, 전체 길이가 총 120m에 이르고, 추력은 7590t이다. 이는 미국 항공우주국(NASA)이 지난해 11월 첫 발사한 거대 로켓인 「우주발사시스템(SLS)」을 능가하는 것이다. 스타십은 「슈퍼 헤비(Super Heavy)」로 불리는 1단 로켓 추진체와 2단부 로켓인 스타십 우주선으로 구성되는데, 스타십과 슈퍼헤비를 결합한 완전체로 궤도 비행을 시도한 것은 이번이 처음이라는 점에서 많은 주목을 받았다.

是是非非

예금자 보호한도 상향 그 향방은?

지난 3월 10일 미국 실리콘밸리은행(SVB) 파산으로 시작된 미국발(發) 은행위기로 2008년 글로벌 금융위기가 재현될 수 있다는 우려가 확산됐다. 이에 미국 정부는 예금보호한도(25만 달러, 약 3억 2600만 원)에 상관 없이 고객들의 예금 전액을 보장한다는 방안을 발표하며 신속한 사태 진화에 나섰다. 이와 같은 미 정부의 방안이 발표된 이후 우리 금융당국도 향후 유사한 사태가 벌어질 경우 예금 전액보호 조치를 취할 수 있을지에 대한 검토에 나서면서 국내 예금자 보호한도가 주목받게 됐다.

현재 우리나라는 예금자보호법에 따라 은행이 파산하거나 지불 능력을 상실했을 경우 예금보험공사(예보)가 원금과 이자를 합해 최고 5000만 원까지를 보호해 주고 있다. (신협, 새마을금고, 지역농협·수협, 산림조합 등은 개별법에 따라 각 업권 중앙회가 예금자를 보호하며, 우체국 예금은 정부가 전액 보호하고 있다.) 그러나 국내 예금자 보호한도는 2001년 1월 2000만 원에서 5000만 원으로 상향 조정된 이후 20년이 넘도록 동일하게 유지되고 있어 이를 상향해야 한다는 목소리가 지속돼 왔다. 실제로 지난해 한국의 1인당 GDP 대비 예금자 보호한도 비율은 1.2배로, 독일(2.18배)·일본(2.3배)·영국(2.3배)·미국(3.3배) 등에 비해 현저히 낮은 수준이다. 또 국제통화기금(IMF)이 권고하는 예금보호한도 기준(1인당 GDP의 1~2배)도 간신히 맞추는 수준이다. 이에 여야 정치권은 최근 예금자 보호한도를 1억 원으로 높이는 예금자보호법 개정을 추진한다는 방침을 밝혔다. 다만 금융권 일부에서는 예금자 보호한도 상향이 금융권의 모럴 해저드와 같은 부작용을 일으킬 수 있고 저축은행이 반사이익을 누릴 수 있다며 이를 반대하는 의견도 나오고 있다. 우리나라에서는 지난 1990년대 외환위기 당시 시행령을 개정해 1997년 11월부터 2000년 말까지 전 금융회사 예금을 전액 보호 조치한 전례가 있는데, 도덕적 해이 문제 등이 불거지면서 1998년 7월 조기 종료된 바 있다.

Tip

예금자 보호제도

금융회사가 파산 등으로 인해 고객의 금융자산을 지급하지 못할 경우 예금보험공사가 예금자보호법에 의해 예금의 일부 또는 전액을 대신 돌려주는 제도를 말한다. 일부 금융회사의 경영이 부실화되더라도 고객의 재산을 안전하게 보호해 뱅크런이나 금융시스템 전체의 위기를 방지한다는 목표로 도입됐다.

해외 주요국 예금자 보호한도(2022년 10월 기준)

국가	1인당 보호한도	1인당 GDP 대비 보호한도
한국	5000만 원	1.17배
미국	25만 달러(약 3억 3000만 원)	3.33배
영국	8만 5000파운드(약 1억 3000만 원)	2.26배
일본	1000만 엔(약 9700만 원)	2.27배
독일	10만 유로(약 1억 4000만 원)	2.18배
캐나다	10만 캐나다달러(약 9700만 원)	1.38배

예금자 보호한도 상향, 찬성한다

예금자 보호한도 상향을 찬성하는 측에서는 그 한도가 일괄 5000만 원으로 정해진 지가 20년을 넘어선 데다, 이 기간 한국 경제가 큰 성장을 거두며 경제규모도 커졌기에 예금자 보호한도 역시 이에 맞춰 높이는 것이 당연하다는 입장이다. 즉 현재의 예금자 보호한도가 그동안 급변화된 우리나라의 경제 규모·물가 상승·예금 규모 등을 전혀 반영하지 못하고 있는 것은 물론, 주요 7개국(G7)의 1인당 GDP 대비 보호한도 평균인 2.84배에 비해서도 현저히 낮은 수준(1.3배)이기에 상향이 필요하다는 것이다.
또 찬성 측에서는 국가는 국민들이 금융서비스를 이용하는 데 있어 불안감을 최소화해야 할 의무가 있기 때문에 현재의 한도로 보호받기 어려운 국민들의 입장을 고려해야 한다는 의견을 내세운다. 아울러 예금자 보호한도 상향은 소비자에게 예금이 충분히 보호받을 수 있다는 신뢰를 부여해 뱅크런을 막을 수 있는 등 금융회사의 위기를 선제적으로 막는 데 있어서도 매우 중요하다고 주장한다. 아울러 고령화가 심화되고 금융자산 비중이 증가하는 만큼 해당 대책이 금융시스템 전반에 대한 소비자 신뢰와 안정성을 높이는 데 크게 기여할 것이라는 입장이다.

예금자 보호한도 상향, 반대한다

예금자 보호한도 상향을 반대하는 측에서는 한도를 높이려면 결국 금융회사들이 내는 보험료(예금 잔액의 0.08~0.4%)를 올려야 하는데, 그 비용은 결국 일반 소비자들에게로 전가돼 소비자들의 부담을 높일 것이라며 이를 반대한다. 즉, 예보료는 예금보험공사가 금융사가 지급불능 상태에 이를 경우 예금을 환불해주기 위해 금융사로부터 일정한 비율로 징수하는 보험료인데, 예보료 인상은 결국 대출금리 인상이나 예금금리 인하 등으로 이어지며 소비자에게 피해를 전가시킨다는 우려를 제기한다.
또 반대 측에서는 예금자 보호한도 상향은 금융회사의 방만 경영을 부추기는 등 금융회사의 본업인 위험 관리를 소홀히 하도록 조장한다는 의견도 내놓는다. 여기에 예금자도 금융사의 건전성이나 안전성보다는 고금리에만 집중해 상품을 선택할 수 있다며 상향을 반대한다. 아울러 금융권 일각에서는 현재 5000만 원을 넘는 예금을 보유한 예금주가 일부에 지나지 않아 한도를 상향하게 되면, 예보료는 모든 예금자가 부담하는 데 비해 혜택은 소수의 고액 자산가에게만 집중돼 큰 실익이 없다는 의견도 제기한다.

시사용어

2023. 2. ~ 4.

① 정치·외교·법률

개성 남북공동연락사무소(開城 南北共同連絡事務所)

2018년 9월 14일 개성공단 내에 설치된 남북 연락사무소로, 그해 4월 27일 문재인 전 대통령과 북한 김정은 국무위원장 간 「4·27 판문점 합의」를 통해 개소가 합의됐다. 연락사무소는 개소 이후 남북 간 교섭 및 연락, 당국 간 회담 및 협의, 민간교류 지원, 왕래 인원 편의 보장 등의 기능을 담당해 왔다. 남북 인원이 한 건물에서 근무하며 연락 기능 등을 수행하다가 코로나19가 확산된 2020년 1월 30일 남측 인원이 철수했다. 그런데 북한은 그해 6월 16일 남측의 대북전단(삐라) 살포에 반발하며 연락사무소 청사를 폭파했고, 이로써 사무소는 개소 19개월 만에 사라진 바 있다. 북한의 연락사무소 청사 폭파 이후 사무소는 하루 두 차례 단순 연락 기능만 유지하고 있다.

통일부가 3월 1일 남북공동연락사무소 사무처를 없애고 교류협력실은 축소하며 북한인권 담당 조직은 강화하는 방향의 조직개편을 추진하는 것으로 알려졌다. 통일부는 지난해 12월에도 효율적 조직 운영을 이유로 연락사무소 사무처 직제를 3개부(운영부·교류부·연락협력부)에서 2개부(운영교류부·연락협력부)로 줄인 바 있다.

국가 생명공학 및 바이오 제조 이니셔티브

"미 백악관 과학기술정책실(OSTP)이 3월 23일 공개한 〈미국 바이오 기술 및 바이오 제조를 위한 담대한 목표〉 보고서에 따르면 미 상무부는 5년 내로 합성생물학 및 바이오 제조 역량을 광범위하게 구축해 저분자 의약품용 원료의약품(API)의 최소 25%를 (미국에서) 생산한다. 이번 보고서는 지난해 9월 서명된 **국가 생명공학 및 바이오 제조 이니셔티브** 행정명령의 후속 조치이다."

조 바이든 미국 대통령이 2022년 9월 12일 서명한 행정명령으로, 바이오산업의 미국 내 연구 및 제조를 강화하는 내용을 핵심으로 한다. 미국은 이 행정명령을 통해 미·중 공급망 경쟁 상황 속에서 자국의 경제안보 및 경쟁력 강화를 위한 인플레이션감축법(IRA)·반도체칩과 과학법 시행에 이어 바이오산업까지 미국 내 생산 강화에 나섰다. 이 행정명령은 미국에서 개발된 기술은 미국에서 생산한다는 것으로, 생명공학과 바이오 제조 관련 연구개발(R&D) 투자와 생산, 보안을 강화하는 내용이 포함돼 있다. 구체적으로 그동안의 산업 구조는 미국 기업이 생명공학 연구개발(R&D)을 하면 한국·중국·인도 등이 이를 위탁생산(CMO)해 오던 방식이었는데, 이에 따르면 미국은 R&D뿐 아니라 생산까지 주도하는 체계를 구축한다.

국제침략범죄기소센터(ICPA)

"유럽연합(EU)이 3월 4일 러시아가 우크라이나에서 저지른 전쟁범죄를 기소하기 위해 네덜란드 헤이그에 **국제침략범죄기소센터(ICPA)**를 설립하기로 합의했다. ICPA는 공동조사팀을 두고 블라디미르 푸틴 러시아 대통령을 포함한 러시아 지도부의 전쟁범죄 증거를 수집하고 이를 토대로 기소하게 된다."

유럽연합(EU)이 우크라이나 전쟁에서 발생한 러시아의 전쟁범죄 증거를 수집하고 기소하기 위해 설립을 추진하는 국제기관을 말한다. 이는 국제형사재판소(ICC)가 사법권의 한계로 인해 푸틴 대통령 등 러시아 지도부를 기소하지 못하는 문제를 보완하기 위한 것이다. 즉 ICC가 침략범죄에 대해 사법권을 가지기 위해서는 이해당사국 중 적어도 1개국이 ICC 설립을 위한 로마 규정에 참여해야 하지만, 러시아와 우크라이나 모두 해당 규정에 참여하지 않은 상태다. 러시아는 이를 이유로 우크라이나 전쟁과 관련한 ICC의 관할권을 인정하지 않고 있으며, 이에 우크라이나는 특별 국제재판소 설립을 촉구해왔다.

ICPA는 산하 공동조사팀을 핵심으로 운영되는데, 유럽형사사법협력기구(Eurojust·유로저스트)가 이 조사팀을 지원하게 된다. 공동조사팀에는 우선 ICC를 비롯해 우크라이나, 리투아니아, 폴란드, 에스토니아, 라트비아, 슬로바키아, 루마니아 등이 참여할 예정이다. 공동조사팀이 블라디미르 푸틴 러시아 대통령을 비롯한 러시아 수뇌부가 우크라이나를 침공하는 중 관여한 전쟁범죄나 국제법 위배 정황에 대한 증거를 직접 수집하면 이를 기반으로 ICPA가 기소를 준비하게 된다.

국제 행복의 날(International Day of Happiness) ▼

모든 사람이 행복하게 살도록 복지와 경제발전을 도모하기 위해 국제연합(UN)이 정한 국제 기념일로 매년 3월 20일이다. 2012년 6월 28일 열린 유엔 총회에서 193개 회원국의 만장일치로 지정돼, 이듬해인 2013년 3월 20일부터 이를 기념하고 있다. 특히 UN 산하 자문기구인 지속가능발전해법네트워크(SDSN)는 매년 3월 20일 전 세계 150여 개국의 국민 행복도를 조사한 「세계행복보고서」를 발표하고 있다. 이 보고서는 약 150여 개국의 국민 1000명에게 최저 0점~최고 10점 중 선택하도록 하는 방식으로 삶의 만족도를 조사하고, ▷1인당 국내총생산(GDP) ▷사회적 지원 ▷기대수명 ▷선택의 자유 ▷관용 ▷부정부패 인식 등 6가지 항목을 기준으로 행복지수를 산출한다. 그리고 3개년 데이터를 토대로 국가별 행복 순위를 매기고 있는데, 「2023 세계행복보고서」에 따르면 우리나라의 2020~2022년 3년 평균을 기준으로 한 행복 순위는 57위로 나타났다.

노르트스트림(Nord Stream) ▼

"독일이 **노르트스트림(Nord Stream)** 1·2의 해저 가스관 폭발 사건 당시 폭발 장치를 운반한 것으로 의심되는 선박을 수색했다고 3월 8일 밝혔다. 이는 전날인 3월 7일 미국 뉴욕타임스(NYT)가 지난해 9월 발생한 노르트스트림 가스관 폭발 사건의 배후에 친(親)우크라이나 세력이 있다고 보도한 데 따른 발표다. 당시 덴마크·스웨덴의 배타경제수역(EEZ)에서 일어난 폭발로 러시아와 독일을 잇는 노르트스트림 가스관 4개 중 3개가 파괴된 바 있다. 이후 폭발음 분석을 통해 당시 사고가 고의에 의한 것임이 규명됐지만 사건 배후는 불분명한 상태다."

러시아와 독일을 잇는 천연가스 수송 파이프로, ▷2011년부터 운영된 1호 ▷2021년 말 완공된 2호 가스관이 있다. 2011년 9월 개통된 노르트스트림 1은 러시아 서부 항구도시 비보르크에서 독일의 그라이프스발트까지 연결된 가스관으로, 연간 550억m³의 천연가스 수송이 가능하다. 그리고 2018년 착공해 2021년 완공된 노르트스트림 2는 러시아 서부 나르바만을 시작으로 발트해 해저를 거쳐 독일 북부 그라이프스발트까지 연결되는데, 길이가 1225km에 이르며 연간 최대 550억m³의 천연가스를 수송할 수 있다. 노르트스트림 2는 2021년 9월 완공돼 천연가스가 주입됐으나 2022년 러시아의 우크라이나 침공 등으로 승인 절차가 중단됐으며, 사업 주관사인 노르트스트림 2 AG가 미국의 제재로 지불불능 상태가 되면서 파산한 바 있다.

라자루스(Lazarus) ▼

"경찰청 국가수사본부 안보수사국이 지난해 6월부터 언론사와 방산 관련 기업 등 61개 기관의 PC 207대가 해킹당하는 사건이 발생했는데, 해당 사건이 북한 **라자루스**의 소행으로 드러났다고 4월 18일 밝혔다. 이에 따르면 라자루스는 인터넷뱅킹 때 필수적으로 설치하는 금융보안인증 소프트웨어를 해킹해 악성코드(프로그램)를 심고, 이 소프트웨어를 설치한 PC를 좀비PC로 만드는 수법을 썼다."

남한과 미국 등 금융기관을 주공격 대상으로 삼는 사이버 해킹 그룹으로, 북한 정찰총국과 연계된 것으로 추정된다. 라자루스는 소니픽처스 해킹, 방글라데시 현금 탈취 사건, 워너크라이 랜섬웨어 사건 등의 주요 배후로 거론돼 왔다. 특히 지난 2014년 북한 김정은 국무위원장의 암살을 다룬 영화 〈인터뷰〉의 제작사 소니픽처스를 해킹했다는 혐의를 받으면서 그 이름이 알려진 바 있다.

한편, 우리 정부는 라자루스를 지난 2월 사이버 분야 대북 제재 대상으로 지정한 바 있다.

로톡(Law-talk)

"공정거래위원회가 2월 23일 대한변호사협회(변협)와 서울지방변호사회(서울변회)가 소속 변호사들에게 **로톡**의 이용을 금지하고 탈퇴를 요구하는 방식으로 구성 사업자의 광고를 제한한 행위에 대해 시정명령과 과징금 총 20억 원을 부과한다고 밝혔다."

변호사와 의뢰인을 연결해주는 법률서비스 플랫폼으로, 2014년 출시됐다. 변호사가 한 달에 일정 금액을 정액제로 지불하고 광고 키워드를 구매하면, 로톡 이용자가 이혼·상속·성범죄 등의 키워드로 검색했을 때 해당 변호사의 광고가 노출되는 형태이다. 이에 이용자는 자신에게 맞는 변호사를 찾아 유료 상담을 받거나 사건을 의뢰할 수 있는데, 특히 형사사건의 경우에는 40여만 건의 법원 1심 판결을 수집해 인공지능(AI)으로 형량을 예측해 주기도 한다. 서울지방변호사회와 대한변호사협회(변협)는 각각 2015년과 2016년 로톡을 변호사법 위반 혐의로 고발했으나, 모두 무혐의 처분이 내려진 바 있다. 그러자 변협은 2021년 5월 변호사 광고에 관한 규정·변호사 윤리장전 등을 제·개정해, 소속 변호사의 로톡 이용을 금지하고 그해 10월에는 로톡에 가입·활동 중인 220여 명의 소속 변호사에 대한 징계를 예고했다. 변협의 징계 예고 직후 로톡의 변호사 회원 4000명 중 2000명이 탈퇴하면서 2014년 출시 이후 꾸준히 이어지던 로톡의 성장세에 타격이 가해졌다.

무력사용권(AUMF·Authorization for Use of Military Force)

"미국 연방 상원이 3월 29일 과거 이라크전쟁과 관련해 당시 대통령에게 두 차례 부여했던 **무력사용권(AUMF)** 폐지안을 통과시킴에 따라 해당 안이 공화당이 주도하고 있는 하원으로 넘어가게 됐다. 지난 3월 민주당의 팀 케인, 공화당의 토드 영 상원의원은 사실상 대통령에게 전쟁 승인 권한을 넘긴 무력사용권의 오용 우려를 들어 폐지안을 발의한 바 있다."

적국의 미국에 대한 공격이 임박했다고 판단할 경우 의회의 동의 없이 전쟁을 벌일 수 있도록 미국 대통령에게 부여한 권한이다. 미국 헌법상 전쟁 승인 권한은 의회에 있지만 미국은 1991년 걸프전과 2002년 이라크 전쟁과 관련해 대통령이 적절한 모든 수단을 쓸 수 있도록 권한을 부여하는 무력사용권(AUMF) 조항을 만들었다. 이후 AUMF는 버락 오바마 전 대통령이 이라크와 시리아에서 활동한 극단주의 테러단체 이슬람국가(IS)를 공습하는 근거로 활용됐고, 도널드 트럼프 전 대통령이 가셈 솔레이마니 이란 혁명수비대 사령관에 대한 공습을 승인할 때도 법적 정당성을 제공했다. 이 때문에 대통령에게 부여한 AUMF를 폐지해 의회가 다시 전쟁 문제에 적극 개입해야 한다는 지적이 적지 않았으나, 내부적으로 찬반이 엇갈리며 번번이 폐지에는 이르지 못했다. 가장 최근인 2021년 6월에는 하원에서 AUMF 폐지안이 가결됐으나 상원에서 통과되지 못한 바 있다.

미얀마 민족민주동맹(NLD·National League for Democracy)

"미얀마 군부가 3월 28일 아웅산 수치 전 국가고문이 이끄는 **민족민주동맹(NLD)**이 군부가 마련한 새 법에 따라 재등록을 하지 않았다며 해산을 명령했다. 미얀마 군부는 앞서 지난 1월 26일 정당등록법을 만들어 2개월 내에 당원, 전국 사무소, 국영은행 예치금 등을 마련해 정당으로 등록할 것을 요구했었다. 이에 군부에 반대하는 정당을 말살하려는 꼼수라는 비판이 나왔고, NLD도 신청을 하지 않겠다는 뜻을 밝힌 바 있다."

미얀마의 독립 영웅 아웅산 장군의 딸인 아웅산 수치가 이끌고 있는 미얀마 최대 정당으로, 1988년 8888 민주화 항쟁으로 창당됐다. NLD는 1990년 선거 승리로 다수당이 됐지만 군부의 반발로 정권을 잡지 못했고, 수치는 이후 15년간 가택연금을 당했다. NLD는 이후 여러 우여곡절을 거치면서 2015년 11월 총선에서 의석(전체 의석의 75%)의 80%를 차지하는 압승을 거뒀다. 하지만 총선 압승에도 수치는 외국인을 배우자로 둔 사람은 대통령이 될 수 없다는 헌법 조항에 따라 대

통령이 아닌 국가고문으로 국가를 이끌었다. 이후 2020년 11월 총선에서 NLD가 더 압도적인 승리를 거두자 군부는 부정선거를 주장하며 이듬해 2월 1일 쿠데타를 일으켰고, 이에 저항하는 국민들의 시위가 현재까지도 이어지고 있다. 군부는 쿠데타 이후 수치와 윈 민 대통령을 체포하는 등 민주 진영 인사들에 대한 대대적인 탄압을 가했는데, 수치는 이 과정에서 코로나19 방역 조치 위반 등의 혐의로 총 33년형을 선고받았다.

신전략무기감축협정(뉴스타트, New START) ▼

"블라디미르 푸틴 러시아 대통령이 2월 28일 미국과의 핵군축 조약인 **신전략무기감축협정(뉴스타트)** 참여를 중단한다는 내용의 법안에 서명했다. 앞서 지난 2월 21일 푸틴 대통령은 국정연설을 통해 뉴스타트 참여를 중단한다고 밝혔으며, 러시아 하원(국가두마)과 상원은 22일 러시아의 뉴스타트 참여를 중단하는 법안을 잇달아 통과시켰다. 푸틴 대통령의 이번 서명은 의회에서 통과한 법안을 최종 확정하는 절차다."

2010년 4월 버락 오바마 전 미국 대통령과 드미트리 메드베데프 전 러시아 대통령 간에 체결된 새로운 포괄 핵무기 감축 협정이다. 이는 1991년 7월 미국과 옛소련이 핵탄두와 대륙간탄도미사일(ICBM) 등의 감축에 합의한 전략무기감축협정(스타트·START)의 맥을 잇는 협정이어서 뉴스타트라고 한다. 뉴스타트는 미·러 양국이 실전 배치 핵탄두 수를 1550개 이하로 줄이고, 핵탄두를 운반하는 대륙간탄도미사일(ICBM)·잠수함발사탄도미사일(SLBM)·전략폭격기 등을 700기 이하로 줄이는 것을 핵심으로 한다. 당시 협정은 10년 기한으로 체결됐지만, 양국이 합의하면 5년간 연장된다는 부가 조항을 명시해 2021년에 5년 연장 합의가 이뤄진 바 있다. 하지만 연장 조약에 러시아 신무기 억제 등은 포함되지 않았고, 세계 3위 핵보유국인 중국을 참여시키지 못한 것이 한계로 지적됐었다. 한편, 미국과학자연맹(FAS)은 2월 초 보고서에서 뉴스타트 종료 시 미국의 핵탄두는 기존 1670기에서 3570기, 러시아는 1674기에서 2629기로 늘어날 것으로 전망한 바 있다.

아리아 포뮬러(Arria-Fomula) ▼

"유엔 안전보장이사회가 3월 17일 「북한 인권 상황에 관한 **아리아 포뮬러** 회의」를 개최했다. 이번 회의는 미국과 알바니아가 공동 제안하고 한국과 일본이 공동 후원한 것으로, 30개국 대표가 참여해 발언했다."

유엔 안전보장이사회의 비공식적 회의체로, 안보리 이사국 간 이견으로 공식 회의가 어려울 때 이사국의 초청으로 비이사국과 비정부기구 등이 참여해 인권침해와 같은 여러 현안을 신속하게 논의하는 방편으로 활용되고 있는 회의체이다. 아리아 포뮬러는 1992년 안보리 순회 의장국이었던 베네수엘라의 디에고 아리아 유엔 대사가 당시 보스니아-헤르체고비나 내전의 인권 참상을 고발하려는 크로아티아 목사인 프라 요코 조브코(Fra Joko Zovko)를 만나기 위한 방편으로 시작한 것이 시초이다. 당시 회의를 여는 공식적인 방법을 찾을 수 없었던 아리아 대사는 안보리 회의장이 아닌 유엔 대표단 라운지에서 간담회를 열었고, 이후 해당 회의 형식을 제도화하기로 결정했다. 다만 아리아 포뮬러 회의는 안보리 이사국의 요청으로 열리기는 하지만 안보리 공식 활동에 포함되지 않고, 회의 소집 사실이나 결과도 공개되지 않는다는 특징이 있다.

⊕ **유엔 안전보장이사회(안보리)** 국제평화와 안전유지에 필요한 행동을 취할 책임과 권한을 가지는 국제연합(유엔)의 핵심기관으로 5개 상임이사국(미국·중국·러시아·영국·프랑스)과 10개 비상임이사국으로 구성된다. 안보리의 주요 결정은 상임이사국 5개국을 모두 포함한 9개국 이상의 찬성으로 이뤄지는데, 상임이사국은 거부권(Veto Power)을 행사할 수 있어 5개국 중 어느 한 국가라도 반대하면 어떠한 결정도 성립될 수 없다.

F-35 ▼

"방위사업청이 3월 13일 제150회 방위사업추진위원회를 열어 차기전투기(FX) 2차 구매계획과 SM-6 장거리함대공미사일 구매계획 등 사업비 총 7조 3100억 원에 달하는 무기 도입 안건을 처리했다고 밝혔다. 방위사업청은 우선 한국형 3축체계의 킬체인(북 도발 임박 시 선제타격) 보강 차원에서 **F-35A** 스텔스전투기 20대를 추가 도입하기로 했다. 이는 대외군사판매방식(FMS)으로 2028년까지 약 3조 7000억 원이 투입되는데, 도입이 완료되면 F-35A는 기존 40대를 포함해 60대로 늘어나게 된다."

미국 록히드마틴사가 개발한 초음속 스텔스 수직이착륙 전투기로, 각종 항공기 기능을 하나로 통합한 전투공격기라는 뜻에서 「통합타격전투기(JSF·Joint Strike Fighter)」라고도 한다. 전장 15.5m·날개 폭 10.7m·중량 24.9t으로, 헬리콥터처럼 공중에서 정지하고 어느 곳에나 수직착륙하는 것이 가능하다. 특히 레이더가 내보내는 전파를 흡수하거나 난반사시켜 적군의 레이더에 제대로 잡히지 않도록 하는 첨단기술인 스텔스 기능도 갖추고 있다. F-35는 용도 등에 따라 A·B·C 등 세 가지 기종으로 나뉘는데, ▷F-35A는 공군용 ▷F-35B는 해병대용 ▷F-35C는 해군용이다. 이 가운데 F-35A는 통상이착륙기(CTOL)로서 공군 전투기 용도로 사용되며, 유일하게 기관포를 고정 장착하고 있다. 이는 전투 행동반경이 1000km가 넘는 스텔스 전투기로 공대공미사일과 합동직격탄(JDAM), 소구경 정밀유도폭탄(SDB) 등 최대 8.2t의 무장 탑재력을 갖추고 있다.

MQ-9 ▼

"미군 유럽사령부가 3월 14일 오전 7시께 흑해 상공의 국제공역을 운항하던 무인기 **MQ-9**이 러시아 전투기 SU-27기와 부딪치며 추락했다고 밝혔다. 충돌 지점은 크림반도에서 남서쪽으로 약 120km 떨어진 곳으로 전해졌다. 미군은 이날 추락한 MQ-9이 비무장 상태로 어느 나라의 영공에도 속하지 않은 국제영공을 누비고 있었다며, 러시아를 향해 국제법 위반이라며 강력 비판했다. 하지만 러시아는 미국 무인기와 접촉하지 않았다며 해당 사건과 관련한 책임을 전면 부인했다."

미 군수업체 제너럴 아토믹스가 2001년 개발했고 2007년부터 본격적으로 생산, 같은 해 아프가니스탄 등에 실전 배치한 공격용 드론이다. 정보 수집·감시·수색 구조 업무 등에 널리 사용되고 있으며 특히 수천 km 거리에 있는 적군을 정확하게 암살할 수 있을 정도로 엄청난 위력을 지녔다는 평가를 받는다. 이에 「하늘의 암살자」, 「헌터킬러(Hunter-killer)」로도 불린다. 리퍼는 길이 11m, 날개폭 약 20m, 무게 약 2200kg, 최대이륙중량 4760kg, 최고속도 482km/h, 항속거리 5926km에 이른다. 또 950마력의 엔진을 장착하고 최고 시속 482km로 비행한다. 아울러 레이저로 유도하는 헬파이어미사일 14발 혹은 레이저 유도폭탄 2발 등 약 1.7t의 무기를 탑재할 수 있고 완전무장 상태에서 14시간 이상 비행할 수 있다. 특히 약 7600m 상공에서 이동하기 때문에 상대편이 식별하기 어려우며, 최첨단 관측·표적 확보장치(MSTS) 등이 장착돼 있어 표적만 골라 정밀한 타격이 가능하다. 리퍼는 실전 배치 이후 이슬람 무장단체인 이슬람국가(IS)나 알샤바브 등의 테러 조직원 등을 공습하는 데 동원돼 왔다.

여성주의 외교정책(女性主義 外交政策) ▼

"독일 정부가 3월 1일 외교 관계와 외국 원조 사업에서 성평등과 여성 인권 신장을 주요 목표로 추구하는 내용을 담은 **여성주의 외교정책**을 발표했다. 아날레나 베어보크 독일 외교부 장관은 이날 여성과 소수자들이 정치와 경제 활동에 적극 참여할 수 있도록 하고, 전 세계의 성평등과 여성의 역할 확대를 위해 여성주의 외교 담당 대사를 신설하는 내용 등을 담은 여성주의 외교정책 가이드라인을 공개했다."

2014년 스웨덴의 마르고트 발스트룀 외교장관이 처음 제시한 개념으로, ▷여성의 경제 활동 및 정치 참여 확대 ▷성폭력 대응 ▷남녀 차별 해소 등을 국제 사회에 주창하는 것을 핵심으로 한다. 그의 정책은 이후 점차 국제적인 호응을 얻으면서 캐나다·프랑스·멕시코 등이 이러한 기조를 외교 정책에 포함시키는 데 영향을 미쳤다. 대표적으로 프랑스의 경우 2018년부터 「성평등을 위한 국제 전략」을 추진하고 있는데, 해당 전략의 하나로 2025년까지 대외 지원금의 75%를 성평등 개선에 투입한다는 목표를 설정하기도 했다.

페미니즘(Feminism) 오래전부터 이어져 왔던 남성 중심의 이데올로기에 대항하며, 사회 각 분야에서 여성 권리와 주체성을 확장하고 강화해야 한다는 이론 및 운동을 가리킨다. 현대 페미니즘의 선구자는 최초의 페미니즘 선언서로 알려진 〈여성의 권리 옹호(Vindication of the Rights of Woman)〉(1792)를 작성한 영국의 메리 울스턴크래프트(1759~1797)이다. 이후 19세기에 들어서면서 점차 여성에 대한 차별에 대항하고 여성의 권리를 요구하는 조직적인 페미니즘 운동이 전개되기 시작됐다. 이러한 흐름은 크게 ▷1세대(여성의 참정권) ▷2세대(사회 모든 분야에서의 평등과 성적 해방 추구) ▷3세대(계급, 인종 문제 등으로 확대)로 나눌 수 있다.

영연방(英聯邦, Commonwealth of Nations)▼

영국 본국과 구(舊)대영제국 식민지에서 독립한 국가들로 구성된 자유로운 연방체다. 구체적으로 영국을 비롯해 캐나다, 오스트레일리아, 뉴질랜드, 인도 등 과거 영국의 식민지였던 52개의 국가로 구성된 국제기구다. 이는 과거 수많은 식민지를 거느리던 대영제국에 속하던 각 국가들이 자치권을 갖게 되며 연방의 형식으로 발전한 것이다. 1879년 캐나다가 자치령으로 승격된 후 오스트레일리아와 뉴질랜드 등이 자치권을 얻으며, 이들 국가가 종속이 아닌 동등한 지위를 갖되 영국 국왕에 충성한다는 취지하에 영연방의 틀이 잡혔다. 이후 제2차 세계대전 종전에 이어 인도·파키스탄 등 많은 식민지들이 독립하면서 영국연방은 더욱 확장됐다. 이러한 흐름에 따라 1949년에는 「영국국가연방(British Commonwealth)」이라는 이름에서 「영국(British)」이 빠지며 현재의 명칭(코먼웰스·Commonwealth of Nations)으로 개칭됐다. 영국 국왕을 비롯해 영연방 국가 정상들은 2년에 한 번씩 영연방정상회의(CHOGM)를 갖고 있다. 영연방에 소속된 대부분 국가들은 과거 영국 영토였지만 지금은 독립국이며, 영국 국왕은 영연방의 수장으로 인정되고 있다.

영국의 새 국왕 찰스 3세의 대관식이 오는 5월로 다가온 가운데 영연방 국가들의 이탈 조짐이 늘고 있다. 영연방 와해 조짐은 엘리자베스 2세 여왕 서거 이전부터 있었는데 여왕 서거 이후 탈퇴 움직임이 본격화된 것이다. 특히 카리브해 국가들이 공화정으로 전환하며 영연방 탈퇴가 이어지고 있는데, 2021년 바베이도스가 공화정 전환을 선언한 데 이어 앤티가바부다는 오는 2025년까지 공화정 전환을 놓고 국민투표를 실시한다는 방침이다.

주식백지신탁제(株式白紙信託制, Blind Trust) ▼

공무원이 직무상 정보를 이용해 부당하게 재산을 증식하는 것을 막기 위해 3000만 원 이상의 주식을 갖고 있는 경우 은행 등 수탁기관에 맡기도록 하는 제도이다. 「블라인드 트러스트(Blind Trust)」라고도 한다. 주식백지신탁 대상자는 국회의원과 장·차관을 포함한 1급 이상 고위 공직자의 본인 및 배우자, 직계 존·비속이며, 기획재정부 금융정책국 및 금융 관련 사무국과 금융위원회는 4급 이상이다. 이 제도는 2005년 11월부터 시행 중으로, 일단 명의신탁을 하면 본인 소유의 주식이라 해도 마음대로 사고팔 수 없으며 주주로서의 권리를 행사할 수 없다.

7광구(Sector 7, 한일공동개발구역) ▼

제주도 동남쪽과 일본의 규슈 서쪽 사이 해역에 위치한 한·일 대륙붕공동개발구역으로, 석유와 가스 매장량이 흑해 유전과 비슷한 수준인 72억 톤이 매장돼 있을 것으로 추정되고 있는 곳이다. 7광구는 지리적으로는 일본에 더 가깝지만 당시 대륙붕 연장론이 우세했던 국제 정세에 입각해 우리나라가 1970년 5월 먼저 7광구를 개발해 영유권 선포를 하였으나, 일본의 반대에 부딪혔다. 여기에 당시 탐사기술과 자본이 없었던 정부는 1974년 일본과 이곳을 공동으로 개발하자는 한일대륙붕협정을 맺게 되었다. 협정 이후 한국 정부의 적극적인 요청으로 1980년 5월에서야 공동개발이 시작됐으나, 1982년 연안국으로부터 200해리(370.4km)까지의 모든 자원에 대한 독점적 권리를 인정하는 배타적경제수역(EEZ)을 포함한 국제해양법이 등장했다. 그러자 일본은 이 해역의 자원 탐사 및 개발에 소극적·미온적인 태도를 나타냈고, 이에 한일 공동개발이 시작된 지 8년 만에 탐사작업은 중단됐다. 이후 한국 정부의 요청으로 2002년 다시 공동탐사가 진행됐으나, 일본은 경제성이 없다는 이유를 들어 다시 일방적으로 공동탐사 중단을 선언했다.

한편, 한일대륙붕협정은 1978년 발효돼 50년간 유효함에 따라 2028년 만료될 예정이다. 그러나 이 협정이 사실상 2025년 종료될 수 있다는 전망이 나오면서 더 늦기 전에 7광구 공동개발을 재개해야 한다는 목소리가 높아지고 있다. 국제법 전문가들은 협정이 종료될 경우 7광구 관할권은 대부분 일본으로 넘어갈 가능성이 높다며 이를 우려한다.

KC-330(Cygnus, 시그너스) ▼

"공군이 4월 12일 우리 공군 공중급유기인 **KC-330(시그너스)**를 2019년 전력화한 지 4년 만에 언론에 최초 공개했다."

유럽 에어버스가 제작한 공중급유기(하늘의 주유소로 불림)로 우리 공군의 첫 공중급유기이다. KC-330 공중급유기는 2015년 6월 국방부 방위사업추진위원회에서 기종이 결정된 후 같은 해 7월 에어버스사와 계약이 체결됐다. 공군은 KC-330의 별칭을 백조자리를 뜻하는 「시그너스(Cygnus)」로 정한 바 있다. KC-330은 전폭 60.3m, 전장 58.8m, 전고 17.4m로 최대 속도는 마하 0.86이다. KC-330은 대형 여객기를 개조한 것으로 최대 111t의 연료를 실을 수 있다. 이에 공군의 주력기인 F-15K 전투기의 경우 최대 10여 대, KF-16 전투기는 최대 20여 대에 급유할 수 있다. 또 급박한 상황에서는 사람과 화물 수송용으로도 쓸 수 있는데, 300여 명의 인원과 47t의 화물 수송이 가능하다. KC-330은 2018년 11월에 1호기가 국내에 도착한 이후 2019년 12월까지 총 4대가 도입됐으며, 2020년 7월부터 정상 작전을 수행해 오고 있다.

공군 첫 공중급유기 KC-330 제원

길이 / 높이 / 폭	58.8m / 17.4m / 60.3m
연료탑재량	24만 5000파운드(108t)
최대 속도	마하 0.86(음속의 0.86배)
최대 항속거리	1만 5320km
수송능력	병력 300명, 화물 47t
국내 도입 시기	2018년 11월 1호기 국내 도착, 2019년 4월 2호기, 8월 3호기, 12월 4호기 추가 도입

코로나19 기원법(COVID-19 Origin Act of 2023) ▼

"조 바이든 미국 대통령이 3월 20일 중국 우한(武漢) 연구소를 직접 거론하며 코로나19 바이러스의 최초 유출 관련 정보 공개를 요구하는 「**코로나19 기원법**(COVID-19 Origin Act of 2023)」에 서명했다. 바이든 대통령은 정보기관에 바이러스의 기원을 조사하기 위해 모든 수단을 사용하라고 지시했다며, 「새로운 대유행에 더 잘 대처하기 위해 코로나19 기원의 진상은 반드시 규명돼야 한다.」고 밝혔다."

코로나19 바이러스의 최초 유출 관련 정보 공개를 요구하는 미국의 법으로, 중국 우한연구소와 코로나19 바이러스의 잠재적 연결성과 관련한 모든 정보의 공개 제한을 해제하는 내용이 담겨 있다. 이 법은 지난 2월 말 미국 에너지부가 코로나19가 중국 우한의 연구소에서 기원했을 가능성이 크다는 입장을 내면서 탄력을 받은 바 있다. 또 미 연방수사국(FBI) 크리스토퍼 레이 국장도 2월 28일 진행된 방송인터뷰에서 코로나19 바이러스가 중국 우한연구소에서 유출된 것일 수 있다는 입장을 밝히기도 했다. 이 법은 3월 1일 미 상원을 통과한 데 이어 10일에는 하원을 만장일치로 통과했으며, 20일 조 바이든 대통령의 서명까지 이뤄지면서 모든 절차가 완료됐다.

킬웹(Kill Web) ▼

"국방부가 3월 3일 윤석열 대통령으로부터 재가받은 「국방혁신 4.0 기본계획」을 통해 북한이 핵·미사일을 발사하기 전 사이버작전 등을 이용해 교란·파괴할 수 있는 군 작전 개념을 「**킬웹**(Kill Web)」으로 공식화했다. 한편, 이번 계획은 지난 2019년 문재인 정부에서 발간한 「국방개혁 2.0 기본계획」을 대체하는 것이다."

국방부가 「국방혁신 4.0 기본계획」을 통해 공식화한 개념으로, 북한이 핵·미사일을 발사하기 전 사이버작전 등을 이용해 교란·파괴할 수 있는 군 작전 개념을 말한다. 이는 한국형 3축체계 중 하나인 킬체인을 확대한 것이자 미사일 발사 전 사이버 공격이나 전자기탄(EMP) 등을 통해 교란을 일으키는 「발사의 왼편(Left of Launch)」에서 더 나아간 것이다. 국방부에 따르면 기존 킬체인은 최정상 지휘자의 결심이 수직적으로 이뤄지지만 킬웹은 거미줄 같은 지휘체계를 통해 중간 지휘자도 의사결정에 참여할 수 있다. 또 킬웹은 인공지능(AI) 등 4차 산업혁명 기술을 적용해 북한의 핵·미사일을 무력화하는 최적의 타격수단을 찾아내도록 하는 등 킬체인을 보완하는 역할도 하게 된다.

국방혁신 4.0 기본계획 국방개혁에 관한 법률에 근거해 작성되는 국방기획체계상의 기획 문서로 ▷북한 핵·미사일 대응능력 획기적 강화 ▷군사전략·작전개념 선도적 발전 ▷AI 기반 핵심 첨단전력 확보 등의 과제로 구성됐다. 이는 지난 2019년 발간된 「국방개혁 2.0 기본계획」을 대체하고, 윤석열 정부 출범 이후 새롭게 정립한 국방방향을 토대로 2040년까지의 군사력 건설과 과학기술 강군 육성을 위한 포괄적인 지침·계획을 제시하게 된다.

핵우산(核雨傘, Nuclear Umbrella) ▼

핵무기를 보유한 국가가 핵을 보유하지 않은 동맹국가의 안전을 보장하는 것으로, 이를 「핵우산 아래로 들어간다」고 표현한다. 동맹국 간 신뢰를 바탕으로 핵을 보유하지 않은 국가가 적대국으로부터 핵무기 공격을 받을 경우 핵보유 동맹국이 그 적대국을 핵무기로 공격한다는 전제가 깔려 있다. 북대서양조약기구(NATO) 가맹국들과 한국·일본은 미국의 핵우산 밑에 있는데, 이는 군사적 효과는 물론 정치적·심리적 위협에 대처하는 효과도 있다.

한편, 확장억제(Extended Deterrence)는 동맹국이 핵 공격을 받거나 위협에 노출됐을 때 미국이 본토와 동일한 수준의 전력을 지원한다는 미국의 방위 공약을 말한다.

헤이그 국제아동입양협약(Convention on Protection of Children and Co-operation in respect of Intercountry Adoption) ▼

"정부가 4월 13일 한덕수 국무총리 주재로 제17회 아동정책조정위원회를 열고 올해 상반기 안에 (헤이그협약 이행에 필요한) 법이 국회 본회의를 통과할 것으로 예상한다고 밝혔다. 이어 법 시행에 맞춰 제도를 준비하면 2년 뒤에 협약을 비준할 수 있을 것이라고 설명했다."

국제입양으로 국가를 이동하는 아동의 인권을 보호하고 입양에 의한 유괴·인신매매 방지를 위한 국제입양의 절차와 요건을 규정하기 위해 채택된 협약이다. 이는 1993년 5월 29일 헤이그국제사법회의(www.hcch.net)에서 채택하고, 1995년 5월 1일 발효된 다자간 협약이다. 현재 당사국은 104개국으로, 우리나라는 2013년 5월 23일 해당 협약에 서명했으나 가입 비준안은 아직 국회에 계류 중이다. 헤이그 국제아동입양협약에 따르면 ▷원가정 보호가 원칙이며 원가정 보호가 불가능할 경우 국내에서 보호할 수 있는 가정을 찾고 그래도 없으면 국제입양을 추진하는 순서로 아동 최선의 이익을 보장해야 하고 ▷국가는 입양을 위해 행해질 수 있는 아동의 유괴, 인신매매를 방지해야 하며 ▷아동 보호를 위해 국가 간 긴밀한 협조체계를 구축해야 한다는 등의 주요한 원칙이 있다.

경영·경제

고도 침체(Godot Recession) ▼

"3월 6일 월스트리트저널(WSJ) 보도에 따르면 레이 패리스 크레디트스위스(CS) 수석이코노미스트는 「현 경제 상황에서 경기 침체는 《고도를 기다리며》에서 오지 않는 고도와 같다.」고 말했다. 이는 월가 전문가들이 미국의 경기 침체 가능성을 높게 보면서도 발생 시점에 대해서는 6개월 안이라고 모호하게 답한 것을 비꼰 것이다."

2022년부터 지속적으로 전망돼 왔던 미국의 경제 침체 시기가 계속 미뤄지면서 올해 월가에 등장한 용어로, 아일랜드 작가 사뮈엘 베케트의 희곡 《고도를 기다리며》에서 주인공들이 언제 올지 모르는 고도를 하염없이 기다리는 상황에서 따온 말이다. 이 희곡에서 두 명의 중심인물인 블라디미르와 에스트라곤은 고도(Godot)를 기다리고 있지만, 고도의 정체는 결코 드러나지 않을 뿐 아니라 아예 나타나지도 않는다. 월스트리트저널(WSJ)이 3월 6일 보도한 〈왜 경기 침체는 언제나 6개월 뒤로 미뤄지나〉라는 제목의 기사에서 레이 패리스 크레디트스위스(CS) 수석이코노미스트는 「현 경제 상황에서 경기 침체는 《고도를 기다리며》에서 오지 않는 고도와 같다.」고 말했다. WSJ는 이처럼 경기 침체가 미뤄지고 있는 이유로 ▷미국 가계와 기업, 지방정부의 재정 건전성 ▷부동산과 자동차 시장의 변화 ▷늘어난 서비스 지출 등 3가지를 들었다.

국민총소득(GNI·Gross National Income) ▼

"한국은행이 3월 7일 발표한 「2022년 4분기 및 연간 국민소득(잠정)」 통계에 따르면 지난해 1인당 **GNI**는 3만 2661달러를 기록해 2021년 3만 5373달러에서 2712달러(7.7%) 감소한 것으로 집계됐다. 1인당 GNI는 국민의 생활 수준을 보여주는 대표 지표로, 우리나라의 1인당 GNI는 2017년 처음으로 3만 달러를 돌파한 바 있다. 지난해 1인당 GNI 감소는 원·달러 환율 상승(원화 가치 하락) 영향이 컸는데, 특히 2002년 이후 처음으로 대만보다 낮은 수준을 기록한 것으로 추정됐다. 대만 통계청 발표에 따르면 지난해 대만의 1인당 GNI는 3만 3565달러로 우리나라보다 904달러 많았다."

가계, 기업, 정부 등 한 나라의 모든 경제주체가 일정 기간에 생산한 총 부가가치를 시장가격으로 평가하여 합산한 소득구매력을 나타내는 지표다. 즉, 일정 기간 한 나라의 국민이 생산활동에 참여한 대가로 받은 소득의 합계로서, 해외로부터 국민(거주자)이 받은 소득(국외 수취요소소득)은 포함되고 국내총생산 중에서 외국인에게 지급한 소득(국외 지급요소소득)은 제외된다. 과거에는 소득을 나타내는 지표로 국민총생산(GNP)이 사용되다가 이후 GNI로 대체됐는데, 이는 GNP가 교역조건 변화에 따른 실질적인 소득 변화를 반영하지 못했기 때문이다. 아울러 GNI는 국민의 후생수준을 측정하는 소득지표인 반면 GDP는 한 국가의 생산활동을 측정하는 생산지표다.

우리나라의 1인당 GNI는 2017년(3만 1734달러) 처음으로 3만 달러를 돌파한 후 2018년 3만 3564달러까지 치솟았다. 이후 2019년(3만 2204달러), 2020년(3만 2004달러) 2년 연속 하락을 기록하다가 2021년 다시 3만 5373달러로 큰 폭으로 오르며 3년 만에 증가세로 돌아섰다. 하지만 이번 발표에 따르면 1년 만에 다시 하락세를 기록하게 됐다.

글로벌 사우스(Global South) ▼

"대표적인 **글로벌 사우스** 국가로 꼽히는 브라질의 무역투자촉진청이 3월 29일 중국과의 무역 때 미국 달러를 통하지 않고 자국 통화인 위안과 헤알로 결제하겠다고 선언했다. 이는 남미의 최대 경제대국인 브라질이 미국의 달러 패권에 도전하려는 중국과의 협력을 굳게 다지는 것이라는 점에서 전 세계에 큰 충격을 안겼다. 최근 글로벌 사우스 국가들은 미국과 중·러의 틈바구니에서 자국의 실리를 챙기는 중립외교를 전개 중인데, 대표적으로 인도·사우디아라비아 등을 꼽을 수 있다."

통상 제3세계 또는 개발도상국을 가리키는 말로, 선진국을 뜻하는 「글로벌 노스(Global North)」에 구분해 사용되는 개념이다. 이는 개도국들이 글로벌 노스에 맞서 한데 뭉쳐 협력하자는 주장을 펼 때 자주 사용된다. 글로벌 사우스 국가들은 과거 서구열강의 식민통치를 겪고 독립한 지 얼마 되지 않은 신생국가라는 특징을 갖고 있다. 여기에는 인도, 동남아시아를 비롯해 중동, 아프리카, 중남미 국가 등 120여 개 나라가 포함된다.

반면 한국, 일본과 유럽, 북미, 오세아니아 등 60여 개국은 글로벌 노스에 해당된다.

느린 재앙(Slow-rolling Crisis) ▼

경제 위기가 한꺼번에 터지지 않고 서서히 확산한다는 뜻으로, 세계 최대 자산운용사 블랙록의 래리 핑크 최고경영자(CEO)가 2023년 상반기 금융위기 상황을 진단하며 처음 사용한 용어이다. 핑크는 3월 15일 「실리콘밸리은행(SVB) 파산 이후 미국 금융 시스템에 더 많은 압류와 폐쇄 사태가 닥치면서 느리게 진행되는 재앙이 도래할 것」이라는 전망을 내놓았다. 지난 3월 10일 파산한 SVB는 파산 전까지 미국 내 자산 기준 16위 규모의 은행으로, SVB의 파산은 2008년 워싱턴뮤추얼 붕괴 이후 미 역사상 2번째로 큰 규모의 은행 파산이라는 점에서 글로벌 금융위기 우려를 높인 바 있다. 핑크는 인플레이션에 대응하기 위한 미 연방준비제도(Fed·연준)의 공격적 통화정책이 금융 시스템의 균열을 일으킨 첫 번째 도미노라고 진단했다. 그리고 1차로 SVB가 파산한 데 이어 2차로 차입 의존도가 높은 지역은행들이 위험해지고, 사모펀드나 부동산 등 비유동성 투자 자금은 3차 도미노로 쓰러질 수 있다고 경고했다.

디펜스 재테크(Defence 財tech) ▼

"하나은행 하나금융경영연구소가 2월 22일 〈2023년 금융소비 트렌드와 금융 기회 보고서〉를 내고 올해 경기 둔화 우려가 커지면서 금융 소비자들이 보수적으로 자산을 운용하는 「**디펜스 재테크**」에 나설 것이라고 분석했다. 보고서에 따르면 올해 가계 재무 상황이 지난해보다 악화할 것이라고 예상하는 부정 전망(43%)이 개선 전망(12%)보다 4배가량 높았다."

보수적 투자·절약 지향적 재무관리를 뜻하는 말로, 공격적인 투자로 자산을 불리기보다는 절약과 보수적 투자로 현재 있는 재산을 지키는 데 주력하는 재테크 방식을 말한다. 이는 불안정한 경기 상황에서 많이 이뤄지는데, 적은 돈이라도 알뜰히 관리하려는 수요가 늘고 소액 재테크 선호가 증대되는 것이다. 또 고위험·고수익형 상품보다 채권 등 안정형 상품으로 여유자금이 이동하고, 자산 방어를 위해 연금 등 장기 자산관리 상품에 대한 수요가 늘어나게 된다.

리퀴드 소비(Liquid Consumption) ▼

고정적이지 않고 변화가 많은 소비를 뜻하는 말로, 고정적이고 예상 가능한 소비를 뜻하는 「솔리드(Solid) 소비」에 반대되는 개념이다. 리퀴드 소비와 솔리드 소비는 2017년 영국의 경제학자 플로라 바디와 지아나 에커트가 논문을 통해 처음 제시한 개념이다. 리퀴드 소비는 소비자의 제품·서비스 선택 주기가 짧고 단시간에 다음 소비로 이동해 향후 예측이 어렵다는 것이 특징이다. 이들 소비자는 유튜브의 숏폼 콘텐츠를 소비하는 것처럼 상품이나 브랜드에서도 어느 하나에 충성심을 보이지 않고 그때그때마다 마음에 드는 것을 소비한다. 이러한 리퀴드 소비는 공유 및 구독경제, 플랫폼 빅뱅, 가치소비 등 최근 몇 년간 세계 경제를 휩쓴 주요 소비 트렌드의 부상 배경과 깊은 관련을 맺고 있다. 대표적으로 공유경제도 리퀴드 소비의 특징인데, 이는 소유에 구애받지 않고 마음에 드는 동안만 소비하겠다는 개념을 담고 있다. 공유경제는 물품은 물론 생산설비나 서비스 등을 개인이 소유할 필요 없이 필요한 만큼 빌려 쓰고, 자신이 필요 없는 경우 다른 사람에게 빌려 주는 경제 방식을 말한다.

리튬(Lithium) ▼

주기율표에서 제1족에 속하는 알칼리 금속원소로, 원소기호는 Li·원자번호는 3이다. 녹는점과 끓는점은 각각 180.54도, 1342도이다. 전 세계 매장량 가운데 75%가 소금호수에서 추출되며, 나머지 25%는 광석에서 추출된다. 리튬은 리튬전지, 리튬이온 2차전지의 양극 물질로 활용되는 등 모든 종류의 배터리에 없어서는 안 될 필수 금속이어서 「하얀 석유」, 「백색황금」, 「미래 산업의 쌀」으로도 불린다. 특히 휴대전화, 노트북, 전기차 배터리의 핵심 원료이기 때문에 4차 산업혁명으로 그 수요가 폭발적으로 증가할 것으로 전망되고 있다. 한편, 지난 1월 미국 지질조사국 통계에 따르면 전 세계 20여 국에 존재하는 리튬 매장량은 9800만 t(2022년 기준)이며, 이 가운데 절반이 넘는 5531만 t(56.4%)이 중남미에 매장돼 있다. 남미 이외 지역에서는 미국(1200만 t), 호주(790만 t), 중국(680만 t), 유럽(592만 t) 등의 순으로 매장돼 있다.

미국 광업전문매체 마이닝닷컴 등에 따르면 각국에서 리튬 수요가 폭증하면서 전 세계 리튬 매장량 절반 이상을 차지하는 중남미 국가들 간에 리튬 협의기구 결성 논의가 활발해지고 있다. 중남미 국가들은 이 기구를 통해 리튬의 생산·가공은 물론 배터리와 전기차 제조까지의 모든 과정을 지역 내에서 해결하겠다는 구상이다. 중남미 지역의 경우 리튬 매장량이 많음에도 기술 부족 등으로 생산과 가공이 모두 부진해 보유한 매장량에 걸맞은 영향력을 누리지 못해 왔다. 특히 리튬 가공 분야에서는 중국이 전체의 70%를 차지하며 사실상 글로벌 리튬 공급망을 장악하고 있는 상황이다.

마더팩토리(Mother Factory) ▼

제품 설계와 연구개발(R&D), 디자인 등 핵심 기능을 수행하는 공장을 뜻하는 말이다. 그리고 마더팩토리 전략은 최첨단 설비를 갖춘 시설은 국내에 설치하고 해외에는 양산 공장을 구축하는 분업 체계를 가리키는 말로 사용된다. 이는 국내 기업들이 저렴한 인건비를 찾아 해외에 공장을 설립하는 일이 잦았던 2010년대 초반 처음 등장한 개념이다. 이 전략에 따르면 대규모 양산 공장을 해외에 짓는 것이 불가피하지만 국내에 제품 기획과 설계·디자인·연구개발(R&D) 등 고부가가치 기능과 첨단 제조시설을 남겨 핵심 역량은 지켜내자는 것이다.

민스키 모멘트(Minsky Moment) ▼

"미국 투자은행 JP모건이 은행권 위기와 지정학적 충격, 중앙은행 정책에 대한 불확실성 등으로 **민스키 모멘트(Minsky Moment)**가 닥칠 수 있다고 경고했다고 블룸버그 통신이 3월 20일 보도했다."

은행 채무자의 부채 상환 능력이 악화돼 결국 건전한 자산까지 팔게 되면서 금융위기가 도래하는 시점을 말한다. 미국 경제학자 하이만 민스키(Hyman Minsky)가 「금융 불안정성 가설」에 따라 제기한 이론으로 2008년 글로벌 금융위기 이후 많은 주목을 받았다. 민스키에 따르면 금융시장이 호황기에 있으면 투자자들이 고위험 상품에 투자하고, 이에 금융시장이 탄력을 받아 규모가 확대되고 자산 가격도 증가한다. 그러나 이후 투자자들이 원하는 만큼의 수익을 얻지 못하면 부채 상환에 대한 불안이 커지면서 금융시장이 긴축되고 자산 가격이 떨어지면서 금융위기 발생으로 이어진다.

보아오포럼(BFA·Boao Forum for Asia) ▼

매년 4월 중국 하이난다오(海南島) 충하이(琼海) 보아오(博鰲)에서 개최되는 아시아 지역 경제 관련 포럼이다. 다보스포럼(Davos Forum)의 아시아판으로 불린다. 1998년 피델 라모스 전 필리핀 대통령과 밥 호크 전 호주 총리, 호소카와 전 일본 총리 등의 제안으로 2001년 2월 창설됐으며, 아시아 국가 간의 교류와 협력 강화를 통한 아시아 경제·사회 발전 및 통합 등을 논의한다. 우리나라, 중국, 호주, 일본, 필리핀, 싱가포르, 타이완, 이란 등 아시아 26개국이 창립회원국이다. 보아오포럼은 형식적으로는 비정부 기구인 보아오포럼 사무국이 주최하는 행사이지만, 실질적으로는 후원자인 중국 정부가 자국 주도의 국제 여론 형성의 장으로 활용하고 있다.

뿌리산업 ▼

나무의 뿌리처럼 겉으로 드러나지 않으나, 최종 제품에 내재돼 제조업 경쟁력의 근간을 형성한다는 의미에서 명명된 말이다. 뿌리기술은 제조업 전반에 걸쳐 활용되는 기반공정기술과 사출·프레스, 정밀가공 로봇, 센서 등 제조업의 미래 성장 발전에 핵심적인 차세대 공정기술이다. 정부는 자동차·조선·전자·반도체 등 제조업의 기반이 되는 기술을 육성하기 위해 2011년 주조·금형·단조·용접·소성가공(塑性加工)·표면처리·열처리 등 6대 기술 업종을 지원하는 뿌리산업법을 제정했다. 그러다 뿌리산업법 제정 10년 만인 2021년 12월 개정 뿌리산업법 시행령이 시행되면서 4개 소재다원화 공정기술(사출·프레스, 정밀가공, 적층제조, 산업용 필름 및 지류 공정), 4개 지능화 공정기술(로봇, 센서, 산업 진흥형 소프트웨어, 엔지니어링 설계) 등 총 8개 차세대 공정기술이 추가됐다. 뿌리기술 범위 확대에 따라 뿌리산업의 범위도 기존 6대 산업 76개 업종에서 14대 산업 111개 업종으로 확대됐다. 이처럼 뿌리산업으로 지정되면 외국인 근로자 고용 한도가 10~20%(업체당 2~5명)가량 확대되고, 연구개발(R&D) 지원 등의 혜택도 볼 수 있다.

VIB(Very Important Baby) ▼

VIP(Very Important Person)을 본뜬 신조어로, 매우 소중한 어린이라는 뜻이다. 이는 내 아이를 위해서는 소비를 아끼지 않고 자녀만큼은 남에게 뒤지지 않게 키우려는 소비층을 지칭한다. 최근 출산율이 감소함에 따라 경제적 능력이 있는 30대 초중반 젊은 엄마들 사이에서 주로 나타나고 있는 현상이다. 일반적으로 VIB 용품 중 최고가는 유모차며, 두 번째는 아동복이다. 이외에도 프리미엄 분유 및 생수 등 다양한 제품들이 출시되고 있는데, 가격이 일반 제품보다 비싸지만 그 수요는 증가하고 있는 추세다.

서울링(Seoul Ring) ▼

"서울시가 3월 8일 폭 180m의 서울형 대관람차 **서울링**을 서울 마포구 상암동 하늘공원에 조성하기로 했다고 밝혔다. 서울링 조성 사업은 하늘공원 부지 2만m²에 사업비 4000억 원을 투입하는 민간투자사업으로 진행될 예정으로, 2025년 6월 착공해 2027년 12월 완공을 목표로 추진된다."

서울시가 서울 상암동 하늘공원에 2027년 말 완공을 목표로 설치하려는 180m의 대관람차이다. 기존 전통적 방식의 대관람차와 달리 바큇살(Spoke)이 없는 고리 형태로, 그 규모는 아랍에미리트의 아인 두바이(폭 257m)에 이어 세계 2위이나, 살이 없는 고리형 디자인 기준으로는 세계 최대이다. 탑승 가능 인원은 시간당 1474명, 1일 최대 1만 1792명이다. 특히 대관람차 하부 공간에는 1978~1993년 서울시 쓰레기 매립지로 이용됐던 난지도의 역사와 의미를 알리고자 매립지 퇴적층을 확인할 수 있는 체험 전시관(엘리베이터 형태)을 만들고, 인근 월드컵공원과 이어지는 지하 연결통로를 설치해 접근성을 강화한다. 또 주변 지역에서는 대관람차 원형을 배경으로 펼쳐지는 증강·가상현실(AR·VR) 전시 등 디지털 축제를 연다는 방침이다.

수소발전 입찰시장(水素發電 入札市場) ▼

"산업통상자원부가 3월 13일 세계에서 처음으로 수소 발전만 별도로 분리한 입찰시장을 만드는 내용을 핵심으로 한 「**수소발전 입찰시장** 연도별 구매량 산정 등에 관한 고시 제정안」을 행정 예고했다. 이에 따르면 일반수소 발전시장은 올해, 청정수소 발전시장은 2024년 입찰시장을 연다."

기존 신재생에너지공급의무화제도(RPS·Renewable Portfolio Standard)에서 수소발전만을 지원하기 위해 분리한 제도로, 수소발전의 경우 태양광이나 풍력과 달리 연료비가 들어간다는 점에서 이 같이 분리됐다. 이는 연료전지, 수소터빈, 수소엔진, 암모니아 혼소 등 다양한 수소발전 기술이 경쟁하도록 입찰시장을 구축하는 것을 핵심으로 한다. 수소발전을 위한 전용 입찰시장 구축은 세계 최초로, 이는 ▷추출수소·부생수소 사용을 허용하되 분산형 전원으로서의 장점을 살리도록 한 「일반수소 발전시장」 ▷그린·블루수소를 포함한 「청정수소 발전시장」으로 구분해 입찰이 이뤄지게 된다. 이에 따르면 일반수소 발전시장은 2023년 개설해 2025년부터 매년 1300GWh씩 신규 입찰하며, 청정수소 발전시장은 2024년 개설해 2027년부터 3000~3500GWh 규모로 신규 입찰한다.

신재생에너지공급의무화제도 규모 발전 사업자에게 신재생에너지를 이용한 발전을 의무화한 제도로, 우리나라에서는 2012년부터 시행되고 있다. RPS 제도의 공급의무자 대상은 발전설비용량이 500MW 이상인 발전 사업자로, 대상 기업은 매년 새롭게 선정돼 사전에 공지된다.

스톱 앤드 홀드(Stop and Hold) ▼

미국 중앙은행인 연방준비제도(연준·Fed)가 고물가를 잡기 위해 금리 인상 기조를 고수하는 것을 뜻하는 말이다. 반면 물가 관리와 경제성장을 모두 잡기 위해 금리 인상과 인하를 반복하는 것은 「스톱 앤드 고(Stop and Go)」라고 한다.

알타시아(Altasia) ▼

중국 대안 아시아 공급망(Alternative Asian Supply Chain)의 줄임말로, 중국을 대신해 새롭게 부상하고 있는 아시아의 공급망을 가리키는 말이다. 이는 영국 경제지 《이코노미스트》가 지난 3월 3일 기사를 통해 제시한 신조어이다. 이코노미스트는 해당 기사를 통해 미·중 경쟁으로 공급망 재편이 본격화될 경우 수년 내에 한국 등 아시아 지역 14개국이 중국의 대안으로 부상할 것이라고 밝혔다. 이에 따르면 알타시아에는 아시아 14개국이 포함되는데 ▷상대적으로 경제발전 수준이 높은 한국과 일본, 대만, 싱가포르 ▷인구 대국인 인도, 인도네시아, 방글라데시 ▷아세안(ASEAN) 국가인 베트남, 말레이시아, 태국, 필리핀, 캄보디아, 라오스 등이 이에 해당한다.

알파세대(Generation Alpha) ▼

2010년대 초반부터 2020년대 중반에 태어난 세대로, 어려서부터 기술적 진보를 경험하며 성장했다는 특징을 지닌 세대다. 우리나라는 통상 2010년대 이후 태어난 세대를 알파세대라고 칭한다. 알파세대라는 명칭은 밀레니얼 세대와 Z세대의 다음 세대라는 의미와 아날로그 경험이 없는 새로운 세대라는 의미를 포함하고 있다. 이들은 어릴 때부터 인공지능(AI)으로 말을 배우고 태블릿PC를 끼고 살며, 스마트 스피커로 음악을 듣고 온라인 동영상 서비스(OTT) 스트리밍으로 콘텐츠를 즐긴다. 또 소셜네트워크서비스(SNS) 등을 통해 얻게 된 정보력으로 이전 세대들보다 사회적·심리적으로 조숙하다는 특징도 있다. 다만 알파세대는 사람과의 소통이 아닌 기계와의 일방적 소통에 익숙해, 정서나 사회성 발달에 부정적인 영향이 일어날 수 있다는 우려도 있다.

역아마존 효과(逆Amazon Effect) ▼

온라인 플랫폼으로 인해 인플레이션 현상이 심화하는 것을 의미하는 신조어로, 아마존이 사업을 확장하면서 플랫폼이 점차 독점적인 위치를 가지게 되자 가격을 올리기 시작한 것을 가리킨다. 최근 유명 음식 배달 플랫폼들이 설립 초기 시장점유율을 높일 당시에는 수수료를 낮게 책정했다가 이후 독과점 시장이 형성되면서 수수료를 인상하고 있는 것도 역아마존 효과의 예시에 해당한다. 한편, 기존에 만들어진 「아마존 효과」라는 말은 세계 최대의 유통기업인 아마존이 사업을 확장하고 그 분야에서도 승승장구하면서 기업들에게 안기는 공포를 뜻하는 말로 사용되고 있다.

전략작물직불제(戰略作物直拂制) ▼

식량자급률 향상 및 쌀 수급안정을 위해 논에 전략작물 재배 시 직불금을 지급하는 것으로, 올해부터 시행되는 제도이다. 전략작물이란 밀, 콩, 가루쌀 등 수입 의존성이 높거나 논에서 밥쌀용 벼 재배를 대체할 수 있어 논 이용률을 높일 수 있는 작물을 가리킨다. 지급 대상 작물은 기존 논활용직불 대상(겉보리, 쌀보리, 맥주보리, 밀, 호밀, 귀리, 감자 및 사료작물)에 하계작물(논콩,

가루쌀, 조사료)이 추가된다. 전략작물직불금은 ▷겨울철에 식량작물이나 조사료를 재배하면 ha당 50만 원 ▷여름철에 논콩·가루쌀은 100만 원, 조사료는 430만 원 ▷겨울철에 밀·조사료와 여름철에 논콩·가루쌀을 이모작하면 100만 원을 추가로 지급한다. 지급받을 수 있는 대상은 농업인의 경우 농업경영체법에 따라 등록한 농업인 및 농업법인이며, 대상 농지는 농업경영체법에 따라 등록된 농지 및 농지법상 농지로서 2022년 11월부터 2023년 10월까지 전략작물 재배에 이용된 논이다. 전략작물직불금 지급대상자로 등록되면 국립농산물품질관리원의 두 차례(4~5월, 8~10월) 이행점검을 거쳐 12월에 직불금을 받을 수 있다.

최혜국 대우(最惠國 待遇, Most Favored Nation Treatment) ▼

"3월 23일 미 의회 의안정보시스템에 따르면 공화당 소속의 조시 홀리 상원의원이 중국에 대한 **최혜국 대우**를 철회하는 내용의 「대중국 항구적 정상무역관계(PNTR) 지위 종료 법안」을 전날 발의했다. PNTR은 양국 관계가 제3국에 부여하는 통상조건보다 불리해선 안 된다는 최혜국 대우의 법적인 표현으로, 미국은 2000년 중국에 영구적 PNTR을 부여했다. 법안은 중국과의 PNTR을 취소하고, 중국 제품에 더 높은 관세를 부과하며, 미국 대통령에게 관세 인상 권한도 부여하는 것을 핵심으로 한다."

국제통상에 있어서 한 국가가 부여한 제3국의 권리와 이익을 상대국에서도 인정하는 것으로, 물품의 수입·수출을 비롯한 통상에서의 혜택과 관련해 한 국가에 어느 체약국이 부여한 최상의 우대조치를 다른 체약국에도 부여해야 하는 원칙이다. 이는 각국이 산업보호를 위해 관세장벽을 높이던 시대에 양국 간 무역협상에서 장벽을 없애는 방법으로 적용되던 기준이다. 최혜국 대우 원칙은 수출국 사이의 경쟁기회를 동일하게 하기 위한 것으로, 자유무역을 가능하게 하고 거래비용을 최소화할 수 있다는 점에서 그 타당성이 인정된다. 그러나 현대에 와서 무역장벽을 없애는 GATT(관세 및 무역에 관한 일반협정)나 그 뒤를 이은 WTO(세계무역기구) 체제가 정착되면서 최혜국 대우는 사실상 대부분의 나라에 공통으로 적용되고 있다.

칩4(Chip4) ▼

미국이 2022년 3월 한국·일본·대만에 제안한 반도체 동맹으로 미국식으로는 팹4(Fab4)로 표기한다. 여기서 칩은 반도체를, 4는 총 동맹국의 수를 의미한다. 칩4는 미국이 추진 중인 프렌드쇼어링(Friend-shoring) 전략에 따른 것으로, 중국을 견제하고 동맹국들과 함께 안정적인 반도체 공급망을 형성하는 것을 목표로 한다. 미국에는 인텔·퀄컴·엔비디아 등 대표적인 팹리스 업체(반도체 제조 공정 중 설계가 전문화돼 있는 업체)들이 있고, 대만과 한국은 각각 TSMC·삼성전자가 파운드리(팹리스가 설계한 반도체를 생산해 공급하는 업체) 분야에서 1·2위를 다투고 있다. 여기에 일본은 반도체 소재 시장에서 큰 비중을 차지하고 있어 반도체 주요국 4개국이 포함된다.

외교부 당국자가 2월 24일 한국·미국·일본·대만이 칩4로 불리는 4자간 반도체 공급망 회복력 작업반(작업반) 본회의를 16일 주최했다고 밝혔다. 해당 회의에서는 반도체 공급망 강화 방안에 대한 원론적인 논의가 이뤄진 것으로 전해졌는데, 이에 한국의 칩4 참여도 본격화하는 것이 아니냐는 해석이 나온다.

파운드리(Foundry)·팹리스(Fabless) 파운드리는 다른 업체가 설계한 반도체를 생산해서 공급해 주는 사업을 담당한다. 팹리스는 반도체 설계가 전문화되어 있는 회사로, 제조 설비를 뜻하는 패브리케이션(Fabrication)과 리스(Less)를 합성한 말이다. 한편, 반도체를 설계하고 동그란 원판인 웨이퍼에 미세한 회로를 새겨 잘라내는 과정까지를 「전(前)공정」이라고 하며, 이후 반도체를 IT 기기 등 전자제품에 최종 탑재할 때까지 거치는 테스트와 패키징 과정을 「후(後)공정」이라고 한다.

카테나-X(Catena-X) ▼

독일의 세계 1위 기업용 소프트웨어(SW) 업체인 SAP가 2021년 설립한 자동차 산업 네트워크로, 기업 간의 데이터를 공유하는 플랫폼이다. 이는 모든 자동차 생산 과정에서 발생하는 정보를 한데 모아 활용하는 것을 목표로 하는데, 자국 대기업은 물론 중소기업들까지 끌어들인 데이터 공유 플랫폼을 조성한다는 점이 특징이다. 현재 메르세데스벤츠, BMW, 폭스바겐 등 글로벌 완성차 제조사와 보쉬, 덴소 등 부품업계까지 약 200개 기업이 참여하고 있다.

K칩스법 ▼

"반도체 등 국가전략산업 시설 투자에 대한 세액공제율을 높이는 「**K칩스법**(조세특례제한법 개정안)」이 3월 30일 국회 본회의를 통과했다. K칩스법은 지난 3월 16일 국회 기획재정위원회 소위원회를 통과했으며, 3월 22일 기재위 전체회의와 법제사법위원회를 거친 바 있다."

반도체를 비롯한 배터리·백신·디스플레이·수소·전기차·자율주행차 등 국가전략산업 시설 투자에 대한 세액공제율을 높이는 내용의 조세특례제한법(조특법) 개정안으로, 조특법은 조세의 감면·중과 등 조세특례와 이의 제한에 관한 사항을 규정한 법이다. 해당 법에 따르면 반도체 투자에 대한 세액공제율이 ▷대기업과 중견기업은 현행 8%에서 15%로 ▷중소기업은 16%에서 25%로 확대된다. 또 직전 3년간 연평균 투자 금액 대비 투자 증가분에 대해서는 올해에 한해 10%의 임시투자세액공제를 적용 받는다. 이에 따라 대기업 및 중견기업은 최대 25%, 중소기업은 35%의 투자세액공제를 받을 수 있다. 아울러 이 법은 국가전략기술 분야인 반도체·2차전지·백신·디스플레이 등 4개 분야와 함께 수소와 미래형 이동수단을 「국가전략기술」로 명시했다.

KTX-이음(KTX EMU-260) ▼

현대로템이 만든 최신형 국산 열차로, 2021년 1월 5일 서울 청량리~경북 안동 구간에서 첫 운행을 시작했다. 현재 총 19대가 운행 중인데, 이 가운데 17대는 서울~강릉과 서울~안동 구간, 나머지 2대는 중부내륙선(평택~충주 구간)을 오가고 있다. KTX-이음은 국내 최초 동력 분산식 열차로, 앞뒤에 동력차가 있는 동력집중식의 기존 KTX나 KTX-산천과는 달리 열차에 동력장치를 골고루 분산시켜 가감속력과 수송능력을 높인 것이 특징이다. KTX-이음의 최고속도는 시속 260km이며, 차체는 알루미늄 차체로 6칸이 1편성이다. 좌석 수는 381석(우등실 46석, 일반실 335석)으로, 차폭도 KTX-산천보다 넓은 3100mm이다.

서울~강릉을 오가는 최신형 열차 KTX-이음의 진동이 심각하다는 민원이 계속되면서 국토교통부가 3월 3일 KTX-이음 진동과 관련한 특별 점검에 착수했다. 국토부는 최근 코레일로부터 KTX-이음 승차감 지수가 2.4 수준이라는 보고를 받은 것으로 전해졌는데, 국제철도연맹(UIC)은 열차 승차감 지수는 2.5 이하여야 한다고 권고하고 있다.

코스닥 글로벌 세그먼트(KOSDAQ Global Segment) ▼

"3월 20일 금융투자업계에 따르면 한국거래소가 지난해 11월 내놓은 코스닥글로벌지수를 추종하는 상품이 아직까지 출시되지 않고 있다. 코스닥글로벌지수는 유가증권시장 상장사들보다 코스닥시장 상장사들이 상대적으로 저평가받는 상황을 해결하기 위해 만든 지수다. 시가총액뿐만 아니라 기업의 지배구조와 재무실적, 회계 투명성 등 다양한 요소를 고려한 51개 우량주로 지수를 구성했다."

한국거래소가 코스닥시장 내 블루칩 기업 51개사를 선정해 2022년 11월 22일 출범시킨 시장으로, 코스닥시장 내 재무실적과 시장평가, 기업지배구조 등이 우수한 기업을 선별해 지정하는 제도이다. 이는 코스닥 디스카운트 해소 및 질적성장 도모를 위해 도입한 것으로, 분야별로는 ▷반도체(15사) ▷서비스·콘텐츠(14사) ▷제약·바이오(11사) ▷제조업(11사) 등으로 고르게 분포됐다. 또 편입 기업들의 시가총액 합계는 총 78조 원으로, 코스닥 전체 시가총액(336조 원)의 23%를 차지한다. 코스닥 글로벌 세그먼트는 지정요건 충족 기업들이 신규 지정을 신청하면 거래소 심사를 거쳐 확정된다. 편입기업은 연간 평균 시가총액을 비롯해 재무실적, 기업지배구조, 기업건전성, 회계투명성 등을 평가받게 된다. 한국거래소는 코스닥 글로벌 세그먼트 출범과 함께 세그먼트 편입기업들을 대상으로 한 코스닥 글로벌 주가지수를 산출·공표하기로 했다. 해당 지수는 51개사 중 시총이 큰 종목일수록 지수에서 차지하는 비중이 크게 잡히는 방식으로 산출된다.

탄소국경조정제도(CBAM · Carbon Border Adjustment Mechanism) ▼

유럽연합(EU) 역내로 수입되는 제품 가운데 자국 제품보다 탄소배출이 많은 제품에 대해 관세를 부과하는 조치를 말한다. EU는 오는 10월부터 전기·시멘트·비료·철강·알루미늄 등 탄소배출이 많은 6개 품목에 CBAM을 시범 시행한 뒤 2026년 정식 시행 때 대상을 확대한다는 계획이다. CBAM이 본격 시행되면 EU 수입업자는 수입품 1t당 탄소배출량에 상응하는 탄소배출권을 구매해야 한다. 그러나 EU의 CBAM 도입은 기후위기 대응이 명분이지만 수출 기업에는 일종의 추가 관세 역할을 한다는 점에서 EU 기업의 피해를 줄이기 위한 보호무역 조치라는 지적도 있다. 실제로 우리나라의 경우 EU의 CBAM 도입 방침에 따라 대(對)EU 주력 수출 품목인 철강 산업에 큰 타격이 예상되고 있다. 산업통상자원부에 따르면 CBAM 적용 품목의 EU 수출 규모는 2021년 기준 ▷철강 43억 달러 ▷알루미늄 5억 달러 ▷시멘트 140만 달러 ▷비료 480만 달러 등이다.

EU(유럽연합)발 환경 규제가 올해부터 잇따라 시행에 들어가는 가운데 탄소국경조정제도를 둘러싼 우려가 가장 높다. 이에 따라 철강·알루미늄·시멘트 등을 수입하는 현지 업체는 오는 10월부터 제품 제조 과정에서 발생한 탄소 배출량을 보고해야 하고, 2026년부터는 EU 기준을 넘어서는 배출량에 대해선 배출권을 사야 한다. 특히 대(對)EU 수출 비율이 전체 수출의 13%(44억 달러·약 5조 7000억 원)를 차지하는 국내 철강업계의 경우 탄소국경조정제도에 따라 비용 부담이 크게 늘어나게 된다.

토큰증권(Security Token) ▼

지분을 작게 나눈 뒤 블록체인 기술을 활용해 토큰(Token, 특정 플랫폼에서 사용되는 가상자산) 형태로 발행한 증권이다. 주식·채권·부동산 등의 자산에 대한 가치를 디지털 토큰과 연계한 가상자산으로, 이자·배당 등 미래의 수익, 실물자산 등에 대한 지분 권리가 인정되는 것이 특징이다. 또 토큰증권은 기존 전자증권과는 전자화된 방식으로 증권을 기재한다는 점에서는 유사하지만, 금융회사가 중앙집권적으로 등록·관리하지 않고 탈중앙화된 블록체인 기술을 사용한다는 차이가 있다. 이 밖에 토큰증권은 정형화된 증권 외에도 비정형적인 증권(수익증권, 투자계약증권) 발행에 용이한데, 부동산·미술품·음원 등이 대표적인 예이다. 또 이는 자산의 지분을 쪼개 팔 수 있다는 특징이 있는데, 이에 자금을 조달하는 주체는 유동성을 쉽게 창출할 수 있고 투자자는 소액으로 다양한 자산에 대한 투자 접근이 가능해진다. 한편, 토큰증권을 발행·유통하는 것을 STO(Security Token Offering)라고 한다.

트래블 룰(Travel Rule) ▼

자금세탁을 방지하기 위해 기존 금융권에 구축돼 있는 자금 이동 추적 시스템으로, 은행들이 해외 송금 시에 국제은행간통신협회(SWIFT)가 요구하는 형식에 따라 송금자의 정보 등을 기록하는 것을 뜻한다. 2019년에는 국제자금세탁방지기구(FATF)가 트래블 룰 대상에 가상자산을 추가해 가상자산 전송 시 수신자 정보를 수집해야 하는 의무를 가상자산사업자(VASP)에 부과하고 있다. 국내에서는 가상자산 거래의 투명성을 제고하고 불법행위에 대응하기 위한 가상자산 관련 규제의 일환으로 특정금융정보법에 해당 내용이 포함됐다. 이에 따라 2022년 3월 25일부터 국내에서 트래블 룰이 적용돼 가상자산사업자(VASP)가 다른 가상자산사업자에게 가상자산을 100만 원 이상 전송하는 경우 송수신인의 신원정보를 의무적으로 제공·보관해야 한다. 또 해당 기록에서 자금세탁 등이 의심되는 경우에는 금융정보분석원(FIU)에 보고해야 한다. FIU는 송수신인의 정보를 거래 종료 시부터 5년 동안 보존하도록 했고, 이를 위반할 경우 3000만 원의 과태료가 부과된다. 또 가상자산사업자가 트래블 룰 관련 의무를 위반하면 기관주의, 기관경과, 시정명령 등의 조치와 임직원 징계 조치를 받을 수 있다.

페트로 위안(Petro-yuan) ▼

위안화 표시 원유 선물 거래를 가리키는 용어로, 현재 원유 시장을 지배하는 통화인 달러(페트로 달러)와 구분하기 위해 주요 외신들이 사용하고 있는 용어다. 중국은 2018년 3월 26일 상하이선물거래소 산하에 설립한 상하이국제에너지거래소(INE)를 통해 원유 선물을 출시했는데, 이는 향후 위안화 국제화 추진에 속도를 올리기 위한 결정으로 분석됐다. 중국은 달러 패권에 맞서기 위해 위안화 국제화를 추진하고 있는데, 최근 중동 산유국·브라질과 위안화 사용을 합의하면서 그 위상을 높이고 있다. 현재 위안화의 국제 결제 통화 비율은 3% 수준으로 60%가 넘는 달러에 비해 미미하지만, 모건스탠리의 경우 위안화가 10년 내 달러·유로와 함께 세계 3대 결제 통화가 될 것이라는 전망을 내놓고 있다. 반면 위안화는 국제 무역에 사용되는 통화로서 달러·유로·파운드에 비해 신뢰도가 낮고, 국가가 환율에 개입해 투명성이 떨어지는 문제도 있어 달러를 대체하기에는 쉽지 않다는 전망도 높다.

펜타닐(Fentanyl) ▼

"4월 4일 AP통신에 따르면 안드레스 마누엘 로페스 오브라도르 멕시코 대통령은 이날 기자회견에서 중국에서 멕시코로 넘어오는 **펜타닐** 선적량 통제를 요청하고자 시진핑 중국 국가주석에게 서한을 보냈다고 밝혔다. 최근 미국에서는 펜타닐을 투약한 사람들이 급증하면서 「펜타닐 좀비」라는 신조어까지 등장하는 등 그 문제가 매우 심각한 상황이다. 미국은 이러한 펜타닐 문제의 원인을 중국이 원료를 대량 생산하고 멕시코 마약 카르텔이 이를 가공해 밀수출하는 데 있다고 여기고 있다."

수술 후 환자나 암환자의 통증을 경감시키기 위해 사용되는 마약성 진통제, 마취 보조제이다. 1950년대에 개발됐으나 실제로 사용된 것은 1960년대로, 당시에는 「Sublimaze」라는 명칭의 정맥주사 마취제로 사용됐다. 국내 병원에는 1968년 마취제로 처음 도입됐으며, 현재 심장병 등의 수술에 사용되고 있다. 펜타닐은 헤로인의 80~100배, 몰핀보다는 200배 이상 강력한 효과를 지니고 있으며 발현 시간은 1~4분, 작용시간은 30~90분 정도로 알려져 있다. 이처럼 강력한 효과와 빠른 발현 속도를 지니고 있어 과도하게 흡입할 경우 호흡이 멈추고 혼수상태에 빠지게 되며 심하면 사망에까지 이르기도 한다. 무엇보다 펜타닐은 현재 신종 합성마약 형태로 세계 각지에서 불법적으로 유통되면서 큰 문제가 되고 있다.

포괄적·점진적 환태평양경제동반자협정(CPTPP·Comprehensive and Progressive Agreement for Trans-Pacific Partnership) ▼

"영국 정부가 **포괄적·점진적 환태평양경제동반자협정(CPTPP)**에 가입했다고 3월 30일 밝혔다. CPTPP에 출범 당시 참가국 외에 새로운 회원국이 들어오는 것은 이번이 처음으로, 영국은 브렉시트 이후 아시아·태평양 국가들과의 무역 활성화를 위해 지난 2021년 2월 가입을 신청한 바 있다. 인구 6000만 명 이상의 경제대국인 영국이 새로운 회원이 되면서 CPTPP의 영향력도 커지게 됐는데, 현재 회원국의 세계 국내총생산(GDP)에서 차지하는 비중은 12%에서 15%까지 확대된다."

미국·일본이 주도했던 환태평양경제동반자협정(TPP)에서 미국이 탈퇴하면서 일본 등 아시아·태평양 11개국이 새롭게 추진한 경제동맹체로, 2018년 12월 30일 발효됐다. 이 협정이 발효되면서 총 인구 6억 9000만 명, 전 세계 국내총생산(GDP)의 12.9%, 교역량의 14.9%에 해당하는 거대 규모의 경제동맹체가 출범하게 됐다. CPTPP는 다양한 분야의 제품에 대한 역내 관세를 전면 철폐하는 것을 원칙으로 한다. 또 참여국들은 전자상거래에서 역내 데이터 거래를 촉진하고 데이터 서버의 현지 설치, 디지털 콘텐츠에 대한 관세 부과 금지 등 디지털 보호주의를 경계하는 내용을 포함시켰다. 아울러 금융 서비스와 외국 자본 투자에 대한 규제를 완화하고, 고급인력의 자유로운 이동을 보장하며 투자 기업에 기술이전을 강요하는 것을 금지하는 내용도 담겼다.

프리패브(Prefab) 주택 ▼

구조물(모듈)을 미리 제작해 현장에서 조립하는 프리패브리케이션(Prefabrication) 방식으로 만들어진 주택으로, 「모듈러 주택」이라고도 한다. 프리패브리케이션은 구조부재나 마루·벽·지붕의 패널을 미리 공장생산해 현장에서 조립하는 공법으로, 건축공사의 현장작업을 최소한으로 줄이기 위한 방식이다. 프리패브 주택은 모든 자재와 부품이 포함된 박스 모듈을 현장에 설치하는 볼류메트릭 방식과, 벽이나 기둥 같은 부재를 공장에서 제작해 현장에서 조립하는 비(非) 볼류메트릭 방식으로 나뉜다.

플랫폼 기업(Platform Company) ▼

「플랫폼」은 사전적으로 승강장을 의미하는 말로, 플랫폼 기업은 모바일 애플리케이션, 웹사이트 등에서 생산자와 소비자의 거래를 매개해 새로운 가치를 창출하는 기업을 뜻한다. 대표적으로 애플, 구글, 메타(구 페이스북)를 비롯해 네이버, 카카오 등이 이에 속한다. 플랫폼 기업은 초기 투자비를 제외하면 제조업에 비해 투입되는 비용이 낮고, 신제품의 흥행과 관계없이 안정적인 수익을 낼 수 있다. 또한 수집된 고객 데이터를 통해 소비자들이 좋아할 만한 신제품을 출시할 수 있다는 것이 장점으로 꼽힌다.

피스컬 드래그(Fiscal Drag) ▼

정부가 세금이나 보조금의 기준선을 인플레이션이나 임금 상승에 맞춰 올리지 않는 경우를 일컫는 말이다. 인플레이션으로 명목 소득이 증가했음에도 세수 기준선이 그대로 유지되면 정부는 공식적인 세수 확대 조치 없이 조세를 더 걷는 효과를 누릴 수 있다. 예컨대 중위소득 계층 일부가 고소득자로 새롭게 분류되면서 소득의 더 높은 비율을 세금으로 납부해야 하는 경우가 늘어나기 때문이다.

흑해 곡물협정(Black Sea Grain Initiative) ▼

"러시아의 우크라이나 침공으로 초래된 세계 식량 위기를 해결하기 위해 지난해 7월 체결된 **흑해 곡물협정**이 기한 만료일인 3월 18일 가까스로 연장됐다. 협상을 중재한 레제프 타이이프 에르도안 튀르키예 대통령은 연장기간을 밝히지 않았으나 올렉산드르 쿠브라코우 우크라이나 인프라부 장관은 연장기간이 120일이라고 전했다. 그러나 러시아는 120일이 아니라 60일만 연장했을 뿐이라고 반박하고 나서 향후 추가 협상이 불가피할 전망이다."

러시아-우크라이나 전쟁에 따라 중단된 우크라이나의 곡물 수출 재개를 위해 2022년 7월에 4개월(120일) 기한으로 체결한 협정이다. 당시 러시아와 우크라이나는 유엔과 튀르키예의 중재하에 흑해 항로를 통한 양국 곡물 및 비료를 안전하게 수출할 수 있도록 한다는 내용을 담은 4자 흑해 곡물수출 협정을 체결했다. 우크라이나는 밀·옥수수·콩·해바라기유 등의 세계 최대 수출국 중 하나지만, 2022년 2월 러시아의 우크라이나 침공으로 흑해가 봉쇄되면서 연간 6000만~8000만t에 달했던 곡물 수출이 모두 중단된 바 있다. 이에 따라 국제 곡물가가 급격히 상승한 것은 물론 중동과 아프리카 지역 등에 극심한 식량난이 초래되면서 전 세계적인 문제가 됐다. 이에 유엔과 튀르키예가 나서 해상 안전 항로를 통한 곡물 수출 재개 방안을 추진했으며, 그 결과 지난해 7월 22일 흑해 곡물 수출 협정이 맺어진 것이다. 이에 8월 1일 출항이 재개됐으며, 우크라이나는 이후 4개월간 자국산 식량 1118만 여t을 전 세계에 수출했다. 그러나 러시아는 2022년 10월 우크라이나의 러시아 흑해함대 공격을 빌미로 흑해 곡물 수출협정의 이행 중단을 선언했고, 이에 전 세계적인 식량난이 다시금 우려됐다. 하지만 협정 기한 만료를 이틀 앞둔 지난해 11월 17일 다시금 4자간의 4개월 연장 합의가 이뤄졌고, 기한 만료일인 지난 3월 18일 재연장이 이뤄졌다.

희토류(稀土類)

"4월 5일 일본 요미우리신문에 따르면 중국 정부가 국가 안보와 사회 공공이익을 이유로 「중국 수출규제·제한기술 목록」 개정안에 **희토류** 영구자석인 네오디뮴과 사마륨 코발트 자석 제조기술을 추가하는 개정안을 추진하고 있다. 네오디뮴 자석과 코발트 자석에서 중국 점유율은 각각 84%, 90% 이상인데 이 자석은 항공기, 로봇, 휴대전화, 에어컨, 무기 등에 폭넓게 사용되고 있다. 특히 중국의 이 같은 움직임은 미국이 주도하고 있는 대(對)중국 반도체 장비 수출규제가 진행되는 가운데 나온 것이어서 더욱 주목받고 있다."

원소주기율표 상에서 제3족인 스칸듐(Sc)과 이트륨(Y), 란타넘족(원자번호 57~71)의 15종을 포함하는 17개 원소를 총칭한다. 지각 내 총 함유량이 300ppm(100만 분의 300) 미만인 희유금속의 일종으로, 1794년 스웨덴에서 처음 발견된 이트륨(Y)을 시작으로 1910년대까지 17개 원소가 차례로 발견됐다. 일반적으로 은백색 또는 회색을 띠고 공기 중에서 서서히 산화하며, 산과 뜨거운 물에는 녹지만 알칼리에는 잘 녹지 않는다. 화학적으로 안정되면서도 열을 잘 전달하는 성질이 있어 광학유리, 전자제품 등 첨단산업의 소재로 사용된다. 이 때문에 첨단산업의 비타민이라고 불린다. 그러나 희토류를 광물과 토양에서 분리하는 과정에서 강력한 산성 용액이 사용되며 방사능이 유출돼 환경오염 문제에 대한 논란이 있다. 희토류는 중국이 전 세계 생산량의 90% 이상을 차지하고 있는데, 중국은 이를 이용해 외교적 갈등이 발생하면 수출을 제한하는 등 외교적 무기로 사용해 국제사회의 비난을 받고 있다.

③ 사회·노동·환경

가짜 식욕

배가 고픈 것이 아닌데도 무언가를 먹고 싶은 욕구가 드는 심리적 허기를 이르는 말로, 열량이 부족하지 않은 상태임에도 배고픔을 느끼는 것을 가리킨다. 이는 일시적인 스트레스나 감정 기복, 과도한 피로나 부족한 수면 등 다양한 원인에 따라 갑자기 식욕이 솟구치는 특징을 보인다. 가짜 식욕은 보통 30분 정도만 참으면 사라지지만 이를 가짜 식욕인지 인지하지 못한 채 음식을 섭취할 경우 비만의 원인이 되므로 주의가 필요하다. 또 진짜 식욕이 서서히 배가 고파오는 반면 가짜 식욕은 갑자기 배가 고프다고 느껴지며 배가 불러도 먹는 것을 멈추지 못하기 때문에 과식이나 폭식으로 이어지기 쉽다.

간호법(看護法)

"더불어민주당 주도로 직회부된 **간호법** 제정안의 본회의 상정이 4월 13일 불발됐다. 김진표 국회의장은 이날 여야 간 추가적인 논의를 거쳐 합리적인 대안을 마련할 수 있도록 다음 본회의에서 처리하도록 했으며, 이에 다음 본회의는 4월 27일 열릴 예정이다. 현재 대한의사협회(의협) 등에서는 간호법이 특정 직역의 이익만을 위한 법이라며 반대하고 있고, 대한간호협회(간협) 등 간호계는 간호사의 근무 환경 등 처우 개선을 위해 반드시 통과되어야 한다는 입장이라 양측의 입장 충돌이 거세다."

현행 의료법 내 간호 관련 내용을 분리한 것으로, 간호사의 면허·자격·업무 범위·처우 개선 등을 담은 법안이다. 이는 간호사·전문간호사·간호조무사의 업무를 명확히 하고, 간호사 등의 근무 환경 및 처우 개선에 관한 국가 책무 등을 주요 내용으로 한다. 그런데 간호법 제정에 반대하는 의사협회 측에서는 간호법이 제정될 경우, 간호사가 의사의 감독 없이 단독 개원할 수 있다며 이를 반대한다. 의사 측에 따르면 간호법 제정안 제1조 「모든 국민이 의료기관과 지역사회에서 수준 높은 간호 혜택을 받을 수 있도록」에서 「지역

사회」 문구가 간호사가 의료기관 밖에서 단독 의료행위를 할 수 있게 되는 단초가 된다는 주장이다. 이에 대해 간호사협회는 의료기관 밖에서 활동하는 간호사들의 간호 업무가 제대로 수행되려면 지역사회라는 말이 필수적이며, 간호법에 포함된 간호사의 업무 규정은 현행 의료법과 동일하므로 이 법이 제정되어도 의료기관 개설 권한이 없다고 반박하고 있다.

결핵(結核, Tuberculosis) ▼

"질병관리청이 2월 24일 제13회 **결핵**예방의 날을 맞아 오는 2027년까지 국내 결핵 발생률을 현재의 절반 이하로 낮추는 것을 목표로 한 「제3차 결핵관리종합계획(2023~2027년)」을 발표했다. 우리나라는 결핵환자가 계속 감소하고 있으나, 26년째 경제협력개발기구(OECD) 국가 가운데 결핵 발생률 1위라는 오명에서 벗어나지 못하고 있다. 실제로 2021년 우리나라 인구 10만 명당 결핵 발생률은 44명으로 OECD 평균(9.7명)의 4.5배에 달했다."

결핵균(Mycobacterium Tuberculosis)에 의해 전염되는 감염성 질환으로, 공기를 매개로 사람에서 사람으로 전파된다. 또 결핵 환자의 가래·대변·소변·고름 등으로 배출된 결핵균이 호흡이나 음식 섭취, 피부점막의 상처 등을 통해 감염이 이뤄지기도 한다. 그러나 결핵균이 침범하더라도 대부분의 경우 우리 몸의 면역계가 감염을 제어하기 때문에 결핵 발병으로 진전되지는 않는다. 다만 결핵균에 감염된 사람은 투베르쿨린 피부반응검사 시에 양성 반응을 보이게 된다. 결핵 병변은 주로 폐에 생기지만 실제로는 신체의 어느 부위에나 생길 수 있다. 결핵에 감염되면 지속적인 기침, 만성적인 화농성 객담, 흉통, 객혈, 호흡곤란 등의 증상이 나타난다. 여기에 결핵의 발병 부위에 따라 ▷구토 등의 신경계 증상 ▷관절 및 척추 통증·혈뇨 등의 신장 비뇨기계 증상 ▷설사·복통 등의 소화기계 증상 등 다양한 증상이 나타날 수 있다. 결핵의 치료를 위해서는 항결핵제를 복용해야 하는데, 현재 완치까지 걸리는 기간은 보통 6개월가량이다.

고리원자력발전소(古里原子力發電所) ▼

"산업통상자원부가 3월 29일 부산 기장군에 위치한 고리원전 2호기의 최초 운영허가가 오는 4월 8일 만료된다고 밝혔다. 이는 1983년 4월 가동 이래 40년간의 설계수명이 종료됨에 따른 것이다. 정부는 고리2호기의 계속운전(수명연장)을 위한 운영변경허가 절차에 즉각 돌입한다는 계획이지만, 연장 승인까지는 최소 2년 이상의 시간이 필요하다."

부산 기장군에 위치한 우리나라 최초의 원자력 발전소로, 총 4개의 원자로로 구성돼 있다. 1호기는 1978년 첫 상업운전을 시작했고 ▷2호기는 1983년 ▷3호기는 1985년 ▷4호기는 1986년 각각 준공돼 모두 25년 이상된 노후 원전이다. 이 중 고리 1호기는 2007년 6월에 30년인 설계수명을 종료하고 가동이 중단됐으나, 정부 승인을 받아 2008년 1월 17일부터 10년 연장 가동되면서 국내 노후 원전 안전성 논란의 중심에 선 바 있다. 특히 재가동이 시작된 후 설비 노후화로 고장이 잇따르자 환경단체 등은 안전성을 확보하지 못하고 수명 연장이 이뤄졌다고 비판했다. 이에 2015년 6월 국가에너지위원회가 경제성 등을 이유로 영구 정지를 권고했고, 2017년 6월 19일 영구 정지됐다. 고리원전의 운영 허가 만료 시점은 2호기가 2023년 4월, 3호기가 2024년 9월, 4호기가 2025년 8월로 예정돼 있다.

다음 소희 보호법 ▼

"국회 교육위원회가 2월 27일 전체회의를 열어 직업계고 현장 실습생을 직장 내 괴롭힘 등으로부터 보호하기 위한 직업교육 훈련촉진법 개정안, 이른바 「**다음 소희 보호법**」을 통과시켰다. 지난해 발의된 이 개정안은 그동안 소관 상임위에 계류돼 있다가 최근 특성화고 현장 실습생의 죽음을 다룬 영화 〈다음 소희〉가 반향을 일으키면서 논의에 속도가 붙은 바 있다."

직업계고 현장 실습생을 직장 내 괴롭힘 등으로부터 보호하기 위한 직업교육훈련촉진법 개정안의 별칭이다. 현행 직업훈련법은 현장실습에 대해 근로기준법 제54조(휴게), 제65조(사용금지), 제72조(갱내근로의 금지) 및 제73조(생리휴가)를 준용하고 있다. 개정안은 그에 더해 근로기준법에서 근로자를 보호하기 위해 규정하고 있는 제7조

(강제 근로의 금지)와 제76조의2(직장 내 괴롭힘의 금지)에 관한 내용을 직업교육훈련법에 별도 조항으로 적용하도록 했다. 한편, 해당 법안은 최근 특성화고 현장 실습생의 죽음을 다룬 영화 〈다음 소희〉가 사회적으로 반향을 일으키면서 그 논의에 속도가 붙은 바 있다. 이 영화는 지난 2017년 1월 통신사 콜센터에서 고객들의 계약 해지를 막는 업무를 담당했던 특성화고 학생이 일상적 언어폭력과 성희롱, 실적 압박에 시달리다 결국 극단적 선택을 했던 사건을 모티브로 한 것이다.

민식이법

"헌법재판소(헌재)가 2월 27일 어린이보호구역(스쿨존)에서 인명사고를 낸 운전자를 가중처벌하는 내용의 **민식이법**이 헌법상 과잉금지원칙을 침해하지 않는다는 판결을 내렸다. 헌재는 해당 법안이 행동자유권, 신체의 자유, 재산권, 평등권을 침해한다며 제기된 위헌 확인 소송에서 그 입법 목적의 정당성이 인정된다며 재판관 8 대 1 의견으로 기각했다."

2019년 9월 충남 아산의 한 어린이보호구역(스쿨존)에서 교통사고로 사망한 김민식 군(당시 9세) 사고 이후 발의·통과된 법으로, 2020년 3월 25일부터 시행됐다. 법은 ▷어린이보호구역 내 신호등과 과속단속카메라 설치 의무화 등을 담고 있는 「개정 도로교통법」 ▷어린이보호구역 내 안전운전 의무 부주의로 사망이나 상해사고를 일으킨 가해자를 가중처벌하는 내용의 「개정 특정범죄 가중처벌 등에 관한 법률」 등 2건을 지칭한다. 이 가운데 개정 특가법에 따르면 스쿨존 내 안전의무 위반으로 어린이를 사망에 이르게 한 경우에는 무기 또는 3년 이상의 징역에 처하며, 상해에 이르게 한 경우에는 1년 이상 15년 이하의 징역 또는 500만 원 이상 3000만 원 이하의 벌금에 처한다.

벤틀리법(Bentley's law)

음주운전 교통사고로 부모를 잃은 미성년 자녀가 성인이 될 때까지 가해자가 피해자의 양육비를 책임지도록 한 미국의 법이다. 정식 명칭은 「이든, 헤일리, 벤틀리법(Ethan's, Hailey's, and Bentley's law)」이다. 2021년 4월 미국 테네시주에 사는 벤틀리(당시 5세)와 동생 메이슨(당시 3세)은 음주운전 사고로 부모와 생후 4개월의 막냇동생을 잃었다. 이후 벤틀리의 친할머니인 세실리아 윌리엄스는 두 손자의 보호자가 됐고, 이후 미국 전역을 돌며 음주운전 사망사고 가해자가 피해자 자녀의 양육비를 책임지도록 하는 입법 운동을 시작했다. 그렇게 만들어진 법이 손자 이름을 딴 벤틀리법으로, 이는 지난 1월 미국 테네시주에서 처음 시행됐다. 이 법은 유자녀가 18세로 고등학교를 졸업할 때까지 양육비를 지급하고, 액수는 아동의 경제적 필요와 자원, 생활 수준 등 성장환경을 고려해 법원이 정하게 했다. 이는 부모를 잃고 남겨지게 된 아이들을 돕기 위한 것이 주목적이지만 가해자들로 하여금 자신이 저지른 행동의 결과를 깨닫게 하기 위한 차원이기도 하다.

국회 입법조사처는 지난 2월 8일 벤틀리법 도입의 필요성을 제기한 보고서를 발표했으며, 3월 20일에는 송기헌 더불어민주당 의원(원주을)과 김성원 국민의힘 의원(동두천·연천)이 각각 「한국판 벤틀리법」을 대표 발의했다.

새로고침 노동자협의회

2월 21일 발대식을 갖고 출범한 노동조합으로, 생산직 위주였던 기존 노조에서 소외된 직종 근로자들의 권익을 제고하기 위해 출범했다. 이는 전국민주노동조합총연맹(민주노총)이나 한국노동조합총연맹(한국노총)처럼 노동조합법상 연합(상급)단체가 아니라 개별 노조가 모여 만든 협의체라는 특징을 갖고 있다. 무엇보다 조합 구성원부터 임원까지 MZ세대(밀레니얼+Z세대)가 대다수여서 MZ노조로 불리고 있다. 새로고침 노동자협의회 발대식 당시에는 금호타이어 사무직노동조합·부산관광공사 열린노동조합·서울교통공사 올바른 노동조합·LG전자 사람중심 사무직노동조합 등 8개 노조, 6000여 명이 참여했다.

이후 삼성디스플레이 열린노조, 광산구시설관리공단 노조가 추가로 가입하면서 현재 10개 노조 체제로 확대된 상태다.

안락사(安樂死)

"네덜란드 정부가 안락사 허용 연령을 만 12세 미만 어린이로 확대하기로 결정했다고 현지 언론이 4월 14일 보도했다. 네덜란드가 **안락사** 연령 제한을 해제할 경우 벨기에에 이어 전(全) 연령대 안락사를 허용한 두 번째 나라가 된다. 앞서 벨기에가 12세 이상을 대상으로 2002년 5월 안락사를 허용한 데 이어 2014년 2월 연령 제한을 해제한 바 있다."

생존 가능성이 아주 낮은 환자의 고통을 줄이기 위해 인위적으로 생명을 단축시키는 행위를 말한다. 이는 ▷환자에게 약물 투여 등의 방법으로 생명을 중단시키는 처치를 하는 「능동적 안락사(적극적 안락사)」와 ▷환자에게 어떤 의학적 조치를 취하지 않거나 인공호흡기 등 인위적인 생명연장 처치를 중단하는 「수동적 안락사(소극적 안락사)」가 있다. 현재 세계적으로 능동적 안락사는 반대하는 주장이 크지만, 수동적 안락사는 어느 정도 인정하는 경향이다. 또 의사가 직접 환자에게 약이나 주사 등을 시술해 사망에 이르게 하는 것을 「적극적 안락사」로 간주하고, 환자가 의사의 도움을 받아 직접 약이나 주사 등을 통해 삶을 마감하는 방식을 「조력자살(의사조력자살)」로 구분하기도 한다. 적극적 안락사와 조력자살을 모두 허용하는 대표적인 국가로는 네덜란드가 있는데, 네덜란드는 2002년 4월 안락사법을 시행하면서 전 세계에서 가장 먼저 안락사를 합법화한 국가가 된 바 있다.

안전속도 5030

"경찰청이 3월 14일 보행자의 도로 횡단 가능성이 적거나 교량·터널과 같이 보행자 접근이 어려운 구간에 대해 주행 속도 제한을 시속 50km에서 60km로 높이는 방안을 발표했다. 또 간선도로에 있는 어린이보호구역에서도 시간대별로 제한 속도를 올리거나 내리는 탄력적 속도제한을 추진하기로 했다. 이번 조치로 지난 2021년부터 시행된 **안전속도 5030** 정책이 일부 수정되게 됐다."

교통사고가 발생했을 때 사망자를 줄이고 보행자의 안전을 확보하기 위해 도시 지역 내 일반도로는 시속 50km, 주택가 등 주변 이면도로는 시속 30km로 제한속도를 낮추는 정책을 말한다. 2019년 4월 도로교통법 시행규칙이 개정됨에 따라 2년간의 계도기간을 거쳐 2021년 4월 17일부터 전면 시행됐다. 안전속도 5030 정책이 시행됨에 따라 자동차 전용도로와 고속도로를 제외한 일반도로에서는 시속 50km 이내로 운행해야 하며, 어린이·노인·장애인 보호구역과 주택가 등 이면도로에서는 시속 30km 이내로 운행해야 한다. 다만 교통 흐름상 필요하면 시·도 경찰청장이 60km 이내로 적용할 수 있다. 제한속도 위반 시 ▷20km 이내는 과태료 4만 원(범칙금 3만 원) ▷20~40km 이내는 과태료 7만 원(범칙금 6만 원·벌점 15점) ▷40~60km 이내는 과태료 10만 원(범칙금 9만 원·벌점 30점) ▷80km 이하는 과태료 13만 원(범칙금 12만 원·벌점 60점)이 부과된다. 또 80km 이상 초과하면 30만 원 이하 벌금이나 구류를, 100km 이상 초과하면 100만 원 이하 벌금이나 구류 같은 형사처벌 대상이 된다. 특히 상습적으로 과속 운전을 하는 경우에는 1년 이하 징역이나 500만 원 이하의 벌금형을 받을 수 있다.

양간지풍(襄杆之風)

봄철 강원도 양양과 간성 지역에서 자주 나타나는 국지적 강풍으로, 고온 건조하고 속도가 빠른 특성이 있어 강원도 지역 산불이 크게 번지는 원인 중의 하나로 꼽힌다. 이는 양양~고성·간성, 양양~강릉 구간 사이에서 국지적으로 부는 강풍이라는 의미로 양간지풍 또는 「양강지풍(襄江之風)」으로도 불린다. 이는 남쪽에 고기압, 북쪽에 저기압이 놓인 상태에서 서쪽에서 불어온 바람이 고도가 높은 태백산맥을 넘는 순간 압력이 높아지면서 고온건조한 강풍으로 바뀌는 데 따른 것이다. 특히 강원 동해안 지역에서 봄철 자주 일어나는 대형 산불의 원인으로 거론되면서

「화풍(火風)」으로도 불린다. 실제 지난 4월 11일 강릉 난곡동 산불원인과 2019년 고성·속초 산불, 2005년 양양 낙산사를 전소시킨 대형 산불 모두 양간지풍이 원인으로 지목됐다.

연결되지 않을 권리(연결차단권) ▼

"고용노동부가 2월 24일 개최한 근로시간 제도 개편 대국민 토론회에서 「**연결되지 않을 권리(연결차단권)**」 제도화 방안을 모색하겠다고 밝혔다. 연결차단권은 근무시간 외 직장에서 오는 전자우편이나 전화·SNS 메시지 등을 받지 않을 권리로, 정부가 연결차단권을 공식적으로 추진하는 것은 이번이 처음이다."

근무시간 외에 직장에서 오는 이메일이나 전화, 메시지 등을 받지 않을 수 있는 권리를 의미한다. 디지털 시대에 부합하는 사생활 보호와 자유권의 보장이라는 측면에서 새로이 등장한 권리 개념으로, 노동자들의 사생활과 여가시간을 보장하기 위한 것이다. 프랑스의 경우 연결차단권을 세계 최초로 법제화해 2017년부터 시행 중인데, 근로자 50인 이상의 기업은 연결차단권에 관한 노사 협의 내용을 연례 근로시간 협상에 포함하도록 하고 있다. 이탈리아의 경우 정보통신기기 등을 활용해 회사 밖에서 하는 업무를 근로시간으로 인정하고 있다.

엠폭스(mpox) ▼

"질병관리청이 4월 9일 한국인 A 씨가 국내 6번째 **엠폭스** 확진자로 확인됐다고 밝혔다. 특히 A 씨는 앞선 확진자 5명과 달리 해외에 다녀온 적이 없고 해외 유입 확진자와 접촉한 적도 없는 확진자로, 국내 첫 엠폭스 지역사회 감염 발생 사례다."

mpox 바이러스 감염에 의한 인수공통감염병으로, 세계적으로 근절이 선언된 사람 두창(천연두)과 유사하지만 전염성과 중증도는 낮은 바이러스성 질환이다. 사람 간에는 병변과 체액, 호흡기 비말(침방울), 침구 등 오염된 물질과의 접촉을 통해 감염된다. 감염 시 발열·오한·두통·림프절부종 등의 증상이 나타나며, 특이 증상으로는 전신과 손에 퍼지는 수두 유사 수포성 발진이 있다. 잠복기는 보통 6~13일이며, 발현된 증상은 약 2~4주간 지속된다. 세계적으로 엠폭스 치명률은 3~8% 수준이지만, 주로 아프리카 쪽 치명률 비중이 높다. 엠폭스는 주로 아프리카 국가에서 유행해 왔는데, 지난해 5월 영국을 시작으로 세계로 확산된 바 있다. 이에 세계보건기구(WHO)는 같은 해 7월 엠폭스에 대해 최고 경계 수준인 공중보건 비상사태(PHEIC)를 선언했다. 한편, 엠폭스는 본래 명칭이 「원숭이두창」인데 WHO는 지난 2022년 11월 이 명칭이 차별을 유발할 수 있다며 질환명에서 원숭이를 뺀다고 밝혔으며(엠폭스), 다만 원숭이두창이라는 이름을 단계적으로 폐기하기 위해 2023년까지 병기할 수 있도록 했다.

국내에서는 지난해 6월 엠폭수 확진자가 처음으로 나온 바 있으며, 이에 정부는 그해 6월 22일 엠폭스 위기경보 수준을 관심(5월 31일 발령)에서 주의 단계로 상향하고, 대응체계도 질병관리청장을 본부장으로 하는 중앙방역대책본부로 격상한 바 있다. 그리고 4월 9일 국내 첫 엠폭스 지역사회 감염자가 나온 이후 12일과 13일에도 해외 여행력이 없는 7, 8, 9번째 확진자가 추가로 나오면서 지역사회 확산 가능성이 높아졌다. 이에 정부는 4월 13일 0시 기준 엠폭스 감염병 위기경보 수준을 「관심」에서 「주의」로 상향했고, 엠폭스 대책은 질병관리청장이 본부장인 중앙방역대책본부로 격상됐다.

와이파이 셔틀(Wi-Fi Shuttle) ▼

스마트폰이 대중화되면서 등장한 사이버 학교폭력의 한 유형으로, 피해 학생에게 강제로 데이터 무제한 요금제에 가입하도록 시킨 뒤 스마트폰의 테더링이나 핫스폿 기능을 통해 와이파이를 갈취하는 것을 말한다. 여기서 「셔틀」은 가해 학생이 피해 학생에게 주기적으로 심부름을 시키는 것을 뜻하는 은어로, 이전까지는 빵셔틀(빵이나 군것질 심부름을 시키는 것)·가방셔틀(가방을 들도록 시키는 것) 등의 유형이 문제가 돼 왔다. 와이파이 셔틀은 스마트폰과 온라인이 발전하면서 등장한 새로운 유형의 사이버 학폭으로, 가해 학생은 자신의 요금제와 상관없이 피해 학생의 데이터를 무제한으로 쓰면서 괴롭힘을 가한다.

한편, 이와 같은 사이버 학폭은 사이버 불링(Cyber bullying)으로도 불리는데, 이는 소셜

네트워크서비스(SNS)·카카오톡 등 스마트폰 메신저와 휴대전화 문자메시지 등을 이용해 특정인을 집요하게 괴롭히는 행위를 가리킨다. 대표적으로 ▷단체 채팅방 등에 피해 대상을 초대한 후 단체로 욕설을 퍼붓는 「카따(카카오톡 왕따)」 ▷피해 대상을 대화방으로 끊임없이 초대하는 「카톡 감옥」 ▷단체방에 피해 대상을 초대한 뒤 한꺼번에 나가 혼자만 남겨두는 「방폭」 ▷현금화가 가능한 모바일 기프티콘을 특정인에게 계속 전송하도록 강요하는 「기프티콘 결제 강요」 등이 이에 해당한다.

월례비(月例費) ▼

"국토교통부가 2월 21일 국무회의에서 **월례비**, 채용 강요, 금품 요구, 태업 등에 대한 근절과 처벌 강화 등을 핵심으로 한 「건설현장 불법·부당행위 근절 대책」을 보고했다. 이에 따르면 정부는 노조 전임비를 받거나 월례비를 수취하는 경우 형법상 강요·협박·공갈죄를 적용해 즉시 처벌한다. 또 기계 장비로 공사 현장을 점거하는 경우에는 형법상 업무방해죄를 적용하기로 했다."

건설현장에서 시공사(하도급 건설사)가 타워크레인 기사 등에게 의례적으로 제공하는 수고비를 뜻한다. 즉 건설업체가 타워크레인 기사에게 위험작업 등을 부탁하면서 급여 외 별도로 지급하는 웃돈을 가리킨다. 공중에서 자재를 들고 옮기는 타워크레인은 산업재해 위험요인이 많아 안전수칙상 부분동작(한 번에 한 동작)만 가능하고 기상 악천후 때는 아예 작업이 불가능하다는 특징이 있다. 타워크레인 기사는 보통 타워크레인 업체와 고용계약을 맺어 월급을 받는데, 건설업체가 공기 단축 등을 위해 돌발 작업이나 위협작업 등을 크레인 기사에게 요청하면서 월례비가 관행으로 굳어졌다. 한편, 광주고법 민사1-3부는 지난 2월 월례비가 부당이득이라는 1심 판결을 깨고 관행에 따른 임금의 일종으로 인정하는 판결을 내놓은 바 있다.

국토부는 3월 12일 타워크레인 기사가 고의로 저속 운행을 하는 등 불법·부당행위를 하면 면허 정지를 할 수 있도록 세부 기준을 마련했다고 밝혔다. 이는 월례비를 받는 타워크레인 기사들의 면허를 정지하겠다는 정부 발표 이후 건설 현장 곳곳에서 태업이 발생한 데에 따른 것이다.

인구로 보는 대한민국 ▼

"통계청이 2월 27일부터 국가통계포털(KOSIS) 통계 시각화 콘텐츠인 「**인구로 보는 대한민국**」 서비스를 새롭게 제공한다고 밝혔다. 이는 인구구조의 변화가 사회·경제에 미치는 영향에 대해 이용자가 다양한 방법을 통해 경험하고 이를 바탕으로 미래를 전망할 수 있도록 개편됐다."

통계청이 인구의 과거·현재·미래 변화를 한눈에 살펴볼 수 있도록 공개한 국가통계포털(KOSIS) 통계 시각화 콘텐츠이다. KOSIS 통계 시각화 콘텐츠는 정보의 양이 방대한 텍스트 위주의 통계에서 핵심정보를 추려 누구나 쉽게 이용하고 이해할 수 있도록 도표·애니메이션·인포그래픽과 같은 시각적 요소로 표현한 콘텐츠다. 우선 고령화·다문화 등 인구구조의 변화와 함께 연관된 서비스 지표를 기존 13종에서 142종으로 확대했다. 구체적으로 인구의 과거·현재·미래 변화를 먼저 한눈에 살펴보고(인구상황판), 주제별로 연관된 지표를 관계도맵·러닝차트 등을 통해 보다 직관적으로 비교·분석(인구이야기, 인구더보기)할 수 있도록 재구성했다. 또 시계열 조정, 연관통계표 조회 등 편의기능을 추가하고, 최신 디자인 트렌드를 반영해 이용자 친화적인 그래픽 중심 서비스로 전환했다. 아울러 그래프와 애니메이션 등을 활용해 이해도를 높인 시각화 콘텐츠를 기존 13종에서 10배 이상 늘렸다. 또 국민의 관심도가 높고 영역별 대표성을 가진 통계지표 100개를 선정해 중요한 정보만을 간편하게 압축·제공하는 100대 지표 서비스도 개편했다.

입원전담전문의(Hospitalist) ▼

수술이나 외래 진료를 하지 않고 병동에 상주하며 입원 환자를 돌보는 일을 전담하는 전문의로, 「호스피털리스트(Hospitalist)」라고도 한다. 즉 입원부터 퇴원까지 진료를 책임지고 전담하는 전문의로 특히 수술 후 환자 예후를 살피는 치료를 중점적으로 수행한다. 입원전담전문의제도는 2017년 12월부터 시행된 「전공의의 수련환경 개선 및 지위 향상을 위한 법률(전공의법)」에 발맞춰 의료인력 업무 과중을 해소하고 입원환자에 대한 의료서비스 제고, 환자안전 보장 등을 위해 시범사업으로 시행됐다. 이는 2017년부터 4년간의 시범사업 기간을 거쳐 2021년 1월 본사업으로 전환됐다. 특히 시범 운영 초기 8가지였던 운영 형태는 현재 ▷주간 5일 운영(1형) ▷주간 7일 운영(2형) ▷주간 7일 24시간 운영(3형)으로 간소화돼 운영되고 있다.

입원전담전문의 제도는 2017년 처음 시작됐으나 지난해 말 기준으로 활동 중인 입원전담전문의는 346명에 불과한 상태다. 이는 6만 명 안팎에 이르는 입원전담전문의가 있는 미국에 비하면 매우 부족한 상태다.

중대재해처벌법(重大災害處罰法) ▼

"의정부지법 고양지원 형사4단독 김동원 판사가 4월 6일 중대재해법 위반(산업재해 치사) 혐의로 기소된 온유파트너스에 벌금 3000만 원을, 회사 대표에게 징역 1년6월에 집행유예 3년을, 공사현장 안전관리자에게 벌금 500만 원을 각각 선고했다. 회사 대표에게 **중대재해법**을 적용해 징역형의 1심 결과가 나온 것은 이번이 처음이다."

사업 또는 사업장, 공중이용시설 및 공중교통수단을 운영하거나 인체에 해로운 원료나 제조물을 취급하면서 안전·보건 조치의무를 위반하여 인명피해를 발생하게 한 사업주, 경영책임자, 공무원 및 법인의 처벌 등을 규정한 법이다. 현행 산업안전보건법이 법인을 법규 의무 준수 대상자로 하고 사업주의 경우 안전보건 규정을 위반할 경우에 한해서만 처벌을 하는 데 반해, 중대재해처벌법은 법인과 별도로 사업주에게도 법적 책임을 묻는다는 데서 우선 차이가 있다. 이 법은 2021년 1월 8일 국회를 통과해 2022년 1월 27일부터 시행에 들어갔다. 다만 5인 미만 사업장은 처벌 대상에서 제외되며, 50인 미만 사업장은 공포 뒤 2년 동안 법 적용을 유예받게 돼 2024년부터 적용된다.

카공족 ▼

카페에서 공부하는 사람들을 가리키는 용어로, 책이나 노트북 등을 지참한 채 카페로 와 공부하는 사람들을 일컫는다. 카공족은 카페가 도서관이나 독서실보다 접근성이 좋은 데다, 카페에서 들리는 적절한 백색소음과 무료로 와이파이를 제공하는 매장이 늘어나면서 함께 증가하기 시작했다. 그러나 카공족들이 장시간 자리를 차지하고 이로 인해 매출에 영향을 받는 업체들이 늘어나면서 점차 사회적 이슈로 부상하기 시작했다. 특히 올해 들어 원두나 우유 등 원부자재 값이 상승하고 소비침체 등으로 운영난에 처한 매장들이 늘어나면서 이를 둘러싼 논쟁이 심화되고 있다. 이에 일부 매장에서는 카공족의 출입을 막기 위해 매장 이용 시간을 2~3시간으로 제한하거나 노 스터디 존을 운영하는 방식을 시행하고 있다.

탄소 크레디트 ▼

"3월 7일 산업계에 따르면 대한상공회의소가 3월 탄소배출권 인증 사업을 시작하고 「자발적 탄소시장(VCM·Voluntary Carbon Market)」을 개설한다. 자발적 탄소시장은 개인, 기업, 비영리단체 등 다양한 참여자가 **탄소 크레디트**를 사고팔 수 있는 민간 탄소시장이다."

외부 온실가스 감축 활동, 산림 조성 등을 통해 달성한 배출량 감축분을 인증기관의 검증을 거쳐 시장거래가 가능하도록 발급한 인증서다. 이는 공적 크레디트와 민간 크레디트로 구분되는데, 민간 크레디트는 기업들이 주체적으로 탄소 감축량을 사고파는 적극적인 활동을 가리킨다. 민간 차원의 탄소저감 크레디트 시장은 미국 등 해외에서는 활성화돼 있는데, 대표적으로 미국의 비영리법인 베라와 스위스의 골드스탠더드가 운영하는 거래소를 들 수 있다.

토마틴(Tomatine) ▼

토마토 생장기에 자연적으로 생성되는 물질로, 성숙 과정에서 자연적으로 분해되는 물질이다. 토마틴은 열매가 숙성되면서 자연적으로 분해되지만 덜 익은 토마토가 저온이나 한파에 노출될 경우 다 익은 상태에서도 토마틴이 남아 있

을 수 있다. 토마틴은 토마토가 덜 익어 녹색 빛깔일수록 많고, 잘 익어 붉은 빛깔일수록 적게 함유돼 있다. 이러한 토마틴 성분이 남아 있는 토마토를 섭취하면 쓴맛이 느껴지고 일부에서는 구토나 복통을 유발하기도 한다. 다만 토마틴은 사람 장에서는 흡수가 잘 되지 않고 대부분 배출되기 때문에 증상이 오래가지는 않는다. 특히 토마틴은 커피나 홍차의 풍미 향상 및 불쾌한 쓴맛이나 신맛을 완화시켜 주는 효과가 있어 감미료 등으로 사용되기도 하며, 세균과 진균에서 독성을 나타내는 성질이 있어 화농성 여드름 피부 등에 효과가 있다고 알려져 있다.

지난 2~3월 강원 원주·경기 용인·서울 등 5곳의 어린이집과 유치원 등에서 급식으로 제공된 방울토마토를 섭취한 일부 어린이들이 구토와 복통을 호소하는 식중독 의심 신고가 접수됐는데, 그 원인으로 토마틴이 지목된 바 있다. 해당 방울토마토의 유통경로를 추적한 결과 모두 HS2106 품종으로 확인됐는데, 이 품종이 2023년 초 평년보다 낮은 온도에 노출되며 토마틴이 유독 많이 생성됐고 충분히 익은 후에도 토마틴 성분이 남아 쓴맛과 구토 등을 유발한 것으로 전문가들은 추정했다.

특별재난지역(特別災難地域) ▼

"윤석열 대통령이 4월 12일 대형 산불로 큰 피해가 발생한 강원 강릉시를 **특별재난지역**으로 선포했다. 앞서 4월 11일 강릉에서는 대형 산불이 발생해 축구장 면적 530개에 이르는 산림 379ha가 잿더미가 됐다."

대형 사고나 자연재해 등으로 피해를 입은 지역의 긴급한 복구 지원을 위해 대통령이 선포하는 지역을 말한다. 특별재난지역은 「재난 및 안전관리 기본법」에 따라 자연·사회 재난을 당한 지역에서 지방자치단체 능력만으로 수습하기 곤란해 국가적 차원의 지원이 필요하다고 인정되는 경우에 지정될 수 있다. 특별재난지역으로 선포되면 해당 지역에 대해 피해조사를 벌인 뒤 복구계획을 수립하게 되며, 대통령령이 정하는 응급 대책 및 재해 구호와 복구에 필요한 행정·재정·금융·세제 등의 특별 지원을 받을 수 있다. 특히 각종 피해 복구비의 50%가 국비로 지원되므로 지방자치단체의 재정 부담을 줄일 수 있다.

티슈 인맥 ▼

한 번 뽑아서 쓰는 티슈처럼 자신이 필요할 때만 소통하고 필요 없으면 미련 없이 버리는 일회성 인간관계를 가리키는 말로, 스마트폰 및 SNS 발달과 함께 두드러진 현상 중 하나라 할 수 있다. 이와 같은 티슈 인맥이 등장한 데에는 인간관계에서 오는 스트레스 때문이라는 분석이 높다. 즉, 억지로 인맥을 유지하며 관리하는 것에 피로를 느낀 현대인들이 자신의 뜻이나 생각과 맞지 않는 상대와는 더 이상 만남을 지속하지 않아도 된다는 점 때문에 일회성 인간관계를 선호한다는 것이다. 또 모바일 메신저와 SNS의 발달로 관계 맺기가 쉬워졌다는 점, 혼밥·혼술 등 혼자만의 시간을 즐기는 경향이 늘어난 점 등도 티슈 인맥의 등장과 관련이 깊다.

포괄임금제(包括賃金制) ▼

"고용노동부가 익명 신고된 **포괄임금**·고정OT(Overtime) 오·남용 의심 사업장 87곳에 대해 4월 7일 즉시 감독에 착수해 5월까지 기획감독을 실시한다고 6일 밝혔다. 포괄임금은 근로기순법상 제도가 아니라 판례에 의해 형성된 임금 지급 계약 방식으로, 공짜 야근·장시간 근로·근로시간 산정 회피 등의 원인으로 지적돼 왔다. 고용부는 온라인 신고 내용을 바탕으로 공짜 야근과 장시간 근로, 근로시간 조작 및 기록·관리 회피, 연차 휴가 사용 실태 등을 집중 점검할 방침이다."

근로계약 체결 시 법정기준 노동시간을 초과한 연장, 야간근로 등이 예정되어 있는 경우 계산 편의를 위해 노사합의를 바탕으로 연장, 야간, 휴일수당을 미리 정해 매월 급여와 함께 지급하는 임금 산정 방식을 말한다. 본래 임금 산정 방식의 원칙은 사용자가 근로자의 기본임금을 정하고 이에 연장근로수당·야간근로수당·휴일근로수당 등의 시간외근로수당을 합산해 지급하는 것이다. 그러나 포괄임금제는 근로형태나 업무의 성질에 따라서 근로시간이 불규칙하거나 노동자가 재량으로 근로시간을 정할 수 있는 경우 시간외근로 수당을 명확하게 확정짓기 어렵기 때문에 인정된다. 또한 계산의 편의 또는 직원의 근무 의욕 고취를 목적으로도 지급되는 경우도 있다. 포괄임금제는 근로자의 승낙하에 기본임금에 제수당이 포함돼 지급된다는 내용이 명시된 근로계약서로 체결돼야 한다. 또한 근로자에게 불이익이 없어야 하므로 포괄임금제에 따라 지급받은 수당액이 실제로 시간외근로를 한 수당액보다 적은 경우에는 무효라고 할 수 있다.

한랭응집소병(CAD · Cold Agglutinin Disease) ▼

적혈구 파괴가 반복적으로 일어나는 극희귀 자가면역 혈액 질환으로, 정상체온하에서 보체가 활성화되면서 「한랭응집소(Cold Agglutinin)」라는 자가항체가 적혈구에 결합하며 발생한다. 이는 비이상적으로 적혈구가 파괴되는 현상인 용혈을 일으키며, 이러한 용혈이 지속·반복될 경우 치명적 빈혈, 호흡곤란, 혈색소뇨증 등 다양한 증상이 발생된다. 특히 한랭응집소병은 일상생활 중 조금의 냉기만 있다면 관련 증상들이 발생하며 일상생활에 제약을 가해 「온도 감옥」이라 불리기도 한다. 한랭응집소병 환자들은 여름에는 에어컨, 겨울에는 낮은 외부온도에 따른 영향으로 극심한 피로를 겪는 등 증상이 악화되는 경우가 많다. 한랭응집소병은 인구 100만 명당 약 1명에게 발생하는 극희귀질환으로, 유병률은 기후에 따라 5~20여 명으로 추정되고 있다. 다만 우리나라의 경우 해당 질환에 대한 질병코드가 없어 환자 수 집계조차 불가능한 상황이다. 더욱이 이 병은 진단도 어렵지만 진단이 이뤄진다 하더라도 국내에는 한랭응집소병에 허가된 약이 없어 치료가 제한적이다. 한랭응집소병은 진단 5년 후 환자 10명 중 4명가량(39%)이 사망하는 것으로 보고돼 있으며 평균 생존 기간도 8.5년에 불과하다.

문화·스포츠

〈검정고무신〉 ▼

"문화체육관광부가 최근 이우영 작가의 사망으로 저작권 문제가 논란이 된 만화 〈검정고무신〉 사태와 관련해 특별팀을 구성하고 조사에 나선다고 3월 30일 밝혔다. 이번 조사는 지난 3월 28일 한국만화가협회가 불공정 계약으로 **〈검정고무신〉** 원작자 권리가 침해됐다는 취지로 예술인 신문고에 신고하면서 이뤄진 것이다."

1992년부터 2006년까지 14년 동안 만화 잡지 《소년챔프》에 연재된 만화로, 국내 최장기 연재 기록을 쓴 작품이다. 〈검정고무신〉은 1960년대 서울을 배경으로 중학생 기철이와 초등학생 기영이 형제의 성장을 비롯해 가난하지만 따뜻한 가족들의 이야기를 코믹하게 담아내고 있다. 이후 〈검정고무신〉은 45권짜리 단행본으로도 출간됐으며, 만화의 인기에 힘입어 애니메이션 제작과 캐릭터 사업 등으로도 이어졌다. 그리고 이 작품을 그렸던 이우영 작가는 1995년 한국만화문화상 신인상을 수상했다. 하지만 이우영 작가는 수년간 저작권 분쟁을 겪다가 지난 3월 12일 극단적 선택을 한 것으로 알려지며 많은 충격을 안겼다. 특히 고인이 애니메이션 제작에 있어 제작업체와 저작권 관련 소송 문제로 어려움을 겪은 것으로 알려지면서 저작권법 개선의 필요성이 제기됐다. 이에 웹툰협회는 3월 21일 성명을 통해 국회와 협력해 저작권자 보호를 강화하는 「저작권법 개정안(이우영법)」에 나선다고 밝혔다.

김진규 필 묵매도(金鎭圭 筆 墨梅圖) ▼

"국립광주박물관과 국외소재문화재재단이 4월 4일 조선 후기 최대 서화첩 〈석농화원(石農畵苑)〉에 수록됐다고 기록만 전해지던 **김진규 필 〈묵매도(墨梅圖)〉** 등 조선 후기 귀중 회화 4건이 미국에서 돌아왔다고 전했다. 이는 작품들을 소장해온 허민수 씨(1897~1972)의 미국인 며느리 게일 허 여사(84)가 국립광주박물관에 기증한 데 따른 것이다. 특히 김진규의 〈묵매도〉는 지난 2013년 새롭게 알려진 〈석농화원〉 필사본 1권에 제목과 그림의 평만 전해져오다 이번에 실제 작품이 발견됐다는 점에서 큰 의미가 있다."

조선 후기 문인 김진규(1658~1716)의 작품으로, 매화 나뭇가지 위에 앉은 새의 모습을 먹의 농담(濃淡)으로 그려낸 모습이다. 묵매도(墨梅圖)는 조선 후기 최고의 서화 수장가였던 김광국(1727~1797년)의 화첩 〈석농화원(石農畫苑)〉에 수록된 것으로 알려졌던 작품들인데, 석농화원은 김광국이 일생 동안 모은 고려~조선과 중국, 일본 등의 그림을 한데 모은 대규모 서화집이다. 앞서 2013년 고서 경매를 통해 새롭게 알려진 석농화원 필사본 1권에는 화첩에 수록된 그림 267점의 제목과 김광국의 화평이 기록돼 있는데, 특히 김진규의 묵매도에 대해 「귀한 그림이니 소중히 아끼라」는 화평이 적혀 있다.

누누티비 ▼

"불법 온라인 동영상 스트리밍 사이트 **누누티비**가 4월 14일부터 서비스를 종료한다고 밝혔다. 누누티비 측은 걷잡을 수 없는 트래픽 요금 문제와 사이트 전방위 압박에 서비스를 종료한다고 밝혔으나, 정부가 경찰 수사와 접속경로 수시 차단 등의 강한 압박에 나서면서 결국 서비스 중단을 선택한 것으로 보인다."

2021년 6월부터 서비스를 시작한 불법 온라인 동영상 스트리밍 사이트이다. 누누티비는 파라과이, 도미니카공화국 등 남미 국가에 서버를 둔 채 국내 온라인동영상서비스(OTT) 콘텐츠와 드라마, 영화 등을 불법으로 제공했으며 불법 도박사이트 광고 등을 통해 수익을 내왔다. 누누티비는 개설 이후 국내외 유료 OTT의 신작 콘텐츠 공개 즉시 스트리밍이 이뤄지며 많은 문제가 됐는데, 특히 〈더글로리〉·〈길복순〉 등 화제작을 불법으로 제공해 이용자를 끌어모았다. 이에 불법 콘텐츠 대응 기구인 방송통신심의위원회가 URL(인터넷주소) 차단에 나섰지만 누누티브는 도메인 변경 등의 수법으로 운영을 지속해왔다. 누누티비 서비스 기간 월간 활성 이용자수(MAU)는 1000만 명 이상, 누누티비로 인한 피해액은 약 5조 원에 이르는 것으로 추정된다.

리그 오브 레전드 월드 챔피언십(League of Legends World Championship) ▼

미국 게임회사 라이엇 게임즈(Riot Games)가 2011년부터 매년 연말에 개최하고 있는 세계 최대 규모의 e스포츠 대회를 말한다. 우리나라에서는 비공식적으로 축구 월드컵에 빗대 「롤드컵」이라 부르기도 한다. 리그 오브 레전드(LOL·League of Legends)는 라이엇 게임즈가 2009년 개발한 PC 온라인 게임으로, 5명의 챔피언으로 구성된 양 팀이 서로의 진영을 파괴하기 위해 싸우는 전략게임이며 포지션은 탑·정글·미드·바컴·서포터로 구성된다. 롤드컵은 한국 리그인 LCK를 비롯해 LPL(중국)과 LCS(북미), LEC(유럽) 등 지역별 리그에서 상위권을 차지한 22개 팀이 모여 세계 최강팀을 가리며, 총 상금은 약 29억 원이다. 한편, 한국은 지금까지 12번 개최된 이 대회에서 7차례 우승하며 가장 많은 우승 횟수를 기록 중이며 이어 중국이 3차례(2018, 2019, 2021) 우승으로 그 뒤를 잇고 있다.

라이엇 게임즈가 「리그 오브 레전드 2023 월드 챔피언십(롤드컵)」 개최국을 한국이라고 밝힌 가운데, 개최 도시가 서울과 부산으로 확정됐다. 이에 따르면 결승전은 서울에서, 준결승전은 부산에서 진행된다. 이로써 한국은 2014년과 2018년에 이어 총 3회째 롤드컵을 개최하게 됐다.

벨로시티 글로벌 임팩트 어워드(Velocity Global Impact Award) ▼

"미국여자프로골프협회(LPGA)가 세계 여성의 날을 기념해 진행한 팬 투표에서 **벨로시티 글로벌 임팩트 어워드** 초대 수상자로 전인지(29)가 선정됐다고 3월 8일 발표했다. 전인지는 2015년 US여자오픈 우승 직후 「전인지 랭커스터 CC 장학재단」을 설립한 공로를 인정받았으며, 해당 재단은 랭커스터 CC 직원과 부양가족, 캐디 등에게 장학금을 지원하고 있다. 한편, 전인지와 함께 최종 후보에 오른 선수는 리젯 살라스와 머라이어 스택하우스(이상 미국)였다."

골프 발전에 이바지하고 사회 환원 등으로 다음 세대 선수에게 긍정적인 영향을 줄 것으로 기대되는 선수의 공헌을 기리기 위해 올해 창설된 상이다. 미국여자프로골프협회(LPGA)와 벨로시티

글로벌 임팩트 어워드 위원회가 선정한 3인의 후보 중 팬 투표를 통해 1위에 오른 선수가 최종 우승자가 되며, 결과는 세계 여성의 날인 3월 8일에 발표된다. 수상자와 수상자가 지정하는 자선단체에 각각 10만 달러의 상금이 전달되며, 우승자 외에 최종 후보에 오른 2인에게도 각각 2만 5000달러의 상금이 동일한 방식으로 수여된다.

볼로냐 라가치상(Bologna Ragazzi Award) ▼

"문화체육관광부가 3월 6일 국내 그림책 작가 4명의 작품이 「2023 **볼로냐 라가치상**」 수상작으로 선정됐다고 밝혔다. 문화체육관광부에 따르면 ▷이지연 작가의 〈이사가〉가 픽션 부문 ▷미아 작가의 〈벤치, 슬픔에 관하여〉가 오페라 프리마 부문 ▷김규아 작가의 〈그림자 극장〉과 5unday·윤희대 작가의 〈하우스 오브 드라큘라〉가 만화(중등, 만 9~12세) 부문 우수상(스페셜 멘션)에 각각 선정됐다."

아동문학계의 노벨상으로 불리는 권위 있는 상으로, 1966년 제정돼 현재에 이르고 있다. 이탈리아에서 매년 3월 열리는 세계 최대 규모의 어린이 책 도서전인 「볼로냐 아동도서전(Bologna Children's Book Fair)」에서 한 해 동안 전 세계에서 출간된 어린이 도서 가운데 각 분야의 최고 아동서를 대상으로 수여된다. 시상 부문은 ▷픽션·논픽션·뉴호라이즌(새롭고 혁신적인 책) ▷오페라 프리마(작가의 첫 작품) ▷포토그라피(사진 활용 그림책) ▷만화(만 6~9세, 만 9~12세, 만 13세) 등으로 나누어 분야별 대상 1권과 우수상(스페셜 멘션상) 2~3권을 선정한다. 지난 2011년 2월 볼로냐 아동도서전에서 한국 작가 김희경 씨의 그림책 〈마음의 집〉이 논픽션 부분 대상을 수상, 한국 작가로는 첫 대상 수상자가 된 바 있다.

부석사 금동불(浮石寺 金銅佛) ▼

높이 50.5cm·무게 38.6kg의 고려 불상으로, 충혜왕이 즉위한 1330년에 제작된 것으로 추정되는 관세음보살좌상이다. 이는 우리나라 절도범이 2012년 10월 일본 나가사키현 쓰시마섬 관음사에 봉안돼 있던 불상을 훔치면서 우리나라에 반입됐다. 이후 일본 정부와 관음사는 유네스코 협약에 따라 불법 반출된 고려불상을 돌려 달라고 한국 정부에 요구했다. 이에 충남 서산 부석사는 「1330년경 서주(서산의 고려시대 명칭)에 있는 사찰에 봉안하려고 이 불상을 제작했다.」는 불상 결연문을 토대로 왜구에게 약탈당한 불상인 만큼 원소유자인 부석사로 돌려 달라는 소송을 냈다.

이후 2017년 1심 판결은 여러 증거를 토대로 왜구가 비정상적 방법으로 불상을 가져갔다고 보는 게 옳다는 취지로 부석사 측 승소 판결을 내렸다. 하지만 지난 2월 2심에서는 당시 부석사가 현재의 부석사와 동일한 종교단체라는 입증이 되지 않아 소유권을 인정하기 어렵고, 일본 관음사가 1953년부터 도난당하기 전인 2012년까지 60년간 불상을 점유했기 때문에 취득시효(20년)가 인정돼 소유권이 인정된다는 판결을 내리며 원고의 청구를 기각했다. 이에 부석사 측은 판결에 불복해 상고하겠다는 입장을 밝혔으며, 이로써 불상 소유권에 대한 최종 판결은 대법원에서 가려지게 됐다.

부커상(Booker Prize) ▼

"**부커상** 심사위원회가 4월 18일 우리나라 작가 천명관(59)의 〈고래〉를 2023 부커상 인터내셔널 부문 최종 후보로 선정했으며, 이 작품을 영어로 번역한 김지영 번역가도 함께 명단에 올랐다. 〈고래〉는 한국의 외딴 마을을 배경으로 세 여인의 파란만장한 인생사를 다룬 작품으로, 한국의 탈근대 사회로의 급속한 변화 과정을 풍자한 소설이다. 부커상 수상작은 5월 23일 런던에서 열리는 시상식을 통해 공개된다."

1969년 영국의 부커사(Booker)가 제정한 문학상으로, 노벨문학상·프랑스 공쿠르상과 함께 「세계 3대 문학상」으로 손꼽힌다. 이는 영어로 창작돼 영국에서 출간된 책 중에서 수상작을 선정하는 부커상과, 영어로 번역된 영국 출간 작품에 상을 수여하는 부커상 인터내셔널 부문으로 나뉜다. 부커상은 초기에는 영연방 국가 출신 작가들이 영어로 쓴 소설로 후보 대상을 한정했지만, 2014년부터는 작가의 국적과 상관없이 영국에서 출간된 영문소설은 모두 후보가 될 수 있도록 했다. 부커상 인터내셔널 부문은 2005년 신설돼 격년제로 운영되다가 2016년부터 매년 시상하며 작가와 번역자에게 상을 수여한다.

한편, 우리나라에서는 소설가 한강이 지난 2016년 〈채식주의자(The Vegetarian)〉로 아시아인 최초이자 최연소로 맨부커 인터내셔널상을 수상했으며, 이 작품을 번역한 영국인 번역자 데버러 스미스도 공동 수상자로 이름을 올린 바 있다. 이 밖에 ▷2018년에는 한강의 〈흰〉이 최종 후보 ▷2019년에는 황석영의 〈해질 무렵〉이 1차 후보 ▷2022년에는 정보라의 〈저주토끼〉와 박상영의 〈대도시의 사랑법〉이 각각 최종 후보와 1차 후보에 이름을 올린 바 있다.

3월의 광란(March Madness) ▼

미국대학스포츠협회(NCAA)가 매년 3월 주최하는 전미 대학농구선수권 결승 토너먼트로, 1938년 출범해 현재에 이르고 있다. 3월의 광란이라는 별칭은 이 토너먼트가 재학생과 동문은 물론 지역 주민의 열광적인 응원 열기를 일으키는 데서 붙여진 것이다. 이 대회에 미국인들이 열광하는 이유는 미 전역을 서부·중서부·동부·남부 등 4개 지구로 나눠 이 가운데 68개 대학이 출전하는 대규모인 데다, 패배할 경우 그대로 탈락하는 토너먼트 방식의 승부로 이변이 속출하기 때문이다.

경기는 동부·서부·남부·중서부의 4개의 지구로 나뉘어 진행되는데, 32개의 각 지역 컨퍼런스에서 우승한 팀에 자동출전권이 주어지고, 나머지 36개 팀은 NCAA 선정위원회에서 각 팀의 시즌 전적과 RPI(Rating Percentage Index) 등을 고려해 결정한다. 토너먼트는 68개 팀 중 최하위 8개 팀이 맞붙는 「퍼스트 포(First Four)」로 시작되며, 여기서 우승한 4개 팀이 64강 대진에 합류한다. 이후의 ▷16강을 「스위트 식스틴(Sweet Sixteen)」 ▷8강을 「엘리트 에이트(Elite Eight)」 ▷각 지구별 1위 팀끼리 겨루는 4강을 「파이널 포(Final Four)」 ▷결승을 「챔피언십(Championship)」이라고 한다. 한편, 이 대회의 최다 우승 학교는 통산 우승 11회를 기록한 UCLA(University of California Los Angeles)이다.

프린스턴대가 3월 19일 미국 캘리포니아주 새크라멘토 골든원센터에서 열린 NCAA 남자 농구 디비전1 토너먼트 남부지구 2회전에서 미주리대를 이기며 1967년 이후 56년 만에 16강에 진출했다. 특히 미국 북동부 지역 8개가 모인 아이비리그 소속 학교가 16강에 오른 것은 2010년 코넬대 이후 13년 만이다.

샐러리캡(Salary Cap) ▼

프로 구단이 선수에게 지불할 수 있는 연봉총액 상한제로, 미국 프로농구협회(NBA)가 1984년 처음 도입했다. 프로선수는 구단과 개인적으로 연봉계약을 맺고 자신이 받는 급여를 결정하는데, 이때 스타플레이어의 연봉이 지나치게 높아져 구단이 감당하기 힘들거나 돈 많은 구단이 돈을 앞세워 최고 수준의 선수를 독점하게 될 경우 팀 간의 실력 차가 커지면서 재미없는 경기가 진행될 가능성이 있다. 샐러리캡은 이에 따라 도입된 제도로, 상한액을 절대로 초과하면 안 되는 「하드캡(Hard Cap)」과 넘어설 경우 일정 부분 페널티를 받는 「소프트캡(Soft Cap)」으로 나뉜다. 우리나라에서는 프로농구와 프로배구가 출범 때부터 샐러리캡 제도를 적용했으며, 프로야구에는 올해부터 도입됐다.

FA 보수 상한제 적용 리그

구분	적용 내용
미국프로농구(NBA)	• 샐러리캡의 35%(10년차 이상) • 샐러리캡의 30%(7~9년차) • 샐러리캡의 25%(6년차 이하)
한국프로배구 여자부	샐러리캡의 25%
한국프로농구 여자부	3억 원(수당 별도)

성변측후단자(星變測候單子)

"한국천문연구원이 3월 23일 조선시대 천문관측 국가 공공기록물인 「**성변측후단자**」의 유네스코 세계기록유산 등재를 추진한다고 밝혔다. 추진위가 유네스코에 등재하려는 것은 1664년, 1723년, 1759년에 쓰인 총 3건의 혜성 관측 기록으로, 이 가운데 추진위가 가장 주목하고 있는 내용은 1759년(조선 영조 35년)에 쓰인 핼리혜성 기록이다. 이는 총 35명의 천문 관료가 25일 동안 핼리혜성을 관측해 그 이동 경로·위치·밝기·색깔·형태 등을 세세하게 기록했으며, 특히 왕실 산하 관청이 관측한 핼리혜성 자료 중에서는 세계에서 가장 오래된 기록이라는 점에서 조선의 천문학 수준을 보여주는 귀중한 기록유산이다."

조선의 천문(天文)·지리(地理)·역산(曆算)·측후(測候) 등을 담당하는 관서였던 관상감(觀象監)에서 작성한 천문관측 국가 공공기록물로, 성변측후단자에는 날짜별로 출현한 별이 보이는 위치와 변화 과정, 관측자의 이름 등이 기록돼 있다. 측후단자는 관측되는 즉시 측후관원들에 의해 기록되고 조정에 보고돼 국사를 도모하는 데 활용됐다. 때문에 《승정원일기》에 있는 기록이 보존돼 있는 측후단자의 내용 중에서는 가장 그 양이 풍부하며, 원문이 거의 완전하게 전개된다. 특히 단자에 기록된 천체의 위치는 북극에서의 각거리와 동양의 별자리인 28수(宿)의 거성에서 떨어진 각도로 표시했는데, 이는 현대 천문학의 천체 위치 표시 방법과 유사하다.

△「성변측후단자」에 실린 1759년 핼리혜성 관측 기록(출처: 한국천문연구원)

소싸움

"올해 첫 전국 소싸움 대회인 「제21회 창원 전국 민속 소힘겨루기 대회」가 3월 16일부터 20일까지 경남 창원시 북면 특설경기장에서 열렸다. 이번 대회는 2019년 아프리카돼지열병과 2020~2022년 코로나 19로 인해 중단됐다가 5년 만에 다시 열린 것으로, 전국에서 소 135마리가 출전했다. 창원시는 이번 대회 기간 중 3만 명 이상이 경기장을 찾았다고 추산했다."

두 마리의 수소가 일대일로 맞붙어 승부를 겨루는 민속놀이로, 소를 중요한 경작 수단으로 여겼던 농경문화의 산물이다. 소싸움은 머리를 맞대고 밀어붙이는 밀치기라는 기본 방식을 비롯해 ▷머리를 세게 부딪치는 머리치기 ▷상대 목을 들이받는 목치기 ▷뿔을 걸어서 누르거나 들어 올리는 뿔걸이 등 다양한 기술이 허용되며, 경기 중 뒤로 물러서거나 달아나는 소가 생기면 경기는 끝난다. 지름 30m의 원형 경기장에서 50~60cm 두께로 모래흙을 깔고 진행하는 대회 방식은 1979년대 초반 확립됐다. 대회는 소의 무게에 따라 ▷대백두(900kg 초과) ▷소백두(800kg 초과~900kg) ▷대한강(750kg 초과~100kg) ▷소한강(700kg 초과~750kg) ▷대태백(650kg 초과~700kg) ▷소태백(650kg 이하) 등 6개 체급으로 치르거나, 백두급·한강급·태백급의 3개 체급으로 나눠 진행한다.

한편, 앞서 5년간 코로나19 등으로 중단됐던 소싸움 대회가 다시 개최되면서 대회 존폐에 대한 논란이 재점화됐다. 특히 녹색당 동물권위원회는 2월 13일 국회 들머리에서 기자회견을 열고 소싸움을 동물학대로 인정하지 않는 동물보호법 8조 예외 조항 삭제를 요구하며 소싸움 대회 폐지를 강력히 주장했다.

스페드 업(Sped Up)

특정 노래의 속도를 원곡에 비해 130~150%가량 배속해 만든 2차 창작물로, 가수의 목소리가 달라지는 등 원곡과 다른 분위기를 내며 청자에게 새로운 느낌을 전달한다. 스페드 업은 틱톡·유튜브 숏츠·인스타그램 릴스 등 1분 내외로 제작되는 쇼트폼 영상이 주된 콘텐츠 소비 방식으로 부상하면서 인기를 끌기 시작했다. 대표적으로 미국 팝스타 레이디 가가의 2012년 노래인 〈Bloody Mary(블러디 메리)〉의 경우 2022년 11월 공개된 넷플릭스 시리즈 〈웬즈데이〉에 빠른 버전이 등장하면서 11년 만에 음원 차트를 역주행하기도 했다. 이처럼 스페드 업 버전이 인기를 끌면서 원곡 가수들이 빠른 템포로 배속한 음원을 정식으로 내놓는 경우도 등장했는데, 샘 스미스의 〈아 임 낫 디 온리 원(I'm Not The Only One)〉 스페드 업 버전이 대표적이다. 한편, 스페드 업에 대해서는 대중에 의한 2차 창작물이 새로운 문화를 만든다는 긍정적인 의견도 있지만 원곡자의 예술적 의도가 왜곡될 수 있다는 우려의 입장도 있다.

〈슬램덩크〉 ▼

"1월 4일 개봉한 애니메이션 〈더 퍼스트 **슬램덩크**〉가 개봉 61일 만에 국내 일본 영화 역대 흥행 1위에 올랐다. 영화관입장권 통합전산망에 따르면 〈슬램덩크〉는 3월 5일 오전 누적 관객 381만 명을 돌파하며 애니메이션 〈너의 이름은〉이 기록했던 380만 명을 넘어섰는데, 국내 흥행 1위 자리가 바뀐 것은 2017년 이후 6년 만이다. 한편, 〈더 퍼스트 슬램덩크〉는 원작자인 이노우에 다케히코가 직접 각본을 쓰고 연출과 제작을 맡아 개봉 전부터 화제를 모은 바 있다."

일본 만화가 이노우에 다케히코(井上雄彦)가 1990년부터 1996년까지 일본의 만화잡지 《주간 소년 점프》에서 연재한 만화로, 고등학생 강백호가 농구부에서 겪는 성장 스토리를 담은 작품이다. 만화 〈슬램덩크〉는 전 세계적으로 누적 판매량 1억 2000만 부를 기록했으며, 우리나라에서는 1992~1996년 주간 만화잡지 《소년챔프》의 별책부록으로 연재돼 약 1500만 부의 판매고를 올렸다. 이후에도 〈슬램덩크〉는 꾸준한 인기를 이어가며 2001년 완전판과 2015년 디지털 복간판이 출간되기도 했다.

아시아축구연맹 아시안컵(AFC Asian Cup) ▼

"카타르축구협회가 3월 1일 홈페이지를 통해 **AFC 아시안컵**이 2024년 1월 12일부터 2월 10일까지 카타르에서 열린다고 발표했다. 이번 대회는 당초 2023년 6월 16일부터 7월 16일까지 중국에서 개최될 예정이었으나, 중국이 코로나19 확산으로 인해 개최권을 반납하면서 새로운 개최지로 카타르가 선정됐다."

아시아축구연맹(AFC)이 주관하는 축구대회로, AFC 창설 2년 뒤인 1956년 처음 개최됐으며 아시아 대륙에서 가장 권위 있는 대회로 꼽힌다. 1956년 제1회 대회를 시작으로 4년마다 열렸으나 2004년 이후에는 하계올림픽과 유럽축구선수권대회가 같은 해에 겹치게 되면서 2007년부터 한 해 앞당겨 대회를 열고 있다. 2019년 대회부터 본선 참가팀이 24개국으로 늘어나면서 본선에서는 4팀씩 6개 조로 나누어 리그전을 치르며, 16강전·8강전·결승전은 토너먼트로 치른다. 한편, 우리나라는 1·2회 대회에서 우승했으며, 준우승 4회(1972, 1980, 1988, 2015년), 3위 4회(1964, 2000, 2007, 2011년)를 차지한 바 있다. 그러나 지난 2019년 열린 제17회 대회에서는 카타르와의 8강전에서 0–1로 패했다.

아시안 필름 어워즈(Asian Film Awards) ▼

"배우 김선영(47)이 4월 5일 이탈리아 로마 파르네세 영화관에서 폐막한 제20회 **아시안 필름 어워즈**에서 영화 〈드림팰리스〉로 여우주연상을 수상했다. 이는 배우 고두심이 2021년 영화 〈빛나는 순간〉으로 여우주연상을 수상한 지 2년 만이다. 영화 〈드림팰리스〉는 신도시 신축 아파트에 입주한 혜정(김선영)이 할인 분양을 둘러싸고 입주민들과 벌어지는 갈등을 담은 작품이다."

아시아 배우와 영화의 우수성을 알리고 영화 산업을 성장시키기 위해 부산과 홍콩, 도쿄 국제영화제가 합작해 개최하는 영화제다. 한국·중국·일본·동남아시아·중동 등 아시아 영화를 대상으로 수상작을 선정하며, 2007년부터 매년 3월에 열리고 있다. 시상 부문에는 작품상·감독상·남녀주연상·남녀조연상·각본상·촬영상·미술상 등이 있다. 수상자는 아시아 영화제의 모든 후보자와 수상자들이 해당하는 「아시안 필름 어워즈 아카데미(AFFA)」 회원들이 최종적으로 선정한다.

아웃링크(Outlink) ▼

"네이버가 4월 1일 도입 예정이었던 **아웃링크** 시범적용을 무기한 연기하고 언론 단체의 의견을 수렴하겠다고 3월 7일 밝혔다. 앞서 한국온라인신문협회는 3월 6일 의견서를 통해 네이버가 공개한 아웃링크 가이드라인에 대해 ▷광고 개수 제한·언론사 로그인 홈페이지 이동 금지 등 과도한 제재로 인한 소비자의 선택권 침해 ▷언론사의 의견 수렴 과정 부재 ▷기사 선별·분류·운영 제재로 인한 편집권 침해 등을 들며 유감을 표한 바 있다."

이용자가 검색한 정보를 클릭하면 해당 정보를 제공한 본래의 언론 홈페이지로 이동해 검색 결과를 보여주는 방식으로, 포털 사이트 내에서 뉴스 기사를 볼 수 있는 「인링크(Inlink)」에 대비되는 개념이다. 아웃링크는 이용자가 언론 홈페이지로 직접 들어가 뉴스를 선택할 수 있으며, 각 홈페이지에 직접 댓글을 달 수 있다. 이 때문에 포털 사이트에서의 댓글이나 추천 기능이 분산돼 댓글 조작 등의 문제를 해결하는 데 도움이 될 수 있다. 하지만 사용자가 언론 홈페이지의 무분별한 배너광고에 노출될 수 있고, 뉴스에 댓글을 달기 위해 각 홈페이지마다 가입을 해야 하는 불편이 있다.

OTT 자체등급분류제 ▼

"영상물등급위원회(영등위)가 3월 28일부터 온라인 비디오물에 대해 사업자가 자체적으로 영상 등급 분류를 허용하는 **OTT 자체등급분류제** 시행에 들어갔다. 본래 OTT 자체등급분류제가 시행되기 전에는 영등위가 국내 OTT 업체의 콘텐츠에 대해 등급 심의를 해왔지만, 2022년 9월 OTT 자체등급분류제 도입을 골자로 한 「영화·비디오물진흥법(영비법)」 개정안이 국회 본회의를 통과한 바 있다."

영상산업 진흥과 육성을 위한 규제개혁 일환으로 도입된 것으로, 온라인동영상서비스(OTT) 사업자 중 일정 자격을 갖춘 사업자가 영등위의 사전 등급분류를 거치지 않고 서비스하는 콘텐츠의 등급을 자체적으로 직접 정해 소비자에게 제공하는 제도이다. 자체등급분류 대상 콘텐츠에는 OTT 등 플랫폼 사업자가 제공하는 모든 온라인 비디오물이 해당하는데, 사업자는 등급분류 결과를 기다리지 않고 원하는 시기에 맞춰 제작물을 유통할 수 있게 돼 시간과 비용을 절약하는 효과를 얻을 수 있다. 그리고 영등위는 사후관리 및 자체등급 분류 운영에 필요한 사항을 지원한다. 사업자로 지정되기 위해서는 자체등급분류 절차 운영계획과 사후관리 운영계획, 청소년 및 이용자 보호계획 등의 심사기준에 따른 심사를 거치게 되며, 지정 기간은 5년이다. 이후 자체등급 분류 사업자로 지정되면 제도의 신뢰성과 공정성 확보를 위한 사업자 준수 사항을 철저히 이행해야 한다.

OTT(Over The Top) 인터넷을 통해 영화, 드라마 TV 방송 등 각종 영상을 제공하는 플랫폼을 말한다. 본래 TV에 연결하는 셋톱박스로 영상 콘텐츠를 제공하는 서비스를 일컬었으나, 현재는 플랫폼에 상관없이 인터넷으로 영상을 제공하는 모든 서비스를 지칭한다. 대표적인 OTT로는 미국의 넷플릭스, 유튜브, 구글 TV를 비롯해 국내의 Wavve, 티빙, 왓챠플레이 등이 있다.

올림픽 e스포츠 시리즈(Olympic E-sports Series) ▼

"국제올림픽위원회(IOC)가 3월 1일 「**올림픽 e스포츠 시리즈** 2023」 관련 9개 종목과 세부사항을 발표했다. IOC에 따르면 올해 선정된 경기 종목은 태권도를 비롯해 양궁·야구·체스·사이클·댄스·요트·모터스포츠·테니스다. OES 2023은 전 세계의 아마추어 및 프로 선수가 참가할 수 있고, 예선전을 치른 뒤 본선 및 결승은 6월 22일부터 25일까지 「제1회 올림픽 e스포츠 위크(Olympic Esports Week)」라는 명칭으로 싱가포르 선텍 센터에서 열릴 예정이다."

국제올림픽위원회(IOC)가 가상 스포츠(Virtual Sports)를 육성하기 위해 국제경기연맹(IFs)과 게임 제작사, 배급사와 공동으로 만든 글로벌 가상 및 시뮬레이션 스포츠 대회이다. IOC는 2021년 도쿄 올림픽을 앞두고 첫 e스포츠 공식대회인 「올림픽 버추얼 시리즈」를 개최했는데, 당시 100개국에서 약 25만 명이 참가해 5개 종목(요트·사이클·조정·모터스포츠·야구)의 승부가 펼쳐진 바 있다. 올림픽 e스포츠 시리즈는 이 올림픽 버추얼 시리즈를 계승 및 확대하는 대회로, 이와 같은 e스포츠의 공식적인 올림픽화 시도는 2021년 3월 IOC총회에서 승인된 「올림픽 어젠다 2020+15」에 가상스포츠와 e스포츠가 15개 권고 중 9번째로 포함되면서 시작된 것이다. 한편, 태권도는 「올림픽 e스포츠 시리즈 2023」에 유일하게 포함된 격투 종목으로, 세계태권도연맹(WT)이 싱가포르에 기반을 둔 게임사 리프랙트(Refract)와 개발한 가상 태권도 겨루기 시스템인 버추얼 태권도로 치러진다. 버추얼 태권도는 모션 트래킹 기술로 상대의 움직임을 정교하게 추적해 실제 태권도 경기와 유사하게 상대와 겨루는 방식으로 진행된다.

2026 북중미 월드컵(2026 FIFA World Cup United) ▼

2026년 6월 11일부터 7월 19일까지 캐나다·멕시코·미국에서 열리는 제23회 월드컵이다. 이는 2002 한일 월드컵 이후 24년 만에 열리는 공동개최 월드컵이자 월드컵 최초로 3개국에서 열리는 월드컵이다. 특히 멕시코는 1970년과 1986년에 이어 세 번째로 월드컵을 개최하게 되면서 월드컵 최다 개최국이 됐다. 특히 2026 북중미 월드컵부터는 출전국이 32개국에서 48개국으로 확대되는데, 이 48개 팀은 4개 팀씩 12개조로 편성된다. 팀당 3경기를 치른 뒤 각 조 1·2위의 24개 팀은 32강에 직행하고, 조 3위 팀들이 나머지 8자리를 두고 성적에 따라 토너먼트에 합류하게 된다. 이처럼 참가국이 늘어남에 따라 2026년 대회부터는 40경기가 증가한 104경기가 열리게 되고, 대회 기간도 약 10일이 늘어난다.

정치적 올바름(Political Correctness) ▼

인종과 성별, 종교, 성적지향, 장애, 직업 등과 관련해 소수 약자에 대한 편견이 섞인 표현을 쓰지 말자는 정치적·사회적 운동을 말한다. 이는 문화상대주의와 다문화주의를 사상적 배경으로 삼아 차별이 느껴질 수 있는 언어를 사용하지 않는 것과 더불어 차별적으로 행동하지 않는 것을 핵심으로 한다. PC운동은 1980년대 미국의 대학을 중심으로 전개돼 매스미디어와 대중문화에 큰 영향을 미쳤을 뿐 아니라, 세계 각국의 언어생활에도 많은 영향력을 발휘했다. 예컨대 영어에서 남자를 뜻하는 말인 맨(Man)은 여성에게 불편할 수 있다는 취지에서 ▷폴리스맨(Policeman)보다는 폴리스 오피서(Police officer)로 ▷세일즈맨(Salesman)은 세일즈 퍼슨(Salesperson)으로 불리게 됐다.

펭귄 출판사가 2월 24일 로알드 달의 소설 〈찰리와 초콜릿 공장〉과 〈마틸다〉 등의 작품 속 표현을 고치지 않고 그대로 살린 〈로알드 달 클래식 컬렉션〉을 출간하겠다고 밝혔다. 앞서 영국 아동문학 출판사 퍼핀과 로알드 달 스토리 컴퍼니가 달의 작품을 「정치적 올바름」 수준에 맞게 수정해 출간했으며, 이에 따라 〈찰리와 초콜릿 공장〉 속 인물을 묘사한 표현 뚱뚱한(Fat)은 거대한(Enormous)으로, 성별은 남자(Men)에서 중성적 표현인 사람(Small people)으로 수정된 바 있다.

〈제방공사〉(堤防工事) ▼

"나주학생운동기념관이 4월 2일 김정훈 전남과학대 교수가 일본 잡지 《시와 사상》 4월호에 이창신의 소설 **〈제방공사〉**를 일본어로 최초 번역해 게재했다고 밝혔다. 김정훈 교수는 이창신의 아들 이명한 원로 소설가를 통해 해당 소설을 처음 접했으며, 《신동아》 10~12월호의 원문과 이승철 시인의 〈이명한 작가의 삶과 그 문학적 생애〉에 실린 제방공사 현대문 등을 참고해 번역했다고 전했다."

독립운동가이자 소설가 이창신(1914~1948)이 이석성(李石城)이라는 필명으로 1934년 《신동아》 10~12월호에 게재한 소설로, 이창신이 1931년 실제 나주 제방공사 현장에서 자행되는 일본인 공사 감독들의 조선인 인권유린 실태를 목격하고 집필한 것이다. 소설은 전남 나주 영산강 일대에서 조선의 쌀 수탈을 위한 제방공사를 하는 과정에서 조선총독부의 탄압을 견디다 못한 조선인 노동자들이 봉기하는 과정을 담고 있다. 당시 조선총독부는 소설 속 주인공이 일제에 맞서 봉기하기로 결심하는 1·2회분 일부를 훼손했으며, 봉기가 본격적으로 전개된 3회분은 제목이 실린 첫 페이지를 제외하고 전면 삭제해 작품은 미완으로 남은 바 있다.

직지심체요절(直指心體要節) ▼

"프랑스 국립도서관이 4월 12일부터 7월 16일까지 「인쇄하다! 구텐베르크의 유럽」 전시를 열고 세계에서 가장 오래된 금속활자 인쇄본인 **〈직지심체요절(直指心體要節)〉**을 선보인다. 직지가 수장고에서 벗어나 일반 관람객들에게 실물이 공개되는 것은 1973년 같은 도서관에서 열린 「동양의 보물」 전시 이후 50년 만이며, 아시아 유물로는 유일한 전시품인 것으로 알려졌다."

고려 말 승려 백운 경한(1298~1374) 스님이 고승들의 어록을 엮은 것으로 1377년(고려 우왕 3년) 충북 청주 흥덕사에서 금속활자로 간행됐다. 「백운화상초록불조직지심체요절(白雲和尙抄

錄佛祖直指心體要節)」이 정확한 명칭이다. 본래 상·하 2권으로 간행된 것으로 추정되나 현재 상권은 전해지지 않고 하권만 프랑스에 보관돼 있다. 직지는 1886년 초대 주한프랑스 공사로 부임한 콜랭 드 플랑시(1853~1922)가 수집한 것으로 알려져 있으며, 이후 경매로 직지를 구입한 프랑스 예술품 수집가를 거쳐 1950년 프랑스 국립도서관에 기증됐다. 그러다 1972년 당시 프랑스 국립도서관 사서로 일하던 故 박병선(1923~2011) 박사가 오랫동안 도서관 서고에 묻혀 있던 직지를 발견, 제1회 세계 도서의 해를 기념해 열린 전시에 소개하면서 세간의 이목이 집중됐다. 이때 그는 직지가 1455년에 나온 구텐베르크 성경보다 78년이나 앞서 세계에서 가장 오래된 금속활자본이라는 것을 증명해 전 세계에 알리기도 했다. 이후 직지는 인쇄사적 의미를 인정받아 2001년 유네스코 세계기록유산으로 등재됐다.

〈직지심체요절(直指心體要節)〉은 1972년 프랑스국립도서관 임시직으로 일하던 한국인 박병선(1928~2011) 박사가 도서관 수장고에 보관돼 있던 것을 처음으로 발견했다고 알려져 있다. 하지만 프랑스국립도서관에서 4월 11일 개막한 「인쇄하다! 구텐베르크의 유럽」 전시를 계기로 새로운 증언이 나오고 있다. 이 전시에서 직지를 50년 만에 일반에 공개한 프랑스국립도서관은 1952년 직지를 기증받기 이전부터 이 서적이 세계에서 가장 오래된 금속활자 인쇄본이라는 사실을 잘 알고 있었다는 입장이다.

퐁피두 센터(Centre Pompidou) ▼

"프랑스 일간지 〈르몽드〉가 3월 15일 프랑스 파리의 현대 미술관인 **퐁피두 센터**가 한화그룹과 손잡고 서울 63빌딩에 2025년 가을 개관을 목표로 분원을 낼 계획이라고 보도했다. 한화그룹에 따르면 분원은 63빌딩 3개 층에 총 1만 2000m² 규모로 조성될 방침이며, 한화문화재단과 퐁피두 센터라는 이름을 사용하는 조건으로 4년 동안 약 280억 원을 지원받는 방안을 추진 중이다."

루브르 박물관과 오르세 미술관과 함께 「프랑스 3대 미술관」으로 꼽히는 곳으로, 특히 20세기 초부터 최근까지의 작품을 집중적으로 소장하고 있어 프랑스 근·현대미술의 중심지로 인정받고 있다. 정식명칭은 「국립 조르주 퐁피두 예술문화센터」로, 건물의 건립에 노력한 당시 대통령 조르주 퐁피두의 이름을 붙인 것이다. 1977년에 개관한 퐁피두 센터는 프랑스 파리의 포럼 데 알과 마레 지구 사이에 위치하며, 건물 철골이 그대로 드러나는 파격적인 외관을 특징으로 한다. 근현대 미술관과 공공도서관을 갖춘 복합문화공간으로, 내부는 파리국립근대미술관·공업창작센터·도서관·영화관 등으로 구성돼 있다. 미술품과 사진 등 작품 6만여 점이 전시돼 있으며, 파리 외에 프랑스 메스, 스페인 말라가, 벨기에 브리쉘에 분원이 있다. 그리고 지난 2019년에는 중국 상하이에 아시아 첫 분원을 개관한 바 있다.

품새(Poomsae) ▼

"태권도인 1만 2263명이 3월 25일 서울 종로구 광화문광장에서 열린 「2023 국기(國伎) 태권도 한마음 대축제」에서 10분 동안 **품새** 태극 1장을 단체로 선보이며 단체시연 부문에서 세계 기네스 기록을 작성했다. 국기원에 따르면 이는 2018년 3월 30일 「대한민국의 국기는 태권도로 한다」고 명시한 법률이 제정된 것을 기념하고 홍보하기 위해 마련됐다. 한편, 종전 최고 기록은 2018년 4월 여의도 국회 잔디광장에서 태극 1장을 시연했던 8212명이었다."

태권도 기술과 정신을 담아 심신수양과 공방원리를 나타내는 행동 양식으로, 정해진 형식에 맞춰 공격과 방어 기술을 혼자 수련할 수 있도록 이어놓은 동작이다. 품새는 품새선에 따라 수련하는데, 품새선은 발의 위치와 그 이동 방향을 선으로 표시한 것을 말한다. 대한태권도협회(KTA)에서 제정하고 세계태권도연맹(WTF)에서 공인한 품새는 총 17개로, 유급자와 유단자 품새로 구분한다. 태극 사상에 기초한 유급자 품새는 태극 1장부터 8장으로 구성돼 있는데, 순서대로 팔괘의 건(乾)·태(兌)·이(離)·진(震)·손(巽)·감(坎)·간(艮)·곤(坤)의 의미를 지닌다. 팔괘는 자연계 구성의 기본이 되는 하늘·땅·못·불·지진·바람·

물·산 등을 일컫는다. 반면 유단자 품새는 각기 다른 철학적 사상을 지니며, 9개의 고려(高麗)·금강(金剛)·태백(太白)·평원(平原)·십진(十進)·지태(地跆)·천권(天拳)·한수(漢水)·일여(一如) 품새가 있다.

프리츠커상(Pritzker Architectural Prize) ▼

"미국 하얏트재단이 3월 7일 영국 출신의 세계적인 건축가 데이비드 앨런 치퍼필드(69)를 2023년 프리츠커상 수상자로 선정했다. **프리츠커상** 심사위원단에 따르면 치퍼필드는 도시에 활력을 불어넣는 건축 설계로 새 건물은 물론 복원 건축물의 기능성과 접근성을 새롭게 상상하고, 건축물의 역사·문화적 배경에 대한 경외심을 드러냈다. 한편, 치퍼필드는 ▷독일 신(新) 베를린 박물관 ▷미국 세인트루이스 미술관 ▷일본 이나가와 묘지 예배당 등의 작품 활동을 선보였으며, 우리나라에서는 서울 용산 아모레퍼시픽 사옥을 설계한 것으로 유명하다."

하얏트 호텔의 창업주인 제이 A. 프리츠커와 신디 프리츠커 부부가 1979년 제정한 건축상으로, 프리츠커 가문이 세운 하얏트재단이 운영한다. 매년 건축 예술을 통해 재능과 비전, 책임의 결합을 보여주어 인류와 건축 환경에 일관적이고 중요한 공헌을 한 생존 건축가에게 수여하며, 특정 건축물이 아닌 건축가의 건축세계 전반을 평가해 수상자를 선정한다. 노벨상과 수상자 선정 과정이 비슷할 뿐만 아니라 상의 권위도 국제적으로 인정받아 흔히 「건축계의 노벨상」으로 통한다. 매년 1월 말까지 국적·인종·종교 등의 제한 없이 40여 개국의 500명 이상이 후보자로 지명되는데, 심사는 교수·평론가·건축가 등으로 구성된 전문가들이 만장일치로 수상자를 선정한다. 매년 봄에 수상자를 발표하며, 수상자에게는 상금 10만 달러(약 1억 2000만 원)와 상장, 건축가 루이스 설리번(Louis H. Sullivan)이 디자인한 청동 메달이 수여된다.

피치 클록(Pitch Clock) ▼

"메이저리그(MLB)가 야구 경기 시간이 길어 스포츠 경쟁력이 떨어진다는 지적이 지속적으로 제기되자 이번 시즌부터 경기 시간을 단축하기 위해 새로운 규정인 「**피치 클록**」을 시행한다. MLB에 따르면 실제로 피치 클록 도입으로 올해 MLB 시범경기 평균 소요 시간은 지난해 대비 26분 단축된 것으로 나타났다."

야구 경기에서 타자와 투수의 준비 시간을 엄격하게 제한하는 규정으로, 홈플레이트 뒤에 설치된 피치 클록은 포수가 던진 공을 투수가 받는 순간부터 적용된다. 투수는 주자가 없으면 15초, 주자가 있어도 20초 내에 타자를 상대로 공을 던져야 하는데, 이를 위반하면 자동으로 볼 1개가 선언된다. 타자도 마찬가지로 피치 클록이 끝나기 8초 전에 타격 존에 들어와 타격 준비를 마쳐야 한다. 타격 준비 시간은 주자가 없을 때는 7초, 주자가 있을 때는 12초가 부여되는데, 이를 위반하면 자동으로 스트라이크 1개가 선언된다.

창극(唱劇) ▼

여러 창자(唱者)가 등장인물로 등장해 창(소리)으로 이끌어가는 극으로, 다채로운 무대장치와 다양한 악기에 무용을 더해 이야기가 입체적으로 전달된다. 이는 창자와 고수(鼓手) 두 사람이 소리로만 극을 이끌어가는 일인극 형태의 「판소리」와는 차이가 있다. 1902년 김창환·송만갑·이동백·김창룡 등 당대의 명창들이 협률사(이후 원각사로 개칭)에서 판소리 〈춘향전〉 배역을 나눠 분창한 것이 창극의 시초로 꼽힌다. 특히 1900년 초반에는 관청에 딸린 기생제도가 폐지되면서 가사와 시조, 판소리에 능했던 여성들이 순수 명창으로 활동하게 되면서 여성 배우만 등장하는 여성국극(女性國劇)이 전성기를 맞기도 했다. 그러나 1960년대에 들어 영화가 인기를 끌기 시작하자, 창극을 활성화하고 국민정서에 가장 가까운 공연물을 육성한다는 목적으로 1962년 국립극장 전속 「국립국극단」이 창단됐고 이에 여성국극은 사양길에 접어들었다.

한국대중음악상(Korea Music Awards) ▼

"걸그룹 뉴진스(NewJeans)의 프로듀서로 유명한 250이 3월 5일 유튜브로 공개된 「제20회 **한국대중음악상**」에서 ▷올해의 음반 ▷올해의 음악인 ▷최우수 일렉트로닉 음반 ▷최우수 일

레트로닉 노래 부문을 수상하며 4관왕에 올랐다. 이날 수상으로 250은 2012년 밴드 장기하와 아이들 이후 11년 만의 4관왕 수상자가 됐으며, 올해의 음반과 올해의 음악인을 동시에 석권하는 기록도 썼다."

국내 대중음악 시상식 가운데 유일하게 방송출연횟수·판매량·인기 등 상업적 성취로 수상자를 결정하지 않고 음악성을 높이 평가하는 시상식이다. 2004년부터 시작된 상으로, 54명의 대중음악 평론가가 선정위원이 돼 수상자를 선정하고 있다. 이는 12월 1일부터 다음해 11월 30일 사이에 발매된 앨범과 노래 중 후보를 선정하며, 수상부문에는 ▷올해의 음반 ▷올해의 음악인 ▷올해의 노래 ▷올해의 신인 등 20여 개 부문이 있다.

할매니얼 ▼

할머니의 사투리인 「할매」와 밀레니얼 세대의 「밀레니얼」을 합성한 신조어로, 할머니들이 선호하는 옛날 음식이나 옷을 재연출해 즐기는 밀레니얼 세대를 의미한다. 그 취향이 두드러지는 예로는 약과·인절미 등 일명 할매 입맛 식품들과, 빈티지풍의 긴 치마나 꽃무늬 니트 카디건을 매치해 입는 그래니룩(Granny Look) 등을 들 수 있다. 이는 취향을 드러내는 하나의 개성이기도 하지만, 옛날 상품이나 그 시기의 취향들이 젊은 세대에게는 새롭고 재밌는 대상으로 인식돼 나타난 현상으로 분석되고 있다. 최근에는 할매니얼 취향 중 하나로 「약켓팅」이 신조어로 부상했는데, 이는 유명 약과집의 약과를 구매하기 위해 K-pop 인기 아이돌 콘서트 티켓팅처럼 치열한 경쟁을 펼친다는 뜻을 담고 있는 신조어이다. 약켓팅은 할매니얼이 핵심 소비층으로 부상하면서 등장한 것으로, 젊은 세대를 중심으로 약과·한과 등 옛 먹거리에 대한 인기가 높아지자 식품업계 등에서는 관련 상품을 잇따라 출시하고 있다.

⑤ 일반과학·첨단과학

게임개발자회의(GDC·Game Developer Conference) ▼

"매년 열리는 전 세계 게임업계의 축제인 「**게임개발자회의(GDC)** 2023」이 3월 20일부터 24일까지 미국 샌프란시스코 모스콘센터에서 개최됐다. 코로나19 이후 최대 규모로 열린 이번 GDC의 주요 키워드로는 가상현실(VR), 인공지능(AI), 블록체인이 꼽혔다."

컴퓨터 게임뿐만 아니라 콘솔, 스마트 디바이스 등 전반적인 게임 산업에 있어 세계 최대 규모로 열리고 있는 행사이다. 1987년 소규모의 개발자들이 모이면서 시작된 것으로, 초기에는 미국 캘리포니아주 산호세에 있는 산호세 컨벤션센터(San Jose Convention Center)에서 행사가 열렸다. 그러다 점차 규모가 커지면서 현재는 샌프란시스코 모스콘 컨벤션센터(Moscone Convention Center)에서 개최되고 있다. 프로그래머, 게임 디자이너, 아티스트, 기획자 등 게임 관련 전문가들이 참여하며 주요 행사로 강연, 회의, 독립게임페스티벌, 게임개발자선정시상식 등이 진행된다. 또한 게임 관련 기업들은 이 행사에 참여해 자사의 제품을 홍보하는 장으로 활용하고 있다.

다트(DART·Double Asteroid Redirection) ▼

"영국 에든버러대와 스페인 라라구나대 공동연구팀이 칠레에 있는 VLT로 **다트** 소행성 충돌 순간을 관측한 연구 결과를 국제학술지 《천문학 및 천체물리학》에 3월 21일 발표했다. 칠레에 설치된 VLT는 지름 8.2m의 주경을 갖는 망원경 4개와 지름 1.8m의 보조 망원경 4개로 구성된 최첨단 광학망원경으로, 연구팀은 VLT를 활용해 한 달가량 소행성 충돌 잔해를 추적했다. 그러나 연구팀은 물과 공기의 흔적을 찾지 못했고, 우주선 충돌 후 유출된 우주선 연료의 흔적도 찾지 못했다. 이에 연구팀은 소행성 접근 때까지 우주선이 상당히 효율적으로 연료를 소비했다고 분석했다."

「이중 소행성 방향전환 실험」이라는 뜻으로, 지구와 소행성의 충돌을 막기 위한 방법을 찾기 위해 실시되는 실험이다. 소행성은 태양계에 속하는

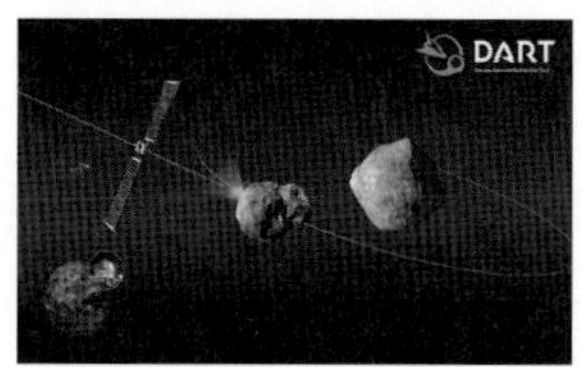

무수한 작은 천체를 이르는 말로, 몇몇 소행성들의 경우 지구의 경로를 가로지르는 궤도를 갖고 있어 종종 소행성과 지구의 충돌 위험이 거론돼 왔다. 이에 미국 항공우주국(NASA)은 소행성과 지구의 충돌을 막기 위한 방법을 찾기 위한 실험에 착수했는데, 이것이 바로 「다트」이다. 다트의 목표는 모소행성 주위를 도는 위성 디모르포스(Dimorphos)의 궤도를 최소 73초 단축시키는 것이었다. NASA는 2021년 11월 23일 다트 우주선을 실은 스페이스엑스(X) 팰컨9 로켓을 발사했고, 다트는 이후 약 10개월간 긴 비행을 마치고 지난해 9월 27일 오전 8시 14분 목표로 했던 소행성 「디모르포스」와 충돌하는 데 성공했다. 그리고 충돌 후 약 2주간 데이터를 수집한 끝에 NASA는 디모르포스의 공전주기가 예전보다 32분 줄어들어 11시간 23분이 됐다고 밝혔다. 당초 목표 기준은 73초 이상의 단축이었지만, 이를 25배 이상 충족시키면서 공전주기가 약 4% 단축되는 결과를 얻은 것이다.

디지독(DigiDog) ▼

"뉴욕경찰국이 4월 11일 과거 도입 당시 논란이 일었던 로봇 경찰견 **디지독(Digidog)**을 재도입한다고 밝혔다. 뉴욕시는 지난 2021년 2월 인질 강도 사건 당시 인질범 신상 확인을 위해 디지독을 투입했으나, 시민들의 반발로 도입계획을 전면 백지화한 바 있다."

미국 로봇공학기업 보스턴 다이내믹스(Boston Dynamics)가 2019년 개발한 원격 조종 로봇으로, 다리 네 개를 이용해 이동하며 기동성이 뛰어나다. 14kg의 짐을 운반할 수 있고, 등에 설치된 카메라와 조명으로 정찰·감시도 한다. 특히 위험 상황 발생 시 작동하도록 설계돼 위험 상황 감시 및 건설 현장 모니터링 등을 지원한다. 미국에서는 로봇을 경찰견으로 활용하는 것을 두고 찬반 논란이 거센데, 이는 로봇개가 사람을 살상하거나 몰래 감시하는 등의 용도로 악용될 수 있다는 우려가 가장 크다. 대표적으로 2019년 매사추세츠 경찰이 로봇개 도입을 처음 추진한 이후 각 지역에서 반발에 부딪혔다.

디지털밀레니엄저작권법(DCMA·Digital Millennium Copyright Act) ▼

1998년 제정된 미국의 저작권법으로, 새로운 기술과 인터넷 사용으로 발생하는 저작권 문제를 다루고 있는 법이다. 온라인저작권을 강화하고 이를 방해하는 기술개발을 불법화하는 것을 주 내용으로 하고 있다. 무엇보다 이 법에서 가장 주목되는 부분은 「온라인 사업자의 책임」에 관한 것으로, 이에 따르면 온라인서비스 제공자나 도서관을 포함한 디지털 정보전달자(기관)에 의해 행해진 전송내용에 대해 온라인서비스 제공자나 디지털 정보 전달자는 저작권에 대한 책임을 면제받는다. 즉 저작권을 주장하는 사람이 온라인사업자에게 자신의 저작물이 허락 없이 올라가 있다는 사실을 밝힌 경우, 온라인사업자가 그 소명을 진정한 것으로 생각하고 즉시 해당 저작물을 삭제하면 온라인사업자는 면책을 받을 수 있다는 것이다.

마이데이터(Mydata) ▼

"국회가 2월 27일 개인정보 전송요구권(이동권) 도입을 담은 개인정보보호법 일부개정법률안을 통과시켰다. 개인정보 이동권은 정보 주체인 개인이 자신의 정보를 직접 내려받아 소유·활용하거나 제3자에게 전송해 달라고 요구할 수 있는 권리로, **마이데이터** 서비스의 제도적 기반이다. 그간 개인정보 이동권은 일부 특별법에서만 허용됐기 때문에 마이데이터 사업도 금융·공공 분야에 제한적으로 활용됐으나, 이번 법안 통과에 따라 앞으로 정보·통신·교통·보건·의료 등 전 산업분야에 적용할 수 있게 된다."

개인이 자신의 정보를 적극적으로 관리·통제하는 것은 물론, 이러한 정보를 신용이나 자산관리 등에 능동적으로 활용하는 일련의 과정을 말한다. 국내에서는 2021년 12월 1일부터 시범 서비스를 시작했으며 2022년 1월 5일부터 전면 시행됐다. 각 개인은 마이데이터를 통해 각종 기업이나 기관 등에 흩어져 있는 자신의 정보를 한곳에서 한꺼번에 확인할 수 있고, 자발적으로 개인 정보를 제공하면 이를 활용해 맞춤 상품이나 서비스를 추천받을 수 있다. 예컨대 소비자가 금융기관 등에 자신의 신용정보를 마이데이터 업체에 전달하라고 요구하면 업체는 관련 정보를 취합해 고객에게 제공한다. 여기에는 은행 입출금 및 대출 내역, 신용카드 사용 내역, 통신료 납부 내역 등 사실상 개인의 모든 금융정보가 그 대상이 된다. 따라서 이러한 정보들을 바탕으로 개인의 재무 현황 분석 등에 활용할 수 있다.

마이크로 리보핵산(miRNA) ▼

"김빛내리 기초과학연구원(IBS) RNA 연구단장 연구팀이 2월 23일 암과 같은 특정 유전자의 발현을 선택적으로 억제할 수 있는 **마이크로RNA**의 생성 과정에 중요한 역할을 하는 단백질 「다이서(DICER)」의 구조와 작동원리를 밝혀냈다. 2건의 논문으로 구성된 이번 연구는 세계 최고 권위지 《네이처》에 동시에 실려 학술적 가치를 인정받았는데, 네이처에 동일 교신저자의 논문이 동시 게재되는 것은 이례적이다. 무엇보다 miRNA 생성 원리에 더 명확하게 다가가면서 암과 같은 질병의 원인을 밝히고 나아가 RNA 기반 치료제 개발에 속도를 낼 수 있을 것으로 기대를 모으고 있다."

핵산을 이루는 단위체인 뉴클레오타이드(Nucleotide) 약 22개로 구성된 작은 RNA로, 보통의 mRNA가 수천 개의 뉴클레오타이드로 이뤄진 데 반해 20~25개의 뉴클레오타이드로 구성돼 있다. 여기서 RNA는 DNA가 담고 있는 유전자 정보를 전사(복제)하거나 유전자 발현의 조절을 담당하는 물질로, 메신저RNA(mRNA)와 마이크로RNA(miRNA) 등이 존재한다. 마이크로RNA는 단백질을 만드는 mRNA와 결합해 mRNA를 분해함으로써 특정 유전자 발현을 선택적으로 막아 발현과정을 조절한다. 이를 통해 세포 증식과 분화, 면역 반응, 노화와 질병에 이르기까지 생명 현상의 모든 과정에 직간접적으로 영향을 미친다. miRNA는 인간 몸에 수백 종 존재하는데, 기다란 핵산인 miRNA 전구체라는 재료를 절단효소인 「드로셔(DROSHA)」와 「다이서」로 순차적으로 잘라내 만들어진다. 이 가운데 다이서는 도끼 모양으로 생긴 크기 10nm의 단백질로, 드로셔가 절단한 miRNA 전구체의 끝부분을 인식하고 자로 특정 거리를 재듯 정확히 잘라내는 역할을 하는 것으로 알려져 있다.

매터(Matter) ▼

민간 표준단체 CSA(Connectivity Standards Alliance)의 스마트홈 워킹그룹이 개발하고 있는 인터넷(IP) 기반 표준 프로토콜(통신 표준)을 말한다. 즉, 플랫폼과 사물인터넷(IoT) 기기들 간에 주고받는 통신 언어를 단일화한 것이다. 이는 스마트홈 기기들 간 연결을 위한 설정을 간소화한 것이 특징으로, 사용자가 매터를 지원하는 스마트홈 기기를 구입하면 매터가 호환되는 타사의 기기 및 플랫폼들과 함께 사용이 가능하다. 매터는 2019년 12월 CHIP(Connected Home over IP)이라는 명칭으로 시작돼 2021년 5월 「매터」라는 명칭이 확정됐다. 그리고 2022년 10월 신규 연결 표준인 「매터(MATTER) 1.0」이 발표됐다. 매터를 개발하는 CSA는 우리나라의 삼성전자·LG전자를 비롯해 구글·아마존·애플·NXP반도체 등 글로벌 기업과 TP링크를 비롯한 중소 제조사와 관련 기업들이 참여한 대규모 산업 연합이다.

모바일월드콩그레스(MWC·Mobile World Congress) ▼

"스페인 바르셀로나에서 열린 세계 최대 이동통신 전시회 **모바일월드콩그레스(MWC)** 2023이 나흘간의 장정을 마치고 3월 2일 폐막했다. MWC 2023는 코로나19 팬데믹 이후 전면 오프라인 개최된 행사로 202개 국가에서 2400여 개 기업이 참가했다. 이번 MWC 2023은 「속도(Velocity)」를 주제로 5G 가속화, 실재감, 핀테크, 오픈넷, 모든 것의 디지털화 등 5대 테마에 관한 전시를 선보였고 미래 비전을 제시했다."

통신장비 업체들의 연합기구인 세계이동통신사업자협회(GSMA·Global System for Mobile communication Association)가 주최하는 세계 최대 이동통신전시회이다. 매년 스페인에서 열리고 있으며, 1987년 첫 전시회 이후 점차 규모가 커지면서 현재는 「모바일 올림픽」이라고 불리기도 한다. 매년 행사에는 이동통신 관련 기기와 인터넷·콘텐츠 등 정보통신기술(ICT) 분야의 최신 기술이 소개되는 것은 물론 각종 컨퍼런스와 전시회가 함께 열린다. 예컨대 구글은 2008년 MWC에서 안드로이드 운영체제를 탑재한 휴대전화를 처음으로 선보였고, 2011년에는 듀얼코어 프로세서를 탑재한 스마트폰들이 대거 등장하기도 했다. 또한 업계 리더들의 연설을 들을 수 있는 것도 특징으로, 페이스북의 최고경영자(CEO) 마크 저커버그의 경우 2016년까지 3년 연속 기조연설자로 나선 바 있다. 여기에 MWC는 행사와 무관한 단순 방문객의 관람을 통제하기 위해 유료 입장을 원칙으로 하고 있다.

문샷(Moonshot) ▼

"워싱턴포스트가 3월 2일 빅테크(거대 정보기술) 기업들이 실적 부진과 어두운 경기 전망에 대규모 구조조정에 나서면서 실리콘 밸리의 **문샷**은 끝났다는 보도를 내놓았다. WP는 빅테크의 비용 절감과 대량 해고가 그 업계의 가장 야망이 크고 비용이 많이 드는 프로젝트에 또 하나의 못질을 하고 있다고 지적했다."

1960·70년대 인류의 달탐사처럼 미래의 무한한 가능성을 보고 추진하는 혁신적 프로젝트로, 로봇 개발·자율주행차·신약개발 등의 장기계획이 이에 속한다. 이는 개발에 긴 시간과 막대한 비용이 들지만, 성공만 하면 인류가 누릴 생활수준에 일대 혁명을 가져다준다는 특징이 있다. 대표적으로 구글의 경우 문샷을 전담하는 조직인 구글X(엑스)를 만들어 미래 프로젝트를 추진해 왔는데, 여기에는 ▷자율주행차 웨이모 ▷인간을 돕는 로봇 개발 기업인 에브리데이 로봇 등이 포함된다. 아마존은 구글X와 유사한 실험적 연구 조직인 그랜드 챌린지(Grand Challenge)를 운영해 왔으며, 여기서는 원격의료 서비스인 아마존 케어(Amazon Care) 등이 시행됐다.

아르테미스 프로젝트(Artemis Project) ▼

"미국 항공우주국(NASA)이 4월 3일 **아르테미스**의 2단계 프로젝트로 달 궤도를 왕복할 우주비행사 4명을 발표했다. 이에 따르면 역사상 첫 여성으로 크리스티나 코크(44)가 미션 스페셜리스트(임무 전문가)로 선정됐으며, 조종사는 흑인인 빅터 글로버(46)가 선정됐다. 또 한 명의 임무 전문가인 제러미 한센(47)은 캐나다를 대표해 처음으로 우주비행에 도전하며, 4명의 팀장으로는 베테랑 우주비행사인 리드 와이즈먼(47)이 선발됐다. 이들은 2024년 11월쯤 대형 로켓 우주발사시스템(SLS)에 탑재돼 발사되는 우주선 오리온을 타고 열흘간 달 궤도를 돌고 오는 아르테미스 프로젝트 2단계 임무를 수행하게 된다."

미 항공우주국(NASA)이 추진 중인 달 유인 탐사 프로젝트로, NASA뿐 아니라 캐나다·호주·아랍에미리트(UAE) 등 세계 21개국의 우주기구와 우주 관련 민간 기업들까지 연계된 대규모 국제 프로젝트이다. 우리나라도 지난 2021년 5월 아르테미스 약정에 서명함으로써 참여를 선언한 바 있다. 프로젝트의 명칭인 아르테미스는 아폴로 계획의 후속임을 드러내는 것은 물론 여성 우주인이 처음으로 달 표면에 발을 딛는 것을 강조한 것이다. 아르테미스 프로젝트는 총 3단계로 진행되는데, 지난해 11월 16일 성공한 1단계 아르테미스 1호 발사는 우주발사시스템(SLS) 로켓과 오리온 캡슐의 안전성과 기능을 검증하는 것을 주요 목적으로 했다. 2단계인 아르테미스 2호에서는 2024년 우주비행사 4명을 태운 오리온 캡슐이 달 궤도를 돌아 지구로 귀환하는 유인비행이 이뤄지게 된다. 이후 2025년이나 2026년쯤 3단계인 아르테미스 3호 발사가 이뤄지게 되는데, 이는 우주비행사 4명 중 유색인종과 여성 등 2명이 달의 남극에 착륙해 일주일간 탐사활동을 벌인 뒤 이륙해 귀환하는 것이다.

안드로이드 법칙(Android 法則) ▼

미국 CNN이 제시한 개념으로, 스마트폰 신제품 출시 주기가 짧아져 2~3개월에 불과하다는 뜻의 신조어이다. 이는 스마트폰 속도 경쟁의 주원인이 구글의 스마트폰 운영체제(OS)인 안드로이드이기 때문에 붙은 명칭이다. 안드로이드 법칙의 등장은 안드로이드를 무료로 이용하도록 한 구글의 오픈정책 덕에 스마트폰 제조업체들이 자체적인 OS를 개발하지 않아도 제품 출시가 쉬워진 데 따른 것이다.

애플페이(Apple Pay)

"애플이 제공하는 비접촉 모바일 결제 서비스인 애플페이가 첫 출시 9년 만에 우리나라에도 서비스가 개시됐다. 3월 21일 국내에서 서비스를 시작한 애플페이는 아이폰·애플워치·맥·아이패드 등의 애플 제품을 통해 이용할 수 있다."

애플(Apple)이 제공하는 간편 결제 서비스로, 2014년 10월 미국에서 처음 출시된 근거리 무선통신(NFC) 기반의 서비스이다. 신용·체크카드를 휴대폰 앱에 저장해 실물 카드 휴대 없이도 결제를 가능하게 한 서비스로, 신용카드를 대체하는 토큰을 애플만 접근 가능한 eSE(embedded Secure Element)에 저장한 뒤 결제 때 생체인증을 통해 아이폰 내부에 저장된 토큰을 불러 결제가 이뤄진다. 애플페이는 토큰 자체가 카드를 대체하기 때문에 인터넷 없이도 결제가 가능하다는 특징이 있다. 애플페이를 사용하기 위해서는 월렛(지갑) 앱에 카드를 등록해야 하는데, 올 3월 기준 현대카드에서 발행한 비자·마스터카드 브랜드의 신용카드 및 국내 전용 신용카드와 체크카드를 등록할 수 있다.

애플페이 사용법은 오프라인에서는 측면 버튼(터치 ID 기기는 홈버튼)을 두 번 누른 뒤 아이폰이나 애플 기기를 NFC 결제 단말기에 가까이 대면 된다. 온라인의 경우 사파리 브라우저나 인앱 결제 시 애플페이를 이용하면 별도의 정보 기입을 생략하고 결제할 수 있다. 애플페이는 철저한 보안 및 개인정보 보호기술을 탑재하고 있어 카드번호가 애플 서버는 물론 개인 단말기에조차 저장되지 않는다.

근거리 무선통신(NFC·Near Field Communication) 무선태그(RFID) 기술 중 하나로 13.56MHz의 주파수 대역을 사용하는 비접촉식 통신 기술을 말한다. 이는 통신거리가 짧기 때문에 상대적으로 보안이 우수하고 가격이 저렴하다. 또 데이터 읽기와 쓰기 기능을 모두 사용할 수 있기 때문에 기존에 RFID 사용을 위해 필요했던 동글(리더)이 필요하지 않으며, 블루투스처럼 기기 간 설정을 하지 않아도 사용이 가능하다는 특징이 있다.

AxEMU(Axiom Extravehicular Mobility Unit)

"미 항공우주국(NASA)이 3월 15일 유인 달 탐사를 위한 차세대 우주복 AxEMU를 공개했다. NASA가 새로운 우주복을 만든 것은 1981년 이후 42년 만으로, AxEMU는 오는 2025년 여성과 유색인종 우주비행사가 탑승하는 아르테미스 3호부터 적용될 예정이다."

미 항공우주국(NASA)이 1981년 이후 42년 만에 내놓은 새 우주복으로, 민간 우주항공업체 액시엄 스페이스(Axiom Space)와 함께 개발한 것이다. AxEMU는 외부가 두꺼운 덮개와 단열층으로 보호되고 있으며, 몸을 자유롭게 움직이기 어려웠던 기존 우주복과 달리 팔과 다리를 편하게 움직일 수 있도록 변경됐다. 또 여성 우주인을 위한 작은 사이즈가 생겼다는 것도 기존과 다른데, 사이즈가 대·중·소로 나뉘어 우주인들이 체형에 맞게 선택할 수 있도록 했다. 여기다 소재를 바꿔 무게가 기존 우주복보다 25kg 가벼워졌고, 헬멧에는 고화질 카메라와 헤드라이트를 장착했다. 이와 함께 우주복 뒷면에는 생명 유지 시스템을 제공하는 배낭이 부착됐으며, 장갑과 부츠는 햇빛을 전혀 볼 수 없는 달의 영구 음영지역에서 작업할 때 우주비행사의 손발이 따뜻하게 유지될 수 있도록 추가 단열재로 강화했다.

우주항공청(宇宙航空廳)

"과학기술정보통신부가 3월 2일 한국형 NASA(미국항공우주국)를 목표로 정부가 신설을 추진 중인 「우주항공청의 설치 및 운영에 관한 특별법」 제정안을 입법예고했다고 밝혔다. 특별법에는 우주항공청을 우주항공 분야 정책·연구개발·산업육성 등을 총괄하는 과기정통부 산하 중앙행정기관으로 설치하고, 전문적이고 유연한 조직으로 운영하기 위한 원칙과 기능, 특례 등이 포함됐다."

우주항공 분야 정책·연구개발·산업육성 등을 총괄하는 과기정통부 산하 중앙행정기관으로, 부처 개별로 수행하던 항공우주 관련 기술개발, 산업육성, 인재 양성, 우주 위험 대비 기능을 담당하게 될 기관이다. 우주항공청장은 차관급으로 신속한 우주개발 프로그램 수행을 위해 조직의 구성과 해체, 급여 책정 등에 대한 자율권을

부여한다. 우주항공청 특별법에 따르면 우주항공청에는 연구개발과 산업 활성화를 위한 별도 본부를 설치하고 조직의 유연성을 극대화한다. 또 조직을 탄력적으로 운영하기 위해 과 단위 프로젝트 조직을 훈령에 따라 빠르게 구성·해체할 수 있도록 해 조직 설치에 드는 시간을 기존 3개월 이상에서 1주일 이하로 줄였다. 아울러 전체 직위 100분의 20 이내만 가능한 민간 개방직 제한을 없애 전문가들을 다수 임용할 수 있게 했다. 보수도 현행 공무원 수준을 넘어 책정할 수 있게 했고, 기술 성과를 이전해 기술료가 발생하면 이를 연구자에게 보상금으로 지급할 근거도 마련했다.

UWB(Ultra Wide Band) ▼

기존 주파수 대역에 비해 수 배~수십 배 이상 넓은 500Mz 폭 이상을 활용해 저전력으로 대용량 정보를 빠르게 전송하는 근거리 무선통신 기술을 말한다. 주파수는 3.1~10.6Gz 대역을 사용하며, 전송거리는 10m~1km 정도이다. UWB는 본래 군용 레이더 등에 한정돼 적용되던 기술이었으나, 미국 연방통신위원회(FCC)가 2002년 UWB의 상업적 사용을 허가하며 본격적인 상용화가 시작된 바 있다. UWB는 넓은 주파수 대역으로 인해 매우 정밀한 공간 인식과 방향성이라는 장점을 갖추고 있으며, 소비전력이 적고 방해전파에 강하다는 특징도 있다. 무엇보다 기기 간 측정 방식을 사용해 오차범위가 밀리미터(mm)에 가까울 정도로 정밀한 위치·방향 측정이 가능하다는 장점도 갖추고 있다. UWB는 특히 2010년대 중반 이후 주목받고 있는데, 이는 사물인터넷(IoT)을 실현시킬 수 있는 핵심 기술로 부상한 데 따른 것이다. IoT는 생활 속 사물들을 유무선 네트워크로 연결해 정보를 공유하는 환경으로, 이를 위해서는 이동하는 사물기기들이 서로 정확한 위치 측정에 기반해 통신을 해야 한다.

자율주행 단계(Autonomous Driving Levels) ▼

자율주행 기술은 시스템이 운전에 관여하는 정도와 운전자가 차를 제어하는 방법에 따라 비자동화부터 완전 자동화까지 점진적인 단계로 구분된다. 2016년 국제자동차기술자협회(SAE International)가 분류한 레벨 0~5(총 6단계)가 글로벌 기준으로 통하고 있으며, ▷레벨 0은 비자동화 ▷레벨 1은 운전자 보조 ▷레벨 2는 부분 자동화 ▷레벨 3은 조건부 자동화 ▷레벨 4는 고도 자동화 ▷레벨 5는 완전 자동화 단계이다.

자율주행 단계

레벨 0 (비자동화)	운전자가 차량의 운전 및 속도 제어를 모두 담당해야 하는 단계로, 자율주행 기술이 없는 단계이다. 다만 비상시에 도움을 주는 차선이탈경고, 사물 감지 등은 자율주행 기능에 포함되지 않는다.
레벨 1 (운전자 보조)	자율주행 기술이 조금씩 사용되는 단계로, 운전자가 핸들에 손을 대고 있는 것을 전제로 하여 자율주행 시스템이 특정 주행 모드에서 조향 또는 감·가속 중 하나를 수행한다. 시스템이 차량의 속도·제동을 제어하고 일정 속도를 유지하는 기능 등이 레벨 1에 해당한다.
레벨 2 (부분 자동화)	보다 완전한 자율주행 자동차에 가까워지는 단계로, 운전자가 개입하지 않아도 시스템이 자동차의 속도와 방향을 동시에 제어한다. 다만 조종의 주체는 여전히 운전자에게 있다, 레벨 2에서는 특정한 상황에서 자동차가 스스로 방향을 바꾸거나 간격 유지를 위해 속도를 제어할 수 있다.
레벨 3 (조건부 자동화)	레벨 3부터는 운전자의 개입이 더욱 줄어들어, 돌발 상황이 발생해 자율주행 모드의 해제가 예상되는 경우에만 시스템이 운전자의 운전을 요청한다. 레벨 2까지는 운전자가 전방을 주시하고 운행 방향을 바꾸는 등 개입해야 하나, 레벨 3부터는 시스템이 스스로 앞차를 추월하거나 장애물을 감지하고 피할 수 있다.
레벨 4 (고도 자동화)	레벨 4는 레벨 3과 마찬가지로 시스템이 전체 주행을 수행하나, 위험 상황이 발생했을 때에도 시스템이 안전하게 대응해야 한다. 시스템은 운행 구간 전체를 모니터링하며 안전 관련 기능들을 스스로 제어한다. 운전자는 출발 전에 목적지와 이동 경로만 입력하면 되며, 수동 운전으로 복귀하지 못할 때에도 시스템이 안전하게 자율주행을 해야 한다.

레벨 5 (완전 자동화)	레벨 5는 운전자가 필요 없는 무인 자동차 단계로, 탑승자가 목적지를 말하면 사람의 개입 없이 시스템이 판단해 스스로 운전하게 된다. 이 단계에서는 운전석이나 엑셀, 브레이크, 스티어링휠 등 조작장치가 필요하지 않게 된다.

주스(JUICE · Jupiter Icy Moons Explorer) ▼

"유럽우주국(ESA)이 목성 얼음 위성 탐사선 **주스(JUICE)**를 4월 13일 오전 9시 15분(한국시간 오후 8시 15분)에 남아메리카 프랑스령 기아나우주센터에서 발사했다. 주스는 발사 27분 뒤 계획대로 1500km 상공에서 로켓에서 분리됐다. 주스는 앞으로 8년 동안 목성까지 약 60억km를 날아갈 예정이다. 다만 이는 목성으로 직행하지 않고 금성을 한 차례, 지구는 세 차례 선회하면서 이른바 스윙바이(Swing by · 중력 도움) 방식으로 비행하게 된다."

유럽우주국(ESA)의 목성 얼음위성 탐사선으로, 유로파·가니메데·칼리스토 등 3개의 얼음 위성을 관측하는 것이 주 임무다. 주스가 향할 이 세 위성은 목성 주위를 돌고 있는 위성 92개 가운데 가장 큰 위성으로 분류된다. 주스 탐사선은 2031년 목성 궤도에 진입한 뒤 2034년까지 플라이바이 방식으로 3개의 위성을 근접 비행하며 탐사 활동을 수행한 뒤 2034년 12월 가니메데 궤도에 진입해 임무를 수행할 예정이다. 목성의 위성들은 얼음으로 이뤄진 표면 아래 바다를 품고 있어 그 안에 생명체가 존재할 가능성이 상당히 큰 것으로 알려져 있다. 특히 3개의 얼음 위성들은 표면 아래 깊숙한 곳에 액체 상태의 바다가 있을 것으로 추정돼 생명체 탐사와 관련해 많은 주목을 받고 있다. 주스 탐사선은 탐사 장비를 이용해 목성 얼음 위성에 분포된 바다의 형태를 지도화하고, 얼음 표면에서 생명체의 서식 가능성을 살피게 된다.

천년 대분화(Millennium Eruption) ▼

946년 백두산이 가장 크게 폭발한 사건으로, 기원후 기록으로는 전 세계에서 가장 큰 폭발로 추정된다. 천년 대분화라는 명칭은 「천년에 한 번 일어날 화산 분화」라는 의미에서 붙여진 것이다. 당시 화산 분출 규모를 현재의 화산분화지수(VEI · Volcanic Explosive Index)로 추정하면 VEI 7 이상에 해당하는데, 이는 지난 2000년간 초대형 화산 폭발을 일으킨 5대 화산 분화 중 하나로 꼽힌다. 당시 백두산 폭발로 뿜어져 나온 화산재는 상공으로 25km 이상 솟구쳤고, 방출된 화산재는 남한 면적 전체를 1m 두께로 덮을 수 있었던 양으로 알려진다. 또 이 화산재는 서풍을 타고 일본 홋카이도 등에 비처럼 내린 것으로 전해진다. 백두산은 천년 대분화 이후 거의 매세기 분화했는데, 1668년·1702년·1903년 등 최근까지도 소규모 분화 기록이 있다. 《조선왕조실록》은 1702년 백두산 폭발을 「연기와 안개 같은 기운이 서북쪽으로부터 갑자기 밀려오면서 하늘과 땅이 캄캄해졌다. 흩날리는 재는 마치 눈처럼 사방에 떨어졌다. 그 높이가 한 치(약 3cm)쯤 되었다.」고 기록하고 있다. 백두산의 분화 주기는 100~200년인데, 현재 백두산은 1903년 마지막 분화 이후 약 120년이 경과한 상태다. 그런데 화산 분출을 촉진하는 마그마방(마그마가 존재하는 공간)이 백두산 천지 하부 약 4km와 15km에 존재한다는 사실이 연구를 통해 밝혀지면서 백두산 폭발이 임박했다는 분석이 있다.

케이스타(KSTAR · Korea Superconduction Tokamak Advanced Research) ▼

우리나라가 독자 개발에 성공한 세계 최고 수준의 핵융합에너지 실험시설인 「한국형초전도핵융합연구장치(KSTAR)」를 말한다. 태양에너지 발생 원리를 지구에서 재현한다는 의미에서 일명 「인공태양」이라고도 한다. 이는 높이 9m×지름 9m의 도넛 모양을 한 토가막(Tokamak)형 핵융합 실험로로, 1995년 대전 국가핵융합연구소에서 핵융합에너지 개발에 착수해 2007년 9월 14일 완공됐다. 이로써 우리나라는 미국·유럽연합·일본·중국·러시아에 이어 세계 6번째 핵융합로 개발국가에 등극했다. 이후 2008년 6월 13일 케이스타

는 고온 플라스마 생성에 성공했고, 모든 성능 검증을 마친 2009년 9월 10일 본격 가동에 들어갔다. 케이스타에는 절대온도 4도가량(영하 268도)의 초저온과 초전도, 태양 표면보다 뜨거운 1억℃ 이상의 플라스마 상태를 유지하면서 초고온·고열을 차단할 극진공을 구현하는 첨단의 과학기술이 집약돼 있다. 케이스타는 2018년 8월 말부터 12월까지 진행된 실험에서 중심 이온 온도 섭씨 1억℃의 초고온 고성능 플라스마를 1.5초간 유지하는 데 성공한 데 이어, 2020년 11월에는 20초간 유지하는 데 성공했다. 그리고 2021년 11월에는 30초간 유지하는 데 성공하며 초고온 플라스마 장시간 운전 기록을 경신했다.

크롤링(Crawling) ▼

웹상에 산발적으로 흩어져 있는 정보 페이지에 방문해 필요한 정보를 자동으로 수집, 분류, 저장하는 기술이다. 크롤링을 수행하는 소프트웨어를 크롤러라고 하는데, 이 크롤러가 웹페이지를 통해 어떤 데이터가 포함된 각종 사이트의 URL을 자동으로 찾아내고 그 사이트에 있는 정보를 뽑아 색인을 만들어 데이터베이스에 저장해 검색을 용이하게 만든다. 크롤링이 악용되면 지식재산권 침해 문제가 발생할 수 있기 때문에, 운영자는 이를 막기 위해 로봇 배제 표준을 웹페이지에 사용한다. 한편, 크롤링 활성화로 인해 플랫폼 간 저작권 침해 분쟁이 증가하고 있는데, 이는 선두업체가 구축해놓은 데이터를 후발업체가 크롤링하면서 발생한다.

크리덴셜 스터핑(Credential Stuffing) ▼

다른 곳에서 유출된 로그인 정보를 다른 계정에 무작위 대입해 타인의 개인정보를 빼내는 수법을 말한다. 즉 기존에 다른 곳에서 유출된 아이디(ID)와 패스워드(Password)를 여러 웹사이트나 앱에 대입해 로그인이 될 경우 타인의 개인정보 등을 유출시키는 것이다. 이는 이용자들이 아이디와 비밀번호를 다르게 설정하는 복잡함을 피해 대다수 서비스에서 동일한 아이디와 비밀번호를 쓴다는 사실을 악용한 것이다. 크리덴셜 스터핑에 노출되지 않기 위해서는 현재 사용하고 있는 웹사이트나 앱에 서로 다른 아이디와 패스워드를 적용해야 한다. 또 외부로 아이디와 패스워드가 유출됐을 경우에는 기존의 정보를 바로 삭제한 뒤 바꾸는 것이 좋다. 아울러 관련 업체에서는 2단계 인증(계정 정보 외 SMS로 전송되는 인증코드 등 또 다른 정보를 입력해야만 본인을 인증할 수 있는 방식)을 설치해 이용자들의 크리덴셜 스터핑 피해를 줄이도록 해야 한다.

틱톡(TikTok) ▼

"미국 백악관 예산관리국(OMB)이 2월 27일 연방정부 전 기관을 대상으로 30일 안에 모든 장비와 시스템에서 **틱톡**을 삭제하라는 지침을 내렸다. 이는 틱톡이 중국 정부가 미국인을 감시하는 데 활용할 수 있다는 지적이 제기됨에 따른 것인데, 이러한 틱톡 금지령은 현재 전 세계로 확산 중이다. 캐나다의 경우 2월 28일부터 캐나다 정부에 등록된 모든 기기에서 틱톡 사용을 금지했으며, 이에 앞서 23일에는 유럽연합(EU) 집행위원회가 집행위에 등록된 개인 및 업무용 휴대용 기기에서 틱톡 사용을 금지한 바 있다."

중국의 바이트댄스(ByteDance)사가 서비스하는 글로벌 숏폼 모바일비디오 플랫폼으로, 15초~3분짜리 짧은 동영상을 제작하고 공유하는 기능을 제공한다. 영상의 길이가 짧아 단시간에 눈길을 끄는 춤이나 노래 또는 재미있고 유쾌한 흥미 위주의 영상이 주를 이룬다. 이에 글자보다 동영상 소통에 익숙한 10~20대 젊은층으로부터 많은 인기를 끌고 있다. 틱톡은 다양한 음악과 배경화면, 이모티콘 등 특수효과를 이용해 쉽게 영상을 만들 수 있는 편집 기능을 제공하며, 등록이나 유통도 유튜브에 비해 간단한 편이다. 2016년 9월 첫선을 보인 틱톡은 2017년 미국의 립싱크 앱인 뮤지컬리(Musical.ly)를 인수하면서 북미·중남미·유럽·중동 등으로 시장을 확대했고, 2018

년 후반에는 미국 내 앱 다운로드 건수에서 1위를 차지했다. 2019년에는 중국을 제외한 국가에서만 10억 회 이상의 다운로드를 기록하며 전 세계적 인기를 끌고 있다.

팁스터(Tipster) ▼

정보제공자라는 뜻으로, 주로 새로 출시될 예정인 전자기기가 공식적으로 공개되기 전에 디자인이나 성능 등의 정보를 소셜네트워크서비(SNS) 등을 통해 미리 제공하는 사람들을 일컫는다. 이들은 전·현직 IT매체 종사자들이 많으며, 정체가 알려지지 않은 팁스터들도 있다. 팁스터들은 제품 개발 각 단계에서 제조사·협력업체·물류업체 등의 경로를 거치며 새어나간 정보를 구입하거나 메신저 등으로 제보를 받기도 하고, 직접 테스트용 기기를 받아 사용해보기도 한다고 알려져 있다. 이렇게 모인 정보는 정보원들의 확인을 거쳐 일반에 공개한다. 팁스터들의 정보가 모두 맞는 것은 아니지만 대다수의 정보들이 출시 제품의 정보와 유사해 문제가 된다. 이에 제조사는 직원들에게 보안 서약서를 작성하게 하고 보안 교육을 주기적으로 이수하도록 하는 등의 방안을 마련하고 있다. 또 신제품의 기능을 기존 단말기에 넣어 디자인을 숨긴 채 테스트하기도 한다.

퍼서비어런스(Perseverance) ▼

미국항공우주국(NASA)이 2020년 7월 30일 발사한 화성 탐사 로버로, 스피릿·오퍼튜니티·큐리오시티의 뒤를 잇는 네 번째 이동형 화성 탐사 로버이다. 퍼서비어런스는 2021년 2월 18일 화성 궤도 진입에 성공했으며, 예제로 크레이터(Jezero Crater)에 착륙했다. 퍼서비어런스는 화성 착륙 이후 화성 생명체의 흔적을 정밀 탐사하고 화성 토양 시료를 보관하다가 회수선으로 옮겨 지구로 보내는 임무를 수행 중에 있다. 퍼서비어런스에 탑재된 분석 기기인 슈퍼캠은 레이저 유도 플라스마 분광법(LIPS)으로 최대 7m 거리에 있는 표면 성분을 정확하게 분석할 수 있으며, 화성 표면에서 나는 다양한 소리를 들을 수 있다. 또 퍼서비어런스는 탑재 장치 목시(MOXIE)를 통해 화성 대기의 이산화탄소로 산소를 만드는 실험도 하고 있으며, 퍼서비어런스 아래쪽에는 화성을 시험 비행할 소형 헬리콥터인 인저뉴어티(Ingenuity)가 탑재돼 있다. 인저뉴어티는 1.2m 길이의 탄소섬유 날개 4개가 분당 2500회 회전할 수 있도록 설계됐는데, 이는 보통의 헬기보다 8배 빠른 수준이다.

PIM반도체(Processing-In-Memory) ▼

"과학기술정보통신부가 한국과학기술원(KAIST) 유회준 교수 연구팀이 국내 최초로 D램 메모리 셀 내부에 직접 연산기를 집적해 AI 연산을 수행하는 **PIM 반도체**인 다이나플라지아(DynaPlasia) 기술을 개발했다고 3월 14일 밝혔다. 연구팀이 개발한 다이나플라지아는 셀 하나에 3개의 트랜지스터만을 사용해 높은 집적도와 처리량을 달성하고, 병렬 연산으로 높은 처리량을 달성했다."

하나의 칩 내부에 메모리와 프로세서 연산기를 집적한 차세대 인공지능(AI) 반도체를 말한다. 이는 메모리와 프로세서가 분리되어 있는 기존 컴퓨팅 구조(폰 노이만 구조)에서 발생하는 데이터 병목 현상 및 과다한 전력 소모 문제를 해결할 수 있다는 장점이 있다. 예컨대 폰노이만 구조에서는 메모리와 연산장치 간에 전송되는 데이터가 많아지면 작업 처리가 지연됐다. 하지만 PIM은 메모리 영역에서 데이터 연산이 동시에 가능해 처리 속도를 높이고 전력 소모량도 30배 이상 아낄 수 있다.

하이퍼클로바(HyperCLOVA) ▼

"네이버가 챗GPT 대비 한국어를 6500배 더 많이 학습한 초대규모 인공지능(AI) 「하이퍼클로바X」를 7월 중 공개한다고 2월 27일 밝혔다. 하이퍼클로바X는 기존의 **하이퍼클로바**를 업그레이드한 것으로, 이를 바탕으로 한 서치GPT를 내놓을 계획이다. 한편, 카카오도 한국어를 문맥적으로 이해해 사용자가 원하는 결과를 보여주는 초거대 AI 언어 모델인 「코GPT 3.5」를

올봄에 선보일 예정이다. 카카오는 코GPT를 바탕으로 한 AI 챗봇 서비스 코챗 GPT도 연내 출시한다는 방침이다."

네이버가 개발한 국내 기업 최초의 초거대 인공지능(AI)으로, 2021년 5월 25일 공개됐다. 이는 네이버가 2020년 10월 700페타플롭(PF) 성능 슈퍼컴퓨터를 도입해 만든 국내 기업 최초의 초거대 AI로, 초거대 AI는 파라미터(매개변수) 규모를 크게 늘려 사람처럼 스스로 생각하고 창작할 수 있도록 설계된 인공지능을 가리킨다. 하이퍼클로바는 AI 모델의 크기를 나타내는 파라미터(Parameter, 매개변수)가 2040억 개로, 2020년 미국에서 공개된 오픈AI의 GPT-3의 파라미터(1750억 개)를 능가한다. 특히 하이퍼클로바는 GPT-3보다 한국어 데이터를 6500배 이상 학습하는 등 한국어 최적화가 가장 큰 장점으로 꼽힌다. 하이퍼클로바는 네이버 서비스에 적용돼 사용자들에게 제공되는데, 예컨대 2021년 5월 6일부터 선보인 네이버 검색 서비스에서는 사용자가 검색어를 잘못 입력하는 경우 올바른 단어로 전환해 검색하거나 적절한 검색어를 추천하고 있다.

⊕

초거대AI 기존 인공지능(AI)에서 한 단계 진화한 차세대 AI로, 대용량 데이터를 학습해 인간처럼 종합적 추론이 가능하다는 특징이 있다. 즉 기존 AI보다 수백 배 이상의 데이터를 학습해 인간의 뇌에 더 가깝게 학습·판단 능력이 향상된 형태이다. 대표적인 초거대 AI로는 구글(딥마인드)의 스위치트랜스포머, 오픈AI의 GPT-3가 있으며 국내 기업으로는 네이버의 하이퍼클로바, 카카오브레인의 KoGPT, LG의 엑사원 등이 있다.

확률형 아이템(確率型 Item) ▼

"국회가 2월 27일 **확률형 아이템** 정보 공개를 의무화하는 게임산업법 개정안을 통과시켰다. 개정안은 게임사가 특정 아이템을 뽑을 확률을 표시하지 않거나 거짓으로 하는 경우 정부가 시정 명령을 내릴 수 있고, 이를 어기면 대표이사의 형사처벌(2년 이하 징역이나 2000만 원 이하 벌금)까지 가능하도록 했다."

PC·모바일 게임 내에서 이용자에게 유료로 판매되는 게임 아이템 중 하나로, 게임 아이템은 게임의 진행을 위해 게임 내에서 사용되는 도구를 말한다. 이용자가 일정한 금액을 주고 확률형 아이템을 구입하면, 게임 회사에서 정한 확률에 따라 이용자가 해당 아이템을 구입하기 위해 투입한 가치보다 더 높거나 낮은 게임 아이템이 지급된다. 이용자는 확률형 아이템을 구입한 후 열어보기 전까지 그 안의 내용물이 무엇인지 알 수 없다. 이에 확률형 아이템은 원하는 게임 아이템이 나올 때까지 반복해서 구매하기 쉬워 사행성을 조장한다는 문제점을 갖고 있다. 특히 가치가 높은 확률형 아이템을 뽑기 위해 1000번, 1만 번씩 뽑기를 하는 이용자들이 나오면서 「페이 투 윈(Pay to Win, 이기기 위해선 돈을 쓴다)」이라는 말이 등장하기도 했다.

힌지(Hinge) ▼

폴더블폰이 접히는 부분에 들어가는 부품으로, 두 패널을 연결하는 경첩 역할을 한다. 접히는 부분의 화면들이 거의 맞붙어 폴더블폰의 두께를 얇게 만들고, 디스플레이에 주름이 형성되지 않는 방향으로 기술이 진화하고 있다. 현재 U자형의 경우는 약간 들뜸이 있고 물방울 형태는 거의 들뜸이 없다. 또 그동안 접히는 화면 양쪽에 하나씩 총 2개의 힌지를 탑재해 왔는데 최근에는 가운데 쪽에 1개만 탑재해 무게와 두께를 줄이고 생산 단가를 낮추는 노력도 이뤄지고 있다.

시사인물

2023. 2. ~ 4.

황기환(黃玘煥)

△ 황기환 지사

약력

미상 평안남도 순천 출생
1917. 미군에 자원입대해 1차 세계대전 참전
1919. 임시정부 파리위원부 서기장
1920. 파리 주재 한국선전당 선전국장
1921. 임시정부 외무부 주차영국런던위원
1923. 뉴욕에서 심장병으로 타계
2023. 4. 10. 고인 유해 국내 송환

?~1923. 일제강점기 주파리위원부 서기장, 대한민국임시정부 주파리위원 등 외교활동을 펼친 독립운동가이다. 미국에 안장돼 있던 고인의 유해가 순국 100년 만인 4월 10일 고국땅을 밟으며 국립대전현충원 독립유공자 제7묘역에 안장됐다. 고인의 일생은 지난 2018년 방영된 TV 드라마 〈미스터 션샤인〉의 「유진 초이」로 각색되면서 알려지기도 했다. 평안남도 순천에서 태어났으며, 미국 유학 중 미군에 자원입대해 제1차 세계대전에 참전했다. 1919년 6월에는 프랑스로 이동해 당시 베르사유 평화회의에 참석하기 위해 파리로 온 김규식을 도왔다. 그는 임시정부의 파리위원부 서기장으로 임명돼 독립 선전활동을 벌였으며, 1919년 10월에는 러시아 무르만스크에 있던 노동자 200여 명의 일본 강제송환을 막기 위해 영국과 프랑스 정부를 상대로 필사적인 외교적 노력을 펼쳤다. 당시 고인의 노력으로 35명이 극적으로 구출돼 프랑스로 옮겨지기도 했다. 1920년 1월에는 파리 주재 한국선전단 선전국장으로 불문(佛文) 잡지를 창간하고 일제의 압박을 알리는 강연회를 개최하는 등 국제사회에 한국의 독립을 호소했다. 1921년 4월에는 임시정부 외무부 주차영국런던위원으로 임명돼 《영일동맹과 한국》이란 책을 편집, 제국주의 열강의 식민지 분할정책으로 한국이 일본의 식민지로 전락했다고 비판했다. 이후 임시정부 통신부 사업의 일환으로 한국친우회를 조직해 외교사업을 후원하고, 임시정부 외교부 런던주재 외교위원 및 구미위원회에서 활약하다가 1923년 4월 17일 뉴욕에서 심장병으로 세상을 떠나면서 현지에 안장됐다. 우리 정부는 지사의 공적을 기리기 위해 1995년 건국훈장 애국장을 추서했으며, 그의 묘소는 사망 85년이 지난 2008년 뉴욕한인교회의 장철우 목사에 발견되면서 알려졌다. 이후 국가보훈처는 2013년부터 고인의 유해 봉환을 추진했고, 지난 2월 1일 뉴욕 마운트 올리벳 묘지와 유해 파묘에 합의하면서 이번 유해 송환이 이뤄지게 됐다.

김기현(金起炫)

국민의힘 신임 당대표(64). 3월 8일 열린 국민의힘 전당대회에서 김기현 의원이 최종 득표율 52.93%(총 46만 1313표 중 24만 4163표)를 기록하며 새 당대표로 선출됐다. 또 이날 전당대회에서 신임 최고위원도 모두 선출되면서 국민의힘은 비상대책위원회 체제 8개월 만에 정식 지도부를 갖추게 됐다.
1959년 울산에서 태어났으며 서울대 법대를 졸업한 뒤 25회 사법시험에 합격했다. 대구지법과 부산지법 울산지원 판사를 지낸 뒤 변호사로 활동하다 2003년 한나라당(국민의힘 전신) 부대변인으로 정계에 입문했다. 그리고 2004년 17대 총선에서 한나라당 후보로 분할 신설된 울산 남구(을)에서 당선돼 국회에 입성했으며, 이후 같은 지역구에서 18·19대 총선까지 내리 당선됐다. 2014년에는 울산시장에 당선됐고 21대에서 다시 국회의원에 당선되며 4선 의원이 됐다. 당에서는 한나라당 대변인을 비롯해 새누리당(국민의힘 전신) 원내수석부대표, 정책조정위원장, 국민의힘 원내대표 등 주요 당직을 두루 거쳤다. 다만 중앙 정치무대에서는 그 존재감이 미미했으나, 이번 전당대회 과정에서 친윤(친윤석열계)의 전폭적인 지지로 지명도를 크게 높였다. 그는 윤석열 대통령의 서울대 법대 선배로, 지난 2022년 대선에서는 당 원내대표로 선거대책위원장을 맡은 바 있다.

트라우테 라프렌츠(Traute Lafrenz)

제2차 세계대전 당시 독일 나치 정권에 맞서 비폭력 저항 운동을 펼친 단체 「백장미단」의 일원이자 마지막 생존자로, 3월 6일 타계했다. 향년 103세.
1919년 5월 3일 독일 함부르크에서 태어났으며 함부르크 의대 재학 시절 백장미단을 이끌던 숄 남매를 알게 됐다. 백장미단은 1942년 한스 숄과 소피 숄 남매 등 젊은 학생들을 중심으로 결성된 단체로, 나치 정권을 비판하는 전단을 배포하고 그라피티(공공장소 벽에 그린 그림이나 낙서)를 남기는 방식으로 나치에 저항했다. 그는 뮌헨으로 옮긴 뒤 백장미단의 활동에 동참했는데, 숄 남매가 1943년 2월 비밀경찰인 게슈타포에 체포되면서 백장미단은 1년도 되지 않아 활동을 멈추게 됐다. 당시 나치는 백장미단 지도부를 체포 나흘 만에 처형할 정도로 가혹하게 탄압했는데, 라프렌츠도 한스 남매 처형 이튿날 체포돼 1년간 복역했다. 그는 1년 뒤 석방됐으나 곧 다시 체포되는 등 1945년 독일 패전 때까지 나치에 의해 많은 고초를 겪어야 했다. 그는 종전 후인 1947년에는 미국으로 이주해 의학 공부를 마쳤으며, 이후 20여 년간 특수학교의 교장을 맡으며 인지학 분야에서 오랜 기간 활동했다.
한편, 백장미단의 이야기는 1982년과 2005년에 영화로 만들어지며 화제를 모으기도 했는데, 특히 2005년 영화 〈소피 숄의 마지막 날들〉은 그해 베를린영화제에서 감독상과 여우주연상을 수상하기도 했다. 그리고 2019년 5월 고인이 100세 생일을 맞았을 때 프랑크발터 슈타인마이어 독일 대통령은 「나치 범죄에 맞서 유대인 학살에 저항하는 용기를 지닌, 자유와 인류애의 영웅」이라고 소개하며 공로 훈장을 수여했다.

고든 무어(Gordon Moore)

1929~2023. 미국 반도체 기업 인텔의 공동 창립자이자 반도체 성능이 2년마다 2배로 증가한다는 「무어의 법칙」을 예측하면서 반도체 전설로 불린 인물로, 3월 24일 타계했다. 향년 94세.
1929년 미국 샌프란시스코에서 태어났으며 산호세주립대·UC버클리를 거쳐 캘리포니아공과대에서 화학박사 학위를 받았다. 이후 존스 홉킨스 응용물리학 연구소와 쇼클리 반도체 연구소를 거쳐 1957년 로버트 노이스 등 쇼클리 반도체 동료 6명과 「페어차일드 반도체」를 공동 설립했다. 당시 무어와 동료들은 반도체 제작에 사용되던 저마늄(게르마늄) 대신 실리콘(규소) 트랜지스터를 상용화하는 데 성공하면서 실리콘밸리라는 이름이 탄생하는 시발점을 만들었다. 1968년에는 로버트 노이스와 함께 인텔을 공동 창립했고, 인텔은 창립 3년 만인 1971년 세계 첫 상용 중앙처리장치(CPU) 칩 「인텔 4004」를 출시해 개인용 컴퓨터(PC)의 소형화와 대중화의 길을 열었다. 특히 후속 제품 인텔 8088이 IBM PC에 장착되면서 세계 최대 반도체업체로 부상했으며, 마이크로소프트와 「윈텔(윈도+인텔) 동맹」을 맺으며 해당 업계를 주도했다. 그는 1979년 CEO 겸 이사회 의장에 올라 1987년까지 CEO를 맡았으며 1997년에는 명예회장으로 일선에서 물러나 2006년에 사임했다. 그가 인텔의 경영자로 있는 동안 인텔은 1980년대 NEC·도시바·히타치 등 세계 시장을 호령하던 일본 기업과의 경쟁에서 승리했고 1990년대 후반에는 세계 컴퓨터의 80%에 인텔 마이크로프로세서가 탑재됐다. 특히 그는 1965년 잡지 《일렉트로닉스》에 반도체 회로의 집적도가 매년 2배로 증가한다는 예측을 내놓았는데, 무어의 동료였던 칼텍의 카버 미드 교수가 이를 언급하면서 「무어의 법칙(Moore's Law)」으로 널리 알려지게 됐다. 그는 1975년에는 2년마다 집적도가 2배씩 증가한다고 예측을 수정했는데, 그의 예측대로 반도체 집적회로는 컴퓨터 뿐 아니라 자동차, 휴대전화, 각종 가전제품에도 적용되면서 일상에까지 큰 변화를 일으켰다. 그는 2000년에는 인텔 주식 1억 7500만 주를 기부해 부인과 함께 「고든 앤드 베티 무어 재단」을 설립한 뒤 51억 달러(약 6조 6300억 원) 이상을 자선단체에 기부하는 등 과학 발전과 환경보호 운동을 지원했다. 이에 2005년에는 마이크로소프트 창업자인 빌 게이츠와 멜린다 부부를 제치고 미국 최대 기부자에 이름을 올리기도 했다.

아제이 방가(Ajay Banga)

세계은행(WB) 총재 지명자(63). 미국이 마스터카드 최고경영자(CEO)를 지낸 아제이 방가를 데이비드 맬패스 WB 총재 후임자로 사실상 지명했다고 파이낸셜타임스(FT)가 3월 29일 보도했다. WB는 국제통화기금(IMF)과 함께 양대 국제개발기구로 꼽히는 곳으로, 오는 6월 임기를 시작하는 방가는 역대 WB 총재 중 최초의 인도 출신이 된다.

1959년 11월 인도 뭄바이주에서 태어나 세인트스티븐스칼리지에서 경제학을 전공하고 인도경영대(IIMA)에서 경영학석사(MBA)를 받았다. 1981년 다국적 식품 회사 네슬레에 입사해 13년간 영업·마케팅 분야에서 일했다. 1994년부터 1995년까지는 펩시에서 근무하다가 1996년 시티그룹에 입사해 4년 만에 그룹 내 미국 소비자자산 디비전 책임자에 올랐다. 2008년에는 시티그룹의 아시아·태평양 사업 부문 대표로 승진했으며, 2000년 가족과 함께 미국으로 이민해 2007년 귀화했다. 그러다 2009년 마스터카드 최고운영책임자(COO)로 자리를 옮겼고, 2010년에는 마스터카드 CEO에 올랐다. 방가는 2010년부터 2021년까지 10년 넘게 마스터카드 CEO로 재임하면서 고속 성장을 이끌었는데, 실제로 이 기간 마스터카드 매출은 55억 달러(약 7조 3000억 원)에서 153억 달러(약 20조 원)로 늘었고 시가총액도 3000억 달러(약 402조 원)로 10배 증가했다.

⊕ **세계은행(WB·World Bank)** 1944년 브레턴우즈 협정에 근거해 설립된 국제연합(UN) 산하의 금융기관으로, 전 세계의 빈곤 퇴치와 개발도상국의 경제 발전을 목표로 1945년 설립된 다자개발은행이다. 국제통화기금(IMF), 세계무역기구(WTO)와 함께 3대 국제경제기구로 꼽히며, 영향력으로 봤을 때는 IMF와 함께 세계 경제의 양대 산맥을 형성하고 있다. 세계은행은 유럽권의 목소리가 강한 IMF와는 달리 미국 주도로 운영되고 있다.

사카모토 류이치(坂本龍一)

1952~2023. 일본의 영화음악 거장이자 1987년 영화 〈마지막 황제〉의 주제곡을 작곡해 아시아인 최초로 미국 아카데미 작곡상을 수상한 인물로, 3월 28일 타계했다. 향년 71세.

1952년 1월 17일 일본 도쿄에서 태어났으며, 도쿄예술대학교에서 작곡을 전공했다. 졸업 후인 1978년 다카하시 유키히로·호소노 하루오미와 함께 3인조 그룹 「옐로 매직 오케스트라(YMO)」를 결성해 본격적인 음악활동을 시작했다. YMO는 팝과 로큰롤 장르에 클래식과 현대음악 요소를 가미하는 등 새로운 음악을 추구하며 팝 음악 전반에 큰 영향력을 미쳤으며 1983년 해체됐다. 팀 해체 이후인 1986년에는 베르나르도 베르톨루치 감독의 할리우드 영화 〈마지막 황제〉의 주제곡 「레인」으로 아시아인 최초로 미국 아카데미 작곡상을 수상했으며, 1990년 〈마지막 사랑〉과 1993년 〈리틀 붓다〉로 골든글로브상과 영국 아카데미상을 수상하며 세계적인 음악가 반열에 올랐다. 2014년에는 인후암을 진단받았으나 이듬해인 2015년 완치 판정을 받았고 이후 음악 작업을 지속해 영화 〈레버넌트: 죽음에서 돌아온 자〉(2015)로 골든글로브상과 그래미상 후보에 오르기도 했다. 이후 2017년에는 영화 〈남한산성〉의 음악 감독으로 참여해 한국과 연을 맺었는데, 2018년에는 부산국제영화제에서 올해의 아시아영화인상을 수상하기도 했다.

한편, 고인은 환경과 사회 문제 등에도 관심을 가지며 꾸준히 목소리를 낸 것으로 유명하다. 대표적으로 2011년 3·11 동일본 대지진 이후 해당 지역을 찾아 음악회를 열고 위로했으며, 2015년 8월에는 아베 신조 당시 일본 총리가 추진한 안보법안 반대 집회에 직접 참석해 발언하기도 했다. 2020년 다시 직장암 진단을 받은 그는 지난 1월 17일 71세 생일을 맞아 투병 중 만든 음악 12곡을 실은 새 앨범 〈12〉를 발매하기도 했다.

김남윤(金南潤)

1949~2023. 40년 넘게 교단에서 후학 양성에 힘쓰며 「한국 바이올린계의 대모」로 불린 인물로, 3월 12일 타계했다. 향년 74세.

1949년 9월 20일 전북 전주에서 태어났으며, 9세에 바이올린을 처음 시작해 1963년 제3회 동아음악콩쿠르에서 바이올린 부문 1위를 차지하며 두각을 나타냈다. 이후 이화여중, 서울예고를 거쳐 미국 줄리아드 음악원을 졸업한 뒤 1974년 스위스 티보르 바르가 국제 콩쿠르에서 우승하며 국제무대에 이름을 알렸다. 그러다 28세이던 1977년 경희대 음악대학 교수로 취임하며 교육자의 길로 들어섰으며, 1984년 서울대 음대를 거쳐 1993년 한국예술종합학교 음악원 개원과 함께 창설 멤버로 합류했다. 이후 약 40년 동안 음악원 기악과 교수와 한예종 영재교육원장, 명예교수 등을 역임하며 이른바 「김남윤 사단」을 키워냈다. 대표적으로 정준수·김현미·이경선 등 중견 교수들을 비롯해 ▷클라라 주미 강(2010년·인디애나폴리스 콩쿠르 우승) ▷임지영(2015년·퀸 엘리자베스 콩쿠르 우승) ▷양인모(2022년·시벨리우스 콩쿠르 우승) 등 국제 콩쿠르에서 성과를 거둔 바이올리니스트를 육성했다. 또 2001년 한국 연주자로는 처음으로 세계 3대 콩쿠르 중 하나인 벨기에 퀸 엘리자베스 콩쿠르 심사위원으로 초빙된 것을 시작으로 하노버·파가니니·차이콥스키 콩쿠르 등 세계적으로 권위 있는 대회에서 심사위원을 맡았으며, 2021년에는 윤이상 국제 콩쿠르 심사위원장을 역임해 한국 바이올린계의 위상을 높였다. 고인은 한국 클래식 음악계 발전에 기여한 공로와 성취를 인정받아 ▷난파음악상(1980) ▷음악동아 올해의 음악상(1985) ▷채동선음악상(1987) ▷한국음악평론가상(1989) 등을 비롯해 옥관문화훈장(1995년)과 은관문화훈장(2022년)을 수훈한 바 있다.

현미(본명 김명선(金明善))

1938~2023. 1957년에 데뷔해 〈밤안개〉, 〈떠날 때는 말없이〉 등의 히트곡을 연이어 발매하며 1960년대를 풍미했던 인물로, 4월 4일 타계했다. 향년 85세.
1938년 1월 28일 평양에서 태어났으며, 한국전쟁이 한창이던 1951년 1·4 후퇴를 계기로 월남했다. 1955년 덕성여대에 입학해 고전무용을 전공했으나 가족의 생계를 유지하기 위해 학업을 중단했다. 이후 1957년 미8군 무대의 칼춤 무용수로 활동하던 중 우연히 다른 가수의 대타로 무대에 오른 일이 계기가 돼 여성 3인조 그룹 「현 시스터즈」를 결성했다. 그러다 1962년 작곡가 이봉조(1931~1987)와 작업한 1집 수록곡 〈밤안개〉가 큰 인기를 얻었으며, 1965년에는 김기덕 감독의 영화 〈떠날 때는 말없이〉의 주제곡을 불러 당대 최고의 스타로 발돋움했다. 이후 이봉조와 콤비를 이뤄 〈보고 싶은 얼굴〉(1963), 〈무작정 좋았어요〉(1966), 〈몽땅 내 사랑〉(1967) 등의 히트곡을 연달아 발매해 1960년대를 풍미했다. 또한 1971년 〈별〉로 제4회 그리스 국제가요제 「송 오브 올림피아드」에 입상하면서 해외에도 이름을 알렸으며, 1981년 미국 로널드 레이건 대통령 취임식에 한국 대표 가수로 초청돼 축가를 부르기도 했다. 2007년에는 한국 가수 최초로 세종문화회관 대극장에서 데뷔 50주년 기념 콘서트를 개최했으며, 지난 2017년에는 80세를 기념한 신곡 〈내 걱정은 하지 마〉를 발표하기도 했다.

오에 겐자부로(大江健三郎)

1935~2023. 제2차 세계대전 패전 이후 일본의 전후 세대를 대표하는 소설가이자 일본의 우경화 등을 비판해온 사회운동가로, 3월 3일 타계했다. 향년 88세.
1935년 1월 31일 일본 시고쿠 에히메현에서 태어났으며, 1957년 소설 〈기묘한 일〉로 등단했다. 도쿄대학 불문과에 재학 중이던 1958년 흑인병사와 일본 소년의 우정을 그린 단편소설 〈사육(飼育)〉으로 일본 최고 문학상인 아쿠타가와상을 수상하며 주목받았다. 1960년 결혼한 그는 지적 장애를 가진 맏아들 오에 히카리와의 공생을 다룬 장편소설 〈개인적인 체험〉을 1964년 발표하면서 신초샤(新潮社) 문학상을 수상했다. 그리고 1967년에는 〈만연원년의 풋볼〉로 다니자키 준이치로상의 최연소 수상자가 됐다. 이후 1973년 핵무기 문제에 대한 고민을 담은 〈홍수는 내 영혼에 이르러〉로 노마문예상을 수상했고, 1982년작 〈레인트리를 듣는 여자들〉로 1983년 요미우리 문학상을 수상했다. 1983년에는 〈새로운 사람이여 눈을 떠라〉로 오사라기 지로상을, 1985년 〈하마에게 물리다〉로 가와바타 야스나리 문학상을 받았다. 그리고 1989년 발표한 〈인생의 친척〉으로 1990년 이토세이 문학상 소설 부문을 차지했다. 특히 1994년에는 소설 〈만년원년의 풋볼〉로 노벨문학상을 수상했는데, 이는 1968년 소설 〈설국〉으로 노벨문학상을 받은 가와바타 야스나리에 이어 일본인으로는 26년 만이자 두 번째 수상이었다. 그의 노벨상 수상 후 아키히토 일왕이 문화훈장을 수여하려고 하자 「전후 민주주의자로서 민주주의 위에 군림하는 권위와 가치를 인정할 수 없다」는 이유로 훈장을 거부했다.
한편, 그는 일본의 군국주의를 비판하고 평화를 강조하는 등 일본 사회 문제에도 적극적으로 참여했다. 대표적으로 2004년 평화헌법 개정에 반대하기 위해 다른 석학들과 「9조의 모임」을 결성했으며, 2006년에는 고이즈미 총리의 야스쿠니 신사 참배를 비판하는 등 평화헌법 수호 활동을 지속했다. 여기다 1970년대 우리나라의 김지하 시인이 투옥됐을 때는 단식투쟁까지 하며 항의했고, 1980년 광주민주화운동 때는 군부 쿠데타 반대 성명도 발표했다. 아울러 2015년 한국에서 열린 기자간담회에서는 일본 정부가 일제강점기 위안부 문제에 관해 사과해야 한다고 발언하기도 했다.

김백봉(본명 김충실(金忠實))

1927~2023. 600여 편의 창작춤을 선보이며 한국 무용의 현대화를 이끈 인물이자 부채춤과 화관무 창시자로, 4월 11일 타계했다. 향년 97세.
1927년 2월 12일 평안남도 평양에서 태어났으며, 본명은 김충실이다. 그는 무용가로 나서며 발레 백조의 호수의 「백」자와 평양 모란봉의 「봉」자를 따서 예명을 「백봉」으로 지었다. 1941년 한국 근대무용을 이끈 최승희(1911~1969)를 만나 무용가의 길을 걷기 시작했고, 1943년 최승희무용단 단원으로 입단해 일본과 중국, 동남아 등 아시아 각국에서 순회공연을 펼쳤다. 1944년 최승희의 시동생인 무용이론가 안제승(1928~1996)과 결혼했으며, 1946년에는 최승희 부부를 따라 월북해 평양에서 최승희 무용단의 제1무용수 겸 부소장, 상임 안무가로 활동했다. 1947년에는 평양국립극장에서 첫 개인 발표회를 열어 고전 형식을 선보였는데, 이는 1960~70년대 한국 국제문화사절단의 주요 레퍼토리이자 1988 서울올림픽 개막식에서 선보인 화관무의 원형이다. 그러다 6·25전쟁이 발발하자 1950년 남편과 함께 월남해 1953년 서울에 「김백봉 무용연구소」를 설립했다. 이후 1954년 서울 시공관(현 명동 예술극장)에서 김백봉 무용발표회를 열어 한국 신무용의 상징이 된 부채춤을 발표했는데, 이후 김백봉 부채춤은 1992년 명작무로, 2014년에 평안남도 「무형문화재 제3호」로 지정됐다. 이 밖에도 그는 1975년작 〈심청〉과 1997년작 〈만다라〉를 비롯해 600여 편의 창작춤을 선보이며 한국 신무용의 초석을 다졌다. 1965년부터는 경희대 무용학과 교수로 재직하다가 1992년 정년퇴임해 명예교수가 됐으며, 1995년에는 김백봉춤 보전회가 결성됐다. 이후 한국종합예술학교 무용원 명예교수, 대한민국예술원 회원, 제5대 서울시무용단 단장 등을 역임했다. 한편, 그는 1998년 서울올림픽 식전행사 공로로 대통령상을 받았으며 ▷서울시문화상(1962) ▷예총예술문화대상(1990) ▷대한민국을 빛낸 최고의 명인상(2016) ▷제58회 3·1문화상 예술상(2017) 등을 수상했다. 또 한국 무용의 대중화를 선도하는 데 기여한 공헌을 인정받아 보관문화훈장(1981)과 은관문화훈장(2005)을 수훈한 바 있다.

메리 퀀트(Mary Quant)

1934~2023. 미니스커트와 핫팬츠 유행을 이끌며 여성의 다리를 옷에서 해방시켰다고 평가받는 영국 디자이너로, 4월 13일 타계했다. 향년 93세.
1934년 영국 런던에서 태어났으며 10대 때부터 스쿨 드레스를 직접 수선해 짧은 치마로 만들기도 했다. 대학에서 일러스트레이션을 전공한 그는 남편과 함께 1955년 런던 킹스로드에 첫 옷가게 「바자(Bazaar)」를 열며 본격적으로 자신의 개성을 담은 패션 사업을 시작했다. 특히 그는 길이가 짧고 몸에 짝 달라붙는 스커트를 선보였는데, 퀀트는 여기에 「미니스커트(Miniskirt)」라는 이름을 붙였다. 그는 생동감 있는 색깔을 많이 사용했고, 젊은 소비자들의 접근이 쉽도록 저렴한 제품을 내놓기도 했다. 그의 가게 바자는 「스윙잉 식스티즈(Swinging Sixties·활기찬 60년대)」의 심장으로 꼽히면서 퀀트는 1960년대 런던의 청년 주도 문화 변혁을 이끈 주역 중 한 명이 됐다. 당시 그의 가게로 몰려든 젊은이들과 예술인들로 첼시 지역 전체가 유명인들이 몰려오는 지역으로 변모하게 됐다. 한편, 미니스커트 창시자라는 타이틀을 놓고 퀀트와 프랑스 디자이너 앙드레 쿠레주(Andre Courreges, 1923~2016) 사이에 논란이 있다. 쿠레주도 여성 바지를 디자인한 개척자라는 평가와 함께 미니스커트 패션을 처음으로 일반화한 디자이너로 꼽히고 있다.

위르겐 클린스만(Jürgen Klinsmann)

한국 축구대표팀 감독(59). 대한축구협회가 2월 27일 위르겐 클린스만 전 독일 대표팀 감독을 신임 대표팀 사령탑으로 선임했다고 밝혔다. 클린스만 감독의 계약 기간은 3년 5개월로, 2026년 북중미 월드컵 본선까지 대표팀을 이끌게 된다. 특히 클린스만 감독은 2014년 슈틸리케 감독에 이어 두 번째 독일 출신의 감독이다.

1964년 7월 30일 독일(당시 서독) 괴핑겐에서 태어났으며, 1978년 슈투트가르트 키커스에 유스로 입단했다. 1982년 2부 리그였던 소속팀에서 1군 데뷔전을 치른 뒤 1부 리그인 분데스리가의 슈투트가르트로 이적해 1987~88시즌 득점왕을 차지했다. 1987년부터 1998년까지 11년간 독일(서독) 국가대표로 뛰면서 A매치(국가대항전) 108경기에 출전해 47골을 기록했으며, 월드컵에도 3차례 출전해 11골을 기록했다. 특히 그는 1990년 이탈리아 월드컵과 1996년 유럽축구연맹(UEFA) 유로 대회에서 각각 3골을 터뜨리며 독일의 우승을 이끌기도 했다. 이후 2003년 현역에서 은퇴하기까지 ▷슈투트가르트(독일) ▷인테르 밀란(이탈리아) ▷AS 모나코(프랑스) ▷토트넘 홋스퍼(잉글랜드) ▷바이에른 뮌헨(독일) ▷삼프도리아(이탈리아) 등 수많은 유럽의 명문 클럽을 거치며 통산 리그 514경기·232골을 기록했다. 2004년부터는 독일 대표팀 감독을 맡아 2006년 독일 월드컵 3위를 이끌었으며, 2008년에는 독일 분데스리가 바이에른 뮌헨의 감독을 맡았으나 성적 부진으로 1년을 채우지 못하고 경질됐다. 그러다 2011년 미국 대표팀 감독에 선임돼 미국의 2013년 골드컵 우승과 2014년 브라질월드컵 16강 진출을 이끌어내며 신임을 받았다. 그러나 2016년 러시아 월드컵 지역 예선 초반에 미국의 부진이 계속되면서 결국 경질됐고, 2019년 11월에는 헤르타 베를린(독일) 감독으로 부임했으나 구단과의 갈등 끝에 77일 만에 사퇴했다. 베를린 감독직에서 물러난 뒤 2022년 카타르 월드컵에서는 국제축구연맹 기술연구그룹 일원으로 활동하기도 했다. 그리고 3년 만에 한국축구대표팀 사령탑으로 복귀하게 됐는데, 일부 축구팬들 사이에서는 그의 지도자로서의 공백기를 우려하는 목소리도 나온다.

잔니 인판티노(Gianni Infantino)

제9대 국제축구연맹(FIFA) 회장(53). 잔니 인판티노 회장이 3월 16일 르완다 키갈리에서 개최된 FIFA 총회에서 3연임이 확정됐다. 그는 이번 선거에 단독 출마해 별도의 투표 절차 없이 만장일치로 연임이 결정됐고, 이에 2027년까지 4년간 세계 축구계를 이끌게 된다.

1970년 3월 23일 스위스 브리크에서 태어났으며, 프라이부르크대학에서 법학을 전공한 뒤 변호사로 활동했다. 그러다 2000년 UEFA(유럽축구연맹)에 입사했고 2009년부터 UEFA 사무총장을 맡았다. 그는 재임 기간 중 「재정적 페어플레이 정책(FFP·Financial Fair Play Policy)」을 도입하고, UEFA 유로의 본선 진출국을 24개국으로 확대하는 등 UEFA 개혁에 앞장섰다. 그러다 제프 블라터 전 FIFA 회장이 비리 혐의로 물러난 뒤 UEFA 집행위원회의 지지를 얻어 2016년 2월 FIFA 회장 선거에 출마했다. 당시 그는 2016 FIFA 월드컵 본선 참가국을 32개국에서 40개국으로 늘리고 월드컵 공동개최 확대 등을 공약으로 내세우면서 제9대 FIFA 회장으로 선출됐다. 이후 2019년에도 FIFA 회장 선거에 단독 출마해 재선에 성공했고, 올해도 다시 회장 연임에 성공하며 3선째를 이어가게 됐다. FIFA는 회장의 연임을 최대 3번으로 제한하고 있지만 앞서 인판티노의 첫 재임 기간을 연임에 포함하지 않기로 결정했으며 이에 그는 2027년 선거에도 출마할 의사를 밝힌 바 있다.

한편, 인판티노는 FIFA를 이끌면서 2026년 북중미 남자 월드컵부터 참여국을 기존 32개국에서 48개국으로, 여자 월드컵은 2023년 대회부터 24개국에서 32개국으로 확대하는 등 월드컵 규모 확대 추진으로 막대한 수익을 창출했다. 또 주요 대회에서 비디오 판독(VAR)과 반자동 오프사이드 판독 기술(SAOT)을 도입해 오심을 줄인 것도 그의 성과로 꼽힌다. 반면 월드컵 규모 확대 등으로 발생하는 선수들의 높은 피로도와 FIFA가 수익 창출에만 집착한다는 비판의 목소리도 있다.

딕 포스베리(Dick Fosbury)

1947~2023. 육상 높이뛰기의 혁명이라고 불린 「포스베리 플롭(배면뛰기)」을 창시하고, 1968년 멕시코시티 올림픽에서 신기록을 달성하며 금메달을 차지한 인물로, 3월 13일 타계했다. 향년 76세.

1947년 3월 6일 미국 오리건주 포틀랜드에서 태어났으며, 고등학교 재학 시절 기계체조와 다이빙 선수를 보면서 등이 바를 바라보며 넘는 배면뛰기 기술을 고안했다. 포스베리는 1968년 멕시코시티 올림픽 남자 높이뛰기에서 2m24를 뛰어넘어 올림픽 신기록이자 세계 2위를 기록하며 금메달을 차지했다. 당시 주를 이뤘던 높이뛰기 기술은 서서 도움닫기 후 허공을 달리는 가위뛰기(Scissors Jump)나 다리를 띄워 바와 복부가 마주보는 스트래들 점프(Straddle Jump)였지만, 그의 올림픽 우승으로 배면뛰기는 「포스베리 플롭(Fosbury Flop)」이라는 명칭으로 전 세계에 알려졌다. 이후 1972년 뮌헨올림픽에서는 높이뛰기에 참가한 40명의 선수 중 28명이 배면뛰기 기술을 선보였으며, 1988년 서울올림픽 이후에는 스트래들 점프 기술은 자취를 감추게 됐다. 여기다 배면뛰기는 높이뛰기 기록 상승에 큰 기여를 했는데, 하비에르 소토마요르(쿠바)가 보유한 세계기록 2m45는 물론 우리나라의 우상혁 선수가 작성한 2m36도 배면뛰기 기술로 탄생한 기록이다. 고인은 올림픽 이후 오리건 주립대학교에서 공학박사 학위를 받았고, 은퇴 후에는 엔지니어링 분야에 종사하기도 했다. 그러다 스포츠계로 다시 돌아와 육상 코치, 미국 올림픽·패럴림픽위원회 부회장, 세계올림피언협회 회장 등을 지내며 스포츠 발전에 이바지해 왔다.

조광현(曺廣鉉)

1935~2023. 33년간 치과 의사로 활동하다가 2004년부터 네이버 지식인(iN)에서 재치 있는 수많은 답변을 남기며 「지식인 할아버지」, 「태양신 할아버지」로 불린 인물로 3월 27일 노환으로 타계했다. 향년 87세.

1935년 3월 30일 경기도 김포에서 태어나 경복고와 서울대 치대를 졸업했으며, 1962년부터 1995년까지 33년간 서울에서 치과를 운영했다. 그러다 2004년 문답을 주고받는 플랫폼인 네이버 지식인(iN)에서 「녹야(錄野)」라는 아이디로 활동하며 치아 유지·관리 분야 외에도 생활 속 재치가 보이는 답변들을 올리면서 많은 주목을 받기 시작했다. 대표적으로 2012년 12월 산타 할아버지의 나이를 묻는 질문에 고인은 「아빠 나이와 동갑입니다.」라는 답을 남기기도 했다. 고인은 네이버 지식인에서 많은 화제를 모으면서 누리꾼들 사이에서 「지식인 할아버지」로 불렸고, 이와 같은 왕성한 활동으로 2008년 네이버 파워지식인상을 받은 데 이어 2009년에는 명예의 전당 채택왕 상위 73위에 오르기까지 했다. 고인은 2007년 첫 공개 답변 이후 2022년 11월 노환이 심해지기 전까지 총 5만 3839개의 답변을 남겼는데, 2015년까지 최고 등급인 태양신 등급에 자리해 있어 「태양신 할아버지」라는 별칭으로 불렸으며 이후에는 수호신 등급(두 번째로 높은 등급)에까지 올랐다. 고인은 건강 악화로 인해 2017년 2월과 2018년 10월 두 차례 지식인 활동을 중단했으나, 아쉬워하는 이용자들의 성화에 2019년 2월 활동을 재개하기도 했다.

www.pmg.co.kr

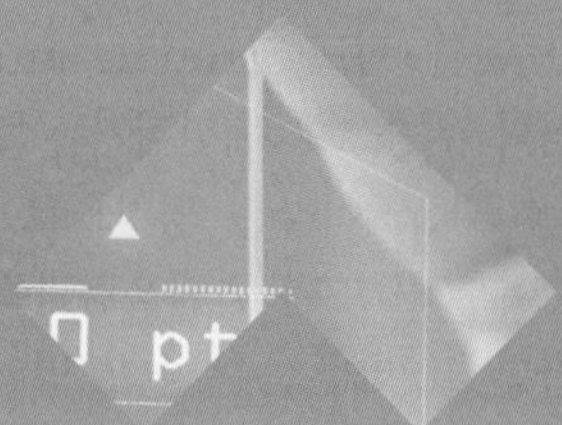

최신시사상식 221집

TEST ZONE

최신 기출문제(MBN 제작PD) / 실전테스트 100

한국사능력테스트 / 국어능력테스트

MBN 제작PD

- 2023. 3. 12. -

다음 용어에 대해 약술하시오. (01~09)

01 챗GPT

02 사건의 지평선

03 몸테크

04 돌민정음

05 안전운임제

06 체리슈머(Cherrysumer)

07 셀피노믹스(Selfinomics)

08 영구적 위기

09 **제롬 파월**(Jerome Powell)

11 **과이불개**(過而不改)

10 **웹3.0**

12 **팝콘브레인**(Popcorn Brain)

01. 미국의 스타트업 오픈AI가 2022년 11월 30일 공개한 대화 전문 인공지능(AI) 챗봇으로, 오픈AI의 GPT-3.5 언어기술을 기반으로 한다.
02. 특정 사건이 관측자에게 영향을 주거나 관측될 수 없는 경계면을 일컫는 말이다.
03. 몸과 재테크의 합성어로, 불편함을 감수하더라도 노후 주택에서 재개발이나 재건축을 노리며 거주하는 재테크 방식을 가리킨다.
04. 아이돌(Idol)과 훈민정음을 합친 말로, 해외 K팝 팬들이 다른 나라 언어로 번역하면 그 뉘앙스가 잘 살지 않는 한국어를 발음 그대로 영어로 읽고 쓰는 것이다.
05. 화물차주와 운수 사업자가 지급받는 최소한의 운임을 보장하는 제도로, 2020~2022년까지 3년 일몰제로 시행됐다.
06. 한정 자원을 극대화하기 위해 알뜰하게 소비하는 전략적 소비자를 가리킨다.
07. 유튜버나 인플루언서 등 개인 콘텐츠를 만드는 사람들이나 그들이 행하는 자주적·독립적인 경제활동을 지칭한다.
08. 영국의 콜린스 사전이 2022년 올해의 단어로 선정한 말로, 「장기간에 걸친 불안정과 불안」을 뜻한다.
09. 2018년 2월 5일 취임한 제16대 미국 연방준비제도(Fed) 의장이다.
10. 지능화되고 탈중앙화돼 인터넷 플랫폼으로부터 독립적이고 개인 맞춤형 서비스 제공이 가능한 차세대 웹을 말한다.
11. 잘못하고도 고치지 않는다는 뜻을 지닌 사자성어로, 논어의 〈위령공편〉과 조선왕조실록 〈연산군 일기〉 등에 나온다.
12. 첨단 디지털기기에 익숙한 나머지 뇌가 현실에 무감각 또는 무기력해지는 현상을 말한다.

13 **콘고지신**

14 **풍선을 든 소녀**

15 **쏠드족**

16 **컨셔스 패션**(Conscious Fashion)

17 **불쾌한 골짜기**

18 **플라스틱 방앗간**

19 **P2E게임**

20 **아웃링크**(Outlink)

21 **슈링크플레이션**(Shrinkflation)

22 **가처분신청**

23 **죄악세**

25 **캔슬 컬쳐**(Cancel Culture)

24 **디지털 디에이징**(Digital deaging)

※ 위 문제는 수험생들의 기억에 의해 재생된 것이므로, 실제 문제와 다소 다를 수 있습니다.

13. 사자성어 「온고지신(溫故知新)」과 콘텐츠를 합성한 것으로, 과거의 콘텐츠를 활용해 새로운 수요를 창출하는 전략을 뜻한다.
14. 얼굴 없는 화가 뱅크시의 대표작으로, 2018년 소더비 경매에서 104만 2000파운드에 낙찰되는 순간 뱅크시가 작품 액자에 장치해 둔 파쇄기를 원격으로 작동시켜 파쇄하면서 화제를 모은 그림이다.
15. 스마트(Smart)+올드(Old)의 줄임말로, 디지털·언택트 시대에 발 빠르게 적응하며 건강과 경제력을 바탕으로 사회생활을 지속하면서 적극적으로 은퇴자산을 관리해 나가는 스마트한 시니어를 뜻한다.
16. 의식 있는 의류 및 소비를 뜻하는 조어로, 소재 선정에서 제조 공정까지 친환경적이고 윤리적인 과정에서 생산된 의류 및 그런 의류를 소비하고자 하는 추세를 말한다.
17. 인간이 인간이 아닌 존재를 볼 때 해당 존재가 인간과 많이 닮아 있을수록 호감도가 높아지다가 일정 수준에 다다르면 오히려 불쾌감을 느낀다는 이론이다.
18. 서울환경연합이 진행하는 플라스틱 재활용을 위한 서비스로, 2020년 7월 1일부터 시작됐다.
19. 사용자가 게임을 하며 획득한 재화나 아이템이 블록체인 생태계에서 자산으로 활용되는 게임이다.
20. 포털사이트에서 검색한 정보를 클릭하면 해당 정보를 제공한 본래 사이트로 이동해 검색 결과를 보여주는 방식이다.
21. 「줄어들다(Shrink)」와 「인플레이션(Inflation)」을 합친 말로, 기존 제품의 가격은 그대로 두면서 크기와 중량을 줄여 사실상 가격 인상 효과를 보는 판매 방식을 말한다.
22. 권리나 법률관계에 관한 확정판결의 강제집행을 보전하기 위해 법원에 요청하는 것이다.
23. 술, 담배, 도박, 경마 등과 같이 사회에 부정적인 영향을 주는 것들에 부과되는 세금이다.
24. 디지털 기술을 이용해 특정 인물의 나이를 더 어리게 되돌리는 효과나 기술을 말한다.
25. 유명인이나 공적 지위에 있는 사람이 논쟁이 될 만한 행동이나 발언을 했을 때 SNS 등에서 해당 인물에 대한 팔로우를 취소하고 외면하는 행동방식을 말한다.

실전테스트 100

다음 물음에 알맞은 답을 고르시오. (1~70)

01 **미국이 최근 한국 등 동맹국들을 도·감청했다는 기밀문건이 유출되면서 큰 논란이 일었다. 특히 한국과 관련한 도·감청은 이 방식으로 이뤄진 것으로 알려졌는데, 통신감청이나 레이더 등을 포착해 얻는 정보를 이르는 말은?**

① 휴민트(HUMINT)
② 시긴트(SIGINT)
③ 테킨트(TECHINT)
④ 오신트(OSINT)
⑤ 이민트(IMINT)

02 **영국과 유럽연합(EU)이 2월 27일 영국 본토와 「이 지역」의 교역장벽을 낮추는 브렉시트 후속 협약에 전격 합의했다. 다음 제시된 사건과 관련된 이 지역은?**

- 1972년: 피의 일요일과 피의 금요일 사건 발생
- 1996년: 벨파스트 협정 체결
- 2005년: IRA의 무장해제 완료

① 북아일랜드
② 웨일스
③ 스코틀랜드
④ 지브롤터
⑤ 잉글랜드

03 **3월 13일 폐막한 중국 양회에서 시진핑(習近平) 국가주석이 1949년 신중국 건국 이후 처음으로 국가주석 3연임을 확정했다. 이와 관련, 역대 중국 국가주석에 해당되지 않는 인물은?**

① 류샤오치(劉少奇)
② 마오쩌둥(毛澤東)
③ 장쩌민(江澤民)
④ 원자바오(溫家寶)
⑤ 리셴넨(李先念)

04 **올해 중국 양회에서는 시진핑 주석의 측근들이 대거 지도부에 포진된 반면 그동안 공산당 3대 계파를 형성해 왔던 두 세력은 전멸했다. 다음 설명과 관련된 공산당 계파는?**

> 후진타오(胡錦濤) 전 주석 집권 이후 중앙·지방정부의 요직에 대거 진출하며 세력을 키운 비공식 계파를 말한다. 소수를 제외하고는 고위간부의 자제나 기타 화려한 배경 없이 대부분 평민 출신으로, 이 계파의 대표적 인물로는 지난 3월 5일 퇴임한 리커창(李克强) 전 총리가 있다.

① 태자당 ② 시자쥔
③ 칭화방 ④ 상하이방
⑤ 공청단파

05 다음 (   ) 안에 공통적으로 들어갈 국제 기구의 영문 약칭은 무엇인가?

> (   )가 3월 17일 전쟁 중 우크라이나 어린이들을 러시아로 강제 이주시킨 혐의로 블라디미르 푸틴 러시아 대통령에 대한 체포영장을 발부했다. (   )는 집단살해죄와 전쟁범죄 등 국제적으로 중대한 범죄를 저지른 개인을 처벌하기 위해 2002년 설립된 기구이다.

① ICJ　② ICC
③ ITLOS　④ CJEU
⑤ ICTY

06 중동의 양대 강국인 이 두 나라가 3월 10일 공동성명을 통해 2016년 국교 단절 7년 만에 외교관계를 복원하는 데 합의했다. ㉠ 시아파 맹주로 불리는 나라와 ㉡ 수니파 종주국인 나라를 각각 나열하면?

① ㉠: 이라크, ㉡: 아랍에미리트
② ㉠: 이란, ㉡: 아랍에미리트
③ ㉠: 이스라엘, ㉡: 사우디아라비아
④ ㉠: 이란, ㉡: 사우디아라비아
⑤ ㉠: 이라크, ㉡: 사우디아라비아

01 ① 인적 네트워크를 활용해 수집한 인적 정보
③ 기술정보
④ 공개된 출처에서 수집한 정보
⑤ 영상을 활용해 수집한 정보

02 리시 수낵 영국 총리와 우르줄라 폰데어라이엔 유럽연합(EU) 집행위원장이 2월 27일 공동 기자회견을 통해 북아일랜드 관련 브렉시트 협약을 수정한 「윈저 프레임워크(Windsor Framework)」에 합의했다고 발표했다. 이에 따르면 영국 본토에서 북아일랜드로 넘어가는 물품을 「북아일랜드행(녹색 선)」과 「아일랜드 등 EU행(적색 선)」으로 구분해 녹색 선 물품에 대해서는 검역·통관 절차를 면제한다. 또 EU 규정을 따르던 북아일랜드의 부가가치세율은 앞으로 영국 정부가 정하기로 했다.

03 역대 중국 국가주석은 1대 마오쩌둥(毛澤東), 2대 류샤오치(劉少奇), 3대 리셴녠(李先念), 4대 양상쿤(楊尙昆), 5대 장쩌민(江澤民), 6대 후진타오(胡錦濤), 7대 시진핑(習近平) 등 모두 7명이다.
④ 원자바오(溫家寶)는 2003~2013년까지 중국 총리를 역임한 인물이다.

04 ① 중국 당·정·군 원로나 고위 간부의 자제를 일컫는 말로, 대표적 인물로 시진핑 현 주석이 있다.
② 시진핑 주석의 측근 그룹을 일컫는 말
③ 중국 칭화대학교 출신의 인맥을 일컫는 말로, 2000년 이후 중국의 새로운 지도부로 급부상한 바 있다.
④ 1989년 톈안문사건 이후 중국 정치의 실세로 떠오른 장쩌민(江澤民) 전 주석 중심의 상하이 출신 인사들

05 (   ) 안에 들어갈 용어는 국제형사재판소(ICC · International Criminal Court)이다.
① 국제사법재판소. International Court of Justice
③ 국제해양법재판소. International Tribunal for the Law of the Sea
④ 유럽연합사법재판소. Court of Justice of the European Union
⑤ 구유고슬라비아 국제형사재판소. International Criminal Tribunal for the former Yugoslavia

06 중동 질서를 좌우하는 지역 내 두 강국인 이란과 사우디아라비아가 3월 10일 공동성명을 통해 양국의 외교관계를 복원하고 2개월 안에 상대국에 대사관과 공관을 다시 열기로 합의했다고 밝혔다. 양국의 관계 복원은 지난 2016년 사우디의 시아파 성직자 사형 집행을 계기로 국교가 단절된 지 7년 만이다.

1. ②　2. ①　3. ④　4. ⑤　5. ②　6. ④

07 다음 (　) 안에 들어갈 용어와 같은 색이 들어간 용어를 〈보기〉에서 고르면?

에마뉘엘 마크롱 프랑스 대통령이 4월 15일 현재 62세인 정년을 2030년까지 64세로 2년 연장하는 것을 핵심으로 한 연금개혁법에 공식 서명했다. 하지만 야당과 노동계의 반발이 격화되며 사회 혼란은 지속될 전망인데, 프랑스 노동조합 연대는 노동절인 5월 1일 총파업을 예고하고 나섰다. 로이터통신 등 외신은 앞서 연금개혁법이 의회를 통과했을 때 마크롱 대통령이 재선 1년 만에 지난 2018년 (　) 시위 이후 중대한 위기를 맞게 됐다는 분석을 내놓은 바 있다. 당시 유류세 인상에 대한 반발로 시작된 이 시위는 5개월가량 지속됐으며, 이에 마크롱 대통령의 지지율은 18%까지 급락한 바 있다.

보기

㉠ 실제로는 친환경적이지 않지만 마치 친환경적인 것처럼 홍보하는 위장환경주의
㉡ 절대 일어날 것 같지 않은 일이 일어나는 것을 뜻하는 말로, 미국의 나심 탈레브가 동명의 저서에서 사용한 뒤 경제 분야에서 널리 쓰이는 용어
㉢ 어느 영역에 속하는지 불분명한 중간지대로, 정치에서는 초강대국 세력권에의 포함 여부가 불분명한 지역을 가리킴
㉣ 독자를 끌어들이기 위해 선정적이고 비도덕적인 기사들을 과도하게 취재·보도하는 경향
㉤ 현재 존재하지 않거나 알려져 있지 않아 경쟁자가 없는 유망한 시장

① ㉠　② ㉡　③ ㉢　④ ㉣　⑤ ㉤

[08~09] 다음 물음에 알맞은 답을 고르시오.

블라디미르 푸틴 러시아 대통령이 2월 28일 미국과의 핵군축조약인 ㉠ 신전략무기감축협정(뉴스타트) 참여를 중단한다는 내용의 법에 서명했다. 그리고 3월 25일에는 (　㉡　)에 전술핵무기를 배치한다고 밝히면서 미국과 서방에 대한 핵 위협 강도를 고조시켰다. 만약 러시아가 (　㉡　)에 전술핵을 배치하면 1996년 4개국에 분산 배치됐던 핵탄두를 옮겨 받은 지 30여 년 만에 국외에 핵무기를 배치하는 것이다.

08 윗글에서 ㉠과 관련된 미국과 소련의 인물을 바르게 나열한 것은?

① 빌 클린턴, 보리스 옐친
② 조지 W 부시, 보리스 옐친
③ 조지 W 부시, 드미트리 메드베데프
④ 버락 오바마, 드미트리 메드베데프
⑤ 버락 오바마, 블라디미르 푸틴

09 ㉡에 들어갈 나라는 어디인가?

① 카자흐스탄
② 아제르바이잔
③ 벨라루스
④ 조지아
⑤ 우즈베키스탄

10 **다음 (   ) 안에 공통적으로 들어갈 용어에 대한 설명으로 바른 것은?**

> 외교부가 3월 20일 북한의 (   ) 개발 대응에 특화된 77개의 감시대상품목 목록을 발표했다. 이번 제재는 윤석열 정부 출범 이후 다섯 번째로, 국제사회에서 (   ) 분야에서 대북 맞춤형 제재를 발표한 것은 이번이 처음이다. 이들 물품은 「국제평화 및 안전유지 의무이행을 위한 무역에 관한 특별 고시」에 따라 제3국을 우회해 북한에 수출하는 것이 금지된다.

① 핵탄두를 장착하고 한 대륙에서 다른 대륙까지 대기권 밖을 비행해 발사되는 탄도미사일이다.
② 로켓을 사용해 대기권 밖으로 쏘아 올려진 인공의 물체이다.
③ 동시에 많은 로켓을 발사할 수 있는 다연장 로켓포이다.
④ 두꺼운 장갑으로 방호된 차체에 화포 등을 탑재하고 주행하는 전투 차량차이다.
⑤ 땅 속에 매설해 압력이나 접근을 통한 자극을 받으면 폭발하도록 만든 무기이다.

11 **윤석열 대통령과 기시다 후미오 일본 총리가 3월 16일 한일 정상회담을 갖고 양국 관계 회복을 선언했다. 이번 한일 정상회담에서 이뤄진 합의 내용이 아닌 것을 고르면?**

① 지소미아(GSOMIA) 정상화
② 일본 측의 한국에 대한 반도체 3개 품목 수출규제 해제
③ 정상 간 셔틀외교 재개
④ 한일 미래 파트너십 기금 창설
⑤ 일본의 화이트리스트 배제 조처 철회

---

07 (   ) 안에 들어갈 용어는 「노란 조끼」이다. 노란 조끼 시위는 2018년 11월 에마뉘엘 마크롱 프랑스 대통령의 유류세 인상 발표에 반대하면서 시작돼 점차 마크롱 대통령의 퇴진을 요구하는 반정부 시위로까지 확산됐다. 이에 프랑스 정부는 2018년 12월 4일 논란이 된 유류세 추가 인상 계획을 중단한다고 발표한 바 있다.
㉠ 그린워싱(Green Washing) ㉡ 블랙스완(Black Swan) ㉢ 그레이존(Gray Zone) ㉣ 옐로저널리즘(Yellow Journalism) ㉤ 블루오션(Blue Ocean)

08 뉴스타트는 2010년 4월 당시 버락 오바마 미국 대통령과 드미트리 메드베데프 러시아 대통령 간에 체결된 새로운 포괄 핵무기 감축 협정을 말한다.

09 블라디미르 푸틴 러시아 대통령이 동맹국 벨라루스에 전술 핵무기를 배치하기로 합의했다고 3월 25일 발표했다. 벨라루스는 러시아의 주요 동맹국으로, 러시아와 전쟁 중인 우크라이나를 비롯해 북대서양조약기구(NATO) 동맹인 폴란드·리투아니아·라트비아와 국경을 맞대고 있다.

10 (   ) 안에 들어갈 용어는 인공위성이다.
① 대륙간탄도미사일(ICBM) ③ 방사포 ④ 전차 ⑤ 지뢰

11 ⑤ 3월 16일 열린 한일 정상회담에서 한일 양 정상은 종료 유예 상태인 지소미아(GSOMIA) 정상화, 정상 간 셔틀외교 재개, 일본 측의 한국에 대한 반도체 관련 3개 품목 수출규제 해제와 한국 측의 세계무역기구(WTO) 제소 철회 등에 합의했다. 다만 한국의 수출 품목에 대한 일본의 화이트리스트 배제 조처에 관해서는 향후 대화를 이어가기로 해 추후 과제로 남겼다.

7. ④ 8. ④ 9. ③ 10. ② 11. ⑤

12 **북한이 3월 19일 모형 전술 핵탄두를 탑재한 단거리탄도미사일을 상공 800m에서 폭발시키는 시험을 한 것으로 확인됐다. 북한이 해당 실험에 사용한 미사일은 변칙 기동으로 요격을 피할 수 있는 「북한판 이스칸데르」인 이것으로 분석됐는데, 무엇인가?**

① KN02
② 스커드B
③ KN23
④ KN24
⑤ 스커드ER

13 **다음 ( ) 안에 공통적으로 들어갈 용어로 바른 것은?**

헌법재판소가 3월 30일 기혼 여성과 불륜 관계로 낳은 혼외자(혼인 외 출생자)의 출생신고를 생모만 할 수 있도록 규정한 현행 가족관계등록법에 대한 헌법소원에서 재판관 전원일치 의견으로 ( ) 판결을 내렸다. ( )은/는 법률이 위헌이지만 곧바로 무효로 할 경우 생길 법적 공백과 사회적 혼란을 피하기 위해 법 개정 때까지 한시적으로 법의 형식을 유지하는 결정을 말한다.

① 헌법불합치
② 한정합헌
③ 한정위헌
④ 일부위헌
⑤ 입법촉구

[14~15] 다음 글을 읽고 물음에 답하시오.

헌법재판소가 3월 23일 지난해 국회에서 통과된 개정 검찰청법·형사소송법의 입법 과정 및 법률 내용이 검사의 수사·소추 기능을 제대로 작동하지 않도록 했다며 법무부 장관과 검찰이 낸 (㉠)에서 「각하」 결정을 내렸다. 검찰 수사권 축소법(검수완박법)으로 불리는 개정 검찰청법·형사소송법은 지난해 9월 10일부터 시행됐으며, 이에 따라 ㉡ <u>검찰의 직접 수사 범위가 6대 범죄에서 2개로 축소된 바 있다.</u>

14 **㉠에 들어갈 용어는 무엇인가?**

① 헌법소원심판
② 위헌법률심판
③ 정당해산심판
④ 권한쟁의심판
⑤ 탄핵심판

15 **㉡에 따라 검찰이 수사를 담당하는 2대 범죄는?**

① 부패, 공직자범죄
② 공직자, 선거범죄
③ 방위사업, 선거범죄
④ 부패, 경제범죄
⑤ 방위사업, 공직자범죄

16 윤석열 대통령이 4월 4일 국회를 통과한 양곡관리법 일부 개정안에 대해 거부권을 행사했다. 이와 관련, 대통령이 거부권을 행사한 법안의 국회 재표결 시 필요한 정족수로 바른 것은?

① 재적의원 과반수 찬성
② 재적의원 3분의 2 출석, 재적의원 과반수 이상 찬성
③ 재적의원 과반수 출석, 출석의원 3분의 2 이상 찬성
④ 재적의원 4분의 1 이상 찬성
⑤ 재적의원 과반수 출석, 출석의원 과반수 찬성

17 미국 실리콘밸리은행(SVB)이 3월 10일 파산하면서 지난 2008년 리먼 파산으로 촉발된 글로벌 금융위기가 재현될 것이라는 우려가 확산됐다. 리먼 사태는 신용등급이 낮은 저소득층에게 주택자금을 빌려주는 이 상품의 부실이 도화선이 돼 발생했는데, 무엇인가?

① 프라임모기지
② 알트-A모기지
③ FHA론
④ 서브프라임모기지
⑤ USDA론

12 북한이 3월 19일 핵 공중 폭파 실험에 사용한 미사일은 대남(對南) 타격용 무기이자 변칙 기동으로 요격을 피할 수 있는 북한판 이스칸데르 「KN-23」인 것으로 분석됐다.

13 ② 어떤 법률조항이 헌법에 완전 위배되지는 않으나 부분적으로 위배된다고 할 때 헌법에 합치되는 방향으로 한정축소 해석하여 헌법재판소에서 내리는 결정
③ 법률 및 법률 조항의 전부 혹은 일부에 대해 위헌 여부를 결정함에 있어서 개념이 불확정적이거나 여러 가지 뜻으로 해석될 경우, 해석의 범위를 정하고 이를 확대하는 경우 위헌으로 보는 결정
④ 위헌심판의 대상이 된 법률 조문 전체가 아니고 조문의 한 구절이나 한 어구 등 일부에 대하여 행하는 위헌 결정
⑤ 헌법에 완전히 합치되도록 법률의 개정이나 보완을 촉구하는 결정형식

14 ④ 권한쟁의심판은 국가기관 또는 지방자치단체 사이에 벌어진 권한 다툼에 대해 헌법재판소가 심판하는 제도를 말한다.

15 개정 검찰청법은 검찰이 직접 수사를 개시할 수 있는 범위를 기존 6대 범죄(공직자·선거·방위사업·대형참사·부패·경제)에서 2대 범죄(부패·경제)로 축소하고 수사 개시 검사가 공소를 제기할 수 없도록 정하고 있다.

16 **국회 특별의결정족수**

재적의원 2/3 이상 찬성	국회의원 제명, 헌법개정안 의결, 대통령 탄핵소추안 의결, 국회의원 자격상실 결정
재적의원 과반수 찬성	계엄해제 요구, 대통령 탄핵소추 발의, 국무총리·국무위원 해임건의안 의결 등
재적의원 1/3 발의, 재적의원 과반수 이상 찬성	국무총리·국무위원 해임 건의
재적의원 과반수 출석, 출석의원 2/3 이상 찬성	대통령이 환부한 법률안 재의결, 법안동의 의결

17 미국의 주택담보대출은 프라임, 알트-A, 서브프라임 3등급으로 구분된다. 프라임 등급은 신용도가 좋은 개인을 상대로, 알트-A는 중간 정도, 서브프라임은 신용도가 일정 기준 이하인 저소득층을 상대로 한 주택담보대출을 말한다.
③ 미국 연방주택국에서 보증하는 모기지론
⑤ 미국 농무부에서 보증하는 모기지론

12. ③ 13. ① 14. ④ 15. ④ 16. ③ 17. ④

18 **미국 정부는 SVB 파산 등 미국발 은행 위기 이후 고객 예금을 전부 보증하는 대책을 내놓으며 사태의 신속한 진화에 나섰다. 이에 우리 국회에서도 예금자 보호한도 상향에 대한 입법 절차에 착수했는데, 현재 예금자보호법에 따른 1인당 최고 보호금액은?**

① 3000만 원
② 5000만 원
③ 6000만 원
④ 7000만 원
⑤ 8000만 원

19 **다음 〈보기〉의 밑줄 친 법은 무엇인가?**

보기

- 미국 재무부가 3월 31일 북미에서 최종 조립된 전기차에만 최대 7500달러(약 1000만 원)의 세제혜택을 주는 법과 관련한 세부 지침 규정안을 발표하고 오는 4월 18일부터 시행한다고 밝혔다.
- 유럽연합(EU)은 3월 16일 중국산 의존도를 낮추고 미국의 이 법에 대응하기 위한 핵심원자재법·탄소중립산업법 초안을 공개했다.

① 인플레이션감축법
② 반도체칩과 과학법
③ 미국애국자법
④ 클레이턴법
⑤ 도드–프랭크법

[20~21] 다음 글을 읽고 물음에 답하시오.

> 스위스 최대 은행 UBS가 3월 19일 유동성 위기에 빠진 세계적 투자은행 (㉠)을/를 30억 스위스프랑(약 32억 달러)에 인수하기로 전격 합의했다. (㉠)은/는 스위스 취리히에 본사를 둔 167년 역사를 지닌 세계 9대 투자은행(IB) 중 하나로, 최근 미국 실리콘밸리은행(SVB) 파산 여파로 시장 변동성이 커지면서 위기에 빠진 바 있다. 이에 세계 금융시장은 한 고비를 넘기게 됐으나, UBS가 (㉠)이/가 발행한 ㉡ 신종자본증권(코코본드·AT1)은 상환하지 않기로 하면서 글로벌 금융시장에 새 리스크로 부상했다.

20 **㉠에 들어갈 은행은?**

① 퍼스트리퍼블릭
② 줄리어스베어
③ 픽테앤시에
④ BNP파리바
⑤ 크레디트스위스

21 **㉡에 대한 설명으로 바르지 못한 것을 고르면?**

① 주식과 채권 성격을 동시에 지닌 하이브리드 채권이다.
② 위기 상황에 주식으로 강제 전환하거나 상각할 수 있다는 조건이 붙어 있다.
③ 회계상으로 부채가 아닌 자본으로 분류된다.
④ 만기가 없거나 통상 30년 이상으로 길다.
⑤ 변제우선순위가 후순위채와 주식보다 선순위이다.

22 국토교통부가 3월 14일 가덕도신공항을 당초 예정보다 5년 6개월 앞당겨진 오는 2029년 12월 개항한다고 밝혔다. 정부는 공사 기간 단축을 위해 부지 조성공사를 이 방식으로 시행하기로 했는데, 「일괄수주계약」이라고도 불리는 이 방식은?

① BOT
② 리츠
③ 대안입찰
④ 턴키
⑤ BTL

23 다음 ㉠, ㉡에 들어갈 숫자가 순서대로 바르게 나열된 것은?

> 금융위원회가 오는 6월 출시가 예정된 청년도약계좌 가입 조건과 혜택 등에 대한 세부 사항들을 3월 8일 공개했다. 청년도약계좌는 가입자가 매월 (㉠)만 원 한도로 (㉡)년간 자유롭게 납입하면 5000만 원 내외의 목돈을 모을 수 있는 금융상품으로, 정부 지원금(최대 월 2만 4000원)과 비과세 혜택(15.4%)을 받을 수 있다.

① 50, 3
② 50, 5
③ 60, 3
④ 70, 5
⑤ 80, 5

18 금융회사가 파산 등으로 인해 고객의 금융자산을 지급하지 못할 경우 예금보험공사(예보)가 예금자보호법에 의해 예금의 일부 또는 전액을 대신 돌려주는 것을 예금자 보호제도라고 한다. 현재 1인당 보호금액은 원금과 소정의 이자를 합해 1인당 최고 5000만 원이다.

19 ① 미국 내 급등한 인플레이션을 완화하기 위해 마련된 법으로, 조 바이든 미국 대통령이 지난해 8월 16일 서명하면서 발효됐다. 이 법은 기후변화 대응과 의료비 지원 등에 4300억 달러를 투입하고, 법인세 인상을 골자로 한 7400억 달러 증세 방안을 담고 있다.
② 미국이 중국을 견제하고 자국의 기술 우위를 강화하기 위해 시행한 법으로, 반도체와 첨단기술 생태계 육성에 총 2800억 달러를 투자하는 내용을 담고 있다.
③ 9·11 테러 이후 생긴 미국판 테러방지법. 그러나 독소조항에 대한 논란으로 2015년 6월 폐지되고 미국자유법으로 대체됐다.
④ 미국 독점금지법의 하나로, 특정 기업의 시장독점을 규제하거나 금지하는 법이다.
⑤ 2008년 리먼 브라더스 사태로 촉발된 금융위기의 재발을 막기 위해 당시 버락 오바마 행정부가 마련한 금융개혁법이다.

20 스위스 최대 은행 UBS가 3월 19일 유동성 위기에 빠진 크레디트스위스(CS)를 30억 스위스프랑(약 4조 2000억 원)에 인수하기로 전격 합의했다.

21 ⑤ 신종자본증권은 변제우선순위가 후순위채보다는 후순위이지만 주식보다는 선순위이다. 일반적으로 「담보 채권 〉 일반채권 〉 후순위 채권 〉 신종자본증권 〉 주식」 순이다.

22 ④ Turn-key. 시공업자가 건설공사에 대한 재원조달, 토지구매, 설계와 시공, 운전 등의 모든 서비스를 발주자를 위해 제공하는 방식
① Build-Own·Operate-Transfer의 약자로, 도로·항만·교량 등의 인프라를 건조한 시공사가 일정기간 이를 운영해 투자비를 회수한 뒤 발주처에 넘겨주는 수주 방식
② 투자자들로부터 자금을 모아 부동산이나 부동산 관련 자본·지분(Equity)에 투자해 발생한 수익을 투자자에게 배당하는 회사나 투자신탁
③ 정부가 발주하는 100억 원 이상 대형 공사 중 정부의 원안과 달리 입찰자가 별도로 마련한 대안을 제시해서 입찰하는 방식
⑤ 민간이 자금을 들여 학교·도로 등 사회기반시설(SOC)을 건설(Build)하고 완공 이후 소유권은 정부로 이전(Transfer)하되, 정부는 민간사업자에게 임대료(Lease)를 지불해 투자비를 회수할 수 있도록 한 공공사업 진행방식

18. ② 19. ① 20. ⑤ 21. ⑤ 22. ④ 23. ④

[24~25] 다음의 글을 읽고 물음에 답하시오.

정부가 3월 15일 열린 제14차 비상경제민생회의에서 전국에 15개 국가첨단산업단지를 지정해 ㉠ 6대 첨단산업을 집중 육성한다는 「국가첨단산업 육성전략」을 발표했다. 이는 6대 첨단산업에 걸쳐 ㉡ 15개의 국가첨단산단을 총 4076만m^2 규모로 조성하며, 2026년까지 550조 원 규모의 민간 주도 투자를 유도한다는 전략이다.

24 **㉠에 해당하지 않는 것은?**

① 디스플레이
② 이차전지
③ 바이오
④ 미래차
⑤ 인공지능

25 **㉡ 가운데 다음의 설명과 관련된 지역은 어디인가?**

이 일대 215만 평(710만m^2)에 들어서는 첨단 반도체 클러스터는 시스템반도체를 중심으로 첨단반도체 제조공장 5개를 구축하고, 최대 150개 국내외 소재·부품·장비 기업과 연구기관이 유치된다. 이 신규 클러스터가 조성되면 기존 생산단지와 인근 소재·부품·장비기업 등을 연계해 세계 최대 규모의 반도체 메가 클러스터가 완성된다.

① 경기 안성
② 경기 용인
③ 충남 홍성
④ 경남 창원
⑤ 대구광역시

26 **마이크로칩의 처리 능력이 18개월마다 2배로 늘어난다는 법칙으로, 인터넷경제 3대 법칙 중 하나이다. 미국 반도체기업 인텔의 공동 창립자이자 이 법칙을 예측한 인물이 3월 24일 타계했는데, 이 법칙은?**

① 무어의 법칙
② 세이의 법칙
③ 하인리히의 법칙
④ 메트칼프의 법칙
⑤ 안드로이드의 법칙

27 **지난해 한국산 가상자산 테라·루나 폭락 사태로 전 세계 투자자에게 50조 원 이상의 피해를 안긴 권도형 테라폼랩스 대표가 3월 23일 몬테네그로에서 체포됐다. 이와 관련된 다음의 내용에서 (   ) 안에 공통적으로 들어갈 용어는?**

테라·루나 폭락사태는 2022년 5월 우리나라 권도형 대표의 블록체인 기업 테라폼랩스가 발행한 김치코인 테라의 가치가 1달러 이하로 떨어지면서 테라와 루나의 동반 폭락으로 이어진 사태를 말한다. 테라는 코인 1개당 가치가 1달러에 고정(페깅)되는 (   )이며, 루나는 테라의 가치를 뒷받침하기 위해 발행된 코인이다. (   )은 가치를 법정화폐에 연동하는 방식 등을 활용해 이론상 가격이 안정적으로 유지되도록 설계한 가상자산을 말한다.

① 에어드랍(Airdrop)
② 스테이블코인(Stablecoin)
③ 알트코인(Altcoin)
④ 스테이킹(Staking)
⑤ 블록체인(Block Chain)

28 **3월 27일 출시된 소액생계비대출에 대한 설명으로 잘못된 것은?**

① 지원 대상: 신용평점이 하위 20% 이하이면서 연 소득 3500만 원 이하인 만 19세 이상 성인
② 대출 한도: 100만 원 당일 일시 지급
③ 금리: 연 15.9%(성실상환 시 9.4%까지 인하)
④ 상환 방식: 1~5년 만기 일시상환(중도상환수수료 없음)
⑤ 대출 신청: 서민금융통합지원센터에 직접 방문 신청

29 **국제통상에 있어서 한 국가가 부여한 제3국의 권리와 이익을 상대국에서도 인정하는 것으로, WTO 체제가 정착되면서 사실상 대부분의 나라에 공통으로 적용되고 있다. 무엇인가?**

① 세컨더리 보이콧(Secondary Boycott)
② 트리거 조항(Trigger Clause)
③ 최혜국 대우
④ 캐치올(Catch-All)
⑤ 화이트리스트(White List)

24 3월 15일 발표된 국가첨단산업 육성전략은 ▷반도체(340조 원) ▷디스플레이(62조 원) ▷이차전지(39조 원) ▷바이오(13조 원) ▷미래차(95조 원) ▷로봇(1조 7000억 원) 등 6대 첨단산업에 걸쳐 2026년까지 550조 원 규모의 민간 주도 투자를 유도한다는 전략이다.

25 경기도 용인에 들어서는 첨단 반도체 클러스터는 총 710만m²(215만 평)로, 완공 시 세계 최대 규모의 반도체 단지가 된다. 이곳에는 2042년까지 삼성전자의 파운드리(반도체 위탁생산)와 첨단 메모리 반도체 공장 5곳을 구축하고, 팹리스(반도체 설계)·소부장(소재·부품·장비) 기업 최대 150곳도 입주할 계획이다.

26 ② 공급은 스스로 수요를 창조한다는 법칙이다.
③ 대형사고가 발생하기 전에 그와 관련된 수많은 경미한 사고와 징후들이 반드시 존재한다는 것을 밝힌 법칙이다.
④ 네트워크의 규모가 커짐에 따라 그 비용의 증가 규모는 점차 줄어들지만 네트워크의 가치는 기하급수적으로 증가한다는 법칙이다.
⑤ 스마트폰 신제품 출시 주기가 짧아져 2~3개월에 불과하다는 뜻의 신조어이다.

27 ① 가상자산 시장에서 특정 가상자산을 보유한 사람에게 투자 비율에 따라 신규 코인이나 코인을 무상으로 지급하는 것을 뜻한다.
③ 비트코인을 제외한 가상자산을 전부 일컫는 편의상 용어이다.
④ 자신이 보유한 가상자산의 일정한 양을 지분으로 고정시키는 것을 말한다.
⑤ 공공 거래 장부라고도 부르며 가상자산으로 거래할 때 발생할 수 있는 해킹을 막는 기술이다.

28 ② 생계비 용도로 최대 100만 원 이내에서 대출이 가능한 것은 맞으나 일시 지급되지는 않는다. 이는 먼저 50만 원을 빌린 이후 이자를 6개월 이상 성실하게 납부하면 50만 원 추가 대출을 받을 수 있다. 다만 병원비나 등록금 등 용처가 증빙될 경우에는 처음부터 한 번에 100만 원을 빌릴 수 있다.

29 ① 제재국가의 정상적인 경제 활동과 관련해 거래를 하는 제3국의 기업이나 금융기관까지 제재하는 것
② 제재의 대상이 특정한 행동을 했을 경우 자동적으로 그에 해당하는 추가 제재가 가해지는 일종의 자동 개입 조항
④ 수출 금지 품목이 아니더라도 대량살상무기(WMD) 개발에 이용될 수 있다고 여겨지는 경우 수출 당국이 해당 물자의 수출을 통제하는 제도
⑤ 자국의 안전 보장에 위협이 될 수 있는 첨단기술과 전자부품 등을 타 국가에 수출할 때 허가신청이나 절차 등에서 우대를 해 주는 국가

24. ⑤ 25. ② 26. ① 27. ② 28. ② 29. ③

30 **다음은 3월 30일 국회를 통과한 「K칩스법」에 대한 설명이다. 이와 관련, ( ) 안에 들어갈 숫자가 순서대로 바르게 짝지어진 것은?**

> 반도체 등 국가전략산업 시설 투자에 대한 세액공제율을 높이는 「K칩스법(개정 조세특례제한법)」이 3월 30일 국회 본회의를 통과했다. 이 법은 반도체를 비롯한 배터리·백신·디스플레이·수소·전기차·자율주행차 등 국가전략산업 시설 투자에 대한 세액공제율을 높이는 내용이다. K칩스법에 따르면 반도체 투자에 대한 세액공제율이 ▷대기업과 중견기업은 현행 8%에서 ( )로 ▷중소기업은 16%에서 ( )%로 확대된다.

① 10, 20 ② 10, 25
③ 15, 20 ④ 15, 25
⑤ 15, 30

31 **다음 ( ) 안에 공통적으로 들어갈 용어로 바른 것은?**

> 카카오가 3월 28일 SM엔터테인먼트 주식 ( )에 성공하며 지분 34.97%를 추가로 확보했다고 공식 발표했다. 카카오는 이로써 기존 1대 주주 하이브를 제치고 최대 주주 자리에 오르며 SM에 대한 경영권을 확보했다. ( )은/는 기업의 지배권을 취득하거나 또는 강화할 목적으로 이뤄진다.

① 공개매수 ② 그린메일
③ 포이즌필 ④ 시장매집
⑤ 위임장 대결

32 **고용노동부가 3월 6일 주 69시간 노동을 공식화하는 방안을 내놓으면서 노동계 등에서 많은 반발이 일고 있다. 이번에 발표된 「근로시간제도 개편방안」의 내용으로 바르지 못한 것은?**

① 연장근로 관리단위를 현재의 「주」 단위에서 「월간, 분기, 반기, 연간」으로 확대한다.
② 근로일 간 11시간 연속 휴식을 부여하고, 이를 적용하지 않을 때에는 주 최대 64시간 근무로 제한한다.
③ 분기 이상의 경우 연장근로 한도를 줄이는 연장근로 총량감축제를 적용한다.
④ 연장노동시간을 적립해 휴가로 보상받을 수 있는 「근로시간저축계좌제」를 도입한다.
⑤ 「선택적 근로시간제」는 정산 기간을 모든 업종에서 6개월로 늘린다.

33 **보건복지부가 2월 28일 발표한 「건강보험 지속가능성 제고 방안」에 따르면 외국인이나 해외 장기체류자는 앞으로 입국 후 ( )개월이 지나야 건보 적용을 받도록 국외 영주권자 자격관리를 강화한다. ( ) 안에 들어갈 숫자는?**

① 3 ② 4
③ 5 ④ 6
⑤ 7

34 헌법재판소가 2월 27일 어린이보호구역(스쿨존)에서 인명사고를 낸 운전자를 가중처벌하는 내용의 이 법이 헌법상 과잉금지원칙을 침해하지 않는다는 판결을 내렸다. 2019년 9월 충남 아산의 한 스쿨존에서 교통사고로 사망한 9세 어린이의 이름을 딴 이 법은?

① 세림이법 ② 민식이법
③ 하준이법 ④ 태완이법
⑤ 해인이법

35 환경부가 2월 27일 이 국립공원의 케이블카 설치사업 환경영향평가서에 대한 조건부 협의 의견을 내놓았다. 남한에서 3번째로 높은 산이자 1982년 우리나라 최초로 유네스코 생물권보전지역으로 지정된 이곳은?

① 지리산 ② 주왕산
③ 치악산 ④ 설악산
⑤ 태백산

30 K칩스법에 따르면 반도체 투자에 대한 세액공제율이 ▷대기업과 중견기업은 현행 8%에서 15%로 ▷중소기업은 16%에서 25%로 확대된다.

31 ① 특정기업의 경영권 획득을 목적으로 주식의 매입기간·가격·수량 등을 미리 광고 등을 통해 제시하고 증권시장 밖에서 불특정다수인을 상대로 매수하는 것을 말한다.
② 자신이 보유한 주식을 경영권이 취약한 대주주에게 높은 가격에 넘겨 프리미엄을 챙기는 행위
③ 위협적인 M&A 세력이 나타났을 때 극단적인 방법을 동원해 주가를 높이거나 대상 기업의 매력을 감소시켜 적대적 M&A를 포기하게 만드는 전략
④ 적대적 M&A를 위해 비공개적으로 인수대상 기업의 주식을 원하는 만큼 지속적으로 매수하는 전략을 가리킨다.
⑤ 다수의 주주로부터 주주총회에서의 의결권 행사 위임장을 확보해 기업인수·합병(M&A)를 추진하는 전략으로, 적대적 M&A의 한 수단이다.

32 일정 기간 동안 근무시간을 자유롭게 조정하는 「선택적 근로시간제」는 정산 기간을 모든 업종에서 3개월로 늘리고, 연구·개발 업무의 경우 6개월까지 정산 기간을 확대한다.

33 복지부가 발표한 방안에 따르면 외국인이나 해외 장기체류자는 앞으로 입국 후 6개월이 지나야 건보 적용을 받도록 국외 영주권자 자격관리를 강화한다.

34 ② 민식이법은 ▷어린이보호구역 내 신호등과 과속단속카메라 설치 의무화 등을 담고 있는 「개정 도로교통법」과 ▷어린이보호구역 내 안전운전 의무 부주의로 사망이나 상해사고를 일으킨 가해자를 가중처벌하는 내용의 「개정 특정범죄 가중처벌 등에 관한 법률」 등 2건을 지칭한다.
① 어린이 통학차량과 관련해 안전벨트 착용, 인솔 교사 동승, 하차 후 차량 내부 점검을 의무화한 법
③ 경사진 주차장에 미끄럼 방지를 위한 고임목과 안내표지 등을 설치하는 내용 등을 담은 법
④ 살인죄를 저질러 법정 최고형이 사형인 경우 25년으로 돼 있던 공소시효를 폐지하는 내용을 골자로 한 법
⑤ 어린이 안전에 대한 주관 부처를 명확히 하고, 어린이 안전사고 피해자에 대한 응급처치를 의무화하는 내용을 담은 법

35 환경부 원주지방환경청이 2월 27일 강원도 양양군의 설악산국립공원 오색삭도(索道·케이블카의 법령상 명칭) 설치사업 환경영향평가서에 대한 조건부 협의 의견을 양양군에 통보했다. 이로써 해당 사업 논의 41년 만에 사실상 최종 관문 통과가 이뤄졌는데, 강원도는 후속 절차를 신속히 진행해 이르면 연내 착공하고 2026년 운영을 시작한다는 방침이다.

30. ④ 31. ① 32. ⑤ 33. ④ 34. ② 35. ④

36 **통계청이 2월 22일 발표한 「2022년 출생·사망 통계(잠정)」에 따르면 사망자 수가 출생아 수보다 많아지면서 인구가 자연 감소하는 이 현상이 3년째 이어졌다. 이 현상은?**

① 인구절벽 ② 인구 오너스
③ 인구지진 ④ 인구 데드크로스
⑤ 인구 고령화

37 **다음 (　) 안에 공통적으로 들어갈 용어는?**

> 미국 뉴욕 유엔본부에서 3월 4일 열린 유엔 해양생물다양성보전협약(BBNJ) 5차 비상회의에서 바다 표면적의 약 3분의 2를 차지하는 (　) 보호를 위한 국제해양조약 체결이 합의됐다. (　)은/는 배타적경제수역(EEZ)에서부터 대양으로 뻗은 해역을 뜻하며, 통상 각국 해안에서 200해리(약 370km) 밖에 있는 해역이 이에 속한다.

① 영해 ② 기선
③ 공해 ④ 대륙붕
⑤ 접속수역

38 **다음의 설명과 관련된 감염병은 무엇인가?**

> • 공기를 매개로 사람에서 사람으로 전파
> • 이 균에 감염된 사람은 투베르쿨린 피부반응검사 시에 양성 반응을 보임
> • 한국, 26년째 경제협력개발기구(OECD) 국가 중 이 감염병 발생률 1위

① 수두 ② 폐렴
③ 결핵 ④ 장티푸스
⑤ B형간염

39 **대통령 직속 저출산고령사회위원회가 3월 28일 발표한 저출산 대책에 따르면 올해 1월부터 만 0살·1살 영아를 둔 부모에게 각각 월 70만 원·35만 원씩 지급되는 「이 급여」가 내년부터 만 0살 월 100만 원·1살 50만 원으로 늘어난다. 이 급여는?**

① 부모급여
② 육아급여
③ 생활급여
④ 출산급여
⑤ 가족급여

40 **그룹 방탄소년단(BTS) 지민의 솔로 앨범 타이틀곡 〈라이크 크레이지〉가 4월 8일자 미국 빌보드 「핫 100」 1위를 기록했다. 이와 관련, 빌보드 핫 100과 관련된 한국 가수들의 기록으로 바르지 못한 것은?**

① 원더걸스는 〈노바디〉로 2009년 K팝 가수 최초로 빌보드 핫 100에 진입했다.
② 싸이의 〈강남스타일〉은 2012년에 7주 연속 핫 100 2위를 기록했다.
③ 씨엘(CL)이 2016년 〈LIFTED〉로 K팝 여자 솔로 가수 최초로 핫 100에 진입했다.
④ BTS는 총 6곡의 핫 100 1위곡을 보유하고 있다.
⑤ BTS는 2017년 〈다이너마이트〉로 핫 100에 처음 진입한 바 있다.

41 중앙재난안전대책본부가 코로나19 확진자의 격리 의무를 5월부터 5일로 줄이는 등의 내용을 담은 「코로나19 위기 단계 조정 로드맵」을 발표했다. 이는 코로나 위기 단계를 「심각」에서 (　　) 단계로 낮춘 뒤 1단계부터 시행되는데, (　　) 안에 들어갈 용어는?

① 주의　② 경계
③ 관심　④ 비상
⑤ 전개

42 3월 12일 열린 제95회 아카데미 시상식에서 작품상·감독상 등 총 7관왕을 수상한 영화로, 특히 이 영화의 주연 양쯔충은 아카데미 역사상 처음으로 여우주연상을 수상한 아시아계 배우라는 기록을 남겼다. 이 영화는?

① 〈서부전선 이상 없다〉
② 〈파벨만스〉
③ 〈에브리씽 에브리웨어 올 앳 원스〉
④ 〈더 웨일〉
⑤ 〈슬픔의 삼각형〉

36 ① 생산가능인구(15~64세)의 비율이 급속도로 줄어드는 현상
② 생산연령 인구의 비중이 하락하면서 경제성장이 지체되는 것으로, 인구보너스에 상반되는 개념이다.
③ 땅 표면이 흔들리고 갈라지는 지진처럼 고령사회가 진행됨에 따라 사회가 그 근본부터 흔들리는 현상을 비유한 용어
⑤ 한 사회의 인구 구성에서 노년인구(65세 이상 인구)의 비율이 점점 높아지는 현상으로, 노령화라고도 한다.

37 ① 국제법에서 국가의 주권·통치권이 미치는 영토와 인접한 해양에 해당하는 국가영역
② 영해 바깥쪽의 한계를 측정하기 위한 기초가 되는 선
④ 해안으로부터 수심 200m까지의 평균 경사 0.1° 정도로 완만하게 대륙과 이어져 있는 바다 속의 지역으로, 이후 급경사를 이루는 대륙사면에 이르기 전까지의 지역
⑤ 배타적으로 주권을 행사할 수 있는 영해는 아니지만 범죄 등의 예방을 위해 선박들에 대한 검사 등 제반조치를 할 수 있는 권한이 미치는 지역

38 ① 수두-대상포진 바이러스의 일차감염으로 인해 전신에 감염 증상이 나타나는 바이러스성 질환
② 기도를 통해 전염되는 병원 미생물에 의한 폐의 염증
④ 장티푸스균을 병원체로 하는 법정감염병
⑤ B형간염 바이러스 감염에 의한 급성간염 질환

39 부모급여는 지난 1월 25일부터 시행된 정책으로, 2022년까지 만 1세 이하 부모에게 매달 30만 원씩 지급되던 영아수당을 확대 개편한 것이다. 부모급여는 ▷만 0세(0~11개월) 자녀를 둔 부모에게 매달 70만 원 ▷만 1세 자녀(12~23개월)를 둔 부모에게는 월 35만 원씩 지급한다. 이는 2024년부터는 만 0세 100만 원, 만 1세 50만 원으로 그 금액이 인상된다.

40 ⑤ BTS는 2017년 〈DNA〉로 67위를 기록, 핫 100에 처음 진입한 바 있다. 2020년 발표한 〈다이너마이트(Dynamite)〉는 BTS의 핫 100 첫 1위곡이다.

41 정부는 3단계에 걸쳐 방역 규제를 풀겠다는 계획으로, ▷1단계 조정은 심각인 위기 단계가 경계로 바뀌는 때 ▷2단계는 코로나19 감염병 등급이 2급에서 4급으로 내려가는 때 ▷3단계 조정은 코로나19가 엔데믹화되는 상황에 각각 이뤄진다.

42 ③ 영화 〈에브리씽 에브리웨어 올 앳 원스〉가 3월 12일 미국 로스앤젤레스(LA) 돌비극장에서 열린 「제95회 아카데미 시상식」에서 작품상·감독상을 비롯해 총 7개 부문을 수상하는 기록을 썼다. 이 영화는 아메리칸 드림을 꿈꾸며 미국으로 이민을 온 에블린(양쯔충)이 멀티버스를 넘나들며 세상과 가족을 구원하며 벌어지는 이야기를 담아낸 작품이다.

36. ④　37. ③　38. ③　39. ①　40. ⑤　41. ②　42. ③

43 **1977년 개관한 프랑스 3대 박물관 중 하나로, 최근 이 미술관이 서울 63빌딩에 분원을 낼 계획이라는 〈르몽드〉의 보도가 나와 화제가 됐다. 어디인가?**

① 루브르 미술관
② 오랑주리 미술관
③ 오르세 미술관
④ 퐁피두 센터
⑤ 로댕 미술관

44 **매년 3월 이탈리아에서 열리는 세계 최대 규모의 어린이 책 도서전에서 시상하는 상으로, 올해 이지연 작가의 〈이사가〉 등 한국 그림책 4편이 우수상을 수상했다. 이 상의 명칭은?**

① 칼데콧상
② 볼로냐 라가치상
③ 뉴베리상
④ 한스 크리스티안 안데르센상
⑤ 부커상

45 **일본의 영화음악 거장 사카모토 류이치가 3월 28일 71세를 일기로 타계했다. 고인은 1986년 이 영화의 주제곡 「레인」으로 아시아인 최초로 미국 아카데미 작곡상을 수상한 바 있는데, 이 영화는?**

① 〈마지막 황제〉
② 〈리틀 붓다〉
③ 〈전장의 크리스마스〉
④ 〈패왕별희〉
⑤ 〈레버넌트: 죽음에서 돌아온 자〉

46 **손흥민이 4월 8일 아시아 선수 최초로 잉글랜드프리미어리그(EPL) 100골을 달성했다. 이와 관련, 손흥민이 EPL에서 세운 기록으로 바르지 못한 것을 고르면?**

① 토트넘에 이적한 2015년부터 매 시즌 두 자릿수 득점을 올렸다.
② EPL에서 총 3번의 해트트릭을 기록했다.
③ 2019~2020시즌에 FIFA 푸스카스상을 수상했다.
④ 2021~2022시즌에 23골을 득점하며 아시아인 최초로 EPL 골든부츠를 수상했다.
⑤ 해리 케인과 합작 45골을 만들어내며 EPL 역대 최다 골 합작 기록을 보유하고 있다.

47 **다음에 제시된 설명과 관련된 축구 선수는?**

- 유럽 5대 리그 최초로 클럽 통산 700골 달성
- FIFA 올해의 선수상 2회 수상
- 발롱도르 최다 수상 기록(7회)

① 카림 벤제마
② 리오넬 메시
③ 루카 모드리치
④ 로베르트 레반도스프키
⑤ 크리스티아누 호날두

48 **3월 22일 폐막한 제5회 월드베이스볼클래식(WBC)에서 우승을 차지하며 이 대회 최다 우승국이 된 나라는?**

① 미국 ② 쿠바
③ 일본 ④ 멕시코
⑤ 푸에르토리코

49 **한국프로축구연맹이 3월 16일 발표한 「K리그 명예의 전당」 초대 헌액자에서 선수 부문에 선정된 4명에 해당하지 않는 사람은?**

① 최순호 ② 홍명보
③ 신태용 ④ 이동국
⑤ 황선홍

43 ① 1793년 설립된 세계 3대 박물관으로, 16세기 초 레오나르도 다 빈치의 〈모나리자〉를 궁전에 전시하면서부터 역사가 시작됐다.
② 1927년 개관했으며, 인상주의 및 후기인상주의 회화 작품을 주로 전시한다.
③ 루브르 박물관·퐁피두 센터와 함께 프랑스 3대 박물관 중 하나로 꼽히며, 주로 1800년대~1900년 사이의 예술품을 전시한다.
⑤ 로댕의 작품을 전시하기 위해 개관한 국립미술관으로, 로댕이 자신의 작품을 직접 기증한 것을 시작으로 1916년 발족했다.

44 ① 근대 그림책의 아버지라 불리는 영국의 예술가이자 삽화가 랜돌프 칼데콧을 기리기 위해 미국 어린이도서관협회(ALSC)에서 주관하는 그림책상이다.
③ 미국 어린이 문학에 지대한 공헌을 세운 작품의 작가에게 수여되는 상으로, 1922년부터 시작됐다.
④ 19세기 덴마크 출신 동화작가인 한스 크리스티안 안데르센을 기리고자 1956년 제정된 상으로, 아동문학계의 노벨상으로 불린다.
⑤ 1969년 영국의 부커사가 제정한 문학상으로 노벨문학상·프랑스 공쿠르 문학상과 함께 세계 3대 문학상 중 하나이다.

45 사카모로 류이치는 1986년 베르나르도 베르톨루치 감독의 할리우드 영화 〈마지막 황제〉의 주제곡 「레인」으로 아시아인 최초로 미국 아카데미 작곡상을 수상했다. 이후 1990년 〈마지막 사랑〉과 1993년 〈리틀 붓다〉로 골든글로브상과 영국 아카데미상을 수상하며 세계적인 음악가 반열에 올랐다.

46 ① 손흥민은 토트넘에 이적한 첫 시즌 리그 4골을 넣었으며, 2016~2017시즌 14골을 시작으로 6시즌 연속 매 시즌 두 자릿수 득점을 기록했다.
② 2020년 9월 사우샘프턴을 상대로 한 경기 최다인 4골을 넣었고, 2022년 4월과 9월 각각 애스턴 빌라와 레스터시티전에서 3골씩 득점했다.
③ 2019년 12월 8일 번리전에서 약 70m를 단독으로 질주해 득점으로 이어졌던 오른발 슛으로 FIFA 푸스카스상을 수상했다.
④ 2021~2022시즌에서 23골을 득점하며 무함마드 살라흐(리버풀)와 EPL 공동 득점왕에 등극했다.

47 리오넬 메시(36·파리 생제르맹)가 2월 26일 프랑스 마르세유 스타드 벨로드롬에서 열린 「2022~2023 시즌 프랑스 리그1」 25라운드 올랭피크 마르세유와의 원정 경기에서 리그 12골을 기록하며 팀의 3-0 완승을 이끈 것은 물론 「클럽 통산 700골」이라는 대기록을 작성했다.

48 ③ 일본이 3월 22일 열린 제5회 WBC 결승전에서 미국을 3-2로 꺾으며 우승을 차지했다. 이로써 일본은 제1회 대회와 제2회 대회에 이어 3번째 우승을 차지, 통산 3회 우승을 기록하면서 WBC 최다 우승국이 됐다.

49 K리그 명예의 전당은 ▷선수(Stars) ▷지도자(Leaders) ▷공헌자(Honors) 3개 부문으로 구성되며 올해를 시작으로 2년마다 헌액자를 정한다. 특히 올해 선수 부문은 출범 40주년의 의미를 담아 세대별 10년 간격으로 1명씩 최고의 선수 4명을 뽑았으며, 최순호·홍명보·신태용·이동국이 선정됐다.

43. ④ 44. ② 45. ① 46. ① 47. ② 48. ③ 49. ⑤

50 **2026년 6월 11일부터 7월 19일까지 캐나다·멕시코·미국에서 열리는 제23회 북미 월드컵과 관련된 내용으로 바르지 못한 것은?**

① 2002년 한일 월드컵 이후로 24년 만에 열리는 공동 개최 월드컵이다.
② 멕시코는 1970년과 1986년에 이어 세 번째로 월드컵을 개최하면서 최다 개최국이 됐다.
③ 출전국이 32개국에서 48개국으로 확대된다.
④ 아시아 쿼터가 4.5장에서 6.5장으로 늘어난다.
⑤ 월드컵 최초로 3개국에서 열리는 대회로, 역대 대회 중 개최지가 가장 넓다.

51 **다음의 (   ) 안에 공통적으로 들어갈 용어는?**

> 4월 6일 열린 「2022~2023시즌 V리그」 여자부 챔피언 결정전(5전 3승제)에서 노로공사가 흥국생명에 승리하며 우승을 차지했다. 특히 도로공사는 챔프전 1·2차전을 내리 패배했으나 3~5차전에서 연승하며 (   ) 우승을 달성했다. (   )은/는 다전제 경기에서 패배만 하고 있고 1패를 더 추가하면 지게 되는 상황에서 이후 경기들을 모두 승리해 역전하는 경우를 말한다.

① 와이어 투 와이어(Wire To Wire)
② 셧아웃(Shutout)
③ 노히트 노런(No hit no run)
④ 리버스 스윕(Reverse Sweep)
⑤ 퍼펙트 게임(Perfect Game)

52 **오픈AI가 3월 14일 현재 챗GPT에 적용된 GPT-3.5의 업그레이드 버전인 GPT-4를 공개했다. 이와 관련한 다음의 내용에서 (   ) 안에 들어갈 용어로 바른 것은?**

> 오픈AI가 자사 홈페이지에 공개한 GPT-4의 가장 큰 특징은 이미지를 인식하고 해석할 수 있다는 점으로, 텍스트만 입력할 수 있었던 기존 GPT-3.5와 달리 사용자가 이미지를 활용해 질문할 수도 있다. 특히 오픈AI는 AI가 거짓을 마치 사실처럼 전하는 (   ) 현상도 GPT-3.5에 비해 약 40% 줄었다고 밝혔다.

① Paradox ② Hallucination
③ Delusion ④ Confusion
⑤ Irony

53 **무선태그 기술 중 하나로 13.56MHz의 주파수 대역을 사용하는 비접촉식 통신 기술을 말한다. 3월 국내 출시된 애플페이는 이 기술을 기반으로 한 것인데, 무엇인가?**

① 블루투스 ② UWB
③ RFID ④ NFC
⑤ 와이파이

54 **구글이 3월 21일 미국과 영국에서 일부 이용자를 대상으로 공개한 AI 챗봇으로, 구글 검색과 연동된 것이 특징이다. 무엇인가?**

① 바드 ② 하이파클로바
③ 달리 ④ 람다
⑤ 어니

55 통신장비 업체들의 연합기구인 세계이동통신사업자협회(GSMA)가 주최하는 세계 최대 이동통신전시회로, 매년 스페인에서 열리는 이 행사의 약자는 무엇인가?

① CES
② MWC
③ IFA
④ GDC
⑤ EXPO

56 미국 항공우주국(NASA)이 2020년 7월 30일 발사한 화성 탐사 로버로, 화성을 시험 비행할 소형 헬리콥터인 인저뉴어티(Ingenuity)가 탑재된 이 로버는?

① 목시
② 스피릿
③ 큐리오시티
④ 오퍼튜니티
⑤ 퍼서비어런스

50 ④ 2026년 북중미 월드컵부터 본선 출전국이 48개국으로 늘어나면서 아시아 쿼터도 기존 4.5장에서 8.5장으로 4장 늘어난다. 또 아프리카는 4.5장(총 9.5장), 유럽은 3장(총 16장), 남미는 2장(총 6.5장), 북중미는 3장(총 6.5장), 오세아니아는 1장(총 1.5장)이 늘어나게 된다.

51 ① 골프나 경마·자동차경주에서 주로 사용되는 스포츠 용어로, 경기 내내 1등을 차지하며 우승했을 때 사용하는 말
② 투수가 한 경기를 완투(9이닝, 혹은 연장 포함)했을 때 상대팀에게 1점도 허용하지 않고 승리했을 경우 투수에게 주어지는 기록으로, 완봉이라고 함
③ 야구 경기에서 무안타, 무실점으로 상대팀에 승리하는 것
⑤ 야구에서 선발 등판한 투수가 한 명의 타자도 진루시키지 않고 끝낸 게임

52 챗GPT는 자신이 잘 모르는 질문에 대한 답변도 아는 척 그럴듯하게 생성해 내는데, 이를 「할루시네이션(환각)」이라 한다.

53 ① 정보통신기기, 가전제품 등을 물리적인 케이블 접속 없이 무선으로 연결해 주는 차세대 근거리 무선 네트워킹 기술
② 기존 주파수 대역에 비해 수 배~수십 배 이상 넓은 500Mz 폭 이상을 활용해 저전력으로 대용량 정보를 빠르게 전송하는 근거리 무선통신기술
③ 극소형 칩에 상품정보를 저장하고 안테나를 달아 무선으로 데이터를 송신하는 장치
⑤ 하이파이(Hi-Fi·High Fidelity)에 무선기술을 접목한 것으로, 고성능 ISM 대역으로 지정된 2.4GHz 대역과 5GHz 대역의 주파수를 이용한다.

54 ② 국내 최대 포털 네이버가 개발한 국내 기업 최초의 초거대 인공지능으로, 2021년 5월 25일 공개됐다.
③ 오픈AI가 개발한 생성 AI
④ 구글이 2022년 내놓은 대규모 언어모델로, 바드는 람다(LaMDA)를 기반으로 운용된다.
⑤ 중국 바이두가 개발한 초거대 AI

55 ② 모바일월드콩그레스(MWC·Mobile World Congress)에 대한 설명이다.
① Consumer Electronics Show(세계가전전시회). 미국소비자기술협회가 주관해 매년 열리는 세계 최대 규모의 가전제품 박람회이다.
③ International Funkausstellung(베를린 국제가전박람회). 1924년 독일 베를린에서 시작된 유럽 최대의 디지털제품 전시회이다.
④ Game Developer Conference(게임개발자회의). 매년 미국 샌프란시스코에서 열리는 전 세계 게임업계의 축제이다.
⑤ 인류가 이룩한 업적과 미래에 대한 전망을 한자리에서 비교·전시하고 해결 대안과 비전을 제시하는 경제·문화올림픽으로, 세계박람회라고도 한다.

56 ⑤ 미국항공우주국(NASA)이 2020년 7월 30일 발사한 화성 탐사 로버로, 스피릿·오퍼튜니티·큐리오시티의 뒤를 잇는 네 번째 이동형 화성 탐사 로버이다. 퍼서비어런스는 2021년 2월 18일 화성 궤도 진입에 성공했으며, 예제로 크레이터에 착륙했다.

50. ④ 51. ④ 52. ② 53. ④ 54. ① 55. ② 56. ⑤

57 **과학기술정보통신부가 3월 31일 「한국형 발사체(누리호) 3차 발사허가 심사결과안」 등을 심의·확정한다고 밝혔다. 이와 관련, 누리호에 대한 설명으로 바르지 않은 것은?**

① 한국항공우주연구원 등이 국내 독자 기술로 개발한 탑재 중량 1500kg의 3단형 로켓이다.
② 1단은 75t급 액체엔진 4개, 2단은 1개, 3단은 7t급 액체엔진으로 구성된다.
③ 2010년부터 지상 600~800km 궤도에 1.5t급 실용위성을 쏘아 올릴 수 있는 성능을 갖추기 위해 개발이 이뤄졌다.
④ 엔진은 전기로 주입하는 방식을 활용하며, 연료는 발열량이 많은 수소 대신 케로신(등유)을 사용한다.
⑤ 2022년 6월 21일 진행된 누리호 2차 발사는 성공적으로 이뤄지면서 우리나라는 전 세계에서 7번째로 자력으로 1톤급 실용 위성을 발사하는 능력을 입증한 국가가 됐다.

58 **미국 항공우주국(NASA)이 4월 3일 달 유인 탐사 프로젝트 2단계로 달 궤도를 왕복할 우주비행사 4명을 발표했다. 총 3단계로 진행되는 이 프로젝트의 명칭은 그리스 신화에 등장하는 달의 여신에서 비롯된 것인데, 무엇인가?**

① 아테나
② 셀레네
③ 데메테르
④ 아르테미스
⑤ 아프로디테

59 **다음 중 경제활동인구에 해당하는 사람은?**

① 실업자
② 취업준비자
③ 가정주부
④ 종교단체 근무자
⑤ 불로소득자

60 **다음 내용 중 바른 것은?**

① 산성비는 수소이온농도(pH)가 자연 상태 빗물수준인 5.6 이상을 나타내는 비다.
② PPB는 100만 분의 1을 나타내는 용어이다.
③ BOD는 유기물 등의 오염물질을 산화제로 산화할 때 필요한 산소량을 나타낸다.
④ 초미세먼지는 입자 지름이 10μm 이하인 먼지를 말한다.
⑤ DO는 물속에 용해돼 있는 산소의 양으로, 일반적으로 온도 및 염분이 낮고 기압이 높을수록 많아진다.

61 **다음 속담의 (　　)에 공통적으로 들어갈 절기는?**

- (　　) 추위는 꿔다 해도 한다.
- (　　) 거꾸로 붙였나
- (　　)에 오줌독 깨진다
- 가게 기둥에 (　　)이라

① 입춘　② 우수
③ 경칩　④ 청명
⑤ 곡우

62 다음 중 헌법기관에 해당하는 것을 고르면?

㉠ 국회	㉡ 국가정보원
㉢ 감사원	㉣ 대법원
㉤ 국민권익위원회	㉥ 대검찰청

① ㉠, ㉢, ㉣
② ㉠, ㉡, ㉤
③ ㉠, ㉡, ㉢
④ ㉡, ㉢ ,㉣
⑤ ㉡, ㉣, ㉤

63 유럽연합(EU) 회원국 간 무비자 통행을 규정한 국경 개방 조약으로, 1985년 룩셈부르크의 이 마을에서 체결된 데서 붙은 명칭이다. 무엇인가?

① 솅겐조약
② 로마조약
③ 더블린조약
④ 리스본조약
⑤ 마스트리히트 조약

57 ④ 누리호 엔진은 가스 연료 주입 방식을 활용하는데, 이는 전기로 주입하는 방식을 사용할 경우 우주의 극한 환경에서 작동 오류가 발생할 가능성이 있기 때문이다. 연료는 발열량이 많은 수소 대신 케로신(등유)을 사용한다.

58 아르테미스 프로젝트 명칭은 그리스 신화에 등장하는 달의 여신에서 비롯된 것이다. 이번에 선발된 우주비행사 4명은 2024년 11월쯤 대형 로켓 우주발사시스템(SLS)에 탑재돼 발사되는 우주선 오리온을 타고 열흘간 달 궤도를 돌고 오는 아르테미스 프로젝트 2단계 임무를 수행하게 된다.

59 경제활동인구는 만 15세 이상인 사람들 가운데 일할 능력이 있고 취업할 의사가 있는 인구를 뜻한다. 경제활동인구는 다시 취업자와 실업자로 구분되는데 실업자가 경제활동인구에 포함되는 이유는 조사 시점에는 일시적 이유로 직장이 없어 구직활동을 하고 있으나 보통의 경우라면 취업을 해야 할 것으로 생각되기 때문이다.

60 ⑤ DO(Dissolved Oxygen, 용존산소)는 물속에 유기물이 늘어나면 산소가 소비되어 줄어들기 때문에 수질오염을 나타내는 지표가 된다.
① 산성비는 수소이온농도(pH)가 자연 상태 빗물수준인 5.6 이하를 나타내는 비다.
② PPB는 PPM의 1000분의 1로, 10억 분의 1을 나타낸다. PPM(Parts Per Million)이 100만 분의 1이다.
③ BOD(Biochemical Oxygen Demand)는 호기성 박테리아가 일정기간 수중의 유기물을 산화 분해시켜 정화하는 데 소비되는 산소량을 ppm으로 나타낸 것이다. 제시된 내용은 COD(Chemical Oxygen Demand)에 대한 설명이다.
④ 초미세먼지는 지름이 2.5μm 이하인 먼지로, 지름이 10μm 이하인 먼지는 미세먼지라 한다.

61 ① 입춘(立春, 양력 2월 4~5일경)은 24절기 중 첫째 절기로 태양의 황경이 315도일 때이며, 봄의 시작이다.

62 헌법기관이란 헌법의 규정에 따라 설치된 국가의 기관을 말한다. 현행 헌법상 헌법기관으로는 국회(국회의원), 정부(대통령, 국무총리, 국무회의, 행정부), 법원(대법원과 각급법원), 감사원, 헌법재판소, 중앙선거관리위원회 등이 있다.

63 ② 유럽경제공동체(EEC)를 설립하기 위한 조약으로, 1958년 1월 1일 발효
③ 유럽으로 유입되는 난민의 망명 처리 원칙을 규정한 조약으로, 1997년 발효
④ 경제공동체를 넘어 EU의 정치적 통합까지 목표로 한 일종의 미니헌법
⑤ 1991년 네덜란드의 마스트리히트에서 열린 유럽공동체(EC) 12개국 정상회담에서 타결 합의한 유럽통합조약으로, 이에 따라 유럽공동체(EC)는 유럽연합(EU)으로 명칭이 바뀌었다.

57. ④ 58. ④ 59. ① 60. ⑤ 61. ① 62. ① 63. ①

64 **다음의 (   ) 안에 들어갈 동물은?**

> (   ) 모멘트는 피하고 싶었던 상황에 처해 있다는 것을 갑자기 깨닫는 순간을 뜻하는 용어로, 증권시장에서는 증시의 갑작스러운 붕괴를 표현할 때 사용한다.

① 코뿔소　② 코끼리
③ 고릴라　④ 코요테
⑤ 고양이

65 **다음 게임 용어와 그 설명이 바르게 연결되지 않은 것은?**

① RPG: 플레이어가 게임 속 캐릭터를 연기하며 즐기는 역할 수행 게임이다.
② MMORPG: 온라인에서 다수의 플레이어가 동시에 즐기는 RPG 게임이다.
③ TPS: 주로 총기류나 수류탄 등 현대무기를 들고 싸우는 1인칭 시점 슈팅게임이다.
④ MOBA: 적의 본진을 점령하는 것을 목표로 상대편 플레이어들과 전투를 벌이는 게임이다.
⑤ RTS: 실시간 전략 게임으로, 다른 플레이어들과 승부를 겨루는 모의 전쟁게임이다.

66 **다음 중 독도(獨島)의 별칭이 아닌 것은?**

① 석도(石島)
② 외도(外島)
③ 우산도(于山島)
④ 가지도(可支島)
⑤ 삼봉도(三峰島)

67 **다음이 설명하는 것은?**

> • 「정복되지 않는, 두려움 없는」이란 뜻의 그리스어 아다마스(Adamas)에서 유래됐다.
> • 광물 중 경도(Hardness)가 10으로 가장 높다.
> • 커팅 방식에 따라 브릴리언트, 페어, 오벌, 에메랄드, 프린세스, 쿠션으로 나뉜다.

① 루비
② 사파이어
③ 다이아몬드
④ 에메랄드
⑤ 터키석

68 **2차 세계대전 당시 일본군 위안부에 대한 일본군의 강제성을 인정한 담화로, 1993년 당시 담화를 발표한 관방장관의 이름을 딴 이 담화는?**

① 무라야마 담화
② 고노담화
③ 미야자와 담화
④ 간 나오토 담화
⑤ 노다 담화

69 **현재 서울시 광화문광장에 건립돼 있는 위인의 동상은?**

① 세종대왕, 이순신
② 김구, 신사임당
③ 세종대왕, 신사임당
④ 이순신, 이황
⑤ 김구, 이순신

70 **다음에 제시된 설명에서 연상되는 꽃을 고르면?**

> • 왕위 계승권을 둘러싸고 랭커스터가와 요크가의 대립으로 발생한 영국의 내란
> • 조지아의 대통령이었던 에두아르트 세바르드나제를 퇴진시킨 무혈혁명
> • 박종화, 변영로 등이 1921년 창간한 시문학 사상 최초의 시 전문 동인지

① 장미 ② 튤립
③ 수선화 ④ 해바라기
⑤ 카네이션

▶ 다음 물음에 알맞은 답을 쓰시오. (71~100)

71 **이 나라가 4월 4일 북대서양조약기구(나토)의 31번째 회원국이 됐다. 이 나라의 나토 가입으로 러시아는 총 1340km에 달하는 거대한 국경을 나토와 마주하게 됐는데, 어디인가?**

64 ④ **코요테 모멘트**: 증권시장에서 증시가 갑작스럽게 폭락하여 투자자들이 위기에 처하게 된 상황을 가리킨다. 이는 코요테가 먹잇감을 쫓는 데 정신이 팔려 낭떠러지 쪽으로 뛰어가다 문득 정신을 차려 아래를 보면 허공에 떠 있고, 이를 알아차리는 순간 추락하는 것을 빗댄 말이다.

65 ③ TPS(Third Person Shooter) 게임은 3인칭 관찰자 시점으로 플레이하는 슈팅 게임 장르다. 1인칭 시점 슈팅 게임은 FPS(First Person Shooter)라 한다.

66 ② 경상남도 거제시에 위치한 섬. 한려해상국립공원에 속하며 개인 소유다.
조선시대에는 독도를 우산도(于山島), 가지도(可支島), 삼봉도(三峰島) 등으로 불렀으며, 울릉도 주민들은 石(석)을 뜻하는 독(돌)을 붙여 독섬(돌섬)이라고도 불렀다. 석도(石島)는 돌섬의 한자식 표현이다. 한편, 독도라는 명칭은 1906년(광무 10년) 울릉군수 심흥택의 보고서에서 처음으로 사용된 것으로 알려져 있다.

68 ② 1993년 8월 고노 요헤이(河野洋平) 당시 관방장관이 2차 세계대전 당시 일본군 위안부에 대한 일본군의 강제성을 인정하며 발표한 담화로, 위안부 피해자에 대한 사죄와 반성의 뜻을 담고 있다.
① 1995년 당시 무라야마 총리가 일본의 태평양전쟁 때 식민지배에 대해 공식적으로 사죄하는 뜻을 표명한 담화이다.
③ 1982년 역사교과서 왜곡 파동과 관련해 미야자와 기이치 당시 관방장관이 사과한 담화이다.
④ 2010년 8월 일본국 내각총리대신인 간 나오토가 한일병합 과정의 강제성을 우회적으로 시인하고 조선왕조의궤 등의 문화재를 정부 차원에서 인도한다고 밝힌 담화이다.

69 현재 서울 광화문 사거리에 있는 광화문 광장에는 이순신 장군과 세종대왕의 동상이 건립돼 있다. 광화문을 정면으로 두고 봤을 때 이순신 장군 동상이 앞에 있고, 세종대왕 동상은 이순신 장군 동상의 뒤편 약 250m 지점에 위치하고 있다.

70 • 장미전쟁은 랭커스터가의 승리로 헨리 7세가 즉위해 튜더 왕조가 시작되면서 평정됐다. 이를 계기로 영국의 봉건 무사 계급이 몰락하고 주권은 의회에 속하게 됐다.
• 장미혁명은 2003년 11월 조지아(러시아명 그루지야)에서 일어난 반정부 시위로, 당시 시민들이 대통령의 부정선거에 항의해 장미를 들고 대규모 시위를 벌인 데서 붙여진 이름이다.
• 《장미촌》은 스스로 자유시의 선구임을 표방하며 《폐허》와 《백조》의 교량적 역할을 했으며 낭만주의 경향을 보였다.

64. ④ 65. ③ 66. ② 67. ③ 68. ② 69. ① 70. ① 71. **핀란드**

72 미국 록히드마틴사가 개발한 초음속 스텔스 수직이착륙 전투기로, 각종 항공기 기능을 하나로 통합한 전투공격기라는 뜻에서 「통합타격전투기(JSF)」라고도 한다. 용도 등에 따라 A·B·C의 세 가지 기종으로 나뉘는 이 전투기는?

73 제주도 동남쪽과 일본의 규슈 서쪽 사이 해역에 위치한 한·일 대륙붕공동개발구역으로, 이 구역에 대한 한일공동개발 협정이 2025년 사실상 종료될 수 있다는 전망이 나오면서 공동개발을 하루 빨리 재개해야 한다는 목소리가 일고 있다. 어디인가?

74 북한이 3월 28일 각종 탄도·순항미사일, 초대형 방사포, 핵어뢰 등 8종의 전술핵무기에 탑재할 전술핵탄두를 처음으로 공개했다. 이 전술핵탄두의 명칭은?

75 국회가 2월 27일 정부조직 개편안을 통과시키면서 이 정부 부처가 62년 만에 「부」로 격상되게 됐다. 이 부처는?

76 유엔 안보리 이사국 간 이견으로 공식 회의가 어려울 때 이사국의 초청으로 비이사국과 비정부기구 등이 참여해 관련 현안을 신속하게 논의하는 방편으로 활용하는 이 회의체는?

77 3월 27일 대만 전·현직 총통으로서는 처음으로 중국을 방문한 전 대만 총통이다. 재임 시절인 2015년 11월 시진핑 중국 국가주석과 첫 양안 정상회담에 나서기도 했던 이 인물은?

78 미국 뉴욕에서 주가 대폭락이 있었던 1987년 10월 19일을 가리키는 말로, 당시 뉴욕의 다우존스 평균주가는 하루에 508달러(전일 대비 22.6%)가 폭락한 바 있다. 무엇인가?

79 2022년부터 지속적으로 전망돼 왔던 미국의 경제 침체 시기가 계속 미뤄지면서 올해 월가에 등장한 용어로, 아일랜드 작가 사뮈엘 베케트의 희곡에서 따온 용어다. 이 희곡에서 두 명의 중심인물이 하염없이 기다리는 인물에 빗댄 이 용어는?

80 미국이 2022년 3월 한국·일본·대만에 제안한 반도체 동맹으로, 중국을 견제하고 동맹국들과 함께 안정적인 반도체 공급망을 형성하는 것을 목표로 한다. 무엇인가?

81 3월 10일 실리콘밸리은행(SVB) 파산으로 시작된 금융시장에 대한 공포가 스위스 크레디스위스(CS)를 거쳐 독일 도이체방크로까지 확산되면서 등장한 개념이다. 은행에 대한 공포가 감염병처럼 급속하게 번진다는 뜻의 이 신조어는?

82 은행 채무자의 부채 상환 능력이 악화돼 결국 건전한 자산까지 팔게 되면서 금융위기가 도래하는 시점을 뜻하는 말로, 2008년 글로벌 금융위기 이후 많은 주목을 받은 이 용어는?

83 미국·일본이 주도했던 환태평양경제동반자협정(TPP)에서 미국이 탈퇴하면서 일본 등 아시아·태평양 11개국이 새롭게 추진한 경제동맹체로, 2018년 12월 30일 발효된 바 있다. 무엇인가?

84 자금세탁을 방지하기 위해 기존 금융권에 구축돼 있는 자금이동 추적시스템으로, 은행들이 해외 송금 시에 국제은행간통신협회(SWIFT)가 요구하는 형식에 따라 송금자의 정보 등을 기록하는 것을 무엇이라 하는가?

85 근로계약 체결 시 법정기준 노동시간을 초과한 연장·야간근로 등이 예정돼 있는 경우 계산 편의를 위해 노사합의를 바탕으로 연장·야간·휴일수당을 미리 정해 매월 급여와 함께 지급하는 임금 산정 방식을 무엇이라 하는가?

72. F-35 73. 7광구(Sector 7, 한일공동개발구역) 74. 화산-31 75. 국가보훈처 76. 아리아 포뮬러(Arria-Fomula) 77. 마잉주(馬英九) 78. 블랙 먼데이(Black Monday) 79. 고도 침체(Godot Recession) 80. 칩4(Chip4) 81. 뱅크데믹(Bankdemic) 82. 민스키 모멘트(Minsky Moment) 83. 포괄적·점진적 환태평양경제동반자협정(CPTPP) 84. 트래블 룰(Travel Rule) 85. 포괄임금제(包括賃金制)

86 건설현장에서 시공사(하도급 건설사)가 타워크레인 기사 등에게 의례적으로 제공하는 수고비를 말한다. 국토교통부가 최근 이를 수취하는 경우 형법상 강요·협박·공갈죄를 적용해 즉시 처벌하는 방안을 발표했는데, 무엇인가?

87 2월 21일 발대식을 갖고 출범한 노동조합으로, 개별 노조가 모여 만든 협의체라는 특징을 갖고 있다. 특히 조합 구성원부터 임원까지 MZ세대라는 점에서 주목을 받고 있는데 이 단체는?

88 근무시간 외에 직장에서 오는 이메일이나 전화·메시지 등을 받지 않을 수 있는 권리로, 프랑스가 이를 세계 최초로 법제화해 2017년부터 시행 중에 있다. 무엇인가?

89 적혈구 파괴가 반복적으로 일어나는 극희귀 자가면역 혈액 질환으로, 일상생활 중 조금의 냉기만 있다면 여러 증상들이 발생해 「온도 감옥」으로도 불리는 이 질환은?

90 토마토 생장기에 자연적으로 생성되는 물질로, 덜 익은 토마토가 저온이나 한파에 노출될 경우 다 익은 상태에서도 이 성분이 남아 있을 수 있다. 쓴맛이 나고 구토나 복통을 유발하기도 하는 이 물질은?

91 일정자격을 갖춘 OTT 사업체에 한해 영상물등급위원회의 사전 등급분류를 거치지 않고 자체적으로 시청 등급을 분류할 수 있도록 한 제도는?

92 특정 노래의 속도를 배속해 원곡과는 다른 분위기를 내는 2차 창작물을 가리키며, 쇼트폼 플랫폼이 주된 콘텐츠 소비 방식으로 부상하면서 선호도가 높아졌다. 무엇인가?

93 태권도 기술과 정신을 담아 심신수양과 공방원리를 나타내는 행동 양식으로, 정해진 형식에 맞춰 공격과 방어 기술을 혼자 수련할 수 있도록 이어놓은 동작을 무엇이라 하는가?

94 지난 3월 부임해 2026년 북중미 월드컵 본선까지 한국 축구 국가대표팀을 이끌게 된 이 감독은 누구인가?

95 각 구단 선수들의 연봉 총액 상한선을 의미하는 말로, 1984년 미국프로농구(NBA)가 처음 도입한 이 제도는?

96 3월 5일 HSBC 위민스 월드챔피언십에서 우승, 2008년 시작된 이 대회 최초로 타이틀 방어에 성공한 우리나라의 골프 선수는?

97 국내 우주 스타트업 이노스페이스가 3월 21일 발사에 성공한 국내 첫 민간 발사체의 명칭은?

98 민간 표준단체 CSA의 스마트홈 워킹그룹이 개발하고 있는 인터넷(IP) 기반 표준 프로토콜(통신 표준)의 명칭은?

99 개인이 자신의 정보를 적극적으로 관리·통제하는 것은 물론 이러한 정보를 신용이나 자산관리 등에 능동적으로 활용하는 일련의 과정을 무엇이라 하는가?

100 PC·모바일 게임 내에서 이용자에게 유료로 판매되는 게임 아이템 중 하나로, 국회가 2월 이 아이템의 정보 공개를 의무화하는 개정 게임산업법을 통과시켰다. 무엇인가?

86. 월례비(月例費) 87. 새로고침 노동자협의회 88. 연결되지 않을 권리(연결차단권) 89. 한랭응집소병(CAD·Cold Agglutinin Disease) 90. 토마틴(Tomatine) 91. OTT 자체등급분류제 92. 스페드 업(Sped Up) 93. 품새 94. 위르겐 클린스만(Jürgen Klinsmann) 95. 샐러리 캡(Salary Cap) 96. 고진영 97. 한빛-TLV 98. 매터(Matter) 99. 마이데이터(Mydata) 100. 확률형 아이템(確率型 Item)

한국사능력테스트

01 다음 한시가 지어진 나라와 관련있는 문화재를 고르면?

神策究天文 / 妙算窮地理 戰勝功旣高 / 知足願云止

② 

제시된 자료는 고구려 을지문덕의 오언시(여수장우중문시)이다. 「신책구천문(신기한 책략은 천문을 꿰뚫었고), 묘산궁지리(묘한 전략은 지리를 통달했구나), 전승공기고(전쟁에 이겨 공이 이미 높으니), 지족원운지(만족함을 알고 그만함이 어떠리).」라는 내용을 담고 있다.

① 백제의 정림사지 5층석탑, ② 통일신라의 감은사지 3층석탑, ③ 조선 후기의 법주사 팔상전, ④ 고구려의 장군총, ⑤ 발해의 돌사자상이다.

02 다음 각 유물에 대한 설명으로 바른 것은?

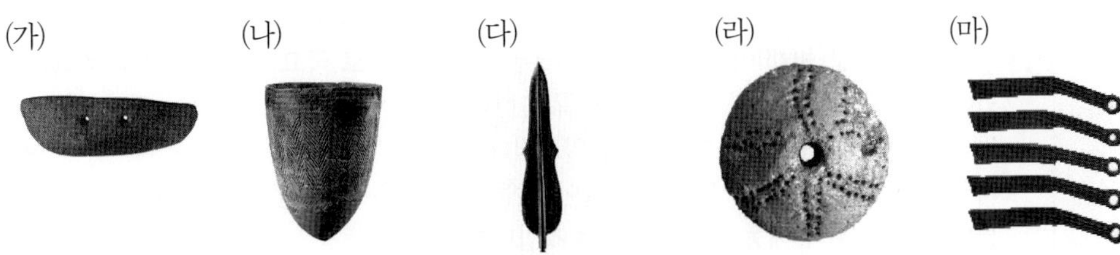

① (가): 신석기 시대 때 원시 수공업이 행해졌음을 알 수 있다.
② (나): 이 유물을 보편적으로 사용한 시기는 배산임수형 지역에 밀집 취락이 발달하였을 것이다.
③ (다): 한반도의 독자적인 청동기 문화를 알려주는 유물이다.
④ (라): 청동기 시대의 추수용 농기구이다.
⑤ (마): 철기시대 중국과 활발한 교류가 있었음을 알 수 있다.

(가) 청동기 시대의 반달돌칼, (나) 신석기 시대의 빗살무늬 토기, (다) 청동기 시대의 비파형 동검, (라) 신석기 시대의 가락바퀴, (마) 철기시대의 명도전이다.
③ 한반도의 독자적인 청동기 문화를 알려주는 유물은 세형동검으로, 그 외에도 거푸집·잔무늬 거울 등이 한반도에서 독자적으로 발전하였다.

03 다음 역사 수업 노트의 (가)에 들어갈 내용으로 옳은 것은?

○왕의 외교와 정치

1. 외교
   (1) 국제 정세: 흑수 말갈이 당에 접근하여 벼슬을 청함
   (2) 외교 활동: 일본에 국서를 보내 고구려를 계승한 국가임을 표방함
2. 정치 활동

(가)

① 5경 15부 62주의 지방 행정 제도를 갖추었다.
② 당의 3성 6부를 받아들이고 신라도를 개설하였다.
③ 전성기를 맞이하여 중국인들이 「해동성국」이라 불렀다.
④ 수도를 중경에서 상경으로 옮겨 지배 체제를 정비하였다.
⑤ 동북방의 여러 세력을 복속하고 북만주 일대를 장악하였다.

발해 무왕에 관한 설명이다. 무왕은 발해의 제2대 왕이자 대조영의 장남이다. 건국한 지 불과 30여 년밖에 안 되는 신생 국가 발해를 이끈 왕으로, 특히 당대의 최강국이었던 당나라에 대해 2차례의 선제 공격으로 승리하였다.
①③ 선왕, ②④ 문왕에 관한 설명이다.

1.④ 2.⑤ 3.⑤

04 다음은 신라 어느 시기의 상황을 말해 주는 자료이다. 이 시기에 일어난 사실이 아닌 것은?

> • 국내 여러 주군(州郡)이 공부(貢賦)를 납부하지 않으므로 국고가 고갈되어 국용(國用)이 궁핍해졌다. 이에 왕이 사자를 보내어 독촉하니 도적들이 들고 일어났다. 이때 원종과 애노 등이 사벌주를 근거로 하여 반란을 일으켰다. – 『삼국사기』
> • 지금 군읍(郡邑)은 모두 도적의 소굴이 되었고, 산천은 모두 전장(戰場)이 되었으니 어찌 하늘의 재앙이 우리 해동에만 흘러드는 것입니까! – 『동문선』

① 과중한 수취로 몰락한 농민들이 난을 일으켰다.
② 최치원이 당에서 귀국하여 시무책 10여 조를 올렸다.
③ 궁예가 군대를 일으켜 강원도와 경기도 일대를 차지하였다.
④ 진골 귀족들이 무열왕 직계의 전제 왕권에 대항하여 반란을 일으켰다.
⑤ 지방에서 성주 또는 장군이라 자칭한 호족 세력이 일어나 신라에 저항하였다.

📖 제시된 자료는 신라 하대의 혼란기와 관련된 것이다. ④는 신라 중대에 관한 설명이다.

05 다음 자료와 관련된 설명으로 옳지 않은 것은?

> (가) 산과 하천을 경계로 구역을 정하여 함부로 들어갈 수 없다. ㉠ 읍락이 서로 침범하면 노비와 소, 말을 내도록 하였다. … 대군장이 없고 예부터 후, 읍군, 삼로가 ㉡ 하호를 다스렸다.
> (나) 사람이 죽으면 가매장한 후 뼈를 추려 가족 공동무덤을 만들었다. … 큰 나라 사이에서 시달리다가 마침내 고구려에게 복속되었다. 고구려는 ㉢ 이 나라 사람 가운데 세력이 큰 사람을 사자(使者)로 삼아 다스리게 하고, 고구려의 ㉣ 대가(大加)로 하여금 조세 수취를 책임지도록 하였다. – 『삼국지』

① ㉠: 각 읍락의 독자성이 강했음을 보여준다.
② ㉡: 중소 군장의 지배를 받는 최하층 천민이었다.
③ ㉢: 고구려는 정복지 통치에 있어 그곳의 토착 지배층을 이용하였다.
④ ㉣: 제가회의의 구성원으로서 자기 휘하의 관리를 거느렸다.
⑤ (가)는 동예, (나)는 옥저에 관한 자료이다.

📖 ② 하호는 천민이 아니라 일반 농민을 의미한다.

06 다음은 삼국의 발전 과정에서 나타난 외교관계를 서술한 것이다. 시대순으로 바르게 나열한 것은?

> ㉠ 신라는 고구려를 통하여 전진과 통교하였다.
> ㉡ 고구려의 남하에 대응하여 나·제동맹이 결성되었다.
> ㉢ 백제와 신라가 연합하여 한강 유역을 회복하였다.
> ㉣ 고구려는 돌궐과 연결하여 중국 세력에 대항하였다.

① ㉣ – ㉡ – ㉠ – ㉢
② ㉠ – ㉢ – ㉣ – ㉡
③ ㉢ – ㉠ – ㉡ – ㉣
④ ㉢ – ㉠ – ㉣ – ㉡
⑤ ㉠ – ㉡ – ㉢ – ㉣

📖 ㉠ 4세기 신라 내물왕, ㉡ 5세기 백제 비유왕과 신라 눌지왕, ㉢ 6세기 백제 성왕과 신라 진흥왕, ㉣ 6세기 말~7세기의 십자형 외교관계이다.

07 다음 지도는 어느 왕조의 지방 행정 구역을 나타낸 것이다. 이와 관련된 역할극의 배역 설정으로 적절한 것을 〈보기〉에서 고르면?

〈보기〉
> ㉠ 처인부곡의 책임자에 임명되어 부임하는 관리
> ㉡ 경상도를 순찰하고 개경으로 돌아오는 병마사
> ㉢ 도성문에서 보초를 서고 있는 6위 소속의 군인
> ㉣ 속현의 조세와 노역 징발 업무를 보고 있는 향리

① ㉠, ㉡
② ㉠, ㉢
③ ㉡, ㉢
④ ㉡, ㉣
⑤ ㉢, ㉣

📖 지도는 고려시대의 지방 행정구역을 나타낸 것이다.
㉠ 향, 부곡, 소에는 지방관을 파견하지 않았으므로 틀린 보기이다.
㉡ 고려시대에는 5도에는 안찰사를, 양계에는 병마사를 파견하였다. 경상도는 5도의 하나이므로 병마사가 아니라 안찰사를 파견하였다.

🔓 4. ④ 5. ② 6. ⑤ 7. ⑤

08 밑줄 친 '호장'에 대한 옳은 설명을 〈보기〉에서 모두 고른 것은?

- 신라 말에 힘있는 집안의 후예들이 앞을 다투어 무력을 써서 군현(郡縣)을 장악하였다. 고려가 삼국을 통일할 즈음에 좀처럼 귀순하지 않는 자들이 있어 이를 진압할 수 없음을 근심하다가 마침내 강제로 억압하여 <u>호장</u>으로 삼았다.
- 삼별초가 나주를 공격하려고 하자, 고을 <u>호장</u>이 말하기를 "진실로 성을 고수하지 못한다면 차라리 산속으로 들어가 피할 것이거늘, 내가 어찌 삼별초를 추종하리오."라고 하였다.

보기

㉠ 직역 수행에 상응하는 토지를 국가로부터 받았다.
㉡ 이들의 자제는 과거의 제술업에 응시할 수 없었다.
㉢ 남반, 잡류 등과 함께 중류층으로 분류되는 신분이었다.
㉣ 조세 징수나 노역 징발과 같은 지방 행정의 실무를 총괄하였다.

① ㉠, ㉢
② ㉡, ㉣
③ ㉠, ㉡, ㉣
④ ㉠, ㉢, ㉣
⑤ ㉡, ㉢, ㉣

고려시대 향리는 9등급으로 편성되었는데, 이 중 1등급이 호장이었고 2등급이 부호장이었다. 향리의 최상층이었던 호장과 부호장은 호족 출신 향리가 역임했으며 이들이 지방을 실질 지배하였다 향리 9등급 중 2등급인 부호장 이상은 손자까지, 5등급 이상은 자식까지 문과(제술업과 명경업) 응시가 가능하였다.

09 다음에 제시된 고려시대 사상사의 주요 사건들을 발생 순서대로 바르게 나열한 것은?

㉠ 의천은 교종을 중심으로 선종을 통합하기 위하여 천태종을 창시하였다.
㉡ 지눌은 독경과 선 수행, 노동에 힘쓰자는 개혁 운동인 수선사 결사를 제창하였다.
㉢ 최승로는 유교사상을 치국의 근본으로 삼아 사회개혁을 추진하였다.
㉣ 안향은 고려에 성리학을 처음으로 소개하였다.

① ㉠ – ㉡ – ㉢ – ㉣
② ㉢ – ㉠ – ㉡ – ㉣
③ ㉡ – ㉢ – ㉣ – ㉠
④ ㉢ – ㉡ – ㉠ – ㉣
④ ㉠ – ㉢ – ㉣ – ㉡

㉠ 숙종(재위 1095~1105), ㉡ 최씨 무신정권(의종 24년(1170)~원종 11년(1270)), ㉢ 성종(재위 981~997), ㉣ 충렬왕(재위 1274~1308) 때의 사건에 해당한다.

10 (가)~(라) 자료와 관련된 사실로 옳은 것을 〈보기〉에서 고른 것은?

(가) 자질은 총명하나 교수할 선생이 없어 경서 한 권도 배우지 못하고 여러 해를 허송함으로써 유능한 인재가 쓸모없게 되면 국가에서 인재를 구할 도리가 없게 된다.
(나) 성균관을 다시 짓고 이색을 판개성부사 겸 성균대사성으로 삼았다. 이색이 학칙을 다시 정하고 매일 명륜당에 앉아 경(經)을 나누어 수업하고, 강의를 마치면 서로 어려운 점을 토론하게 하였다.
(다) 임금이 천하를 교화하는 데는 학교가 우선이다. 요·순의 유풍을 계승하고 공자의 도를 닦으며 국가의 제도를 설정하고 군신의 의례를 분간하여야 하는 바, 현명한 선비에게 이를 맡기지 않으면 어찌 이룰 수 있겠는가.
(라) 전란이 멎었으나 국가가 미처 문교(文敎)에 힘쓸 겨를이 없었다. 이에 그는 후진을 가르치는 데 힘썼으므로 학도들이 모여들어 거리에 가득 찼다. 그래서 그는 낙성, 대중, 성명 등 9개의 재(齋)로 나누어 교수하였다.

보기

㉠ 국자감의 설치
㉡ 사학 12도의 융성
㉢ 경학 박사의 파견
㉣ 성리학 교육의 강화

	(가)	(나)	(다)	(라)
①	㉠	㉡	㉢	㉣
②	㉠	㉣	㉢	㉡
③	㉡	㉠	㉣	㉢
④	㉢	㉠	㉡	㉣
⑤	㉢	㉣	㉠	㉡

(가) 성종은 지방 교육을 위해 12목(牧)에 경학박사(經學博士)와 의학박사(醫學博士)를 각각 1명씩 파견하여 학문을 장려하였다.
(나), (다) 고려의 최고 교육기관인 국자감은 성종 때 설립되었으나, 예종 때 이를 국학으로 바꾸었고, 충렬왕 때 성균이라는 말을 최초로 사용하다 충선왕 때 성균관으로 바뀌게 된다. 공민왕 때는 이를 국자감으로 환원했다가 다시 성균관으로 바꾸고 이색에게 강의를 맡기는 등 성리학 교육을 강화시켰다.
(라) 고려 중기 때 최충의 9재학당(=문헌공도)을 중심으로 한 사학 12도의 융성에 관한 내용이다.

8. ④ 9. ② 10. ⑤

11 다음에 서술된 정치세력에 대한 설명으로 옳은 것은?

> 철원 최씨, 해주 최씨, 공암 허씨, 평강 채씨, 청주 이씨, 당성 홍씨, 황려 민씨, 횡천 조씨, 파평 윤씨, 평양 조씨는 다 여러 대의 공신 재상의 종족이니 가히 대대로 혼인할 것이다. 남자는 종친의 딸에게 장가가고 딸은 종비가 됨직하다.

① 무신정변은 이들이 몰락하는 계기가 되었다.
② 고려 후기에 정계의 요직을 장악한 최고의 지배세력이었다.
③ 이자겸은 이들 정치세력에 대항하기 위해 난을 일으켰다.
④ 성리학을 학습하고 과거를 통하여 중앙정계에 진출하였다.
⑤ 충선왕은 이들을 타파하기 위해 근친혼을 장려하였다.

📖 제시된 지문은 충선왕이 즉위교서에서 왕실의 근친혼을 금하고 왕실과 결혼할 수 있는 가문을 언급한 내용으로, 여기에 오른 가문이 바로 고려 후기의 권문세족이다.

12 고려의 문화재 (가)~(다)에 대한 설명으로 옳은 것은?

> (가) 재조대장경
> (나) 직지심체요절
> (다) 천산대렵도

① (가): 합천 해인사에 대장도감을 두어 조판하였다.
② (가): 13세기 몽골의 침입으로 판목이 소실되어 지금은 존재하지 않는다.
③ (나): 세계 최고(最古)의 금속활자본으로 현재 청주 흥덕사에 소장돼 있다.
④ (다): 무신 집권기에 그려진 것으로 선이 굵고 강인한 색채가 특징이다.
⑤ (가) → (나) → (다) 순으로 제작되었다.

📖 ⑤ (가)는 고려 고종(제23대 왕), (나)는 고려 우왕(1377), (다)는 고려말 공민왕 때 제작되었다.
① 재조대장경(=팔만대장경)은 강화도 선원사에 대장도감을, 진주 남해에 분사도감을 두어 조판하였다. 이후 조선 초기에 합천 해인사로 이관된 것이다.
② 재조대장경은 부처님의 힘으로 몽골의 침입을 격퇴하기 위해 조판된 것으로, 합천 해인사에 현재까지 존재하고 있다.
③ 직지심체요절은 청주 흥덕사에서 간행되어 현재는 프랑스 파리 국립도서관에 소장돼 있다.
④ 천산대렵도는 고려 말 공민왕이 그린 것이다.

13 **다음은 역사 동아리 역할극 대본의 일부이다. 이러한 모습이 보편화된 시기의 사회 현상으로 적절한 것을 〈보기〉에서 고른 것은?**

- 아버지: 우리 집의 전답(田畓)과 노비 대부분을 너에게 상속하겠다.
- 큰아들: 누이와 아우들이 서운해하지 않겠습니까?
- 아버지: 그들은 제사를 주관할 의무가 없으니 섭섭하게 여기지 않을 것이다. 다른 집안에서도 다들 그렇게 한다.

보기

㉠ 부계 위주로 족보를 편찬하는 것이 유행하였다.
㉡ 아들이 없으면 양자를 들이는 것이 관행이었다.
㉢ 재가한 여성의 자녀는 사회적 진출에 차별을 받지 않았다.
㉣ 사위가 처가의 호적에 입적하여 처가에서 생활하는 경우가 적지 않았다.

① ㉠, ㉡　　② ㉠, ㉢
③ ㉡, ㉢　　④ ㉡, ㉣
⑤ ㉢, ㉣

📖 큰아들에게 재산의 대부분을 상속하였다는 점, 누이와 아들이 제사를 담당하지 않았다는 점으로 미루어 조선 후기의 사회 모습임을 알 수 있다.
㉢은 고려시대의 모습이고, ㉣은 고려시대~조선 전기의 모습이다.

14 **다음의 (가)에 들어갈 내용으로 옳은 것은?**

왕은 붕당의 뿌리를 제거하기 위하여 서원을 대폭 정리하였다. 아울러 새로운 법전을 편찬하여 훈련도감을 비롯한 5군영과 비변사, 선혜청 등 여러 기구에 대한 규정을 체계화하였다. 또한 (가)

① 척화비를 세우고 통상 거부 정책을 유지하였다.
② 화성을 세워 정치적·군사적 기능을 부여하였다.
③ 수령이 군현 단위의 향약을 직접 주관하게 하였다.
④ 이조전랑에게 인정되었던 3사 관리의 선발 관행을 없앴다.
⑤ 신공을 받을 수 없는 중앙 관청의 노비 수만 명을 해방시켰다.

📖 서원을 대폭 정리하였다는 것에서 영조와 흥선대원군을 떠올릴 수 있다. 그런데 첫째 줄에서 '왕'과 '붕당의 뿌리를 제거하기 위하여'라는 대목에서 흥선대원군이 아니라 영조임을 파악할 수 있다.
① 흥선대원군, ②③ 정조, ⑤ 순조에 대한 설명이다.

🔒 11. ② 12. ⑤ 13. ① 14. ④

15 다음 논의와 관련하여 시행된 정책으로 옳은 것은?

> 왕이 영북진을 알목하(斡木河)로 경원부를 소다로(蘇多□)로 옮겨 옛 영토를 회복하는 것에 대한 신하들의 생각을 물었다. 신하들은 두 진의 민호가 적어 유지하기 어렵다고 아뢰었다. … 왕이 명령하기를, "다른 지방의 향리·역졸·공천·사천을 불문하고 자원하는 자가 있으면, 신역(身役)을 면제해 주고 들어가 살게 하라."라고 하였다.
> – 『세종실록』

① 토착민을 토관으로 임명하였다.
② 경원개시와 회령개시를 설치하였다.
③ 기병을 중심으로 한 특수부대를 편성하였다.
④ 진법 훈련을 강화하여 요동 정벌을 추진하였다.
⑤ 제포와 염포를 개방하여 제한된 무역을 허용하였다.

📖 세종 때 「4군 6진(四郡六鎭)」 개척에 대한 사료이다. 4군 6진은 조선 세종 때 압록강과 두만강 유역에 건설한 군사시설로, 조선은 이 시기 영토를 압록강과 두만강 유역까지 북방으로 크게 확장시켰다. 세종은 4군 6진을 개척한 뒤 사민정책을 실시하여 삼남지방의 백성들을 이주시켰고, 이들을 회유하기 위해 토착민을 토관으로 임명하는 토관제도를 실시하였다.

16 다음 자료를 토대로 박은식의 입장을 옳게 파악한 학생을 〈보기〉에서 고르면?

> 현재 공자의 가르침이 날로 엷어지고 날로 폐기되어 두려운 마음으로 등에 땀이 날 정도이다. 그 원인을 …… 유교계에 세 가지 큰 문제가 있는 것을 알 수 있다.
> 첫째는 유교파의 정신이 전적으로 제왕의 편에 있고 인민 사회에 보급할 정신이 부족한 것이다. 둘째는 여러 나라를 돌아다니면서 세계의 주의를 바꾸려는 생각을 강구하지 않고, 또한 내가 어린아이를 찾는 것이 아니고 어린이가 나를 찾아오도록 하는 주의만을 지키는 것이다. 셋째는 우리 대한의 유가에서는 쉽고 정확한 법문을 구하지 아니하고 질질 끌고 되어 가는 대로 내버려 두는 공부를 전적으로 숭상하는 것이다.
> – 『박은식전서』

보기

- 유민: 서양 문물을 적극 수용하여 유교를 바꾸어야지.
- 호동: 유교 정신을 적극적으로 사람들에게 전파해야 해.
- 용천: 실천적인 양명학에서 문제 해결방법을 찾아야 해.
- 영규: 유교는 전제 왕권을 사상적으로 뒷받침해야 하는 것이야.

① 유민, 호동
② 유민, 용천
③ 호동, 용천
④ 호동, 영규
⑤ 용천, 영규

📖 박은식은 유교구신론에서 주자학 중심의 유학을 비판하고, 양명학의 지행합일과 사회진화론의 진보 원리를 조화시킨 대동사상(大同思想)을 주창하였다.

17 **1862년 농민항쟁의 일반적인 전개 과정을 순서대로 나열한 것은?**

㉠ 정소	㉡ 발통	㉢ 향회 개최
㉣ 봉기	㉤ 관청 점령	㉥ 해산

① ㉠ – ㉡ – ㉢ – ㉣ – ㉤ – ㉥
② ㉡ – ㉢ – ㉠ – ㉣ – ㉤ – ㉥
③ ㉢ – ㉡ – ㉠ – ㉤ – ㉣ – ㉥
④ ㉣ – ㉤ – ㉢ – ㉡ – ㉠ – ㉥
⑤ ㉤ – ㉡ – ㉠ – ㉢ – ㉣ – ㉥

1862년 전국적 농민 항쟁인 임술 농민봉기에서의 일반적인 전개 과정은 발통(통문 돌리기) → 향회 개최(향촌민 자치회의) → 정소(우두머리 선출 후 정식 항의) → 봉기 → 관아 습격(향리 처단, 수령 축출) → 해산 순으로 진행되었다.

18 **다음 조약에 의해 고용된 외국인에 관한 탐구 활동으로 적절한 것을 〈보기〉에서 모두 고른 것은?**

> 제1조 대한제국 정부는 일본제국 정부가 추천한 일본인 1명을 재정 고문에 초빙하여 재무에 관한 사항은 모두 그의 의견을 들어 시행할 것
> 제2조 대한제국 정부는 일본제국 정부가 추천한 외국인 1명을 외교 고문으로 외부에 초빙하여 외교에 관한 중요한 업무는 모두 그의 의견을 들어 시행할 것

보기
㉠ 장인환과 전명운의 의거를 알아본다.
㉡ 고종이 미국에 특사로 파견한 인물을 찾아본다.
㉢ 일본 제일은행권이 본위 화폐가 된 과정을 살펴본다.
㉣ 대한매일신보를 발행한 인물의 언론 활동을 조사한다.

① ㉠, ㉡　　② ㉠, ㉢
③ ㉡, ㉢　　④ ㉡, ㉣
⑤ ㉢, ㉣

제시된 자료는 러일전쟁 중 일본의 강요로 체결된 한일의정서이다. 일본에 의해 재정 고문으로 임명된 사람은 메가타 다네타로(目賀田 種大郎)이다. 메가타는 화폐 정리 사업을 주도하여 일본 제일 은행권을 조선의 본위 화폐로 만들어 조선의 국가 재정과 금융권을 장악하였다. 외교 고문으로 임명된 미국인 스티븐스는 이후 미국으로 돌아가 일본의 조선 지배를 옹호하는 활동을 하다 전명운·장인환 의사에 의해 사살되었다.

15. ① 16. ③ 17. ② 18. ②

19 다음 자료를 통해 추론할 수 있는 미 군정의 정책으로 가장 적절한 것은?

- 북위 38도선 이남의 조선 영토와 조선 인민에 대한 통치의 모든 권한은 당분간 나의 권한하에 시행한다.
- 정부 등 모든 공공사업 기관에 종사하는 유급·무급 직원과 고용인, 그리고 기타 중요한 제반 사업에 종사하는 자는 별도의 명령이 있을 때까지 종래의 정상 기능과 업무를 수행할 것이며, 모든 기록 및 재산을 보호 보존하여야 한다.
- 주민의 재산권은 이를 존중한다. 주민은 본관의 별도 명령이 있을 때까지 일상적인 직무에 종사하라.
- 군정 기간 동안 영어를 모든 목적을 위해 사용하는 공용어로 한다.

① 대한민국 임시정부에 정권을 이양하려고 하였다.
② 한국인의 자치적인 행정 기구를 활용하려고 하였다.
③ 새로 임시정부를 세우고 신탁 통치를 하려고 하였다.
④ 일제 잔재를 청산하고 미국 문화를 전파하려고 하였다.
⑤ 기존의 통치 기구와 관리들을 그대로 활용하려고 하였다.

📖 자료는 1945년 9월에 발표된 태평양 방면 미 육군 총사령관 맥아더 포고령 1호의 내용이다. 이는 38도선 이남에 군정을 실시한다는 내용으로, 미군의 점령 정책은 기본적으로 현상 유지 정책이었다.

20 6·25 전쟁 시기에 살포된 전단들 중에서 (가), (나) 사건 사이에 뿌려졌을 전단으로 가장 적절한 것은?

(가) 대통령이 부산에 머무른 지 닷새째 유엔 안전보장이사회는 미국 통솔하에 유엔군 총사령부를 설치하기로 결의하고, 초대 유엔군 사령관에 맥아더 장군을 임명하였다.
(나) 동해안에서 북진 중인 우리 병사들은 원산·영흥·함흥을 유엔군에 앞서 해방시켰고, 또 1사단 병사들이 유엔군보다 먼저 평양에 입성할 것이라고 밤늦게 보고해 왔다.

① 북한 괴뢰군이 연합군과 대한민국 국군에게 포위·섬멸당하고 있다.
② 북한 인민의 원수 중공군과 영웅적 투쟁을 계속하고 있는 반공 유격대를 도우라!
③ 북한 주민들이여! 여러분이 이렇게 비참한 음력설을 맞게 한 자는 공산당들입니다.
④ 유엔군은 중공군과 북한군이 사용하는 도로, 교량, 군사 시설을 폭격할 것이다. 피하라!
⑤ 국방군에 끌려간 내 낭군 언제나 오나. 정전 담판의 성립만이 그대들이 처자를 다시 만나는 길이다.

📖 (가) 1950년 6·25 직후의 낙동강 전선 상황, (나) 1950년 9월 인천상륙작전 직후 국군과 유엔군의 반격으로 형성된 압록강 전선의 상황이다.
②, ④ 중공군이 개입한 것은 10월이고 본격적인 전투는 11월에 벌어지므로 (나) 이후이다.
③ 음력설이라는 것에서 1951년 이후의 상황임을 알 수 있다.
⑤ 정전 담판에서 1951~53년에 진행된 휴전 회담이라는 것을 알 수 있다.

21 다음의 선언서가 발표된 시기에 있었던 사실로 옳지 않은 것은?

> 우리는 국민의 자유를 억압하는 긴급 조치를 곧 철폐하고, 민주주의를 요구하다가 투옥된 민주 인사들과 학생들을 석방하라고 요구한다. 국민의 의사가 자유로이 표명될 수 있도록 집회, 출판의 자유를 국민에게 돌리라고 요구한다.
> 다음으로 우리는 유신헌법으로 허울만 남은 의회 정치가 회복되어야 한다고 주장한다. 자유로이 표현되는 민의를 국회는 법 제정에 반영시켜야 하고, …
> 셋째로 우리는 사법부의 독립을 촉구한다. 사법권의 독립 없이 국민은 강자의 횡포에서 보호받을 길이 없기 때문이다. 그러므로 사법부를 시녀로 거느리는 정권은 처음부터 국민을 위하려는 뜻이 없다고 보아야 한다.

① 국민들이 직접선거로 대통령을 선출할 수 없었다.
② 대통령이 헌법재판소 재판관들을 모두 임명하였다.
③ 대통령에게 국회를 해산할 수 있는 권리가 부여되었다.
④ 국회의원 정수의 1/3이 대통령 의지에 따라 선출되었다.
⑤ 헌법상 국민의 기본권이 대통령 명령에 의해 제한되었다.

📖 제시된 글은 민주주의를 위해 유신 체제에 저항하던 재야의 지도적 민주 인사들이 1976년 3월 1일 「3·1절 기념 신구 합동 기도회」 명목으로 명동성당에 모여 발표한 민주 구국 선언서이다.
② 헌법재판소는 제2공화국과 1987년 개정된 헌법에 의해 설치된 기구로, 유신체제하에서는 존재하지 않았다.

22 다음 합의문에 대한 설명으로 옳은 것은?

제2장 남북 불가침	① 무력 불사용과 무력 침략 포기 ② 분쟁 문제의 평화적 해결 ③ 군사 당국자 간의 직통 전화 설치
제3장 남북 교류·협력	① 경제 교류·협력 ② 자유로운 인적 왕래·접촉 ③ 서신 거래·상봉 등 인도적 문제 해결 대책 강구 ④ 우편·전기 통신 교류

① 금강산 관광사업이 시작되는 계기가 되었다.
② 남북 정상이 직접 만나 합의서에 서명하였다.
③ 합의의 결과로 남북조절위원회가 구성되었다.
④ 남북한이 유엔에 동시 가입한 직후 체결되었다.
⑤ 이 합의 직후 최초로 남북 이산가족 상봉이 이루어졌다.

📖 제시된 자료는 1991년 12월 서울에서 열린 남북 고위급회담에서 채택된 남북기본합의서이다.
④ 남북한의 유엔 동시 가입은 1991년 9월 17일 제46차 유엔총회에서 이뤄졌다.
① 1998년 ② 2000년 6·15 남북공동성명 ③ 1972년 7·4 남북공동성명 ⑤ 1985년

🔓 19. ⑤ 20. ① 21. ② 22. ④

국어능력테스트

어휘·어법·어문규정

01 밑줄 친 부분의 뜻풀이가 바르지 않은 것은?

① 어머니는 우리 4남매를 키우시느라 허리가 휘도록 일을 하셨다.
→ 어려운 생활 형편이나 지나친 노동으로 힘겨워하다.

② 자신의 죄가 밝혀지자 그는 코가 땅에 닿도록 빌고 또 빌었다.
→ 존경이나 사죄의 뜻으로 머리를 깊이 숙이다.

③ 지은이는 작은 일에도 허파에 바람이 든 것처럼 웃는다.
→ 실없이 행동하거나 지나치게 웃다.

④ 나는 학창 시절에 수학이라면 거의 학을 뗐다.
→ 괴롭거나 어려운 상황을 벗어나느라 진땀을 빼거나, 그것에 거의 질려 버리다.

⑤ 그는 회사의 고위층에 선을 대어서 취직을 했다.
→ 다른 것과 구별되는 일정한 한계를 가지다.

⑤에서 '선을 대다'는 '어떤 인물이나 단체와 관계를 가지다.'의 의미를 가진 관용어이며, '다른 것과 구별되는 일정한 한계를 가지다.'를 의미하는 관용어는 '선을 긋다'이다.

02 다음 중 로마자 표기가 옳지 않은 것은?

① 독립문 – Dongnimmun
② 경복궁 – Gyeongbokging
③ 종로3가 – Jongno 3(sam)ga
④ 압구정 – Apkkujeong
⑤ 학여울 – Hangnyeoul

④ 압구정 – Apkkujeong → Apgujeong / 국어의 로마자 표기법에서는 음운 변화 중 된소리되기를 표기에 반영하지 않는다.

03 〈보기〉의 밑줄 친 부분의 기능과 같은 것은?

보기

그저 조그마한 보탬이라도 되고자 하는 뜻에서 행한 일이다.

① 내일 집에서 몇 시에 출발할 예정이냐?
② 정말로 고마운 마음에서 드리는 말씀입니다.
③ 우리는 아침에 영화관 앞에서 만나기로 하였다.
④ 죽은 부모가 살아 돌아온들 이에서 더 기쁘지는 않을 것이다.
⑤ 그 국회의원은 모 기업에서 돈을 받은 혐의로 현재 조사 중에 있다.

〈보기〉와 ②의 '에서'는 둘 다 앞말이 근거의 뜻을 갖는 부사어임을 나타내는 격조사이다.
①의 '에서'는 앞말이 출발점의 뜻을 갖는 부사어임을 나타내는 격조사이다.
③의 '에서'는 앞말이 행동이 이뤄지고 있는 처소의 부사어임을 나타내는 격조사이다.
④의 '에서'는 앞말이 비교의 기준이 되는 점의 뜻을 갖는 부사어임을 나타내는 격조사이다.
⑤의 '에서'는 앞말이 어떤 일의 출처임을 나타내는 격조사이다.

04 밑줄 친 부분의 맞춤법이 바르지 않은 것은?

① 오랫만에 친구를 만나서 즐겁게 놀다 왔다.
② 비가 그치고 난 후에는 산봉우리가 가깝게 느껴진다.
③ 구레나룻을 기른 사람은 예술가의 분위기를 풍긴다.
④ 꽃봉오리가 부풀어 오른 것을 보니 봄이 온 것을 알겠구나.
⑤ 선짓국은 철분과 단백질이 풍부해 술독을 푸는 데 효과적이다.

① 오랫만에 → 오랜만에

05 다음 밑줄 친 부분이 문맥에 자연스럽게 어울리지 않는 것은?

① 성준이는 만 원을 내고 우수리로 이천 원을 받았다.
② 현진이는 하는 짓이 워낙 곱살끼어 귀엽지 않다.
③ 영숙이는 수업 시간에 집중하지 못하고 종종 깨단한다.
④ 효정이가 그제서야 아기똥거리며 내려오고 있다.
⑤ 주원이는 실팍한 몸집인데도 쌀 한 가마를 제대로 못 옮겼다.

③ 깨단한다 → 해찰한다
- **깨단하다**: 오랫동안 생각해 내지 못하던 일 따위를 어떠한 실마리로 말미암아 깨닫거나 분명히 알다.
- **해찰하다**: 마음에 썩 내키지 아니하여 물건을 부질없이 이것저것 집적거려 해치다. / 일에는 마음을 두지 아니하고 쓸데없이 다른 짓을 한다.

06 다음 ㉠~㉢에 들어갈 단어를 순서대로 나열한 것은?

보기

- 회사 측은 주민 대표에게 언론에 보도된 내용이 사실과 다르다고 (㉠)하였다.
- 그는 국회에서 국민의 기본권에 대하여 (㉡)할 기회를 얻었다.
- 피의자는 뇌물을 받은 적이 없다고 검사에게 (㉢)했다.

㉠ ㉡ ㉢

① 진술 – 발언 – 해명
② 해명 – 발언 – 진술
③ 발언 – 진술 – 해명
④ 해명 – 진술 – 발언
⑤ 발언 – 해명 – 진술

② 해명(解明)'은 '까닭이나 내용을 풀어서 밝힘'의 의미이며, '발언(發言)'은 '말을 꺼내어 의견을 나타냄. 또는 그 말'이라는 뜻이다. '진술(陳述)'은 '일이나 상황에 대하여 자세하게 이야기함' 또는 '구체적인 법률 상황이나 사실에 관한 지식, 관련되는 상황을 알리는 일'을 뜻하는 법률용어로 사용된다.

07 다음 (　) 안에 들어갈 한자성어로 적합한 것은?

미국에 가 있는 아들에게 거는 장거리 전화는 태평양이라는 공간을 초월하게 해 주고, 그것은 배 또는 비행기를 타고 건너가야 할 시간을 초월하게 해 준다. 컴퓨터는 수 년 걸릴 계산을 그야말로 (　　　)의 속도로 해치운다. 또 세계 유명 도서관의 모든 정보를 자기 방의 개인용 컴퓨터로 얻을 수 있게 되었다.

① 炎凉世態
② 朝變夕改
③ 守株待兎
④ 磨斧爲針
⑤ 電光石火

⑤ **電光石火(전광석화)**: 번개와 부싯돌의 불이 번쩍이는 것처럼 극히 짧은 시간이나 매우 신속한 동작을 일컬을 때 쓰이는 말

① **炎凉世態(염량세태)**: 권세가 있을 때는 아부하고, 몰락하면 푸대접하는 세상 인심
② **朝變夕改(조변석개)**: '아침에 세 개, 저녁에 네 개'라는 뜻으로 당장 눈앞의 차별만을 알고 그 결과가 같음을 모른다는 뜻
③ **守株待兎(수주대토)**: 어리석게 한 가지만 기다리는 융통성 없음을 일컫는 말
④ **磨斧爲針(마부위침)**: '도끼를 갈아서 바늘을 만든다'는 뜻으로 아무리 어려운 일이라도 참고 계속하면 언젠가는 반드시 성공한다는 뜻

쓰기

08 다음은 어떤 글의 서론 부분이다. 본론의 내용으로 적절하지 않은 것은?

> 얼마 전 한국 동양사 학회, 한국 서양사 학회, 역사 교육 연구회, 한국 세계사 학회 등 4개 학회는 우리나라 세계사 교육 문제를 주제로 학술 대토론회를 열었다. 참석자들은 현재 우리나라 중·고등학교 세계사 교육이 최악의 위기에 처해 있다는 데에 인식을 같이했다. 이러한 인식은 무엇보다 중등 교육 과정 안에 세계사 과목이 갖는 위상에서 비롯된 것이다.

① 교육 과정은 균등한 몫을 요구하는 분과 학문의 존재 논리가 아니라 교육적 필요성의 논리에 따라야 한다. 그럴 경우 다른 무엇보다 세계사가 우선될 수밖에 없다. 오늘날과 같은 세계화의 시대에는 세계에 대한 통합적인 이해가 무엇보다 요청되기 때문이다.

② 한국사와 세계사를 완전히 분리하고 있는 교과 편성 방식도 심각한 문제이다. 한국사를 별도 교과로 독립시킨 반면, 세계사를 사회과로 통합한 것은 역사 교육을 망치는 기형적인 편제이다. 세계 어디를 봐도 교육 과정에서 자국사와 세계사를 별개 교과로 완전히 분리해 운영하는 경우는 거의 없다.

③ 올해부터 시행하는 새 교육 과정에서 세계사는 중학교의 경우 지리 및 일반 사회와 함께 사회 교과서의 한 부분으로 편성되어 있다. 더욱이 고등학교에서는 세계사가 수능에서 그 중요성을 전혀 인정받지 못한 채 여러 선택 과목 중의 하나에 불과하기 때문에 학교 수업 과정에서 등한시되기 일쑤이다.

④ 학생들이 장차 살아가는 데에 필요한 기본적 지식과 품성을 연마하는 것이 중등 교육의 역할이다. 중등 교육 과정을 통해 학생들은 세계화 시대에 발맞춰 살아가기 위해 필요한 것을 학습하게 된다. 따라서 중등 교육 과정이 올바로 정립되지 않는다면 우리 학생들의 미래는 결코 긍정적일 수 없는 것이다.

⑤ 오늘날 우리가 당면한 현실은 다른 어떤 때보다도 세계사 교육의 필요성을 절감하게 한다. 지구촌 시대의 도래에 따라 세계 여러 지역의 역사와 문화에 대한 폭넓은 지식과 이해의 필요성이 날로 증대하고 있다. 세계가 하나가 되어 가고 있으며 따라서 세계의 역사는 곧 우리의 역사가 되고 있는 것이다.

📖 세계사 과목과 관련된 내용이 본론에 나와야 하는데, ④는 세계사 과목에 대한 구체적인 언급이 없고 중등 교육 과정 전체에 대한 추상적인 언급만이 있을 뿐이다.

09 **다음 개요에서 ㉠과 ㉡에 들어갈 내용으로 적절한 것은?**

제목: (㉠)
• 서론: 최근 일어나고 있는 전쟁들은 문화적 충돌의 양상을 보이고 있다. • 본론 – 문화는 가치관과 행동방식의 차이를 결정짓는 중요한 요소이다. – 자신의 문화를 우월시하고 타 문화를 배척하는 경향이 강하다. – 중동의 상황은 기독교 문화 대 이슬람 문화의 대결로 번지고 있다. – 우리나라도 문화적 세력권 사이의 다툼을 방관할 상황이 아니다. • 결론: (㉡)

① ㉠: 문화의 의미와 역할
㉡: 문화자원의 잠재 가능성을 깨달아 적극적으로 개발해야 한다.

② ㉠: 중동전의 성격과 전망
㉡: 문화적 충돌 상황을 조정할 중재자로서 위상을 정립해야 한다.

③ ㉠: 현대사회의 문화적 충돌과 우리의 자세
㉡: 문화적 충돌에 따른 부정적 영향에 대한 대비책을 마련해야 한다.

④ ㉠: 문명에 따른 가치관의 차이
㉡: 우리나라 문화와 타 문화의 근본적 차이점에 대해 알아야 한다.

⑤ ㉠: 문화와 전쟁의 관계
㉡: 문화 차이를 인정해야 이로 인해 발생하는 전쟁을 막을 수 있다.

개요에 제시된 서론과 본론의 내용은 현재의 문화적 흐름의 추세와 그로 인한 부정적 상황의 조성에 대해 언급하는 내용이 주를 이루고 있다. 따라서 결론은 서론과 본론의 흐름을 이어 받아 문화적 충돌에 따른 부정적 영향에 대한 대비책 마련의 필요성과 이와 관련된 내용이 들어가는 것이 적절하다. 그리고 제목은 글의 내용을 포괄하고 주제를 드러내야 하므로, '현대사회의 문화적 충돌과 우리의 자세'가 적절하다.

10 **다음 〈보기 1〉과 〈보기 2〉의 내용을 모두 활용하여 글을 쓰고자 할 때, 글의 주제로 가장 적절한 것은?**

보기 1

조선 후기의 문장가 홍길주가 《여인논문서(旅人論文書)》에서 한 말이다. "이웃의 노인이 건강히 장수하는 것을 보고, 나도 저렇게 하면 장수할 수 있겠구나 하여 그 노인처럼 고기를 빻아서 먹고 밥 대신 미음만을 먹었다. 나는 노인의 장수를 얻고 싶어 그가 하는 대로 했는데, 그 결과 내가 얻은 것은 노인의 건강이 아니라 노인의 늙음이었다. 노인의 건강을 얻고 싶으면 노인이 하는 대로 해서는 안 된다."

보기 2

강원도에 사는 호석은 충청도에서 새롭게 개발된 포도를 먹어 보고, 자신도 포도를 심어야겠다고 생각했습니다. 호석은 과수원에서 포도 묘목을 사다가 자신의 집안 마당에 심었습니다. 그리고는 과수원에서 일러준 대로 물과 거름을 주며 열심히 보살폈습니다. 하지만 시간이 한참이나 흘러도 포도나무는 앙상하게 말라갈 뿐, 열매를 맺지 않았습니다. 이는 토양과 기후가 적절하지 않았기 때문입니다.

① 성공한 이들을 따라하기보다는 새로운 것을 만들어 내려는 창의적인 자세가 필요하다.
② 남이 하는 것을 편하게 따라 하지 말고, 정성을 기울여 노력해야 한다.
③ 자신의 고집을 버리고 융통성 있는 자세로 상황에 알맞게 대응해야 한다.
④ 무엇이든 통하는 것은 없으므로, 조건과 상황을 살펴 적절한 것을 찾아야 한다.
⑤ 자신이 원하는 것만 하려하지 말고, 어렵고 험한 일도 필요하다면 도전할 필요가 있다.

〈보기 1〉은 무조건 노인의 장수법을 따르다가 건강을 잃은 사례를, 〈보기 2〉는 토양과 기후 차이를 고려하지 않고 포도를 심어 재배에 실패한 사례를 제시하고 있다. 노인의 장수법은 누구에게나 통하지 않으며 포도나무 또한 아무 곳에서나 자라지 않는다는 사실을 통해 공통적으로 도출할 수 있는 주제로 적절한 것은 ④이다.

읽기

▶ 다음 글을 읽고, 물음에 답하시오.(11~12)

세계 인류가 네오 내오 없이 한 집이 되어 사는 것은 좋은 일이요, 인류의 최고요 최후인 희망이요 이상이다. 그러나 이것은 멀고 먼 장래에 바랄 것이요, 현실의 일은 아니다. 사해동포(四海同胞)의 크고 아름다운 목표를 향하여 인류가 향상하고 전진하는 노력을 하는 것은 좋은 일이요 마땅히 할 일이나, 이것도 현실을 떠나서는 안 되는 일이니, 현실의 진리는 민족마다 최선의 국가를 이루고 최선의 문화를 낳아 길러서, 다른 민족과 서로 바꾸고 서로 돕는 일이다. 이것이 내가 믿고 있는 민주주의요, 이것이 인류의 현 단계에서는 가장 확실한 진리다. 그러므로 우리 민족으로서 하여야 할 최고의 임무는 첫째로 남의 절제도 아니 받고 남에게 의뢰도 아니하는 완전한 자주독립의 나라를 세우는 일이다. 이것이 없이는 우리 민족의 생활을 보장할 수 없을뿐더러, 우리 민족의 정신력을 자유로 발휘하여 빛나는 문화를 세울 수가 없기 때문이다. 이렇게 완전한 자주독립의 나라를 세운 뒤에는 둘째로 이 지구상의 인류가 진정한 평화와 복락(福樂)을 누릴 수 있는 사상을 낳아, 그것을 먼저 우리나라에 실현하는 것이다.

나는 오늘날 인류의 문화가 불완전함을 안다. 나라마다 안으로는 정치상·경제상·사회상으로 불평등, 불합리가 있고 밖으로 국제적으로는 나라와 나라의, 민족과 민족의 시기(猜忌)·알력(軋轢)·침략, 그리고 그 침략에 대한 보복으로 작고 큰 전쟁이 그칠 사이가 없어서, 많은 생명과 재물을 희생하고도 좋은 일이 오는 것이 아니라 인심의 불안과 도덕의 타락은 갈수록 더하니, 이래 가지고는 전쟁이 끊일 날이 없어 인류는 마침내 멸망하고 말 것이다. 그러므로 인류 세계에는 새로운 생활 원리의 발견과 실천이 필요하게 되었다. 이야말로 우리 민족이 담당한 천직(天職)이라고 믿는다. 이러하므로 우리 민족의 독립이란 결코 삼천리 삼천만만의 일이 아니라 진실로 세계의 전체의 운명에 관한 일이요, 그러므로 우리나라의 독립을 위하여 일하는 것이 곧 인류를 위하여 일하는 것이다.

만일 우리의 오늘날 형편이 초라한 것을 보고 자굴지심(自屈之心)을 발하여 우리가 세우는 나라가 그처럼 위대한 일을 할 것을 의심한다면, 그것은 스스로 모욕하는 일이다. 우리 민족의 지나간 역사가 빛나지 아니함이 아니나, 그것은 아직 서곡(序曲)이었다. 우리가 주연배우로 세계 역사의 무대에 나서는 것은 오늘 이후다. 삼천만의 우리 민족이 옛날의 그리스 민족이나 로마 민족이 한 일을 못한다고 생각할 수 있겠는가!

– 김구, 『나의 소원』

11 이 글에 나타난 필자의 생각이 아닌 것은?

① 지금 세계 각국은 나라 안팎으로 심각한 위기를 겪고 있다.
② 우리 민족이 앞으로 추구해 나갈 현실의 진리는 '사해동포주의'다.
③ 빛나는 문화를 건설하려면 완전한 자주독립국가를 수립해야 한다.
④ 우리 민족은 세계 어디에 내놓아도 손색없는 문화를 건설할 수 있다.
⑤ 우리 민족의 독립은 우리나라만의 일이 아니라 세계 전체의 운명에 관한 것이다.

📖 사해동포, 즉 세계시민이라는 개념이 크고 아름다운 개념임은 필자도 인정하고 있다. 그러나 현실적으로 추구하기에 옳은 이념은 '민족국가의 수립'이라는 논지를 첫째 문단을 통해 알 수 있다.

12 이 글의 제목으로 적절한 것은?

① 우리 민족의 임무
② 인류의 평화와 행복
③ 새로운 문화의 필요성
④ 사해동포주의의 가치
⑤ 인류문화의 불완전성

📖 이 글에서는 우리 민족의 임무를 '독립국가 건설'과 '바람직한 문화 창달'로 보고 있다. 그리고 우리 민족은 인류에 기여하기 위한 필요한 문화를 건설하기 위해 독립국가를 건설해야 한다는 방향으로 논의를 전개하고 있다.

13 다음 글에서 제시하고 있는 '융합'의 사례로 보기 어려운 것은?

> 1980년 이후에 등장한 과학기술 분야의 가장 강력한 트렌드는 컨버전스, 융합, 잡종의 트렌드이다. 기존의 분야들이 합쳐져서 새로운 분야가 만들어지고, 이렇게 만들어진 몇 가지 새로운 분야가 또 합쳐져서 시너지 효과를 낳는다. 이러한 트렌드를 볼 때 미래에는 과학과 기술, 순수과학과 응용과학의 경계가 섞이면서 새롭게 만들어진 분야들이 연구를 주도하는 것이다. 나노과학기술, 생명공학, 물질공학, 뇌과학, 인지과학 등이 이러한 융합의 예이다. 연구대학과 국립연구소의 흥망성쇠는 이러한 융합의 경향에 기존의 학문 분과 제도를 어떻게 잘 접목시키느냐에 달려 있다.
>
> 이러한 융합은 과학기술 분야 사이에서만이 아니라 과학기술과 다른 문화적 영역에서도 일어난다. 과학기술과 예술, 과학기술과 법 등 20세기에는 서로 별개의 영역 사이의 혼성이 강조될 것이다. 이는 급격히 바뀌는 세상에 대한 새로운 철학과 도덕, 법률의 필요성에서 기인한다. 인간의 유전자를 가진 동물이 만들어지고, 동물의 장기가 인간의 몸에 이식되기도 한다. 생각만으로 기계를 작동시키는 등 인간-동물-기계의 경계가 무너지는 세상에서 철학, 법, 과학기술의 경계도 무너지는 것이다.
>
> 20년 후 과학기술의 세부 내용을 지금 예측하기는 쉽지 않다. 하지만 융합 학문과 학제 간 연구의 지배적 패러다임화, 과학과 타 문화의 혼성화, 사회를 위한 과학기술의 역할 증대, 국제화와 합동 연구의 증가라는 트렌드는 미래 과학기술을 특징짓는 뚜렷한 트렌드가 될 것이다.

① 유전공학, 화학 독성물, 태아 권리 등의 법적 논쟁에 대한 날카로운 분석을 담은 책
② 과학자들이 이룬 연구 성과들이 어떻게 재판의 사실 인정 기준에 영향을 주는가를 탐색하고 있는 책
③ 과학기술과 법이 만나고 충돌하는 지점들을 탐구하고, 미래의 지속 가능한 사회를 위한 둘 사이의 새로운 관계를 제시한 책
④ 과학자는 과학의 발전 외에 인류의 행복이나 복지 등에는 그리 관심이 많지 않다는 전제하에 과학기술에 대해 평가할 수 있도록 법조인에게 과학 교육이 필요함을 주장한 책
⑤ 과학은 신이 부여한 자연법칙을 발견하는 것이며, 사법 체계도 보편적인 자연법의 토대 위에 세워진 것이라는 주장을 펴는 책

📖 '융합'은 기존의 분야들이 합쳐져서 새로운 분야가 만들어지는 것을 말한다. 그리고 이렇게 만들어진 몇 가지 새로운 분야가 또 합쳐져서 시너지 효과를 낳는 것이다. 그러나 ⑤의 경우는 과학과 사법 체계가 자연을 토대로 만들어진 것이라는 주장일 뿐 두 분야가 합쳐진 것이 아니다. 따라서 ⑤는 '융합'의 사례로 보기 어렵다.

▶ 다음 글을 읽고, 물음에 답하시오.(14~15)

(가) 일반적으로 일탈 행동은 사회의 기본질서와 규범을 깨뜨리고 사회의 결속을 약화시키는 것으로 이해되고 있다. 우리는 흔히 도둑이 없고 깡패가 없는 사회가 되면, 그 사회는 매우 안락하고 모든 사람이 편히 살 수 있는 사회가 될 것이라고 생각하고 있다. 그렇기 때문에 정부에서는 사회적으로 큰 변화가 있을 때마다 사회 정책적인 차원에서 우범자들을 단속하고 때로는 교도소를 포함한 특수시설에 수용하여 순화 교육 등을 시키고 있는 것이다. 그러나 역사적으로 볼 때, 어느 사회에나 정도의 차이는 있어도 일탈 행위와 일탈 행위자는 항상 존재해 왔기 때문에 ㉠ 사회학에서는 일탈을 하나의 사회적 사실로 다루고 있다. 사회 현상을 보는 데 있어 일탈은 반드시 사회적 통합에 역기능만을 가지고 있는 것은 아니며, 순기능적인 측면도 내포하고 있다는 점에 주목해야 한다.

(나) 사회적 일탈이란 통계적인 희귀성과는 다르다는 것에 유의할 필요가 있다. 어떤 행동이나 특성은 소수의 사람들에게만 보여질 수 있지만 그들이 반드시 일탈자는 아니다. 만약에 어느 사회에서 성원 대다수가 규범을 어길 경우 그 규범은 규범으로서 오래 지속될 수 없을 것이며, 기존의 규범은 수정되거나 포기될 것이다. 따라서 때에 따라서는 일탈 행위가 사회 변동의 원인이 될 수도 있다는 점에 유의해야 한다. ㉡ 어느 한 시대의 첨단을 걸어가는 사람들 중 상당수는 그 시대의 일탈 행위자였다고 볼 수 있다.

14 ㉠의 문맥적 의미로 가장 적절한 것은?

① 사회학에서는 일탈을 하나의 필요악으로 간주한다.
② 사회학에서는 일탈을 가치중립적인 현상으로 간주한다.
③ 사회학에서는 일탈을 사회의 모순으로 인한 결과로 본다.
④ 사회학에서는 일탈의 사회적인 효용을 적극적으로 옹호한다.
⑤ 사회하에서는 일탈이 없는 사회를 좋은 사회로 간주한다.

사회학에서는 일탈의 역기능뿐만 아니라 순기능에도 주목한다는 앞뒤 문맥의 내용을 참고로 할 때, ㉠의 의미는 '사회학에서는 일탈에 대해 좋다 나쁘다라는 선입견을 배제한 채, 하나의 객관적인 사회 현상으로 연구한다.' 정도가 적절하므로 이에 가장 근접한 것은 ②이다.

15 ㉡이 전제하고 있는 것은?

① 새로운 것은 언제나 배척당한다.
② 개인과 사회는 조화를 이룰 수 없다.
③ 사회의 규범은 일반적으로 변화를 거부한다.
④ 사회는 일탈 행위자에 대해서 관대하다.
⑤ 일탈 행위는 사회에 나쁜 영향을 끼친다.

'시대의 첨단을 걷는다'는 것은 곧 '사회 변동을 주도한다'는 의미이며, 일탈 행위란 그 사회의 규범체계를 벗어나는 것을 의미한다. 따라서 사회의 변동을 주도하기 위해서는 그 사회의 규범을 어길 수밖에 없는 경우가 많다는 말이라 할 수 있으며, 이것은 결국 사회의 규범은 변화를 거부하는 속성을 지니고 있다는 의미로 해석할 수 있다.

다음 글을 읽고, 물음에 답하시오.(16~17)

이윽고 신축년(공민왕 10년)에 홍건적(紅巾賊)이 서울을 점령하매 임금은 복주(福州: 경북 안동)로 피란 갔다. 적들은 집을 불태우고 사람과 가축을 죽이고 잡아먹으니, 그의 가족과 친척들은 능히 서로 보호하지 못하고 동서로 달아나 숨어서 제각기 살기를 꾀했다.

이생은 가족을 데리고 궁벽한 산골에 숨어 있었는데 한 도적이 칼을 빼어들고 쫓아왔다. 서생은 겨우 달아났는데 여인은 도적에게 사로잡힌 몸이었다. 도적은 여인의 정조를 겁탈하고자 했으나 여인은 크게 꾸짖어 욕을 퍼부었다.

"이 호랑이 창귀 같은 놈아! 나를 죽여 씹어 먹어라. 내 차라리 이리의 밥이 될지언정 어찌 개돼지의 배필이 되어 내 정조를 더럽히겠느냐?"

도적은 노하여 여인을 한칼에 죽이고 살을 도려 흩었다.

한편 이생은 황폐한 들에 숨어서 목숨을 보전하다가 도적의 무리가 떠났다는 소식을 듣고 부모님이 살던 옛집을 찾아갔다. 그러나 집은 이미 병화에 타 버리고 없었다. 다시 아내의 집에 가보니 행랑채는 쓸쓸하고 집 안에는 쥐들이 우글거리고 새들만 지저귈 뿐이었다. 그는 슬픔을 이기지 못해 작은 누각에 올라가서 눈물을 거두고 길게 한숨을 쉬며 날이 저물도록 앉아서 지난날의 즐겁던 일들을 생각해 보니, 완연히 한바탕 꿈만 같았다. 밤중이 거의 되자 희미한 달빛이 들보를 비춰 주는데, 낭하에서 발자국 소리가 들려왔다. 그 소리는 먼 데서 차차 가까이 다가온다. 살펴보니 사랑하는 아내가 거기 있었다. 이생은 그녀가 이미 이승에 없는 사람임을 알고 있었으나 너무나 사랑하는 마음에 반가움이 앞서 의심도 하지 않고 말했다.

"부인은 어디로 피난하여 목숨을 보전하였소?"

여인은 이생의 손을 잡고 한바탕 통곡하더니 곧 사정을 얘기했다.

16 이 작품이 속하는 갈래는?

① 우화(偶話)소설
② 군담(軍談)소설
③ 전기(傳奇)소설
④ 풍자(諷刺)소설
⑤ 영웅(英雄)소설

이 작품은 김시습의 〈이생규장전〉으로 이 글은 도적의 칼에 맞아 죽은 최씨가 이생 앞에 나타나는 부분이다. 이처럼 죽은 사람의 혼이 등장하는 기이한 이야기이므로 전기(傳奇)소설에 해당한다.

17 윗글에 대한 설명으로 바르지 못한 것은?

① 명혼(冥婚)소설에 해당한다.
② 현실과 비현실의 이중 구조로 되어 있다.
③ 죽음을 초월한 사랑이 나타나 있다.
④ 중국 청나라를 배경으로 한다.
⑤ 불교, 도교 등의 사상적 배경이 나타나 있다.

윗글의 첫 번째 문장에서 우리나라가 배경임을 알 수 있다. 〈이생규장전〉은 우리나라를 배경으로 우리나라 사람을 등장시킨 작품으로, 이를 통해 작가의 자주 의식이 드러난다.

국어문화

18 〈보기〉의 ㉠~㉤을 바르게 순화하지 못한 것은?

보기

이 프로젝트를 위해 ㉠ 태스크 포스를 구성할 예정입니다. ㉡ 하시(何時)라도 문의 사항이 있으시면 저에게 말씀해 주십시오. 아, 여기에는 ㉢ 시건 장치가 되어 있는데 ㉣ 무데뽀로 해체하시지 마시고 ㉤ 사양서에 나온 순서에 따라주십시오.

① ㉠: 특별전담조직, 특별팀
② ㉡: 혹시라도
③ ㉢: 잠금장치
④ ㉣: 막무가내
⑤ ㉤: 설명서

㉡ '하시(何時)라도'는 '언제라도, 언제든지, 어느 때든지'라고 순화해서 써야 한다.

19 밑줄 친 ㉠에 나타난 경제 발전과 사회 발전의 관계를 가리키는 속담으로 가장 적절한 것은?

경제 발전은 한편으로는 사회 발전의 동인(動因)이 되는 동시에 다른 한편으로는 사회 발전에 의하여 제약받는다. 경제는 인간 생활의 물리적 측면을 지칭하며 사회는 인간 생활의 사회적, 정신적 측면을 지칭한다. 이 양면은 서로 독립하여 발전할 수가 없다. 양측이 모두 서로 손잡고 발전해야 한다. ㉠ 만일 한쪽만 독주한다면 그런 상태는 그리 오래 갈 수 없다. 사회 발전 없는 경제 발전이 있을 수 없고, 경제 발전 없는 사회 발전만이 이루어질 수도 없다.

① 말 가는 데 소도 간다.
② 꿩 잡은 것이 매다.
③ 입술이 없으면 이가 시리다.
④ 백짓장도 맞들면 낫다.
⑤ 초록은 동색(同色)이다.

㉠에서 경제와 사회는 한쪽이 없으면 다른 한쪽이 오래 갈 수 없으므로 서로 돕고 의지해야 하는 관계이다. 따라서 서로 밀접한 관계에 있어 하나가 잘못되면 다른 하나도 잘못되는 경우를 뜻하는 '입술이 없으면 이가 시리다'가 적절하다.
① 노력만 하면 남이 하는 일을 저도 능히 할 수 있다는 말
② 실제로 제구실을 해야 명실상부하다는 말
④ 쉬운 일이라도 협력해서 해결하면 훨씬 쉽다는 말
⑤ 서로 같은 무리끼리 어울린다는 말

20 **조선 후기에 서울을 중심으로 대중들이 즐겨 부르던 긴 노래를 '잡가(雜歌)'라고 한다. 다음 중 그 지역이 다른 잡가는?**

① 맹꽁이 타령
② 소춘향가
③ 평양가
④ 제비가
⑤ 육자배기

📖 ①, ②, ③, ④ 서울·경기도에서 유행한 경기(京畿)잡가이다.
⑤ 주로 전라도에서 부른 남도(南道)잡가이다.

Answer

어휘·어법·어문규정	▶ 1. ⑤ 2. ④ 3. ② 4. ① 5. ③ 6. ② 7. ⑤
쓰기	▶ 8. ④ 9. ③ 10. ④
읽기	▶ 11. ② 12. ① 13. ⑤ 14. ② 15. ③ 16. ③ 17. ④
국어문화	▶ 18. ② 19. ③ 20. ⑤

최신시사상식 221집

상식 요모조모

뉴스 속 와글와글 / Books & Movies / 상식 파파라치

뉴스 속 와글와글

英 찰스 3세 대관식 초청장 공개, 「커밀라 왕비」 공식 칭호 첫 사용

영국 왕실이 4월 5일 공개한 찰스 3세 국왕 대관식 초청장에 「커밀라 왕비(Queen Camilla)」라는 공식 칭호가 처음으로 사용됐다고 BBC 등이 보도했다. 지난해 9월 엘리자베스 2세 여왕의 서거 이후 왕실은 커밀라의 칭호를 「콘월 공작부인(Duchess of Cornwall)」에서 「왕비(Queen Consort)」로 격상한 바 있다. 다만 이는 왕의 부인이라는 뉘앙스가 강한 표현이었는데 이번 대관식을 계기로 커밀라 왕비(Queen Camilla)로 바뀌면서 명실상부한 왕비가 됐다. 찰스 3세의 두 번째 부인인 커밀라는 고(故) 다이애나비 생전에 왕세자였던 찰스 3세와 내연 관계를 맺어 오다가 다이애나가 사망한 지 8년이 지난 2005년 4월 찰스 왕세자와 결혼했다. 하지만 불륜 논란으로 「왕세자빈(Princess of Wales)」이라는 호칭 대신 콘월 공작부인으로 불렸다. 하지만 지난해 6월 즉위 70주년을 맞은 엘리자베스 2세가 찰스 왕세자로 왕위가 계승되면 커밀라가 왕비로 불리길 희망한다고 밝히면서 칭호 논란이 일단락된 바 있다. 한편, 찰스 3세의 대관식은 오는 5월 6일 런던 웨스트민스터 사원에서 거행되는데, 왕위 서열 2위 조지 왕세손(10)이 국왕 시동(Page of honour)으로 나설 예정이다.

The Coronation of Their Majesties
KING CHARLES III & QUEEN CAMILLA
By Command of The King
the Earl Marshal is directed to invite
to be present at the Abbey Church of
Westminster on the 6th day of May 2023

● 찰스 3세 대관식 초청장

지난해 한국 라면 수출액 역대 최대 이제는 K-라면 차례다!

관세청이 3월 30일 발표한 즉석면류 수출 동향에 따르면 지난해 라면·생면·우동·국수·잡채 등 즉석 면류 수출액은 8억 6200만 달러로 1년 전보다 12.0% 늘었다. 이는 역대 가장 많은 수출액으로, 2014년부터 9년 연속 사상 최대 실적을 갈아치운 것이기도 하다. 즉석면류 수출국도 역대 최다인 143개국으로 확대됐으며, 최대 수출국은 1억 9100만 달러에 달한 중국이었으며, 미국(1억 2000만 달러)·일본(6800만 달러)이 뒤를 이었다. 특히 즉석면류 전체 수출액 중 라면 수출액은 전년 대비 13.5% 늘어난 7억 6500만 달러, 비중은 88.7%를 차지했다. 라면의 수출 중량은 22만t·18억 봉지로, 이를 면발 길이로 확산하면 지구 2245바퀴인 9000만 km에 해당한다. 관세청은 이와 같은 면류 수출 급증에 대해 코로나19 기간 집에 머무는 시간이 늘면서 간편 조리식 수요가 증가했고, 진 세계적으로 인기를 끌고 있는 한국 드라마 등을 통해 라면이 대표적 한국 음식으로 자리하게 된 것이 주요인이라고 분석했다.

한국 플라스틱 폐기물, 사상 최대 규모 2020년 사용한 생수 페트병이 지구 14바퀴?

환경단체 그린피스가 3월 22일 발간한 〈플라스틱 대한민국 2.0 보고서〉를 통해 2021년 총 1193만 톤의 플라스틱 폐기물이 발생, 코로나

19 이전인 2017년보다 1.5배(395만t, 49.5%) 가까이 늘며 역대 최대를 기록했다고 밝혔다. 종류별로 보면 일회용 플라스틱 컵은 2017년 65개에서 2020년 102개로 56.9% 늘어났고, 생수 페트병은 같은 기간 96개에서 109개로 13.5%, 일회용 비닐봉지는 460개에서 533개로 15.9% 늘어난 것으로 집계됐다. 특히 2020년 한 해 동안 한국인이 사용한 생수 페트병은 56억 개로, 병당 지름을 10cm로 가정해 세워놓으면 지구를 14바퀴 돌 수 있는 양인 것으로 나타났다. 또 한해 사용된 플라스틱 컵은 53억 개로, 컵 하나의 높이를 11cm로 가정하면 지구에서 달 사이 거리의 1.5배에 이른다. 그리고 한해 사용된 비닐봉지는 276억 개로, 이들을 20ℓ 종량제 봉투라고 가정하면 서울시를 13번 이상 덮을 수 있는 분량이다.

빚 안 갚으면 나체 사진 뿌린다? 금감원·경찰청, 「성착취 추심」 주의보

금감원과 경찰청이 3월 20일부터 오는 10월 31일까지를 「성착취 추심 등 불법채권추심 특별근절기간」으로 정하고 불법사금융 범죄에 엄정 대응하겠다고 밝혔다. 성착취 추심은 정상적인 경로로 대출을 받기 어려운 사람들을 대상으로 돈을 빌려주는 대신 나체사진 등을 요구하거나 채무자의 얼굴 사진을 음란물 등에 실제처럼 합성해 빚 독촉을 하는 신종 범죄를 말한다. 이들은 채무자가 상환 기일 내에 돈을 갚지 않을 경우 미리 수집한 연락처를 이용해 가족·지인에게 채무사실을 알리고 상환을 독촉한다. 또 채무자의 얼굴사진을 음란물 등에 합성(딥페이크)해 지인에게 전송 또는 SNS에 게시하겠다고 하거나 상환 기일 연장을 조건으로 성착취 사진·영상을 직접 촬영하도록 협박하기도 한다.

이처럼 성착취 추심 사례가 잦아지자 금감원과 경찰청은 피해 예방을 위해 소액·급전 필요 시 정책서민금융 상품 이용이 가능한지 먼저 확인하고, 주소록·사진파일·앱 설치 등을 요구할 때는 대출상담을 즉시 중단할 것을 권고했다.

베토벤 사인은 납중독 아닌 간질환? 유럽 연구진의 모발 분석 결과 나왔다

3월 23일 영국 가디언 등 외신 보도에 따르면 역사상 가장 위대한 음악적 업적을 남긴 작곡가 중 하나로 꼽히는 악성(樂聖) 루트비히 반 베토벤(Ludwig van Beethoven, 1770~1827)이 B형간염에 감염돼 간질환으로 사망했을 수 있다는 연구 결과가 나왔다.

영국 케임브리지대 트리스탄 베그 교수 등 국제 연구팀은 이날 과학저널 《커런트 바이올로지(Current Biology)》에서 베토벤 머리카락 게놈 분석에서 해당 사실을 확인했다고 밝혔다. 특히 과거 베토벤 납중독 사망설의 근거가 됐던 머리카락 뭉치는 베토벤이 아니라 다른 여성의 것으로 밝혀져 납중독설은 사실이 아닌 것으로 밝혀졌다. 한편, 베토벤은 20대 후반부터 청력 손실을 겪다가 48세가 되는 1818년에 완전히 청력을 상실했는데 생전 청각장애 외에도 복통과 배변장애, 황달, 폐렴 등 각종 질병에 시달렸던 것으로 알려져 있다.

● 루트비히 반 베토벤 (1770~1827)

화제의 책과 영화

BOOKS & MOVIES

통영이에요, 지금 구효서 著

이상문학상·황순원문학상 등을 수상한 소설가 구효서의 장편소설로, 통영 바다가 내려다보이는 동쪽 언덕에 자리한 카페를 중심으로 음식과 어우러진 이야기를 담아낸 작품이다.

휴식차 통영을 찾은 37년차 소설가 이로는 카페 Tolo에서 맛본 디저트에 녹아든 맛과 사연에 빠져들면서 이곳의 단골이 된다. 이로는 이곳에서 자신이 심사위원으로서 당선시키지 못해 아쉬운 문학상 응모 원고를 되짚어본다. 원고의 화자 박희린은 1980년대 연인이었던 주은후가 주사파 요인이라는 이유로 보안분실에 끌려가게 된다. 희린은 그곳에서 수차례의 고문을 당한 끝에 왼팔을 쓸 수 없게 되는 장애를 가지게 된다. 여기에 희린을 연모한 보안분실의 경찰 김상헌은 희린을 지키기 위해 고문 실태를 폭로하고 결국 파직된다. 이후 행방불명된 은후의 사망 소식이 전해지고, 희린과 상헌은 서로 의지하며 함께 살아간다. 하지만 7년 후 은후가 나타나면서 희린의 마음은 흔들리기 시작하고, 상헌은 갈등하는 희린을 위해 말없이 그녀를 떠나게 된다. 그러던 중 은후도 결국 경찰에 쫓겨 비참한 죽음을 맞게 된다. 그리고 세월이 흐른 지금, 소설가 이로는 Tolo 주인의 불편한 왼팔을 알아채게 된다.

책 속에 밑줄 긋기

> 그동안 나는 나이를 먹었다. 더 나이를 먹겠지. 바다 위를 나는 저 갈매기가 없다면 과연 시간은 흐를까. 바람과 저 낙화가 없다면. 나는 그것들이 내려다보이는 언덕에 산다. 흘러가줘서 고맙다.

고래 천명관 著

올해 영국 최고 권위 문학상인 부커상 인터내셔널 부문 최종 후보에 오르면서 또다시 화제를 모은 천명관 작가의 2004년 작품이다. 천 작가는 2003년 단편소설 〈프랭크와 나〉로 문학동네 신인상을 받으며 등단한 뒤 2004년에는 〈고래〉로 문학동네 소설상을 수상한 바 있다.

소설 〈고래〉는 국밥집 노파, 금복, 춘희로 이어지는 여인 삼대의 파란만장한 가족사를 담고 있는데, 1부와 2부는 산골소녀에서 소도시의 기업가로 성장하는 금복의 일대기를 그려낸다. 그리고 3부는 감옥을 나온 뒤 폐허가 된 벽돌공장으로 돌아온 금복의 딸인 춘희의 생존과 죽음에 이르는 과정을 담고 있다. 금복은 「걱정」이라는 거구의 사내와 사랑을 했으며, 그가 죽은 지 4년 만에 그를 닮은 딸 춘희를 낳는다. 하지만 금복에게 4년 전 죽은 걱정의 아이를 잉태한다는 것은 흡사 저주받은 것과 같았고, 이에 춘희는 엄마의 사랑을 받지 못하고 자라난다. 그러다 금복은 자신이 장사하던 가게 천장에서 발견된 엄청난 돈과 땅문서로 일순간 부자가 된다. 이 돈은 그 자리에서 국밥집을 하던 노파가 한평생 모은 전 재산으로, 노파가 써보지도 못하고 세상을 떠나면서 남겨진 것이었다. 금복은 이 돈으로 한순간에 부자가 되지만 돈의 주인인 노파의 저주는 금복을 줄곧 따라다니다가 결국 대파국을 부르게 된다.

책 속에 밑줄 긋기

> 그녀에게는 '적당히'란 단어는 어울리지 않았다. 사랑은 불길처럼 타올라야 사랑이었고, 증오는 얼음장보다 더 차가워야 비로소 증오였다.

파벨만스(The Fabelmans)

감독 _ 스티븐 스필버그
출연 _ 미셸 윌리엄스, 폴 다노, 세스 로건, 가브리엘 라벨

세계적인 거장 스티븐 스틸버그의 자전적 이야기를 담은 작품으로, 영화와 사랑에 빠진 어린 소년 새미가 스무살 청년이 될 때까지의 성장담을 다룬 영화이다. 영화는 올해 골든글로브 시상식에서 작품상과 감독상 등 2관왕에 올랐고, 아카데미에서는 7개 부문에 노미네이트된 바 있다. 1952년 부모의 손에 이끌려 난생처음 극장 앞에 선 새미(가브리엘 라벨)는 어둡고 시끄러운 그곳이 너무 두렵다. 하지만 엄마 미치(미셸 윌리엄스)와 아빠 버트(폴 다노)의 계속되는 설득 끝에 간신히 극장에 들어서게 되고, 세실 B 드밀의 〈지상 최대의 쇼〉가 스크린 위에 펼쳐지는 순간 새미는 단숨에 영화에 매료된다. 이후 새미는 8mm 카메라로 일상을 촬영하기 시작하고, 10대가 되어서도 항상 카메라를 들고 다니며 가족들의 모습을 필름에 남기게 된다. 또 보이스카우트 친구들을 동원해 전쟁영화도 만드는데, 특히 스필버그가 13세 때 만든 첫 영화인 〈이스케이프 투 노웨어〉가 영화 속 영화를 통해 재현되기도 한다. 하지만 새미는 가족 캠핑 중 촬영한 영상을 편집하다가 아빠의 절친인 베니(세스 로건)와 엄마의 미묘한 기류를 알아채게 된다. 새미는 해당 장면을 뺀 뒤 영상을 완성하지만, 엄마에 대한 애증으로 영화 제작에 대한 열의를 잃어버리고 다시는 카메라를 들지 않겠다고 선언한다. 이후 새미의 가족들은 캘리포니아로 이사하게 되지만, 엄마는 가족들을 떠나기로 결심한다.

영화 속 톡!톡!톡!

> "아들아, 영화는 꿈이란다. 영원히 잊히지 않는 꿈."

제비

감독 _ 이송희일
출연 _ 윤박, 장희령, 우지현, 박소진, 유인수

영국 레인댄스영화제에서 지난해 첫 상영돼 국제장편작품상을 수상한 이송희일 감독의 작품이다. 영화는 1983년 학생운동에 앞장선 동지이자 비밀 연인이었던 제비(윤박)와 은숙(장희령), 그리고 은숙을 사랑하기에 프락치가 될 수밖에 없었던 한 남자의 이야기를 담아냈다.

영화는 그 치열했던 시기로부터 40년이 지난 후 은숙의 아들 호연(우지현)이 시니컬한 태도로 살아가는 모습으로 시작된다.

아내 은미(박소진)와 이혼 절차를 밟고 있는 호연은 엄마에게도 무관심한데, 그런 호연에게 엄마 은숙이 사라졌다는 소식이 들려온다. 엄마는 7번째 소설 출판기념회 도중 뭔가에 홀린 듯 뛰쳐나간 뒤 행방이 묘연하다고 한다. 이후 호연은 엄마의 지인들을 찾아다니며 행방을 수소문하다가 엄마의 과거와 직면하게 된다. 엄마는 30여 년째 자신과 동료들의 학생운동 시절을 정리하는 후일담 소설을 집필해 왔는데, 영화는 이때부터 1983년과 2018년을 거듭해서 오가기 시작한다. 혼란과 암울이 가득찬 1983년 그때의 대학가에는 독재정권에 치열하게 저항한 은숙을 비롯한 수많은 청춘들이 있다. 특히 학생운동사에 전설적 인물로 묘사되는 제비는 경찰과 군인들의 추적을 기적적으로 잘 피해 다니며 학생들을 이끌었으나, 한 친구의 누설로 결국 붙잡히며 죽임을 당한다. 그리고 역사적 소용돌이에 얽힌 인물들의 숨겨져 있던 비밀이 드러나기 시작하면서 영화는 결말로 나아간다.

영화 속 톡!톡!톡!

> "난 꿈을 꾸는 게 혁명이라고 생각해."

상식 파파라치

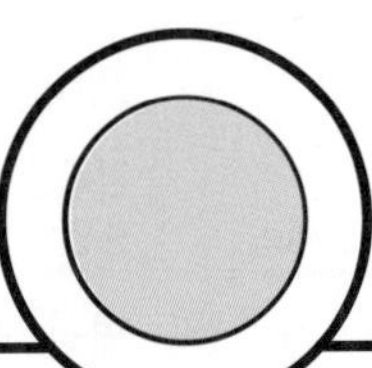

상식 파파라치가 떴다!
궁금한 건 절대 못 참는 상식 파파리치가 우리의 일상 곳곳에 숨어 있는 흥미로운 이야깃거리들을 캐내어 시원하게 알려 드립니다.

▶ 24절기, 봄에 속하는 절기는?

24절기(二十四節氣)는 태양의 움직임에 따른 계절의 변화를 나타낸 것으로, 황도에서 춘분점을 기점으로 하여 15° 간격으로 총 24개의 절기로 구분한 것이다. 24절기의 명칭은 중국 주(周)나라 때 화북지방의 기후를 잘 나타내도록 정해진 것이기 때문에, 우리나라의 기후와는 약간 차이가 있다. 4계절은 입춘·입하·입추·입동의 4절기(四立의 날)로 시작되는데, 이 가운데 입춘으로 시작되는 봄철의 절기는 다음과 같다.

입춘(立春, 양력 2월 4~5일경) 24절기 중 첫째 절기로 태양의 황경이 315도일 때이며, 봄의 시작이다. 입춘은 대한(大寒)과 우수(雨水) 사이에 있는 절기로, 새해의 첫째 절기여서 농경의례와 관련된 행사가 많다. 예로부터 입춘이 되면 각 가정에서는 복이 들어오기를 기원하는 「입춘축(立春祝)」을 대문이나 집 안 기둥에 붙였다. 입춘축으로는 보통 「입춘대길(立春大吉)」이나 「건양다경(建陽多慶, 경사스러운 일이 많이 생기다)」 등을 써서 붙였다. 또 입춘 때는 보리뿌리점이라는 풍속도 행해졌는데, 이는 보리를 뽑아 뿌리의 성장 상태로 보리농사의 풍흉을 점치는 전통을 말한다. 이 밖에 우리 조상들은 입춘을 기점으로 입맛을 돋우는 「오신채(五辛菜)」를 챙겨 먹었는데, 이는 움파·산갓·당귀싹·미나리싹·무싹 등 다섯 가지 매운맛이 나는 생채 요리를 의미한다. 오신채에 속하는 채소는 시대와 지역에 따라 차이가 있으나, 현재에도 섭취하기 좋은 것으로는 파·마늘·부추·달래·미나리 등을 들 수 있다.

입춘과 관련한 속담들

속담	뜻
입춘 추위는 꿔다 해도 한다	입춘 무렵에 늦추위가 꼭 찾아온다는 뜻
입춘 거꾸로 붙였나	봄을 알리는 입춘이 지나도 날씨가 춥다는 것을 뜻함
입춘에 오줌독(장독·김칫독) 깨진다	입춘 무렵의 추위가 매서워 오줌독 등이 얼어서 깨진다는 뜻
가게 기둥에 입춘이라	추하고 보잘 것 없는 가게 기둥에 「입춘대길(立春大吉)」을 써서 붙인다는 뜻으로 격에 맞지 않고 지나치다는 의미를 가지고 있음

우수(雨水, 양력 2월 19~20일경) 날씨가 풀리고 봄바람이 불기 시작하는 때로, 태양의 황경이 330도에 올 때를 이른다. 옛날 중국 사람들은 우수가 시작되는 15일을 5일씩 나눠 그 특징을 구분했는데, ▷첫 5일은 수달이 물고기를 잡아다 늘어놓고 ▷다음 5일은 기러기가 북쪽으로 날아가며 ▷마지막 5일간은 초목에 싹이 튼다고 했다.

경칩(驚蟄, 양력 3월 5~6일경) 겨울잠을 자던 벌레, 개구리 따위가 깨어나는 때로 태양의 황경(黃經)이 345도에 이르는 때를 말한다. 「우수 경칩에 대동강 풀린다」라는 속담이 있는데, 이는 우수와 경칩을 지나면 아무리 춥던 날씨도 누그러진다는 뜻을 담고 있다. 경칩에는 「개구리울음점」이라는 세시풍속이 전해지는데, 이는 경칩 무렵 겨울잠에서 깬 개구리의 우는 소리를 처음 듣는 상황에 따라 한 해 농사와 건강 등을 점치는 것이다. 또 이 무렵 개구리들이 나와 물이 고여 있는 곳에 알을 낳는데, 이 알을 먹으면 몸을 보호한다 하여 개구리 알을 건져 먹었다고도 한다. 아울러 이 시기에 흙일을

하면 무탈하다고 해 집 벽에 흙을 바르고, 재를 탄 물을 방 귀퉁이마다 놓아 빈대를 막는 세시풍속도 있었다. 특히 조선시대 때는 경칩 이후 갓 나온 벌레 또는 갓 자라는 풀이 상하는 것을 막기 위해 불을 놓지 말라는 금령(禁令)을 내리기도 했다.

춘분(春分, 양력 3월 21~22일경) 태양이 춘분점에 이르러 밤과 낮의 길이가 같아지는 때이다. 과거 농경 시기에는 1년 중 농사일을 하기에 가장 좋은 춘분 기간이 매우 중요시됐는데, 이 시기 농가에서는 파종할 씨앗을 이웃끼리 서로 바꾸어 종자를 가려내는 풍속이 있었다. 또 겨우내 얼었다 풀리면서 연약해진 논두렁과 밭두렁이 무너지는 것을 막기 위해 말뚝을 박는 풍습도 있었다. 특히나 우리 조상들은 춘분을 「나이떡 먹는 날」이라고 불렀는데, 나이떡은 송편과 유사한 음식으로 온 식구가 모여 나이 수대로 이를 먹었다고 한다. 또 볶은 콩과 봄나물을 먹기도 했는데, 볶은 콩을 먹으면 새와 쥐가 사라져 곡식을 축내지 않는다고 믿었으며, 봄나물은 겨우내 부족했던 비타민을 공급해 주는 역할을 했던 것으로 전해진다.

청명(淸明, 양력 4월 5~6일경) 하늘이 차츰 맑아진다는 뜻을 지닌 절기로, 태양의 황경이 15도에 있을 때이다. 특히 「청명에 죽으나 한식에 죽으나」라는 속담처럼 한식(寒食)의 하루 전날이거나 같은 날이어서 같은 세시풍속을 갖고 있다. 예로부터 농가에서는 이때부터 본격적으로 파종을 시작했고, 「청명엔 부지깽이를 거꾸로 꽂아도 싹이 난다」는 속담처럼 나무를 이 시기에 제일 많이 심었다. 청명에는 「청명주」라는 술을 빚기도 했는데, 이는 누룩가루와 밀가루, 찹쌀을 재료로 해 만드는 술이다. 이는 보름이 지난 곡우쯤 되면 단맛이 강한 술이 되는데, 술을 못 마시는 사람도 마실 수 있을 정도로 그 맛이 좋다고 한다.

곡우(穀雨, 양력 4월 20~21일경) 봄비가 내려 온갖 곡식이 윤택해지는 때로, 이 무렵이면 못자리를 마련하는 것부터 해서 본격적인 농사철이 시작된다. 이에 「곡우에 모든 곡물들이 잠을 깬다」, 「곡우에 비가 오면 풍년 든다」 등 농사와 관련한 다양한 속담이 전해지고 있다. 또 이 시기에는 나무에 물이 많이 올라 유명한 산으로 곡우물을 마시러 가는 풍속이 있었다. 곡우물은 주로 산 다래, 자작나무, 박달나무 등에 상처를 내서 흘러내리는 수액을 말한다. 아울러 곡우 무렵 겨울을 난 조기떼가 북상하면서 이때 잡는 조기를 「곡우살이」라고 불렀다. 이 조기는 살은 적지만 연하고 맛이 있어 서해는 물론 남해의 어선들까지 이 조기를 잡기 위해 몰려들었다고 한다.

봄과 관련된 속담들

속담	뜻
겨울 추위에는 살이 시리지만 봄 추위에는 뼈가 시리다	이른 봄철에 찬바람이 휘몰아치면서 변덕을 부리는 추위가 만만하지 않음을 이르는 말
봄떡은 들어앉은 샌님도 먹는다	먹을 것이 궁한 봄철에 해는 길고 출출하니 점잔만 빼고 들어앉은 샌님도 떡을 먹고 싶어 한다는 뜻
봄에는 생말가죽이 마른다	봄철에는 일반적으로 날씨가 매우 메마름을 비유적으로 이르는 말
봄에 하루 놀면 겨울에 열흘 굶는다	봄철 농사가 매우 중요함을 비유적으로 이르는 말
봄바람은 품으로 기어든다	비록 봄이지만 바람 부는 날은 매우 쌀쌀함을 비유적으로 이르는 말
봄비가 잦으면 시어머니 손이 커진다	봄에 비가 자주 오면 농사가 풍년이 들어 시어머니 인심이 좋아진다는 뜻
봄 불은 여우불이라	봄이 되면 날씨가 건조해 여기저기 불이 나기 쉬우며 무엇이나 잘 탄다는 뜻
봄 꿩이 제 울음에 죽는다	제 허물을 제가 스스로 드러내어 해를 자초(自招)할 때 쓰는 말
봄에는 굼벵이도 석 자씩 뛴다	봄 농사철에는 몹시 바빠서 게으른 사람도 저절로 부지런해진다는 뜻
봄 잠은 가시덤불에 걸어져도 잔다	봄철은 한낮에도 유난히 졸음에 시달리게 되는데, 이를 과장해 부풀린 속담

반세기 간 금기시된 비극 "제주 4·3"

△ 제주 4·3의 상징 동백꽃

1947년 3월 1일부터 1954년 9월 21일까지 무려 7년 넘게 이어지며 공식 피해자만 1만 5000명(추산 희생자 3만 명)으로 추정되는 한국 현대사의 대표적 비극「제주 4·3」. 제주 4·3은 1947년 3월 1일을 기점으로 1948년 4월 발생한 소요 사태 및 1954년 9월 21일까지 제주도에서 발생한 무력 충돌과 진압 과정에서 많은 주민들이 희생된 사건을 말한다.

제주 4·3은 한국 현대사에서 한국전쟁 다음으로 인명 피해가 극심했던 비극적인 사건이었음에도 군사 정권 당시 침묵을 강요당하며 오랜 기간 금기시돼 있었다. 그러다 1978년 소설가 현기영의 〈순이삼촌〉으로 그 진실이 조금씩 드러나기 시작했고, 1980년대 후반 민주화운동 이후 점차 4·3에 대한 논의가 이뤄지기 시작했다. 그리고 1999년 12월 국회에서「제주4·3사건 진상규명 및 희생자 명예회복에 관한 특별법」이 통과되면서 본격적으로 그 진실과 치유의 길로 나아갔다. 이후 2003년 4월에는 노무현 전 대통령이 현직 대통령으로는 처음으로 제주를 방문해「국가공권력에 의한 대규모 민간인 희생」사실을 인정하며 국가권력의 잘못을 공식 사과했다.

제주 4·3 _ 비극의 발단과 경과, 그리고 종결

1945년 8월 15일 해방 이후 외지에 나가 있던 6만 여명의 제주 주민이 귀환하면서 제주도에서는 급격한 인구 변동이 이뤄지고 있었다. 여기에 생필품 부족과 콜레라 발병, 극심한 흉년과 식량난으로 도민들의 생활은 큰 어려움에 처해 있었으며, 특히 일제에 부역한 경찰들이 미군정하의 군정경찰로 변모하면서 민심을 악화시키고 있었다. 이러한 상황에서 1947년 이른바 3·1절 발포사건이 발생하면서 한국 현대사의 대표적 비극 제주 4·3이 발생하게 된다.

1947년 3월 1일, 경찰의 발포 1947년 3월 1일 제주읍 관덕정에서 열린 삼일절 28돌 기념집회 이후 시위에 참석한 군중을 향해 경찰이 발포하고 이로 인해 민간인 6명이 희생당하는 사건이 발생했다. 이에 3월 5일「제주도 3·1 사건대책 남로당 투쟁위원회」가 결성되고 민·관 합동 총파업이 단행되는데, 이 파업에는 3월 13일까지 166개 기관단체의 4만 1211명이 참여했다. 그러자 미 군정은 제주도를「레드 아일랜드(붉은 섬)」로 지목해 대대적인 탄압에 나섰으며, 본토에서는 응원경찰을 대거 파견하고 극우청년단체인 서북청년회(서청) 단원들까지 제주에 들어와 곳곳을 장악하기 시작했다. 이들은 파업 주도 세력 등 약 2500명을 무더기로 검거·고문한 뒤 이 가운데 250여 명을 재판에 회부했다. 이로 인해 총파업은 3월 18일 종식됐으나 미 군정은 제주도 군정장관 등 고위관리들을 극우 성향의 인물들로 교체해 나가는 등 강경책을 지속했다. 그러자 분노한 도민들은 극우파 암살을 요구하는 전단을 살포하면서 미군 축출과 경찰 타도 등을 외치기 시작했다. 이에 미 군정은 1947년 8월 15일을 기해 다시 도민들에 대한 대대적인 검거를 단행했고, 이를 피하기 위해 도민들과 도민 지도자들은 한라산으로 몰려들었다.

서북청년단 북한 사회개혁 당시 월남한 이북 각 도별 청년단체가 1946년 11월 30일 서울에서 결성한 극우 반공단체로, 정식 명칭은 「서북청년회」이다. 서북청년단은 경찰의 좌익 색출 업무를 돕는 등 좌우익의 충돌이 있을 때마다 우익 진영의 선봉을 담당하는 역할을 했다. 특히 백범 김구 선생을 암살한 안두희도 서북청년단 간부 출신이었던 것으로 알려져 있다.

1948년 4월 3일, 제주도민의 무장봉기 당시 미 군정은 남한만의 단독선거, 단독정부 수립을 추진했고 이에 한반도는 분단 위기에 직면해 있었다. 이에 좌파 세력은 남한 단독선거에 반대하며 전국적으로 「2·7 투쟁」을 전개했는데, 미 군정은 당시 반미 감정이 높았던 제주도민에 집중적인 공세를 가했다. 이러한 상황에서 남로당 제주도위원회가 주도한 자위대(제주도민의 무장전위대)는 1948년 4월 3일 5·10 단독선거 반대 및 경찰과 서청 탄압에 저항하며 무장봉기를 일으키게 된다. 당시 자위대는 도내 20여 개의 경찰지서 중 11여 개를 습격한 것을 시작으로 경찰과 서청의 숙사 및 국민회·독립촉성회·대한청년단 등 우익단체 요인과 관공리의 집을 공격했다. 초기 공세에서 성공을 거둔 자위대는 곧 도민과의 협력체제를 강화하는 방향으로 조직 개편을 단행해 자위대를 해체하고, 각 면에서 30명씩 선발해 연대와 소대로 구분 편성된 인민유격대를 조직했다.

이에 위협을 느낀 미 군정은 9연대에 진압작전 출동을 명령하는 등 병력을 증강했고 부산 등 타 지역으로부터 차출한 1700여 명의 경찰을 제주도에 파견했다. 또 제9연대장 김익렬에게 강경 진압을 요구하지만 김익렬이 이를 거부하자 유격대와의 협상을 명령했다. 그 결과 4월 28일 김익렬과 유격대 사령관 김달삼이 대좌해 72시간 내에 전투를 중지할 것을 합의했다. 그러나 미 군정장관 윌리엄 딘(W. Dean)은 평화협상을 거부한 것은 물론 제주도 내에서 일어나는 불미스러운 일련의 사건들을 유격대의 소행으로 조작했다. 그리고 사건의 책임을 9연대와 김익렬에게 물어 김익렬을 해임하고 강경파인 박진경을 기용해 강경 작전을 준비해 나갔다.

5·10 총선거 후 미 군정의 토벌 1948년 5·10 총선거가 실시되자 도내 각지에서 투표 거부사태가 발생해 전국 200개 선거구 가운데 제주도 북제주군 갑구(투표율 43%), 북제주군 을구(투표율 46.5%) 등 2개 선거구만이 투표수 과반수 미달로 무효 처리됐다.

그러자 미 군정은 이를 남한만의 단독정부 수립을 저해하는 불순세력의 음모로 판단하고 6·23 재선거를 시도했으나 이마저도 실패하게 된다. 그리고 그해 8월 15일 대한민국 정부가 수립됐으나 군작전지휘권은 여전히 미군에 귀속돼 있었고, 이후 수도관구경찰청 소속 경찰관 800명이 제주로 파견됐다. 그리고 그해 10월 11일 정부는 제주도에 경비사령부를 설치하고 해안에서 5km 이상 들어

△ 1948년 중산간지대로 피신한 제주도 주민들

간 중산간지대를 통행하는 자는 폭도대로 간주해 총살하겠다는 포고문을 발표했다. 그리고 그때부터 군경토벌대는 중산간마을에 불을 지르고 주민들을 집단으로 학살하는 초토화 작전을 전개했다. 그해 11월 17일에는 제주도에 계엄령이 선포됐고, 중산간마을은 물론 소개(疏開)령에 의해 해안마을로 내려간 주민들까지 무장대에 협조했다는 이유로 무차별 학살당했다. 제주 4·3 희생자 대부분은 이 초토화작전이 전개된 1948년 10월 말부터 1949년 3월까지 약 5개월 동안 발생했다.

7년 7개월 만에 막을 내리다(1954. 9.) 1949년 3월 산에서 내려와 귀순하면 과거 행적을 묻지 않고 살려주겠다는 선무공작이 전개되면서 한라산에 피신해 있던 1만 명에 이르는 사람들의 하산이 시작됐다. 당시 하산한 이들의 대부분은 어린이와 노인·부녀자들이었는데, 여성만 51%에 달했다. 그러나 이 방침은 지켜지지 않았고, 토벌대는 하산민 가운데 유격대 협력자를 가려내는 색출 작업을 벌여 1660명을 군법회의에 회부했다. 이 군법회의는 법이 정한 최소한의 절차도 밟지 않았고, 판결문도 없는 상태에서 사형·무기형·징역 15년형 등 중형을 잇따라 선고했다. 이때 사형을 선고받은 사람들은 제주비행장에서 총살됐고, 나머지 형을 받은 사람들은 제주도에 형무소가 없었기 때문에 전국 각지의 형무소로 보내졌다. 그리고 1950년 6·25전쟁이 발발하면서 제주도에는 또다시 비극이 찾아들게 되는데, 이는 이승만 정부가 전쟁 직후 전국의 형무소 수감자와 예비검속자(범죄 가능성이 있는 사람을 사전에 구금하는 것)들을 대상으로 대대적인 학살극을 벌인 데 따른 것이다. 이때 육지 형무소에 수감돼 있던 4·3 수형자들은 정치범이란 이유로 불법 처형됐으며, 제주도 내 4개 경찰서에 구금된 예비검속자들도 대거 학살됐다. 이후 1952년 제주도경찰국은 「100전투경찰사령부」를 설치해 한라산 기슭 곳곳에서 무장대에 대한 토벌전을 벌였고, 1954년 9월 21일 한라산 금족(禁足)지역이 전면 개방되면서 제주 4·3은 7년 7개월 만에 막을 내리게 되었다.

한편, 일제강점기 때 생계와 강제징용 등으로 일본으로 갔던 제주인들은 1945년 8월 15일 광복 이후 귀향했으나 4·3 당시 학살이 계속되자 다시 일본으로 돌아가 오사카 등지를 중심으로 모여 살았다. 특히 이들 중 일부는 1959년부터 1984년까지 이어진 북송(北送) 때 북한으로 가기도 했다.

4·3 치유의 길로 나아가다 _ 정부 차원의 진상규명 돌입

1960년 4·19혁명으로 자유당 정권이 몰락하자 4·3에 대한 공개적인 논의가 시작됐으나 1961년 5·16 군사쿠데타로 중단됐다. 이때부터 20여 년간 군사정권하에서 제주 4·3은 「북한 공산당 사주에 의한 폭동」으로 규정, 이와 다른 논의는 허용되지 않았고 반공법·국가보안법·연좌제 등으로 금기시됐다. 그러다 1978년 소설가 현기영이 〈순이삼촌〉이라는 소설을 통해 4·3의 진실을 드러냈으나 작가는 4·3사건을 소재로 소설을 썼다는 이유로 정보기관에 연행돼 큰 고초를 겪었다. 하지만 1980년대 후반 민주화운동 이후 4·3에 대한 논의는 다시 일어났고, 1989년 5월 10일에는 제주 4·3연구소가 발족됐다. 그러한 가운데 1992년 4월 1일 제주시 구좌읍 다랑쉬굴에서 4·3 당시 희생된 민간인들의 유해가 발굴되면서 진상 규명의 본격적인 발단이 됐다. 이후 「제주 4·3사건 진상규명 및 희생자 명예회복에 관한 특별법」 제정(2000), 노무현 대통령의 공식 사과와 정부의 첫 진상조사보고서 발간(2003), 제주 4·3 희생자 국가보상 결정(2021) 등이 이어지면서 4·3의 진실이 세상에 드러나게 되었다.

다랑쉬굴 유해 발굴(1992) 1992년 4월 1일 제주시 구좌읍 중산간지역 다랑쉬오름 부근에 위치한 다랑쉬굴에서 4·3 당시 학살된 11구의 유해들이 44년 만에 모습을 드러냈다. 이 다랑쉬굴은 잃어버린 마을(4·3 당시 학살과 방화 등으로 흔적이 사라진 마을)을 조사하던 제주4·3연구소 연구원들에 의해 1991년 12월 발견됐으나 당시 사회현실을 감안해 공개가 이뤄지지 않다가 1992년에야 이뤄진 것이었다. 다랑쉬굴에서 발굴된 유해는 1948년 12월 18일 군·경·민 합동토벌 때 희생된 종달리 주민 7명과 하도리 주민 4명으로, 이들 가운데는 7살 어린이도 1명 있었다. 당시 주민들은 토벌대로부터 피신해 이 굴에 숨어있다가 발각됐으며, 토벌대가 굴 입구에 피운 불 연기에 질식돼 죽음을 맞았다. 이 다랑쉬굴 유해 발굴로 그동안 증언으로만 알려졌던 집단학살의 증거가 구체적으로 드러나게 됐고, 이는 제주 4·3 진상규명운동의 기폭제가 됐다.

진상규명 및 희생자 명예회복에 관한 특별법 제정(2000) 김대중 정부 때인 2000년이 되어서야 제주 4·3의 진상을 규명하고 이 사건과 관련된 희생자·유족들의 명예를 회복시키기 위한 「제주 4·3 사건 진상규명 및 희생자 명예회복에 관한 특별법」이 제정됐다. 이에 따라 국무총리 소속으로 「제주 4·3 사건 진상규명 및 희생자명예회복위원회」가 설치돼 ▷진상조사보고서 작성과 확정 ▷희생자와 유족 신고접수 및 결정 ▷4·3평화공원 조성과 4·3평화기념관 건립 ▷희생자 유족의 의료지원금 지원과 후유장애인에 대한 생활지원금 지급 등의 사업이 추진됐다. 그리고 2021년 2월에는 제주 4·3 피해자들에게 배상을 하고 재심 청구 기회를 주기 위한 제주4·3특별법 전부 개정안이 국회를 통과했다. 이에 따르면 국가가 희생자로 결정된 사람에 대해 위자료 등의 특별한 지원을 강구하고 필요한 기준을 마련하도록 했다. 또 4·3 당시 불법적으로 열린 군사재판에서 유죄판결을 받은 수형인 등에 대한 특별재심 규정을 신설해 「4·3 사건 진상규명 및 명예회복위원회」가 직권재심 청구를 법무부 장관에게 권고할 수 있도록 했다. 아울러 추가 진상조사, 희생자 및 유족의 신체적·정신적 피해 회복을 위해 4·3트라우마 치유사업을 할 수 있도록 했다.

4·3 평화공원 제주 4·3의 아픈 역사를 기억하고, 화해와 상생을 열고자 하는 취지로 2008년 3월 제주시 봉개동에 개관한 공원이다. 공원은 위령제단을 비롯해 ▷위패봉안실 ▷위령광장 ▷봉안관 ▷각명비원 ▷행방불명인 표석 ▷평화기념관 등을 주요시설로 갖추고 있다. 이곳은 4·3사건의 역사적 의미를 되새겨 희생자의 명예회복은 물론 평화·인권의 의미와 통일의 가치를 되새길 수 있는 인권교육의 장으로 활용되고 있다.

진상조사보고서 확정과 대통령 사과(2003) 2003년 10월 15일에는 4·3을 국가 공권력의 인권유린으로 규정한 제주 4·3 사건 진상보고서가 확정됐다. 이는 사건 발생 55년 만에 나온 정부 차원의 진상보고서로, 한국 현대사에서 과거사를 재조명한 최초의 법정보고서였다. 보고서는 제주 4·3에 대해 (남한만의) 단독정부 수립 반대와 연계된 남로당 제주도당의 무장봉기가 있었고, 이를 진압하는 과정에서 무고하게 주민들이 희생됐다고 적시하면서 정부 차원의 사과와 희생자 지원을 건의했다. 이 보고서 확정 후 ▷제주도민 및 피해자에 대한 정부의 사과 ▷추모기념일 지정 ▷4·3평화공원 조성 ▷유가족에 대한 생계비 지원 ▷집단 매장지 발굴 지원 등 7개항을 담은 대정부 건의안이 채택됐다. 그리고 2003년 10월 31일 당시 노무현 대통령은 제주도를 방문해 제주도민과 4·3 유족들에게 국가권력의 잘못을 인정하고 공식 사과했다. 그리고 2005년 1월 27일에는 노무현 전 대통령이 「세계 평화의 섬 지정 선언문」에 직접 서명함으로써 제주도가 평화의 섬으로 공식 지정됐다.

제주 4·3의 국가기념일 지정(2014) 2013년 8월 국회는 4·3특별법 개정안을 통과시키면서 4·3 법정 기념일과 관련해 부대 의견으로 대통령령인 「각종 기념일에 관한 규정」을 개정해 4·3추념일을 법정 기념일로 지정하도록 명문화했다. 그리고 정부는 2014년 3월 18일 「각종 기념일 등에 관한 규정」을 개정하고 3월 24일자 관보에 게재함으로써 4·3희생자 추념일 지정을 위한 대통령령 개정안이 공포됐다. 이에 따라 4월 3일이 「4·3 희생자 추념일」로 정해졌으며, 2014년 4·3 희생자 추념일부터 정부 부처(행전안전부)가 주최하고 제주도가 주관하는 행사가 이어지고 있다.

제주 4·3, 발단과 국가기념일 지정에 이르기까지

시기	주요 내용
1947년 3월 1일	3·1절 기념식 후 경찰 발포로 주민 6명 사망
3월 10일	3·1절 발포 책임자 처벌 요구하는 민관 총파업 돌입
11월 2일	서북청년회 제주도본부(위원장 장동춘) 결성
1948년 4월 3일	무장대 봉기 시작
10월 18일	제주 해안 봉쇄
11월 17일	계엄령 선포
12월 31일	계엄령 해제
1949년 1월 17일	토벌대에 의한 북촌리 학살 사건 발생(주민 400여 명 사망)
10월 2일	제주공항 인근에서 249명에 대한 총살 집행 후 암매장
1954년 9월 21일	한라산 금족구역 해제, 제주 4·3 종료
1992년 4월 1일	제주시 구좌읍 다랑쉬굴에서 유해 발굴
2000년 1월 12일	제주 4·3 사건 진상규명 및 희생자 명예회복에 관한 특별법 공포
2003년 10월 15일	정부, 제주 4·3 사건 진상보고서 확정
10월 31일	노무현 대통령, 국가권력에 의한 주민 희생 사과
2005년 1월 27일	제주 평화의 섬 선포
2008년 11월 10일	제주 4·3 평화재단 출범
2014년 3월 24일	제주 4·3 사건 국가기념일 지정 고시
2018년 3월 21일	제주도, 4·3 희생자 추념일(4월 3일) 전국 최초 지방공휴일 지정

4·3의 아픈 역사를 대면하다 _ 주요 유적지들

제주 곳곳에는 4·3 당시 수많은 주민들이 학살되고 가옥이 불타면서 이제는 그 형체조차 없어진 「잃어버린 마을」을 비롯해 학살터, 추모공간, 민간인 수용소 등이 남아 있다. 현재 제주에는 4·3에 대한 이해를 돕고 제주의 아픈 역사를 공감할 수 있도록 이러한 비극적 역사의 현장이 4·3유적지로 조성돼 있다.

곤을동(잃어버린 마을) 1949년 1월 5~6일 양일간 마을 주민 30명이 학살되는 사건이 발생한 곳이다. 1949년 1월 5일, 1개 소대 40여 명의 군인들은 곤을동을 포위해 마을 사람들을 모이게 한 뒤 젊은 사람 10여 명을 골라내 곤을동 바닷가에서 학살했다. 그리고 마을 주민들을 화북국민학교에 가둔 뒤 마을의 가옥들을 불태우기 시작했다. 학살은 1월 6일에도 이어졌는데, 군인들은 화북국민학교에 가뒀던 주민들 중에 젊은이 12명을 모아 학살했다. 그리고 전날 방화 피해가 없었던 나머지

가옥들도 모두 불에 태워 곤을동은 흔적이 사라지게 됐고, 학살에서 살아남은 주민들은 주변 마을로 옮겨졌다. 이때 폐허로 변한 곤을동은 이후에도 집과 집을 구분지었던 울담(울타리 돌담)만 남은 풍경으로 현재에 이르고 있다.

제주비행장(학살터) 당시 「정뜨르 비행장」이라 불린 현재의 제주국제공항이다. 이곳은 4·3 당시 최대의 학살터였는데, 당시 미 군정과 군경토벌대는 북제주군 관내 무수한 양민을 재판한다는 구실로 이곳으로 끌고와 학살한 뒤 바로 이 자리에 매장했다. 수십 년 동안 확인하지 못했던 이곳에서의 학살은 지난 2007~2009년 진행된 제주공항 유해발굴 사업을 통해 드러난 바 있다.

북촌국민학교(역사현장) 북촌마을은 4·3 당시 주민 350여 명이 희생당한 최대의 피해마을 중 한 곳이다. 북촌리 학살은 1949년 1월 17일 당시 2연대 3대대 일부 병력이 함덕으로 가던 도중 북촌국민학교 서쪽 고갯길에서 무장대의 기습을 받아 2명의 군인이 숨진 것이 계기가 됐다. 상황이 심각해지자 마을 원로들은 숙의 끝에 군인들의 시신을 들것에 실어 함덕 대대본부로 운반했는데, 군인들은 스스로 찾아간 10명의 연로한 주민 가운데 경찰가족 1명(이군찬)을 제외하고는 모두 총살했다. 이후 북촌마을에 침입해 불을 지른 뒤 주민 모두를 학교로 집결시켰고 이때부터 학살을 시작했다. 이와 같은 집단 학살을 당한 북촌마을은 이때 후손이 끊긴 집안이 적지 않아 한때 「무남촌(無男村)」으로 불리기도 했다. 현재도 이곳에서는 음력 섣달 열여드렛날이 되면 명절과 같은 집단적인 제사를 지내고 있다.

△ 북촌 너븐숭이 4·3 기념관

한모살(표선백사장, 학살터) 4·3 당시 표선면·남원면 일대 주민들에 대한 학살이 자행됐던 총살장으로, 특히 가족 단위로 피신했던 산간 주민들의 희생이 많았다. 이곳이 학살터가 된 것은 표선리에 소재한 면사무소에 군부대가 상주했기 때문으로, 군부대 주둔 기간 한모살에서는 거의 하루도 거르지 않고 총살이 집행됐다. 현재 한모살에는 표선민속촌과 표선면도서관이 자리하고 있는데, 대규모 학살이 이뤄진 곳은 도서관 입구의 공터로 남아 있어 당시의 흔적은 찾아볼 수 없다.

정방폭포 및 소남머리 일대(학살터) 제주도 서귀리는 당시 서귀면뿐만 아니라 산남 지방의 중심지여서 면사무소와 남제주군청, 서귀포경찰서 등이 위치해 있었다. 이 때문에 토벌대의 주요 거점지가 됐는데, 서귀면사무소에 대대본부(2연대 1대대)가 설치됐다. 이곳에 있던 농회창고는 이들의 취조실·유치장으로 활용되면서 혹독한 구타와 고문이 자행됐다. 이곳에 끌려온 주민 일부는 즉결처형자로 분류돼 곧바로 정방폭포 소남머리에서 총살당했고, 일부는 재판에 넘겨져 육지 형무소로 이송되기도 했다.

백조일손묘역(百祖一孫墓域, 희생자 집단묘지) 제주도 대정읍에 위치한 4·3 희생자들의 집단묘역으로, 본래 명칭은 「백조일손지지(百祖一孫之地)」이다. 이곳은 1950년 8월 20일 송악산 섯알오름 자락 옛 일본군 탄약고터에서 학살된 모슬포경찰서 관내 주민 132명의 시신이 집단으로 모셔져 있는 곳으로, 현재 제주도 내에 위치한 4·3 희생자 집단묘지 3군데 중 가장 규모가 크다. 이 집단묘역은 주민들이 학살된 6년 후인 1956년 5월 18일 유족들에 의해 조성됐는데, 「백조일손(百祖一孫)」이란 「백 명이 넘는 사람들이 한날한시에 죽어 누구의 시신인지도 모르는 채 같이 묻혀 무덤도 같고 제사도 같이 치르니 그 자손은 하나다.」라는 의미를 갖고 있다.

4·3의 진실을 담아내다 _ 4·3을 그린 문화예술 작품들

4·3이 금기의 영역에 묶여 있던 시기에도 문학이나 미술·영화·노래 등 예술 분야에서는 4·3의 진실을 알리기 위한 활동들이 꾸준히 이뤄지고 있었다. 특히 1978년 발표된 현기영의 소설 〈순이삼촌〉은 이전까지 철저하게 은폐된 4·3의 진실을 파헤치면서 4·3에 대한 금기의 벽을 무너뜨리는 결정적인 계기로 작용하게 됐다.

〈순이삼촌〉(1978) 1978년 발표된 현기영의 사실주의 중편소설로, 4·3 진상규명운동과 연관되는 예술 활동으로 전개된 최초의 작품이라 할 수 있다. 1949년 1월 16일 북제주군 조천면 북촌리에서 주민 400여 명이 학살된 사건을 담은 이 소설은 1978년 《창작과 비평》 가을호에 발표되며 많은 독자들에게 충격을 안겼다. 소설은 당시 북촌리 학살 현장에서 기적적으로 죽음을 모면했으나, 그 후유증으로 환청과 신경쇠약에 시달리다가 결국은 자살을 택하는 한 여인의 비극적 생애를 그렸다. 하지만 〈순이삼촌〉은 이전까지 철저하게 은폐된 4·3의 진실을 파헤쳤다는 이유로 당시 정권의 탄압을 받았는데, 현기영 작가는 당시 보안사령부 합동수사본부에서 고문을 당한 뒤 20일간 포고령 위반이라는 죄목으로 유치장에 구금되는 고초를 겪었다. 또 이 소설은 판매금지 도서가 돼 전국 서점과 도서관으로부터 회수되는 등 금서(禁書)로 묶이기도 했다.

책 속에 밑줄 긋기

아, 너무도 불가사의하다. 믿을 수 없다. 이해할 수 없다. 전대미문이고 미증유의 대참사이다. 인간이 인간을, 동족이 동족을 그렇게 무참히 파괴할 수는 없다. 그것은 인간의 죽음이 아니다. 짐승도 그런 떼죽음은 없다. 가해자들은 '사냥'이라고 했다. 그것은 '빨갱이 사냥'이라고 했다. 빨갱이는 인간이 아니었다.

〈한라산〉(1987) 이산하 시인의 장편서사시로, 1987년 사회과학 무크 《녹두서평》 창간호에 발표되면서 큰 반향을 일으킨 작품이다. 당시 당국은 용공·반미의 내용을 담았다며 시인을 국가보안법 위반(반국가단체 고무찬양) 혐의로 수배했다. 그는 1987년 11월 검거되고 1988년 4월 1심에서 징역 1년 6월에 자격정지 1년을 선고받았다. 이에 민족문학작가회의에서는 이산하 시인에 대한 석방운동을 벌였으며, 시인은 1988년 10월 3일 개천절 특사로 가석방됐다.

〈동백꽃 지다〉(1992) 모두 50점의 연작으로 구성된 강요배 작가의 역사화로, 작가가 1989~92년까지 4년간 4·3의 전개 과정을 주된 소재로 하여 그린 것이다. 이는 4·3항쟁의 전사(前史)와 발발, 전개 과정을 첫 작품 「시원(始原)」에서 마지막 「동백꽃 지다」에 이르기까지 항쟁의 뿌리, 해방, 탄압, 항쟁, 학살 등 다섯 분야로 나눠 파노라마식으로 보여준다.

4·3의 상징 동백꽃, 그 이유는? 동백(冬柏)은 추운 겨울에 피는 꽃으로 동백꽃이 4·3의 상징꽃이 된 것은 강요배 화백의 4·3연작시리즈인 〈동백꽃 지다 _ 제주민중항쟁전〉의 표지화 및 작품으로 등장하면서부터다. 이 작품은 전면에 동백이 통꽃으로 떨어지는 순간을 포착한 작품인데, 작품의 좌측 상단부 원경에는 하얀 눈밭에 몰려 있는 토벌대가 있다. 또 한 사내가 나대를 들고 내리치는 모습과 하얀 눈밭에 흘린 붉은 피가 그려져 있다.

〈잠들지 않는 함성 4·3항쟁〉(1995) 김동만 감독이 1995년에 제작한 56분 분량의 작품으로, 4·3의 원인과 성격, 피해의 참혹성을 민중항쟁적인 시각으로 그려낸 독립 다큐멘터리이다. 특히 작품 뒷부분에는 학살당한 1만 5000명의 희생자 명단을 자막으로 띄우고 있는데, 그 시간이 무려 16분에 이른다.

〈끝나지 않는 세월〉(2005) 故 김경률 감독의 작품으로, 4·3을 다룬 최초의 장편극영화라고 할 수 있다. 이는 제주 4·3사건 진상조사보고서가 확정된 2003년 10월, TV뉴스를 통해 관련 소식을 접하는 두 노인(형민, 황가)이 서로 다른 과거 회상으로 이야기를 풀어나가는 내용을 담고 있다. 이는 어린 시절 겪은 4·3의 끔찍한 기억이 노년에까지 이어지는 이야기를 통해 역사의 진실과 인간의 문제를 그려냈다.

〈지슬〉(2013) 2013년 개봉된 오멸 감독의 독립영화로, 「끝나지 않은 세월 2」라는 부제를 달아 김경률 감독을 추모하는 뜻을 담았다.(김경률 감독은 2005년 12월 뇌출혈로 타계) 이 영화는 당시 4·3에서 자행됐던 강간과 학살 등 고통스러운 이야기들을 담담하게 그려냈는데, 14만 명이 넘는 누적 관객을 기록할 정도로 독립영화로서는 상당한 성공을 거뒀다. 또 2012년 부산국제영화제에서 아시아영화진흥기구상·한국영화감독조합 감독상 등 4관왕을 차지했고, 2013년 제29회 미국 선댄스영화제에서는 최고상인 월드시네마 극영화 부분 심사위원 대상을 수상하기도 했다.

〈잠들지 않는 남도〉(1989) 1989년 발표된 가수 안치환의 노래로, 4·3 희생자들을 위로하기 위해 만들어진 곡이다. 4·3 추념식 등의 행사에서 자주 불렸지만 이명박·박근혜 정권 동안에는 금기시됐다. 그러다 2018년 열린 제70주년 4·3 추념식에서 당시 문재인 대통령이 참석자들과 함께 〈잠들지 않는 남도〉를 합창함으로써 이 노래를 복권시켰다.

<잠들지 않는 남도> 가사 외로운 대지의 깃발 흩날리는 이녘의 땅/어둠살 뚫고 피어난 피에 젖은 유채꽃이여/검붉은 저녁 햇살에 꽃잎 시들었어도/살 흐르는 세월에 그 향기 더욱 진하라/아, 반역의 세월이여/아, 통곡의 세월이여/아, 잠들지 않는 남도 한라산이여

〈4월의 춤〉(2015) 가수 루시드폴이 2015년 발매한 7번째 정규앨범에 수록된 곡으로, 4·3 희생자를 위로하기 위해 만든 곡이다. 2018년 4월 3일 제70주년 제주 4·3 희생자 추념식에서 공연된 바 있다.

> *바다는 아무 말 없이 섬의 눈물을 모아*
> *바위에 기대 몸을 흔들며 파도로 흐느낀다지*
> *이유도 모른 채 죽어간 사람들은*
> *4월이 오면 유채꽃으로 피어 춤을 춘다지*
> *슬퍼하지 말라고 원망하지 말라고*

– 루시드폴, 〈4월의 춤〉 가사 중 일부